DATE DUE FOR RETURN

JOERG SCHAEFER

WALTHER
VON DER VOGELWEIDE

WERKE

TEXT UND PROSAÜBERSETZUNG
ERLÄUTERUNG DER GEDICHTE
ERKLÄRUNG DER WICHTIGSTEN BEGRIFFE

1972
WISSENSCHAFTLICHE BUCHGESELLSCHAFT
DARMSTADT

Bestellnummer: 3516
Schrift: Linotype Garamond, 9/11

© 1972 by Wissenschaftliche Buchgesellschaft, Darmstadt
Satz: Druckhaus Darmstadt GmbH, Darmstadt
Druck und Einband: Wissenschaftliche Buchgesellschaft, Darmstadt
Printed in Germany

ISBN 3-534-03516-X

MEINEN ELTERN

INHALT

Text und Übersetzung

VORWORT

Die Reihe 'Althochdeutsche und mittelhochdeutsche Epik und Lyrik' ist für ein breites Leserpublikum bestimmt. So soll dieser Walther-Band manchem etwas bringen: dem Freund von Dichtung den Zugang zu dem ihm vielleicht fremd klingenden mittelhochdeutschen Original, dem Studenten Hilfe für die Übersetzung und Interpretation der Texte, dem Fachkollegen manche Frage oder Anregung im Forschungsgespräch. Daher ist nicht jeder Abschnitt für jeden Leser gedacht.

Wir bieten keine neue kritische Ausgabe und drucken im wesentlichen den Lachmannschen Text ab. Doch wurden Text und Lesarten kritisch durchgearbeitet, mancher Vorschlag anderer Herausgeber übernommen, hier und da ein abweichender Rückgriff auf die Handschriften gewagt. Gestaltung und Anordnung des Texts, auch Übersetzungsprinzipien sind in der Einleitung besprochen. Fußnoten zum Text erklären schwierige Konstruktionen und geben oft wörtliche Übersetzungen, wo unsere Übertragung freier ist. Der Umfang der Anmerkungen zu den Gedichten war begrenzt; um nicht alles gleich kursorisch behandeln zu müssen, entschloß ich mich, eine Anzahl wichtiger Themen, Gesichtspunkte, Methoden, Forschungsprobleme an je einem Gedicht ausführlicher darzustellen (s. Einleitung S. XXI f.); die übrigen Gedichte sind knapper kommentiert, doch versuchte ich, Fakten und schwer verständliche Stellen zu erläutern. Die alphabetisch angeordneten Worterklärungen wollen helfen, einige zentrale Begriffe der Waltherschen Dichtung philologisch abzugrenzen, sie vor allem zu „verfremden", aus der gewohnheitsmäßigen Assoziation mit gleichklingenden neuhochdeutschen Wörtern zu lösen. Die Auswahlbibliographie schließlich mußte aus Raumgründen knapp gehalten werden; nur grundlegende Werke, Vertreter interessanter Methoden oder in den Anmerkungen besprochene Literatur wurden aufgenommen. Entscheidungen waren hier oft subjektiv. Jeder an Walther Interessierte wird ohnehin zu der ausgezeichneten, umfassenden Bibliographie von Manfred G. Scholz greifen.

Vielen Freunden und Kollegen danke ich, vor allem aber meiner Frau, ohne deren Hilfe dieser Band wohl kaum zustande gekommen wäre.

Buffalo, N.Y.   J. Sch.

EINLEITUNG

Vor einigen Jahren wurde Marquis de Sade in englischer Übersetzung als Paperback gedruckt; dazu gehöre Mut, schrieb ein bekannter Romanist. Man brauche heute mehr Mut, Wolfram oder Walther zu drucken, sagte damals ein Freund. Ich dachte an diese Worte, als ich mich zur Edition des Walther-Bandes entschloß. Nationalstolze Pilgerfahrt zum Walther-Standbild in Bozen, Ausschluß der alten Recken aus modernem Kulturbetrieb wegen Irrelevanz und „Sehnsucht nach dem Dritten Reich": beide geistverwandten Abwege haben manch äußeres Unheil angerichtet, doch sind sie im Grunde harmlos; vor dem „mythischen" Walther brauchen wir uns nicht zu fürchten. Doch der „geschichtliche", fremde Walther: können wir ihm heute auch über gelehrte Mythen hinweg begegnen, fasziniert und frei; haben wir trotz unserer Furcht vor der Geschichte Fähigkeit und Mut, ein Anderes zu verstehen, selbst wenn wir über diesem Andern unserer Gegenwart ein paar Stunden lang untreu sind?

Leicht scheint sich der „aktuelle" Walther zu erschließen: *untriuwe ist in der sâze, gewalt vert ûf der strâze, fride unde reht sint sêre wunt*; der Dichter des Generationenproblems, Ankläger der verderbten, desillusionierten Jugend; der Konservative, dem es graut vor den Neuerungen einer anderen Zeit; der „gemäßigte Liberale", der zugibt: *vil manic môre ist innen tugende vol: wê wie der wîzen herze sint, der si wil umbe kêren!*; der Vertreter der *littérature engagée*; der Nationalist und Chauvinist, der Antipapist, der Opportunist, der selbstmitleidige Choleriker, der um Liebe Werbende, der im Existenzkampf Stehende, der um sein Sozialprestige Besorgte, der „Kollege", der

politische Kritiker und Parteigänger, der Dichter der Klage
über Vergänglichkeit der Welt und des Lebens. Viele dieser
modernen Strophen spiegeln jedoch uralte Topoi wider, eine
lange Tradition typischer Grundsituationen; manches ist
modern, weil es zeitlos ist. Aber sobald wir uns dann mit
der Monotonie des Gleichen angefreundet haben und von
jener Dichtung Korrektur und Hilfe erwarten für die Topoi
unseres eigenen Lebens, spüren wir, wie uns alles wieder ent-
gleitet. Walthers Topoi stehen in einer anderen Geschichte,
in welcher Gott nicht tot, in der die Weltgeschichte Heils-
geschichte ist, geformtes Kunstwerk Gottes mit Anfang,
Mitte und Ende; in der auch in der Realpolitik das Kunst-
werk des Reichs, zumindest als Ideal, von mythischen
Symbolen getragen wird; in der ein Gedanke größere Wirk-
lichkeit haben kann als ein Ding; in der der Wille noch
nicht in unheimlicher Unberechenbarkeit „willkürlich" ist,
sondern gebunden an die Einsicht in Gut und Böse; in der
man noch glaubt, daß durch Gottes Güte Menschen ein-
ander verstehen können und Dinge erkennen, wie sie sind.
Das scheinbar Vertraute steht in einer fremden Geschichte,
in der man an die Bildbarkeit des Kunstwerks Mensch
glaubt, trotz seiner Sündhaftigkeit Ebenbild Gottes; in der
die *civitas dei* wohl dualistisch zwischen Gott und Teufel
lebt, doch der Teufel von vornherein überwunden, das Böse
ein im Grunde Nicht-Seiendes, weil Sinnwidriges ist. Es ist
eine Geschichte, in der ein großer Teil der Menschheit poe-
tisch nicht zum Thema wird, nicht existiert, in der man
in grausamer und schöner Selektivität ganze Bereiche des
Lebens und der Erfahrung wegstilisiert und die wenigen
erlesenen Schichten, Themen und Genres zu subtilen Kost-
barkeiten formt wie selten je sonst; Form des Denkens und
Sagens ist nicht nur Gefäß, sondern der Raum, in dem man
das Kunstwerk des Lebens lebt, glaubt und genießt. Fest
geformt sind die Welt und die Sphären der Engel; jedes hat
seinen Ort; das Ich ist eines unter vielen, sein Selbstbewußt-
sein muß noch nicht die Welt tragen. Da verwandeln sich

die vertrauten Motive: der Liebende liebt in dem eigenartigen Gesellschaftszeremoniell der Minne, die den Mann nach Leitbildern erziehen und läutern soll; das politische Spiel von Opportunismus und Idealismus ist nicht einfach auf soziologische oder psychologische Nenner zu bringen; der Konservative ist Teil einer metaphysischen Ordnung; über allen politischen Wirren steht der Glaube an ein *happy end* der Geschichte. Die Gesellschaft, die in Walthers Dichtung eine so große Rolle spielt, ist nicht nur die empirische Realität, von der unsere Soziologen reden, sondern stilisiertes Kunstwerk, Hof, Minnegemeinde, Publikum, jeder einzelne sehnt sich, hineinkomponiert zu werden in diese wohlkomponierte Welt. – Nun ist Walther mit seinen Motiven fremd geworden; wir müssen lernen und umdenken und Anderes verstehen. Doch dann hören wir wieder Zeilen wie: *Swes leben ich lobe, des tôt den wil ich iemer klagen,* oder die innige Schönheit des Liebeslieds *Under der linden an der heide*; sie lassen uns alle historische Distanz vergessen. In dieser Systole und Diastole begegnen wir dem Andern, sentimentalisch das Vertraute verfremdend und das Andere zu begreifen suchend, dann wieder das Andere in seiner Schönheit und Wahrheit nahe bei uns haltend. Vielleicht haben wir den Mut zu solcher Begegnung mit dem geschichtlichen Walther. Auch wer heute Literatur nur in den Dienst einer Sache stellen will und jene Flucht in die Geschichte für müßig hält, sollte bedenken, daß auch das befreiteste Ich und die freiste Gesellschaft der Zukunft mit der Langeweile ihrer bloßen Selbstbespiegelung allein wären, wenn wir dies Andere nicht bewahrten. –

Walthers Biographie ist, mit Ausnahme eines einzigen Zeugnisses vom 12. November 1203, „werk-immanent": Daten seines äußeren und inneren Lebens stehen nur in seiner Dichtung, in ihr jedoch selbst-bewußt und reich; kein anderer mittelhochdeutscher Lyriker sagt so oft: Ich. Zeitgenössische und spätere Dichter nennen oder zitieren ihn bewundernd, kritisch, burlesk: Wolfram von Eschenbach,

Gottfried von Straßburg, Thomasin von Zerclaere, viele be-
deutende und unbedeutende Schüler, Nachfahren, von Wal-
thers Werk Betroffene, in jenem eigentümlichen Zwielicht
von Dichtung und Wahrheit, das dem literarischen Exkurs
des Epos, dem Lob- und Scheltspruch der Lyrik eigen ist;
fließend sind die Übergänge zum Walther-Mythos des Sän-
gerkrieges auf der Wartburg, der Grabsagen, der Meister-
singertradition. Vermutliche Lebensdaten lassen sich nur
erschließen. Der Kommentar zur Zeitgeschichte in Walthers
Sprüchen endet um 1230; *wol vierzec jâr hab ich gesungen
oder mê* sagt er im „Alterston" 69, man denkt sich seine
dichterischen Anfänge um 1190, den Beginn seines Lebens
um 1170. Die Abhängigkeit von Reinmar dem Alten, in
den neunziger Jahren wohl gefeierter Dichter am Wiener
Hof, wird in Walthers frühen Liedern deutlich. Wichtig ist
die Erwähnung Walthers in den Reiserechnungen des Bi-
schofs Wolfger von Ellenbrechtskirchen, später Patriarch von
Aquileja, in Zeiselmauer an der Donau oberhalb Wiens:
Waltherus cantor de Vogelweide erhält im *ingesinde* des
Bischofs einen Pelzmantel. Sonstige Anhaltspunkte ergeben
sich aus Anspielungen auf historische Ereignisse während
Walthers Leben, die sich jedoch oft nicht eindeutig interpre-
tieren lassen. Der Raum von Walthers Leben: Wo der Dich-
ter geboren wurde, wissen wir nicht. *Vogelweide* bedeutet
aviarium: Nistplatz für Vögel, wahrscheinlich auf Walthers
Geburtsort bezogen (doch die Möglichkeit eines Beinamens
oder Künstlernamens ist nicht auszuschließen). Viele Gegen-
den beanspruchen den Dichter für sich; der Vogelweiderhof
im Grödnertal in Südtirol ist der berühmteste mythische Ort
geworden. Wir wissen nur: *ze Ôsterrîche lernt ich singen
unde sagen* (122). Auf die Erziehung spielt auch die Stelle
der Elegie an (72): *liut unde lant, dar inn ich von kinde bin
erzogen*, mit Konjektur des Reimworts *erzogen* gegen *ge-
born* der Hss. Weit ist der Fahrende gereist und hat sich an
vielen Höfen aufgehalten: schon das Preislied 23 sagt *Von
der Elbe unz an den Rîn und her wider unz an Ungerlant*,

der spätere Spruch 126 nennt noch größere Räume: *von der Seine unz an die Muore, von dem Pfâde unz an die Traben.* Viele Orte und berühmte Personen erwähnt die Dichtung: die drei Kaiser Philipp von Schwaben, Otto IV., Friedrich II., die Herzoge Friedrich und Leopold von Österreich (Wien, Klosterneuburg), die Landgrafen Hermann und Ludwig von Thüringen (Eisenach, die Wartburg), Markgraf Dietrich von Meißen, Herzog Bernhard von Kärnten, Graf Diether von Katzenellenbogen; den Reichsverweser Erzbischof Engelbert von Köln, den Abt von Tegernsee u. a. Oft hing von ihnen das Schicksal des Fahrenden ab. Der weiten Bewegung von Walthers Leben entsprechen immer wieder die Ruhepunkte: Aufenthalt im *ingesinde* an diesem oder jenem Hof; am schönsten das Lehen, das ihm Friedrich II. verlieh (um 1220). Walthers Begräbnisstätte ist uns nicht sicher bekannt; einiges spricht für Würzburg.

Umstritten bleibt auch Walthers Stand. Populäres Denken stellt sich unseren Dichter als Ritter, zumindest als Ritterbürtigen vor. Doch der Titel *her* vor seinem Namen kann auch anders gedeutet werden: Ironie, burleske Verbindung mit Künstler-Pseudonymen; letzte Sicherheit läßt sich nicht gewinnen. Entscheidend aber ist: Walther war arm, abhängig, den Launen der Großen ausgeliefert; vieles in seinem Wesen und Dichten erklärt sich aus diesem Preisgegebensein an jeden neuen Tag: sein schneidender Realismus, seine cholerische Empfindlichkeit, sein aggressiver Selbsterhaltungstrieb, sein stolzes Unbehagen, wenn er mahnen und betteln muß, das Leiden unter dem Mißverhältnis zwischen großer Begabung und Leistung und der oft schäbigen Antwort der Welt: *daz man mich bî sô rîcher kunst lât alsus armen* (143). Damit ist eng verbunden ein Leitmotiv von Walthers Wesen und Schicksal: *werben umbe werdekeit* (69). Ob äußerlich Ritter oder nicht: Walther war sich seines Werts bewußt und strebte stets, über menschliches Dunkel und Versagen hinweg, nach der vollendeten

Formung dieses Wertes; ein Leben als Kunstwerk, gelebt
nach Leitbildern: dem Reich, der Liebe, Gott. Dies ist der
subjektive Sinn von *werdekeit*. Dazu kommt, nach dem
Ideal der Entsprechung von innerem Wert und äußerer
Anerkennung, der objektive Sinn: achtungsvolle Aufnahme
in die Gesellschaft, einzig wahre Vollendung des Menschen
und Künstlers. Dieser zweite Sinn des *werbennes umbe
werdekeit* entbehrt nicht der Tragik und Tragikomik: der
große Lehrer, Künder, Former, Veränderer der Gesell-
schaft muß in den Niederungen des Alltags sich immer
wieder ängstlich darum mühen, daß eben diese Gesellschaft
ihm nicht ihre Tür verschließt: Schicksal des selbstbewußten,
begabten, idealistischen Parvenus; immer wieder die reiz-
bar-aggressive *apologia pro vita sua*. Es ist zugleich das
Dilemma des Revolutionärs, der das Bürgerrecht seiner
geistigen Heimat nicht verlieren will; seine Revolutionen
führen doch immer wieder zurück nach Hause, in die feste
Ordnung einer *werdekeit* schenkenden Welt. –

Walthers Strophen sind zumeist „stollig" gebaut (man
nennt den Typus auch Kanzonen- oder Barform): wir
kennen diese Form aus Kirchen- oder Volksliedern. Auf
einen Teil A folgt ein in Metrum und Melodie gleicher Teil
A′ (nach der Meistersingerterminologie die zwei „Stollen"
des „Aufgesangs"), dann kommt ein meistenfalls anders
gebauter Teil B (der „Abgesang"). Die Verse zeigen (mit
Ausnahme der wenigen „Daktylen" — ◡ ◡) i. allg. strenge
Alternation von Hebung und Senkung, die Reime sind
von höchster Reinheit; reimlose Verse nennt man „Waisen".
Verse beginnen entweder auftaktlos mit betonter oder auf-
taktig mit unbetonter Silbe. Das Versende nennt man
„Kadenz"; mhd. Lyrik kennt nicht nur zwei Kadenzen wie
die neuere (männlich: Tag —; weiblich: sagen — ◡), son-
dern unterscheidet nach langen oder kurzen Stammsilben.
Kadenzen mit kurzer („offener") Silbe (*sǎ-gen*) sind im
Gegensatz zum Nhd. männlich (wie *tac*), solche mit langen
Stammsilben weiblich; weibliche Kadenzen sind entweder

„klingend" (wkl) oder „voll" (wv), je nachdem, ob sie „zerdehnt" sind oder nicht. Weiblich klingend: Hóppe, hóppe, Réitèr; *Ich sáz ûf éime stéinè*: (♩)|♩ ♩ | ♩♩ | ♩ | ♩ ♩ |; weiblich voll: *Múget ir schóuwen wáz dem méien*:| ♫ ♩ | |♩♩|♩♩|♩♩|. Schließlich gibt es noch die „stumpfe" Kadenz (st), d. h., die ganze letzte Hebung ist pausiert: Fállt er ín den Súmpf ′:|♩ ♩ | ♩♩ |♩ ♩ | ♩ ♩|. Ein Beispiel (den stolligen Bau deuten wir im Text durch Großbuchstaben zu Anfang des zweiten Stollens und des Abgesangs an): 4 Hebungen, weiblich volle oder stumpfe Kadenzen, Reimschema abab / cddc.

1. Stollen:	Múget ir schóuwen wáz dem méien	4 wv	a
	wúnders íst beschért? (Pause)	4 st	b
2. Stollen:	Séht an pfáffen, séht an léien,	4 wv	a
	wíe daz állez vért. (Pause)	4 st	b
Abgesang:	Gróz ist sín gewált. (Pause)	4 st	c
	íne weiz óbe er zóuber kúnne;	4 wv	d
	swár er vért in síner wúnne	4 wv	d
	dán ist níemen ált. (Pause)	4 st	c

Diese Ausgabe bietet einen „Lesetext" und verlangt eine übersichtliche Gliederung. Trotz großer Skepsis in Fragen der Chronologie und der inneren Entwicklung (vgl. auch Kuhns Vorwort zu der Ausgabe von L.-K. 1965 und unsere Bemerkungen S. 389 ff.) können wir daher die neutrale, nur nach überlieferungsgeschichtlichen Prinzipien ordnende Reihung Lachmanns nicht beibehalten; außerdem ist trotz aller Unsicherheit im einzelnen in diesen Dingen ja doch ein gewisser Konsensus erreicht worden. So folgen wir, mit den S. 390 ff. erwähnten Vorbehalten, in vielem der Ausgabe Maurers, die auf die Kraus'sche Periodisierung aufbaut. *Lieder:* 1. Frühe Lieder (i. allg. vor 1198); 2. Lieder der ersten Reinmarfehde (wohl vor 1198); 3. Wanderjahre (zeitlich weniger klar bestimmbar, i. allg. zwischen 1198 und 1203, manche auch später); 4. Auf dem Weg zur neuen Minne (Gegenseitigkeitsminne, auch zweite Reinmarfehde, „Gruppe um das Preislied", 1203 bis zu Reinmars

Tod); 5. Mädchenlieder (schwer datierbar, aber doch kaum
vor Gruppe 4); 6. Hohe *wîp*-Minne (gleichzeitig mit 5,
wohl auch später); 7. Zeitlich Unbestimmtes; 8. Der altern-
de Dichter (Altersmotive; oft schwer zu unterscheiden, ob
Topos oder „erlebt", i. allg. nach 1220); 9. Späte Lieder
und Kreuzzugsdichtung (manche gegen Ende der zwanziger
Jahre datierbar). Wesentlich: Gruppen bedeuten nicht im-
mer chronologisches Nacheinander (v. a. 4 und 5, 5 und 6
muß man sich simultan denken); und: unsere Reihung der
Einzelgedichte erfolgt oft nach thematischen, nicht chronolo-
gischen Gesichtspunkten (so etwa in Gruppe 4: 22 und 34
Anfang und Ende einer – imaginären? – Entwicklung;
Gruppe 5 und 6 lassen wir jeweils mit einem programmati-
schen Gedicht beginnen). *Sprüche:* Wir geben die Strophen
in der Einheit des Tons, ohne in allem Maurers These der
„Liedeinheit" zu folgen (vgl. wiederum unsere S. 392 ff.);
innerhalb der Töne reihen wir oft lockerer nach themati-
schen Gruppen; die römischen Strophenziffern wollen keine
feste liedhafte Folge andeuten. Die Töne selbst reihen wir
wie Maurer, mit den seit Simrock 1870 geläufigen Namen
(vgl. auch die Übersicht in Lachmann-Kraus-Kuhn auf
S. XLVII). Im Gegensatz zu Maurer halten wir viel weni-
ger Sprüche für unecht; einige wahrscheinlich unechte haben
wir (als solche bezeichnet) dennoch aufgenommen: hier
entschied subjektives Qualitäts- und Geschmacksurteil,
ebenso bei der Aufnahme dreier allgemein für unecht ge-
haltener Lieder [73–75]. Der Text selbst folgt Lachmann
(13. Ausg. 1965), manchmal Maurer (häufig in der Inter-
punktion), gelegentlich Wapnewski und anderen. Trotz stel-
lenweise verderbter Überlieferung und trotz Unzufrieden-
heit mit Herausgeberkonjekturen werden keine eigenen
Textkonjekturen geboten. Wir geben im großen ganzen
einen „konservativen" Text, sind auch skeptisch in Fragen
der Auftaktregelung, wenn es sich um Hinzudichten von
Füllwörtern handelt (das bedeutet keine Gleichgültigkeit
gegenüber metrischer Feinstruktur, doch ist es zweifelhaft,

ob ein dominantes Prinzip wie das der Fugung an allen Stellen verwirklicht ist). Anders im Falle „beweglicherer" Elemente wie Vorsilben, Endungen; hier entschließen wir uns eher zu einer Korrektur *metri causa* (doch in diesen Fällen, wo das gesprochene Wort ohnehin durch Elisionen, Synkopen, Apokopen „glättet", kommt es gar nicht so sehr auf das Schriftbild an; wir vermeiden es, Glättungen anzudeuten, die das Schriftbild verzerren, etwa die berüchtigten *übr, undr* u. dgl.). – Wir verzeichnen Abweichungen vom Lachmann-Kraus'schen Text, außer einigen orthographischen Änderungen, Änderungen in der Interpunktion, Großschreibung zu Beginn des zweiten Stollens und des Abgesangs und den folgenden (im Anschluß an Wapn. u. a. vorgenommenen) Normalisierungen: ouw (*frouwe*), öi (*fröide*); wir geben ferner für die alemannischen Formen *wan, ir sünt, ir sint: man, sült, ir sît*, schließlich für den alemannischen Plural der 2. Pers. (*ir nement*) die Normalform (*nemet*). Sonstige Abweichungen von L.-K. werden in den Anmerkungen genannt. Wenn wir zwei Lesungen verzeichnen, dann steht unsere Version vor, die von L.-K. hinter dem Doppelpunkt (*doch* A,M.: *wol* bedeutet: Wir lesen mit Maurer nach Hs. A. *doch*, L.-K. hat *wol*). Auch bei Übereinstimmung mit L.-K. werden manche von den Hss. abweichende Konjekturen Lachmanns oder Kraus' verzeichnet. Da können mehrere Doppelpunkte erscheinen; sie besagen: „dafür steht ... in ..." (*selde* Kr.: *velde* Hss.: *welde* Wallner, Klein, M. bedeutet: Unsere Lesung *selde* ist Konjektur von Kraus; dafür steht in allen Hss. *velde*; dafür lesen Wallner usw. *welde*). –

Die Schwierigkeiten des Übersetzens aus dem Mittelhochdeutschen sind bekannt. Der Text ist den Laien oft gefährlich vertraut, zugleich seltsam blaß und konturlos, putzig, altväterlich und kindlich; die Übersetzung muß ihn aus archaischer Muffigkeit falscher Assoziationen „verfremden" und ihn in unserem Deutsch zu dem machen, was er einst war: moderne, reife, plastische Sprache. Wir fordern und

wissen sogleich um die Vergeblichkeit. Dabei denke ich nicht
an dichterische Übersetzung (vielleicht findet Walther ein-
mal seinen August Wilhelm Schlegel); ich denke an Versuche
wie den meinen: Hinführen zum Original. Einige der
Prinzipien des im Grunde unmöglichen Unterfangens seien
kurz erläutert. Man will richtig und genau übersetzen:
jede Windung und Abtönung, jede Verstärkung, jede Re-
lation, und hat auf einmal jenes höchst richtige, geschwätzige
Deutsch: „wenn zwar einerseits so, dann doch ganz gewiß
andererseits anders". Dann denkt man an das „in tieferem
Sinne Richtige" und steht mitten in Übersetzungsphiloso-
phien, mit ihren Gemeinplätzen und Feinheiten: Freiheit
und Strenge, Luthers Eindeutschen des fremden Geistes,
Humboldts „Farbe der Fremdheit" ... Schließlich sucht
man den Kompromiß. Der moderne deutsche Text soll les-
bar sein; nicht hemdsärmelig oder modisch, aber auch nicht
in altgermanistischer Sprache Kanaans. Er muß, um „richtig"
zu bleiben, manches weglassen, was in Struktur und Stil-
niveau des Originals „richtig" war. Man soll mir hier nicht
Ungenauigkeit vorwerfen. Die luzide Logik, die subtile
Hypotaxe, die abgewogene Steigerung, vor allem die sorg-
sam ausgeführten Vergleiche mittelhochdeutscher Lyrik klin-
gen in wörtlicher neuhochdeutscher Übersetzung oft wie ein
Steuererlaß; hier kann man trotz grammatikalischer Akribie
nicht von „Richtigkeit" sprechen. „Ich liebe dich, weil
erstens ... zweitens ... drittens" kann im Mhd. lyrisch sein,
im Nhd. ist es bloß pedantisch. Ebenso die Abtönung mit
vil, wol, gar u. dgl.: was man im Proseminar präzise über-
setzen lernte, lernt eine lesbare Übertragung oft ebenso
präzis vergessen. In modernem Deutsch wirkt der Positiv
zumeist stärker als der Superlativ, die Emphase oft nicht
emphatischer, nur geschwätziger; so ist etwa „hochberühmt"
keine echte Steigerung, sondern ein Sichniederlassen im
Plüschsofa. Mancher komparativische Vergleich, auch man-
ches „wie – so" wird durch Nebenordnung aufgelöst; über-
haupt wird Hypotaxe (wenn sie nicht besonders deutliche

Satzspannung ausdrückt) oft durch Parataxe ersetzt, auch
die Ordnung Nebensatz – Hauptsatz zuweilen aus rhythmi-
schen Gründen umgestellt. Die Fußnoten (bei denen ich die
Anmerkungen von Pfeiffer-Bartsch in der Ausg. der Deut-
schen Klassiker des Mittelalters mit Gewinn benützte) skiz-
zieren wörtlichere Wiedergabe. Manche Wendung bleibt
unübersetzbar, da dient Umschreibung und Annäherung als
Krücke. Ein Ideal wird angestrebt: bei aller Fallhöhe vom
Original soll innerhalb eines Lieds oder Spruchs die Über-
setzung im Stil einheitlich sein, wenn auch das Original
einheitlich ist; es soll nicht eine Zeile lyrisch blühen, die
zweite pedantisch tappen, die dritte schließlich „Farbe der
Fremdheit" zeigen. – Früheren Übersetzungen, vor allem
denen von Böhm und Wapnewski, verdanke ich manche
Formulierung und das Gerüst für manche Wendung. Wie
alle zum Text hinführenden Übersetzungen hat auch unsere
das eine Ziel: immer überflüssiger zu werden neben dem
Original. –

In den Anmerkungen werden einige Themen, Probleme
und Methoden ausführlicher dargestellt: Lied und Spruch;
Strophenbindung, Zyklen, Chronologie S. 389 ff.; Melodien
S. 397 ff.; Struktur der Spruchmetren S. 480 ff.; Reinmar-
fehde: Anmerkungen zu Gedichten 7; 10; 23; 34; Hohe
Minne 9; Totalitätsbegriffe im Hohen Minnelied 8; Re-
flexion, Spiegelung, Brechung 48; Gemäßheit von Sein,
Erkennen, Handeln 49; stilisierter Natureingang 16; mittel-
alterliche Naturlyrik 18; Verhältnis von Aufbau und Ge-
genwart der Gestalt 21; Verhüllen und Enthüllen in Hand-
lung und Gestalt 38; Leben und Stilisierung der Gestalt 46;
Tradition und Gegenwart 80; 81; *ebene werben* und *herze-*
liebe: Problematik des „Programmgedichts" 45; *scheiden*:
Verhältnis von Begriff und Wesen 42; das Mädchen 38; 41;
Frauenmonolog 8; 38; Dialog 22; 28; 47; Wechsel 4; Tage-
lied 59; Rückblick 69; 72; Textüberlieferung und Interpre-
tation 41; 68; Bilder 76; 145; Gradualismus 76; Religiosi-
tät 139; Komik 98; stilisierende Funktion der Syntax 46;

Strophensippen 27; Responsionen und Leitwörter 11; me-
trisch-rhythmische Überlagerungen 16; metrisch-rhythmi-
sche Eigenschaften nach Morungens Vorbild 19; Tegernsee-
spruch 189. Literaturangaben im Anschluß an die Anmer-
kungen und Worterklärungen beziehen sich auf Nummern
der Bibliographie. Aus Raumgründen war eine diskursive
Behandlung der Literatur unter Nennung der Quelle i. allg.
nicht möglich; die wichtige Literatur ist verarbeitet, ihre
Ergebnisse wurden gegebenenfalls dargestellt, manche eigene
Beobachtung und Interpretation ist beigefügt. Standardwer-
ke wie Wilmanns-Michels, Kraus' *Untersuchungen*, Halbachs
Metzler-Bändchen wurden ständig zu Rate gezogen, auch
Wapnewskis Kommentar; sie sind in den Anmerkungen
i. allg. nicht mehr erwähnt, ebensowenig die ausführlichen
„Teilkommentare": (34) Bartsch; (42) Brinkmann; (173),
(174) Paul; (176) Pfeiffer; (202), (204) Schönbach; (217)
Singer; (226), (227), (228) Wallner; (247) Wilmanns. Für
die Worterklärungen habe ich, außer den in der Bibliogra-
phie genannten Wörterbüchern und Aufsätzen, Webers Par-
zival- und Tristan-Band dieser Serie mit den guten Wort-
analysen Werner Hoffmanns dankbar benützt.

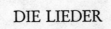

DIE LIEDER

Frühe Lieder

1

I   Sumer unde winter beide sint   (L.-K. 99,6)
     guotes mannes trôst, der trôstes gert.
     Er ist rehter fröide gar ein kint,
     der ir niht von wîbe wirt gewert.
   5 Dâ von sol man wizzen daz,
     daz man elliu wîp sol êren
     und iedoch die besten baz.

II Sît daz nieman âne fröide touc,
     sô wolte ouch ich vil gerne fröide hân
     Von der mir mîn herze nie gelouc,
     ezn sagte mir ir güete ie sunder wân.
   5 Swenn ez dougen sante dar,
     seht, sô brâhtens im diu mære,
     daz ez fuor in sprüngen gar.

III In weiz niht wol wiez dar umbe sî:
     sin gesach mîn ouge lange nie.
     Sint ir mînes herzen ougen bî,
     sô daz ich ân ougen sihe sie?
   5 Dâst ein wunder an geschehen;
     wer gap im daz sunder ougen,
     deiz si zaller zît mac sehen?

IV Welt ir wizzen waz diu ougen sîn,
     dâ mit ich si sihe dur elliu lant?
     Ez sint die gedanke des herzen mîn:
     die dâ sehent dur mûre und ouch dur want.
   5 Nû hüeten swie si dunke guot:
     sô sehent si doch mit vollen ougen
     herze, wille und al der muot.

I, 3 *gar* ganz und gar   4 *ir* Gen. zu gewähren   5 daher muß man
wissen: 7 *baz* besser, mehr   II, 1 *Sît daz* weil . . .; *touc* etwas

1

I Sommer und Winter geben einem edlen Mann freudige Hoff-
nung, wenn er Trost und Hoffnung sucht. Doch er weiß nichts
von wahrer Freude, wenn nicht eine Frau sie ihm schenkt.
Daher soll man alle Frauen preisen, am höchsten aber, die am
edelsten sind.

II Niemand kann ohne Freude leben, und auch ich will so gerne
Freude haben von ihr, deren Vollkommenheit mein Herz mir
stets in Wahrheit pries. Wenn mein Herz seine Augen zu ihr
sandte, ach, dann brachten sie ihm solche Kunde, daß es vor
Freuden tanzte und sprang.

III Ich weiß nicht, wie das ist: so lange schon haben meine Augen
sie nicht gesehen. Sind wohl die Augen meines Herzens bei
ihr, und ich kann sie ohne Augen des Leibes sehen? Da muß
ein Wunder geschehen sein: Wer hat meinem Herzen die
Macht gegeben, sie allezeit ohne Augen zu schauen?

IV Wollt ihr wissen, welches denn die Augen sind, mit denen ich
sie sehe über alle Länder hinweg? Es sind die Gedanken mei-
nes Herzens, mit denen ich durch Mauern und Wände sehe.
Man mag sie bewachen, wie man will: mein Herz, mein Wol-
len und all mein Denken schauen mit Augen das ganze Bild
der Frau.

---

wert ist   4 *sunder wân* ohne Trug   IV, 5 *hüeten* Konj. „mögen sie
sie bewachen"

V   Wirde ich iemer ein sô sælic man,
    daz si mich ân ougen sehen sol?
    Siht si mich in ir gedanken an,
    sô vergiltet si mir mîne wol.
  5 Mînen willen gelte mir,
    sende mir ir guoten willen;
    mînen den habe iemer ir.

                            2

I   Hêrre got, gesegene mich vor sorgen,   (L.-K. 115,6)
    daz ich vil wünneclîche lebe.
    Wil mir ieman sîne fröide borgen,
    daz i'm ein ander wider gebe?
  5 Die vind ich vil schiere ich weiz wol wâ.
    wan ich liez ir wunder dâ,
    der ich vil wol mit sinnen
    getriuwe ein teil gewinnen.

II Al mîn fröide lît an einem wîbe:
    der herze ist ganzer tugende vol,
    Und ist sô geschaffen an ir lîbe
    daz man ir gerne dienen sol.
  5 Ich erwirbe ein lachen wol von ir.
    des muoz sie gestaten mir;
    wie mac siz behüeten,
    ich enfröwe mich nâch ir güeten.

III Als ich under wîlen zir gesitze,
    sô si mich mit ir reden lât,
    Sô benimt si mir sô gar die witze,
    daz mir der lîp alumme gât.
  5 Swenne ich iezuo wunder rede kan,
    gesihet si mich einest an,
    sô hân ichs vergezzen,
    waz wolde ich dar gesezzen.

V Werde ich jemals so glücklich sein, daß auch sie mich ohne Augen sieht? Schaut sie mich in ihren Gedanken an, so dankt sie mir schön für die meinen. Sie soll meine Neigung erwidern und mir die ihre senden: meine darf sie für immer behalten.

2

I Bewahr' mich, Gott, vor Kummer, laß mich glücklich leben. Könnte mir wohl jemand seine Freude leihen, und ich würde ihm dafür eine andere geben? Die fände ich schnell, ich weiß auch, wo: dort habe ich tausend Freuden gelassen und traue mir zu (so klug bin ich schon!), mir ein paar zurückzuholen.

II All meine Freude liegt in ihren Händen. Ihr Herz ist so vollkommen gut, ihr Anblick so vollkommen schön, daß man ihr von Herzen gerne dienen soll. Vielleicht schenkt sie mir ihr Lächeln, sie kann mir's nicht verweigern. Was kann sie dagegen tun, daß ich mich so freue, wie's ihrer Vollkommenheit geziemt?

III Wenn ich dann und wann bei ihr sitze und sie mir die Gunst gewährt, mit ihr zu plaudern – dann nimmt mir ihre Nähe so ganz die Besinnung, daß sich mir alles im Kreise dreht. Eben wußte ich noch so viele schöne Worte – doch sieht sie mich nur einmal an, dann hab' ich alles vergessen, was ich wollte, als ich mich zu ihr setzte.

V, 7 *ir* für sich, bei sich | I, 2 *daz* damit　6 *wan* denn; *wunder* „außergewöhnlich große Menge"　8 *gewinnen* verschaffen, holen II, 3 ihr Äußeres ist so beschaffen　5 s. Komm.　7 *behüeten* verhindern　8 *nâch* „nach Maßgabe", angemessen III, 2–3 *sô ... sô* wenn ... dann　7 *ichs* = *ich es* Gen. zu vergessen

3

I   „Frouwe, vernemt dur got von mir diz mære: (L.-K. 112,35)
      ich bin ein bote und sol iu sagen,
      Ir sült wenden einem ritter swære,
      der si lange hât getragen.
    5 Daz sol ich iu künden sô:
      ob ir in welt fröiden rîchen,
      sicherlîchen
      des wirt manic herze frô.

II   Frouwe, enlât iuch des sô niht verdriezen,
      ir engebt im hôhen muot.
      Des mugt ir und alle wol geniezen,
      den ouch fröide sanfte tuot.
    5 Dâ von wirt sîn sin bereit,
      ob ir in ze fröiden bringet,
      daz er singet
      iuwer êre und werdekeit.

III Frouwe, sendet im ein hôhgemüete,
      sît an iu sîn fröide stât.
      Er mac wol geniezen iuwer güete,
      sît diu tugent und êre hât.
    5 Frouwe, gebt im hôhen muot.
      welt ir, sîn trûren ist verkêret,
      daz in lêret
      daz er daz beste gerne tuot.“

IV   „Jâ möhte ich michs an in niht wol gelâzen,
      daz er wol behüete sich.
      Krumbe wege die gênt bî allen strâzen;
      dâ vor, got, behüete mich.
    5 Ich wil nâch dem rehten varn,

─────────

I, 1 *dur* um ... willen   6 *ob* wenn; *fröiden rîchen* reich machen

3

I   „Herrin, hört bei Gott, was ich Euch künde! Ich bin ein Bote
    und muß Euch sagen, Ihr sollt einem Ritter seinen Kummer
    nehmen, den er schon so lange trägt. Ich soll's mit diesen Wor-
    ten sagen: Schenktet Ihr ihm reiche Freude, viele andere wür-
    den froh durch seine Freude.

II Herrin, Ihr sollt es nicht müde werden und seiner Seele hohe
    Freude schenken. Das kommt Euch und allen zugute, denen
    Freude Glück bereitet. Wenn Ihr ihm solche Freude schenkt,
    so ist sein Herz gestimmt, Euren Ruhm und Euren Wert zu
    preisen und zu singen.

III Herrin, schenkt ihm ein frohes Herz, denn all seine Freude
    liegt an Euch. Er verdient es, teilzunehmen an Eurer Voll-
    kommenheit, die alles Edle umgreift. Herrin, gebt seiner Seele
    diese hohe Freude. Wenn Ihr nur wollt, dann ist sein Leid zu
    Ende. So zeigt Ihr ihm den Weg, sich selbst nach dem Voll-
    kommenen zu sehnen."

IV „Daß er sich von Herzen bewahrt, darauf kann ich nicht fest
    vertrauen. Neben allen geraden Straßen laufen krumme Wege,
    vor ihnen möge mich Gott behüten. Den geraden Weg will ich

---

an F.   7 gewiß   8 *des* dadurch   II, 1–2 unterläßt es nicht, ihm . . .
zu geben   4 *sanfte tuot* wohltut III, 4 *sît diu* weil diese *(güete)* . . .
6 *verkêret* ins Gegenteil verwandelt   8 „daß er nach dem Tun
des wahrhaft Guten strebt" IV, 1 *michs an in* . . . *gelâzen* mich
in dieser Angelegenheit auf ihn verlassen

ze leide im der mich anders lêre.
swar ich kêre,
dâ müeze mich doch got bewarn."

4

I   Got gebe ir iemer guoten tac   (L.-K. 119,17)
    und lâze mich si noch gesehen,
    Diech minne und niht erwerben mac.
    mich müet daz ich si hôrte jehen
5   Wie holt si mir entriuwen wære,
    und sagte mir ein ander mære,
    des mîn herze lîdet kumber inneclîchen iemer sît.
    ouwê wie süeze ein arebeit!
    ich hân ein senfte unsenftekeit.

II   „Ich wære dicke gerne frô,
    wan daz ich niht gesellen hân.
    Nû si alle trûrent sô,
    wie möhte ichz eine denne lân?
5   Ich müese ir vingerzeigen lîden,
    ichn wolte fröide durch si mîden.
    sus behalte ich wol ir hulde, daz siz lâzen âne nît.
    ich gelache niemer niht
    wan dâ ez ir dekeiner siht."

III   Ez tuot mir inneclîchen wê,
    als ich gedenke wes man pflac
    In der werlte wîlent ê.
    ouwê deich niht vergezzen mac
5   Wie rehte frô die liute wâren!
    dô kunde ein sælic man gebâren,
    unde spilet im sîn herze gein der wünneclîchen zît.
    sol daz niemer mêr geschehen,
    sô müet mich daz ichz hân gesehen.

gehen, allen zum Trotz, die mir andere Wege weisen. Auf allen Wegen bewahre mich, lieber Gott."

4

I Gott, gib ihr immer gute Tage und laß mich sie endlich schauen, die ich liebe und doch nicht gewinnen kann. Mich schmerzt, daß ich sie sagen hörte, sie sei mir gut, und mir ganz anderes sagte. So trägt mein Herz seit diesem Tage großes Leid. Ach, welch süßer Schmerz! Ich fühle selige Qual.

II „Oft wäre ich gerne froh, doch keiner teilt meine Freude. Wenn alle andern traurig sind, kann ich allein mich dann freuen? Sie würden mit Fingern auf mich zeigen, gäbe ich nicht ihnen zuliebe die Freude preis. So aber sind sie mir nicht böse und bleiben mir wohlgesinnt. Ich lache nur, wo es keiner sieht."

III Es schmerzt mich tief, wenn ich daran denke, wie es einst war auf der Welt. Ach, daß ich nicht vergessen kann, wie froh die Menschen waren! Da konnte ein glücklicher Mann schön und freudig leben, und es lachte sein Herz dem Glück des Sommers entgegen. Wenn es nie mehr so kommt, dann bin ich traurig, daß ich's je sah.

---

7 wohin immer ich mich wende | I, 1 *gebe.* . . . möge ihr geben   II, 2 *wan* oft adversativ: „außer, außer daß"   5 müßte . . . erleiden 7 *nît* Zorn, Haß   III, 2 *wes man pflac* wie man es hielt, was man tat   7 *spiln* sich vergnügen, hier: sich froh bewegen

IV   „Got hât vil wol ze mir getân,
     sît ich mit sorgen minnen sol,
     Daz ich mich underwunden hân
     dem alle liute sprechent wol.
 5   Im wart von mir in allen gâhen
     ein küssen und ein umbevâhen.
     seht dô schôz mir in mîn herze daz mir iemer nâhe lît
     unz ich getuon des er mich bat.
     ich tætez, wurde mirs diu stat."

5

I   Maneger frâget waz ich klage   (L.-K. 13,33)
     unde giht des einen daz ez iht von herzen gê.
     Der verliuset sîne tage,
     wand im wart von rehter liebe weder wol noch wê.
 5   Des ist sîn geloube kranc.
     swer gedæhte
     waz diu minne bræhte,
     der vertrüege mînen sanc.

II   Minne ist ein gemeinez wort
     und doch ungemeine mit den werken, dêst alsô.
     Minne ist aller tugende ein hort;
     âne minne wirdet niemer herze rehte frô.
 5   Sît ich den gelouben hân,
     frouwe Minne,
     fröit ouch mir die sinne;
     mich müet, sol mîn trôst zergân.

III Mîn gedinge ist, der ich bin
     holt mit rehten triuwen, dazs ouch mir daz selbe sî.
     Triuget dar an mich mîn sin,

IV, 5 *Im wart* er erhielt; *in allen gâhen* jäh, plötzlich   7 *daz*

IV „Da ich mit Sorgen lieben muß, hat Gott es gut gefügt, daß ich mir den erwählte, den jeder preist. Ich eilte zu ihm und küßte und umarmte ihn. Seht, da drang es mir ins Herz und ist mir immer nah, bis ich erfülle, worum er mich bat. Hätt' ich Gelegenheit, ich würde es tun."

5

I Mancher fragt, was ich denn klage, und sagt gar, meine Klage komme nicht von Herzen. Der vergeudet seine Tage, er hat Glück und Leid wahrer Liebe nie erfahren. Darum zweifelt er. Doch wer begreift, was die Liebe tut und schenkt, der hört mein Lied nicht ohne Sympathie.

II Liebe ist ein Wort, das jeder kennt, doch eine Wirklichkeit, die keiner lebt: das ist nur allzu wahr. Liebe ist ein Schatz all des Guten, das ein Mensch besitzt; kein Herz wird ohne Liebe wahrhaft froh. Das glaube ich fest, daher gebt, Frau Minne, auch meinem Herzen Freude. Es schmerzt mich, wenn meine Hoffnung so zerrinnen soll.

III Ich liebe sie in wahrer Treue und hoffe von Herzen, daß auch sie mich in Treue liebt. Doch wenn das nur ein Wunschbild ist,

---

mir ... etwas, das mir immer nahegeht | I, 2 *des einen* in einem fort; *iht = niht* 5 *kranc* schwach 8 *vertrüege* ließe sich gefallen II, 1 *gemeine* vertraut III, 2 *dazs* daß sie

sô ist mînem wâne leider lützel fröiden bî.
5 Neinâ hêrre! sist sô guot,
swenne ir güete
erkennet mîn gemüete,
daz si mir daz beste tuot.

IV Wiste si den willen mîn,
liebes unde guotes des wurd ich von ir gewert.
Wie möht aber daz nû sîn,
sît man valscher minne mit sô süezen worten gert?
5 Daz ein wîp niht wizzen mac
wer si meine,
disiu nôt alleine
tuot mir manegen swæren tac.

V Der diu wîp alrêrst betrouc,
der hât beide an mannen und an wîben missevarn.
In weiz waz diu liebe touc,
sît sich friunt gein friunde niht vor valsche kan bewarn.
5 Frouwe, daz ir sælic sît!
lât mit hulden
mich den gruoz verschulden,
der an friundes herzen lît.

6

I Ir vil minneclîchen ougenblicke   (L.-K. 112,17)
rüerent mich alhie, swann ich si sihe,
In mîn herze. owê sold ich si dicke
sehen, der ich mich für eigen gihe!
5 Eigenlîchen dien ich ir;
daz sol si vil wol gelouben mir.

IV, 2 *wurd ich ... gewert* würde mir gewährt   6 *meinen* Grund-

ach, dann ist bei meiner Hoffnung wenig Freude. Aber nein, lieber Gott! sie ist so gut, daß sie mir alles Liebe schenkt, sobald ihr gutes Herz mein Herz erkennt.

IV Wüßte sie, was ich denke und will, sie würde mir viel Liebes und Gutes schenken. Doch wie kann sie es mir schenken, wenn man mit so süßen Worten untreu um Liebe wirbt? Daß eine Frau nicht wissen kann, wer sie in Wahrheit liebt: diese Not allein macht an vielen Tagen das Herz mir schwer.

V Wer zum erstenmal eine Frau betrog, der ist an Männern und Frauen schuldig geworden. Ich weiß nicht mehr, was die Liebe soll, wenn Liebende einander nicht mehr vertrauen dürfen. Herrin, habt Glück und Segen! Dürfte ich einen Gruß verdienen, den mir Eure Huld aus liebendem Herzen schenkt!

6

I Die lieben Blicke ihrer Augen treffen mich, wenn ich die Liebste sehe, mitten ins Herz. Ach, könnte ich doch oft sie sehen, der ich mich zu eigen gebe. Ihrem Dienst gehören Leib und Seele, das soll sie ganz fest glauben.

---

bed. „denken", „Gesinnung haben gegen jdn.", oft: „lieben"   V, 2 *beide* sowohl ... als auch; *missevarn* schlecht gehandelt | I, 2 *swann* so oft   4 *für eigen gihe* sage, ich gehöre ihr   5 *Eigenlichen* als Leibeigener

II Ich trage inme herzen eine swære
    von ir die ich lâzen niht enmac,
    Bî der ich vil gerne tougen wære
    beide naht und ouch den liehten tac.
 5 Des enmac nû niht gesîn,
    ez enwil diu liebe frouwe mîn.

III Sol ich mîner triuwe alsust engelten,
    so ensol niemer man getrûwen ir.
    Sie vertrüege michels baz ein schelten
    danne ein loben, daz geloubet mir.
 5 Wê war umbe tuot si daz,
    der mîn herze treit vil kleinen haz?

III, 1 *alsust* auf solche Weise   3 *vertrüege* gestattete   6 *kleinen*
haz Litotes, typ. mhd. *understatement:* Emphase des Gegenteils

II Großen Kummer trage ich im Herzen um ihretwillen, die ich
nicht lassen kann und bei der ich gerne heimlich wäre in der
Nacht und am hellen Tag. Doch es darf nicht sein, meine liebe
Herrin will es nicht.

III Wenn ich für meine Liebe keinen besseren Lohn bekomme,
dann darf kein Mann sie mehr lieben und ihr vertrauen.
Glaubt mir, sie ließe sich lieber schelten als loben. Warum tut
sie das, die ich doch so herzlich liebe?

Erste Reinmarfehde

7

In dem dône: Ich wirbe umb allez daz ein man
(L.-K. 111,22)

I Ein man verbiutet âne pfliht
   ein spil, des im doch nieman wol gevolgen mac.
   Er giht sowenne ein wîp ersiht
   sîn ouge, daz si sî sîn ôsterlîcher tac.
5 Wie wære uns andern liuten sô geschehen,
   solt wir im alle sînes willen jehen?
   ich bin derz im versprechen muoz:
   bezzer wære mîner frouwen senfter gruoz.
   deist mates buoz!

II „Ich bin ein wîp dâ her gewesen
    sô stæte an êren und ouch alsô wol gemuot.
    Ich trûwe ouch noch vil wol genesen,
    daz mir mit stelne nieman keinen schaden tuot.
5   Swer küssen hie ze mir gewinnen wil,
    der werbe ab ez mit fuoge und anderm spil.
    ist daz ez im wirt ê iesâ,
    er muoz sît iemer sîn mîn diep, und habe imz dâ
    und anderswâ!"

8

I „Mir tuot einer slahte wille   (L.-K. 113,31)
   sanfte, und ist mir doch dar under wê.
   Ich minne einen ritter stille,
   dem enmag ich niht versagen mê
5 Des er mich gebeten hât.
   tuon ich des niht, mich dunket daz mîn niemer werde rât.

_____

I, 1 _verbieten_ ein unüberbietbares Angebot machen; auf Schach
angewandt: Matt sagen; _âne pfliht_ ohne Zustimmung (des Spiel-

7

In dem Ton: *Ich wirbe umb allez daz ein man*

I Ein Mann sagt: „Matt!" in einem Spiel und meint, man könne nichts dagegen tun, doch niemand macht da mit, und keiner stimmt ihm zu. Wenn er die eine Frau erblickt, so sagt er nämlich, sie sei sein Osterfest und seine Auferstehung. Was wäre mit uns andern, wenn wir, wie er will, uns alle nur dem Preis der Einen beugten? Ich sage: Nein! Besser wäre *meiner* Herrin liebevoller Gruß. Das Matt ist abgewehrt.

II Reinmars Dame:
„Ich war doch bisher immer eine sehr geachtete, charakterfeste Frau und glaube, ich kann auch in Zukunft mich vor Diebesschaden retten. Wer einen Kuß von mir gewinnen will, der soll darum in Anstand und mit andern Spielen werben. Doch nimmt er ihn schnell vorher, so nenne ich ihn immer einen Dieb; er soll behalten, was er gestohlen hat, hier und wo er will."

8

I „Das eine Verlangen tut mir wohl und gibt mir Schmerzen. Ich liebe einen Ritter – niemand weiß es – und ich kann ihm nicht länger versagen, worum er mich bat. Ich glaube, daß niemand je mir helfen kann, sage ich nicht ‚Ja' zu ihm.

---

leiters) **2** *gevolgen* Folge leisten **6** *sînes willen jehen* reden, wie er will **7** *versprechen* widersprechen II, 7 geschieht es, daß ihm alsbald vorher zuteil wird | I, 1 *einer slahte wille* einerlei Wollen, Verlangen **6** wenn ich nicht tue, worum er mich bat

II Dicke dunke ich mich sô stæte
    mînes willen. sô mir daz geschiht,
    Swie vil er mich denne bæte,
    al die wîle daz enhulfe niht.
  5 Ieze hân ich den gedanc:
    waz hilfet daz? der muot enwert niht eines tages lanc.

III Wold er mich vermîden mêre!
    jâ versuochet er mich alze vil.
    Ouwê des fürht ich vil sêre,
    daz ich müeze volgen swes er wil.
  5 Gerne het ichz nû getân,
    wan deichz im muoz versagen und wîbes êre sol begân.

IV In getar vor tûsent sorgen,
    die mich tougen in dem herzen mîn
    Twingent âbent unde morgen,
    leider niht getuon den willen sîn.
  5 Daz ichz iemer einen tac
    sol fristen, dêst ein klage diu mir ie bî dem herzen lac.

V   Sît daz im die besten jâhen
    daz er alsô schône künne leben,
    Sô hân ich im mir vil nâhen
    inme herzen eine stat gegeben,
  5 Dâ noch nieman in getrat.
    si hânt daz spil verlorn, er eine tuot in allen mat."

9

I   Mich hât ein wünneclîcher wân   (L.-K. 71,35)
    und ouch ein lieber friundes trôst

II, 6 *der muot* diese Gesinnung III, 1 *vermîden* fern bleiben
2 *versuochen* Wortspiel von „aufsuchen" und „auf die Probe stel-

II   Oft meine ich, mein Wille sei so fest. In solchen Stunden
      wär' all sein Bitten umsonst. Doch gleich kommen andere
      Gedanken: ,Was hilft es denn? Mein fester Wille währt
      ja keinen Tag.'

III   Wäre er doch nicht so nah! Zu oft verwirrt sein Kommen
      mir das Herz; ach, und ich fürchte, bald tue ich, was er
      will. Jetzt wollte ich's doch so gerne tun – und darf es
      nicht, und muß mir meine Frauenehre bewahren.

IV   In meinen tausend Ängsten, die heimlich Tag und Nacht
      mein Herz bedrängen, kann ich ihm, ach, nicht schenken,
      was er will; ich habe nicht den Mut. Und doch – daß ichs
      nur einen Tag noch ihm verweigern soll, das klage ich im-
      mer in meinem Herzen.

V   Ich höre die Besten sagen, daß sein Leben edel und voll-
      kommen sei. Da hab' ich ihm nah bei mir ganz tief im
      Herzen Raum gegeben, keinen andern ließ ich dort ein.
      Sie alle haben das Spiel verloren; ganz allein setzt er sie
      matt."

9

I   Süße Träume und die liebe Hoffnung, die die Geliebte
      meinem Herzen gab, weckten in mir Sehnsuchtsschmerzen.

---

len", in Antithese zu *vermîden,* also: äußeres und inneres Nahe-
kommen und Fernsein   IV, 1 *In getar* ich wage nicht

in senelîchen kumber brâht.
Sol der mit fröide an mir zergân,
5 so enwirde ich anders niht erlôst,
ez enkome als ich mirz hân gedâht
Umb ir vil minneclîchen lîp,
diu mir enfremedet alliu wîp,
wan daz ichs dur si êren muoz.
10 jo enger ich anders lônes niht
von ir dekeiner, wan ir gruoz.

II „Mit valschelôser güete lebt
ein man der mir wol iemer mac
gebieten swaz er êre wil.
Sîn stæte mir mit fröide gebt,
5 wan ich ouch sîn vil schône pflac;
daz kumt von grôzer liebe vil.
Mir ist an ime, des muoz ich jehen,
ein schœnez wîbes heil geschehen.
diu sælde wirt uns beiden schîn.
10 sîn tugent hât ime die besten stat
erworben in dem herzen mîn."

III Die mîne fröide hât ein wîp
gemachet stæte und mich erlôst
von schulden al die wîle ich lebe.
Genâde suoch ich an ir lîp;
5 enpfâhe ich wünneclîchen trôst,
der mac wol heizen friundes gebe.
Ein mannes heil mir dâ geschach,
dâ si mit rehten triuwen jach,
ich müese ir herzen nâhe sîn.
10 sus darf es nieman wunder nemen,
ob âne sorge lebt daz mîn.

I, 4–7 wenn dieser Kummer bei mir mit Freude vergehen soll, so
werde ich nur so erlöst, daß geschieht, wie ichs mir von der Lieb-

Sie lösen sich nur dann in Freude, wenn sich erfüllt, was ich von der lieblich Schönen mir ersehne, die mich alle Frauen vergessen macht, nur daß ich alle Frauen ehren muß um ihretwillen. Von keiner Frau will ich reicheren Lohn als ihren Gruß.

II „Es lebt ein Mann ohne böse Gedanken, edel und vollkommen, er kann sich immer von mir wünschen, was seiner Ehre geziemt. Große Freude schenkt mir seine Beständigkeit, denn ich habe in großer Liebe auch ihm mein Herz geschenkt. Ich fand in ihm, das bekenne ich gern, die schönste Erfüllung, die eine Frau sich wünscht; uns beiden hat das Glück sich offenbart. Seine Vollkommenheit hat ihm in meinem Herzen den Ehrenplatz erworben."

III Eine Frau hat mich für mein ganzes Leben von Schuld erlöst; um ihretwillen nimmt mein Glück kein Ende. Ich bitte sie um ihre Liebe. Ihre Antwort, wenn sie mich beseligt, ist eine Gabe, wie sie Liebende einander schenken. Als sie in Wahrheit und Treue bekannte, immer sei ich ihrem Herzen nah, da fand ich die schönste Erfüllung, die ein Mann sich wünscht. Nun soll sich niemand wundern, wenn mein Herz keine Sorgen mehr kennt.

---

lichen gewünscht (erdacht) habe   II, 3 verlangen, was er an ehrender Anerkennung will   4 beschenkt mich mit Freude   9 *wirt . . . schîn* wird offenbar   III, 2–3 *erlôst von schulden* viell. auch: „mit gutem Grund erlöst" (*schult* „Schuld", aber auch „Ursache, Grund")   5 empfange ich eine beglückende Zusicherung

10

I „Dir hât enboten, frouwe guot,   (MF 214,34)
  sîn dienest der dir es wol gan,
  Ein ritter, der vil gerne tuot
  daz beste daz sîn herze kan.
5 Der wil dur dînen willen disen sumer sîn
  vil hôhes muotes verre ûf die genâde dîn.
  daz solt dû minneclîche enpfân,
  daz ich mit guoten mæren var,
  sô bin ich willekomen dar."

II „Dû solt im, bote, mîn dienest sagen:
  swaz ime ze liebe müge geschehen,
  Daz möhte nieman baz behagen,
  der in sô selten habe gesehen.
5 Und bite in daz er wende sînen stolzen lîp
  dâ man im lône; ich bin im ein vil fremedez wîp
  zenpfâhen sus getâne rede.
  swes er ouch anders danne gert,
  daz tuon ich, wan des ist er wert."

III Mîn êrste rede dies ie vernan,
  die enpfienc si deiz mich dûhte guot,
  Unz si mich nâhen zir gewan;
  zehant bestuonts ein ander muot.
5 Swie gerne ich wolte, ich enmac von ir niht komen:
  diu grôze liebe hât sô vaste zuo genomen,
  daz si mich niht enlâzet frî:
  ich muoz ir eigen iemer sîn.
  nu enruoche, est doch der wille mîn.

IV Sît deich ir eigenlîchen sol,
  die wîle ich lebe, sîn undertân,
  Und si mir mac gebüezen wol
  den kumber, den ich durch si hân

10

I   „Edle Herrin, ein Ritter läßt dir sagen, daß er dir dienen will; er ist dir gut und will das Allerbeste, was sein Herz nur weiß, um deinetwillen tun. Dir zuliebe will er diesen Sommer froh und glücklich sein und sehnend hoffen, daß du freundlich bist. Nimm meine Botschaft artig auf und gib mir gute Worte auf den Weg, dann werde ich dort willkommen sein."

II   „Sag ihm, Bote, ich sei ihm sehr verbunden. Keiner, der ihn so selten sah wie ich, wird sich so sehr darüber freuen, wenn ihm Gutes geschieht. Doch bitte ihn, er soll sein stolzes Herz dahin wenden, wo man ihm danken kann: ich bin ihm gar zu fremd und fern, um ein solches Lied mir schenken zu lassen. Wenn er etwas anderes will, das tu' ich gern, denn er verdient es."

III   Mein erstes Lied, das sie je hörte, nahm sie gut auf, da war ich froh; bis ich ihr nahe kam: da wurde sie auf einmal anders. Ich mühe mich, doch komme ich nicht los von ihr; meine Liebe ist so unendlich groß geworden und läßt mich nicht frei. Ich gehöre immer ihr zu eigen. Doch was tut's! So will ich es ja.

IV   Weil ich immer ihr gehöre mit Leib und Leben und sie mein Leid, das ich so lange um sie trug und immer trage, mir

---

II, 1 *dienest* Abstufung der Bedeutungsnuancen im Gebrauch durch den Mann und die Frau (vgl. I, 2)   III, 1 *vernan = vernam*   3 bis sie mich nahe zu ihr brachte   4 alsbald wurde sie anderen Sinnes 9 *enruoche* es kümmert mich nicht   IV, 1 *sol* Futur

5 Geliten nu lange und iemer alsô lîden muoz,
  daz mich enmac getrœsten nieman, sie entuoz,
  sô sol si nemen den dienest mîn,
  und ouch bewarn dar under mich
  dazs an mir niht versûme sich.

V Swer giht daz minne sünde sî,
   der sol sich ê bedenken wol.
   Ir wont vil manic êre bî,
   der man durch reht geniezen sol,
5 Und volget michel stæte und darzuo sælikeit.
   daz iemer ieman missetuot, daz ist ir leit.
   die valschen minne meine ich niht,
   diu möhte unminne heizen baz:
   der wil ich iemer sîn gehaz.

IV, 6 so daß mir niemand helfen kann, wenn sie's nicht tut   8 da-
bei auch für mich sorgen

wenden kann, und niemand mir hilft, nur sie allein – so soll sie meinen Dienst empfangen, doch auch sorgen, daß sie mir das Meine gibt.

V Wer sagt, daß Liebe Sünde sei, der soll's zuvor genau bedenken. Bei der Liebe stehen Ruhm und Preis, die uns mit Recht zugute kommen; Glück und Beständigkeit folgen ihr. Ihr ist es leid, wenn jemand Unrecht tut. Die falsche Minne meine ich nicht, die sollte man eher Unminne nennen: sie will ich immer hassen.

Wanderjahre

11

I   Ganzer fröiden wart mir nie sô wol ze muote: (L.-K. 109,1)
     mirst geboten daz ich singen muoz.
     Sælic sî diu mir daz wol verstê ze guote!
     mich mant singen ir vil werder gruoz.
   5 Diu mîn iemer hât gewalt,
     diu mac mir wol trûren wenden
     unde senden   fröide manicvalt.

II   Gît daz got daz mir noch wol an ir gelinget,
     seht, sô wære ich iemer mêre frô.
     Diu mir beide herze und lîp ze fröiden twinget,
     mich betwanc nie mê kein wîp alsô.
   5 E was mir gar unbekant
     daz diu minne twingen solde
     swie si wolde,   unz ichz an ir bevant.

III Minne, wunder kan dîn güete liebe machen
     und dîn twingen swenden fröiden vil.
     Dû lêrst ungemüete ûz spilnden ougen lachen,
     swâ dû mêren wilt dîn wunderspil.
   5 Dû kanst fröidenrîchen muot
     sô verworrenlîche verkêren,
     daz dîn sêren   sanfte unsanfte tuot.

IV   Süeze Minne, sît nâch dîner süezen lêre
     mich ein wîp alsô betwungen hât,
     Bit si dazs ir wîplîch güete gegen mir kêre:
     sô mac mîner sorgen werden rât.
   5 Dur ir liehten ougen schîn
     wart ich alsô wol enpfangen,
     gar zergangen   was daz trûren mîn.

I, 1 Noch nie hatte ich so sehr eine vollkommene Freude im Sinn
2 *geboten* inneres Gebot (unsere Übers.), oder äußeres II, 7 *unz*

11

I   Noch niemals ging mein Herz so ganz der Freude entgegen;
    es will nun, daß ich singe. Gepriesen sei die Frau, wenn
    sie's aufnimmt mit freundlichem Herzen. Ihr lieber Gruß
    hat mich zu meinen Liedern ermuntert. Sie allein, die immer
    meine Herrin ist, kann mich trösten in meinem Kummer und
    reiche Freude mir schenken.

II Schenkt Gott mir Erfüllung in meiner Liebe zu ihr, ach,
    dann bin ich immer, immer froh. Sie drängt mir Leib und
    Seele hin zum Glück, keine Frau hat mich je so bedrängt
    und bezwungen. Einst wußte ich nicht, daß die Liebe
    drängt und zwingt ganz wie sie will, an ihr erst hab' ich's
    erfahren.

III Liebe, bist du gut, dann kannst du eine Wunderfülle lieber
    Freude schenken, doch alle Freude schwindet, wenn du uns
    so hart bedrängst. Du lehrst die Traurigen aus strahlenden
    Augen lachen, wo du dein Wunderspiel noch wunderbarer
    machen willst. Doch kannst du auch ein Herz voll Freude
    so tief verwirren, daß herb und sanft die Wunden schmer-
    zen, die du schlägst.

IV Süße Liebe, nun hat nach deiner holden Lehre eine Frau
    mich so ganz bezwungen: bitte sie, daß sie zu mir kommt
    in all ihrer Frauengüte und meine Sorgen von mir nimmt.
    Im hellen Glanz ihrer Augen empfing sie mich so schön,
    und all meine Traurigkeit ist vergangen.

---

bis   III, 1 *güete* Subj.   2 *swenden* „schwinden machen": dein
Zwingen kann Freude zerstören   3 *ungemüete* Betrübnis   7 *dîn*
sêren dein Verwunden

V Mich fröit iemer daz ich alsô guotem wîbe
   dienen sol ûf minneclîchen danc.
   Mit dem trôste ich dicke trûren mir vertrîbe,
   und wirt al mîn ungemüete kranc.
5 Endet sich mîn ungemach,
   sô weiz ich von wârheit danne
   daz nie manne   an liebe baz geschach.

12

I Ich bin nû sô rehte frô,   (L.-K. 118,24)
   daz ich vil schiere wunder tuon beginne.
   Lîhte ez sich gefüeget sô,
   daz ich erwirbe mîner frouwen minne.
5 Seht, sô stîgent mir die sinne
   wol hôher danne der sunnen schîn. genâde, ein küniginne!

II Ich ensach die schœnen nie
    sô dicke, daz ich daz gen ir verbære,
    Mirne spilten dougen ie.
    der kalte winter was mir gar unmære;
5   Ander liute dûhte er swære:
    mir was die wîle als ich enmitten in dem meien wære.

III Disen wünneclîchen sanc
     hân ich gesungen mîner frouwen zêren.
     Des sol si mir wizzen danc:
     durch sie sô wil ich iemer fröide mêren.
5   Wol mac si mîn herze sêren:
     waz danne, ob si mir leide tuot? si mac ez wol verkêren.

IV Daz enkunde nieman mir
    gerâten daz ich schiede von dem wâne.

_____

V, 4 *wirt ... kranc* wird geringer | II, 2–3 daß ich es ihr gegen-

V Immer freut mich, daß ich einer so vollendet guten Frau
dienen darf und auf Erfüllung hoffen. Oft, wenn ich traurig
bin, gibt mir diese Hoffnung Trost, und all mein Leid
vergeht. Wenn einst mein Unglück zu Ende ist, dann weiß
ich ganz gewiß, kein Mann hat größere Liebe und Freude
erfahren.

12

I Ich bin nun so herzlich froh, fast könnte ich Wunder tun.
Vielleicht geschieht's, daß ich die Liebe meiner Herrin
finde. Ach, dann steigen Herz und Gedanken höher als der
Glanz der Sonne. Das schenk mir, Königin!

II Immer leuchteten mir die Augen, wenn ich die Schöne sah.
Ich merkte nicht, wie kalt der Winter war; die andern fan-
den ihn hart und trübe, doch mir war in all den Tagen, als
sei ich mitten im Mai.

III Dies frohe Lied sang ich zum Preis meiner Herrin, dafür
soll sie mir dankbar sein. Für sie will ich größere Freude
stiften immer und überall. Wohl kann sie mein Herz ver-
wunden, doch was schadet es, wenn sie mir Leid zufügt?
Sie kann es auch wenden.

IV Niemand könnte mich bewegen, meine Hoffnung fallenzu-
lassen. Wenn Herz und Gedanken die Herrin verließen,

über unterlassen hätte, daß mir immer die Augen strahlten

Kêrt ich mînen muot von ir,
wâ funde ich denne ein alsô wol getâne,
5 Diu sô wære valsches âne?
sist schœner unde baz gelobet denn Elêne und Dîjâne.

*

(V) „Hœrâ Walther, wiez mir stât,
mîn trûtgeselle von der Vogelweide.
Helfe suoche ich unde rât:
diu wol getâne tuot mir vil ze leide.
5 Kunden wir gesingen beide,
deich mit ir müeste brechen bluomen an der liehten heide!"

13

I Wil ab iemen wesen frô,   (L.-K. 42,31)
daz wir in den sorgen iemer niht enleben?
Wê wie tuont die jungen sô,
die von fröiden solten in den lüften sweben?
5 Ichn weiz anders weme ichz wîzen sol,
wan den rîchen wîze ichz und den jungen.
die sint unbetwungen:
des stât in trûren übel und stüende in fröide wol.

II Wie frô Sælde kleiden kan,
daz si mir gît kumber unde hôhen muot!
Sô gîts einem rîchen man
ungemüete: owê waz sol dem selben guot?
5 Mîn frou Sælde, wie si sich vergaz,
daz si mir sîn guot ze mînem muote
niene schriet, si guote!
mîn kumber stüende im dort bî sînen sorgen baz.

―――――――――

IV, 5 die so ganz ohne Böses wäre | I, 5 ich weiß sonst niemand,

wo fände ich eine Frau so edel und schön? Schöner ist sie und rühmenswerter als Helena und Diana.

*

(V) „Hör, Walther, wie es um mich steht, du liebster Freund von der Vogelweide. Hilfe suche ich und Beistand; die Schöne fügt mir viel Schmerzen zu. Könnten du und ich doch unsere Lieder singen, und ich dürfte mit ihr Blumen pflücken auf der bunten, strahlenden Wiese!"

13

I Will denn niemand wieder fröhlich sein – wir wollen doch nicht immer in Sorge leben! Ach, wie führt sich die Jugend auf, die doch vor Freude hoch zum Himmel fliegen sollte. Wer ist denn schuld daran? Die Reichen, sage ich, und die Jungen, denn die sind frei und ohne äußere Not. Die sollten nicht die Köpfe hängenlassen; Freude stünde ihnen besser zu Gesicht.

II Wie seltsam uns das Glück beschenkt, die wunderliche Frau! Mir gibt sie Armut und ein frohes Herz, und einem Reichen gibt sie Verdruß – was hilft ihm dann sein Geld? Die Dame Glück, wie hat sie sich vertan, die Gute, daß sie nicht meiner Munterkeit sein Geld anpaßte wie ein Kleid – dagegen stünde meine Armut ihm und seinen Sorgen gut.

---

dem ich darüber Vorwürfe machen sollte II, 1 *kleiden* ausstatten ten 2 *kumber* Not, hier speziell äußerliche 8 *baz* besser

III   Swer verholne sorge trage,
      der gedenke an guotiu wîp, er wirt erlôst,
      Und gedenke an liehte tage.
      die gedanke wâren ie mîn bester trôst.
    5 Gegen den vinstern tagen hân ich nôt,
      wan daz ich mich rihte nâch der heide,
      diu sich schamt vor leide:
      sô si den walt siht gruonen, sô wirts iemer rôt.

IV   Frouwe, als ich gedenke an dich,
      waz dîn reiner lîp erwelter tugende pfliget,
      Sô lâ stân! dû rüerest mich
      mitten an daz herze, dâ diu liebe liget.
    5 Liep und lieber des enmein ich niht,
      ez ist aller liebest, daz ich meine.
      dû bist mir alleine
      vor al der welte, frouwe, swaz joch mir geschiht.

14

I   Nû sing ich als ich ê sanc: (L.-K. 117,29)
      „wil abe iemen wesen frô?
      Daz die rîchen haben undanc,
      und die jungen haben alsô!"
    5 Wist ich waz in würre (möhten si mirz gerne sagen),
      ich hülf in ir schaden klagen.

II   Wer gesach ie bezzer jâr,
      wer gesach ie schœner wîp?
      Daz entrœstet niht ein hâr
      einen unsæligen lîp.
    5 Wizzet, swem der anegenget an dem morgen fruo,
      deme gêt ungelücke zuo.

───────────────

III, 5 *Gegen* um   8 wenn sie den Wald ergrünen sieht   IV, 2

III Wer heimliche Not im Herzen trägt, der soll an edle Frauen und helle Sommertage denken, dann wird er frei. Stets waren solche Gedanken meine beste Hilfe und mein schönster Trost. An düsteren, kalten Tagen ist das Herz mir schwer; doch dann schaue ich auf die Heide, und mir geht's wie ihr: sie schämt sich, wenn sie traurig ist, und errötet, wenn der Wald ergrünt.

IV Herrin, wenn ich an dich denke in deiner Reinheit und Vollkommenheit – nicht weiter! rufe ich, du greifst mir mitten ins Herz, wo Freude und Liebe ruhn. Nicht Liebes und Lieberes, nein, ich meine nur das Allerliebste. Was immer sei, du, Herrin, allein bist mir lieber als die ganze Welt.

14

I Wieder sing' ich, wie ich früher sang: „Will denn niemand fröhlich sein? Verwünscht sollen die Reichen sein, und die Jugend auch!" Wüßte ich, was ihnen fehlt (wenn sie mir's doch sagen wollten!), so würde ich mit ihnen um ihren Kummer klagen.

II Wer sah je ein besseres Jahr, wer eine schönere Frau? Doch wer mit Unglück geschlagen ist, den tröstet das alles nicht. Wißt: er bringt auch Unheil einem jeden, der ihm früh am Morgen begegnet.

---

was du Reine für erlesene Eigenschaften hast   8 was immer mir auch geschehen möge | II, 2 *schœner wîp* viell. auch Pl.   6 dem widerfährt ein Mißgeschick

III Ich wil einer helfen klagen,
    der ouch fröide zæme wol,
    Dazs in alsô valschen tagen
    schœne tugent verliesen sol.
  5 Hie vor wær ein lant gefröut umb ein sô schœne wîp;
    waz sol der nû schœner lîp?

IV Swâ sô liep bî liebe lît
    gar vor allen sorgen frî,
    Ich wil daz des winters zît
    den zwein wol erteilet sî.
  5 Winter unde sumer, der zweier êren ist sô vil
    daz ich beide loben wil.

V Hât der winter kurzen tac,
    sô hât er die langen naht,
    Daz sich liep bî liebe mac
    wol erholn daz ê dâ vaht.
  5 Waz hân ich gesprochen? wê jâ het ich baz geswigen,
    sol ich iemer sô geligen.

15

I Wer kan nû ze danke singen?   (L.-K. 110,27)
    dirre ist trûric, der ist frô.
    Wer kan daz zesamene bringen?
    dirre ist sus und der ist sô.
  5 Sie verirrent mich
    und versûment sich:
    wess ich waz si wolten, daz sung ich.

II Fröide und sorge erkenne ich beide,
    dâ von singe ich swaz ich sol.
    Mir ist liebe, mir ist leide,

IV, 3 *Ich wil* hier und auch sonst in der Bed. „ich meine, ich be-

III Auch sie verdiente es, froh zu sein; ich will ihr klagen hel-
     fen, daß sie ihre Schönheit und ihr edles Herz an unsere
     treulose Zeit verschwendet. Einst hätte eine so schöne Frau
     einem ganzen Land Freude gebracht, doch heute – was
     hilft ihr ihre Schönheit?

IV   Wenn die Liebste bei dem Liebsten liegt, von allem Kummer
     frei, dann meine ich, die Winterzeit sei den beiden gerade
     recht. Winter und Sommer: alle zwei sind so gut und schön,
     gern sage ich Gutes von beiden.

V   Hat der Winter kurze Tage, so hat er doch die langen Näch-
     te, da kann der Liebste bei der Liebsten sich erquicken von
     des Tages Mühe. Doch was hab' ich da gesagt! Ich wäre bes-
     ser still gewesen, will ich mich jemals so erquicken!

15

I   Wer kann heute so singen, daß es allen gefällt? Der eine
     ist traurig, der andere ist froh – wer kann froh und traurig
     vereinen? Der eine ist so und der andere ist anders. Sie
     zögern, sie verwirren – doch alle Lieder würde ich für sie
     singen, wüßte ich nur, was sie wollen.

II   Ich weiß von Freude, ich weiß von Sorge – und so singe
     ich, wie man's will. Süße und Trauer kann ich fühlen; das

---

haupte" 4 *erteilet* zugeteilt, angemessen V, 4 *daz ê dâ vaht*
(das *liep*), das sich vorher dort abgekämpft hatte | I, 1 so sin-
gen, daß man ihm Dank weiß 5–6 sie stören mich und zögern

summerwünne tuot mir wol;
5 Swaz ich leides hân,
daz tuot zwîvelwân,
wiez mir umb die lieben sül ergân.

III   Wol iu kleinen vogellînen!
iuwer wünneclîcher sanc
Der verschallet gar den mînen.
al diu werlt diu seit iu danc.
5 Alsô danken ir . . .

16

I   Muget ir schouwen waz dem meien   (L.-K. 51,13)
wunders ist beschert?
Seht an pfaffen, seht an leien,
wie daz allez vert.
5 Grôz ist sîn gewalt.
ine weiz obe er zouber künne;
swar er vert in sîner wünne,
dân ist niemen alt.

II   Uns wil schiere wol gelingen:
wir suln sîn gemeit,
Tanzen, lachen unde singen
âne dörperheit.
5 Wê wer wære unfrô?
sît die vogele alsô schône
singent in ir besten dône,
tuon wir ouch alsô!

III   Wol dir, meie, wie dû scheidest
allez âne haz!
Wie dû walt und ouwe kleidest
und die heide baz!

Glück des Sommers macht mich froh, traurig machen mich
Furcht und Zweifel, wie es mir wohl bei der Liebsten er-
geht.

III Viel Gutes wünsch' ich Euch, kleine Vögelein! Eure frohen
Lieder klingen süßer als die meinen. Dafür dankt euch alle
Welt . . .

16

I Schaut doch, wieviel Wunderbares sich dem Maien schenkt!
Schaut alle Welt in buntem, glücklichem Leben! Seine
Macht ist groß! Er kann vielleicht gar zaubern, denn wohin
er seine Schönheit trägt, ist niemand alt.

II Auch unser Wunsch erfüllt sich bald; wir werden fröhlich
sein, tanzen, lachen und singen, nicht wie Bauern, sondern
leicht und schön. Ach, wer wollte da nicht glücklich sein!
Die Vögel singen ihre schönsten Lieder – laßt uns singen
wie sie!

III Wie freut es uns, Mai, daß du allen Streit so freundlich
schlichtest; daß du Wäldern und Auen so schöne Kleider
schenkst, der Heide die allerschönsten. Sie hat die buntesten

---

III, 3 *verschallet* übertönt, überbietet 5 wohl: so wollen wir ihr
danken | I, 2 *wunders* eine wunderbar reiche Fülle 3 *pfaffen,*
leien häufig in der Dichtung der Zeit Antithesen, die sich zur
Totalität ergänzen 4 wie es ihnen ergeht, oder: wie sie alle
dahinziehen 7 *wünne* Pracht, Lust, Schönheit II, 4 *dörperheit*
Inbegriff des maßlosen, zuchtlosen, unästhetischen, antihöfischen
Elements

5 Diu hât varwe mê.
„du bist kurzer, ich bin langer" –
alsô strîtents ûf dem anger,
bluomen unde klê.

IV Rôter munt, wie dû dich swachest!
   lâ dîn lachen sîn.
   Scham dich daz dû mich an lachest
   nâch dem schaden mîn.
   5 Ist daz wol getân?
   owê sô verlorner stunde,
   sol von minneclîchem munde
   solch unminne ergân.

V Daz mich, frouwe, an frôiden irret,
   daz ist iuwer lîp.
   An iu einer ez mir wirret,
   ungenædic wîp.
   5 Wâ nemt ir den muot?
   ir sît doch genâden rîche:
   tuot ir mir ungnædeclîche,
   sô sît ir niht guot.

VI Scheidet, frouwe, mich von sorgen,
   liebet mir die zît!
   Oder ich muoz an frôiden borgen.
   daz ir sælic sît!
   5 Muget ir umbe sehen?
   sich frôit al diu welt gemeine:
   möhte mir von iu ein kleine
   frôidelîn geschehen!

III, 8 *klê* oft für das Grün der Wiese überhaupt benutzt IV, 1
swachen herabsetzen, erniedrigen V, 1 *irret* stört VI, 4 Wapn.
übers. in ironischem Ton: „Dann: Gehabt Euch wohl!"

Farben, da streiten sich – „du bist kürzer, ich bin länger" –
auf der Wiese Blumen und Grün.

IV Roter Mund, wie entstellt dich dein Lachen, laß es sein!
Schäme dich, mich so schadenfroh auszulachen! Schickt sich
denn das? Wie schade um die schöne Zeit, wenn aus so
liebem Munde solche Bosheit kommt.

V Ihr allein, meine Dame, steht meiner Freude im Weg. Ihr
allein, grausame Frau, raubt mir mein Glück. Woher denn
diese Laune? Sonst schenkt Ihr doch so viel – wenn Ihr mir
dann gar nichts schenkt, das ist nicht recht!

VI Herrin, erlöst mich von meinem Kummer und macht auch
mir den Maitag lieb! Oder soll ich sonstwo Freude suchen?
Wolltet Ihr doch glücklich sein! Schaut Euch um und seht,
wie alle Welt sich freut – wollt Ihr mir nicht eine kleine,
ach nur kleine Freude schenken?

17

I   Der rîfe tet den kleinen vogelen wê,   (L.-K. 114,23)
daz si niht ensungen.
Nû hœre ichs aber wünneclîch als ê,
nu ist diu heide entsprungen.
5 Dâ sach ich bluomen strîten wider den klê,
weder ir lenger wære.
mîner frouwen seit ich disiu mære.

II   Uns hât der winter kalt und ander nôt
vil getân ze leide.
Ich wânde daz ich iemer bluomen rôt
gesæhe an grüener heide.
5 Joch schadet ez guoten liuten, wære ich tôt,
die nâch fröiden rungen
und die gerne tanzten unde sungen.

III   Versûmde ich disen wünneclîchen tac,
sô wær ich verwâzen,
Und wære mir ein angeslîcher slac;
dennoch müese ich lâzen
5 Al mîne fröide der ich wîlent pflac.
got gesegen iuch alle,
wünschet noch daz mir ein heil gevalle!

18

I   Uns hât der winter geschât über al.   (L.-K. 39,1)
heide unde walt sint beide nû val,
dâ manic stimme vil suoze inne hal.
sæhe ich die megde an der strâze den bal
5 werfen, sô kæme uns der vogele schal.

II, 3 *iemer = niemer* (hier im abhängigen Satz, der Zweifel aus-

17

I Der Reif tat den kleinen Vögeln so weh, daß sie nicht mehr
sangen. Doch jetzt hör' ich sie herrlich schön wie einst, und
die Heide blüht. Da sah ich einmal Blumen streiten mit dem
Klee, wer wohl größer sei. Ich hab's meiner Herrin erzählt.

II Der kalte Winter und manch anderer Schmerz hat uns viel
Leid gebracht. Ich glaubte, niemals wieder würde ich rote
Blumen sehen auf grüner Wiese. Doch wäre ich tot, dann
würden gute Menschen viel verlieren, die einst Freude such-
ten und auch jetzt sich gerne freuten mit Tanzen und Singen.

III Ich wäre ein Narr, wenn ich diesen wunderschönen Tag
verschwendete; ein Unglück wär's, denn dann verlöre ich
auch alle Freude, die ich einst besaß. Behüte Euch alle Gott;
auch mir wünscht Glück!

18

I Uns hat der Winter viel Schlimmes gebracht. Wiesen und
Wälder, wo einst süße Stimmen erklangen, sind nun grau und
kahl. Ach, säh' ich auf der Straße die Mädchen spielen mit dem
Ball, dann wären bald auch wieder die Lieder der Vögel da.

---

drückt) III, 2 *verwâzen* verwünscht 7 *gevalle* zufalle, wider-
fahre

II Möhte ich verslâfen des winters zît!
    wache ich die wîle, sô hân ich sîn nît,
    daz sîn gewalt ist sô breit und sô wît.
    weiz got er lât ouch dem meien den strît;
5   sô lise ich bluomen dâ rîfe nû lît.

19

I Müeste ich noch geleben daz ich die rôsen   (L.-K. 112,3)
    mit der minneclîchen solde lesen,
    Sô wold ich mich sô mit ir erkôsen,
    daz wir iemer friunde müesten wesen.
5   Wurde mir ein kus noch zeiner stunde
    von ir rôten munde,
    sô wær ich an fröiden wol genesen.

II Waz sol lieplich sprechen, waz sol singen,
    waz sol wîbes schœne, waz sol guot,
    Sît man nieman siht nâch fröiden ringen,
    sît man übel âne vorhte tuot?
5   Sît man triuwe, milte, zuht und êre
    wil verpflegen sô sêre,
    sô verzagt an fröiden maneges muot.

20

I Wol mich der stunde, daz ich sie erkande,   (L.-K. 110,13)
    diu mir den lîp und den muot hât betwungen,
    Sît deich die sinne sô gar an sie wande,
    der si mich hât mit ir güete verdrungen.

II, 2 *die wîle* währenddessen 4 *lât ... den strît* überläßt den
Kampfplatz | II, 7 *maneges muot* das Herz, der Sinn eines man-

II Könnte ich doch die Winterzeit verschlafen! Wache ich im
Winter, dann hasse ich ihn, denn überall herrscht er, weit
und breit. Aber bei Gott, einmal muß er dem Mai doch
weichen! Dann pflück' ich Blumen, wo der Reif nun liegt.

19

I Dürfte ich es noch erleben und mit der Liebsten Rosen
pflücken, ich würde so lieb mit ihr plaudern, daß wir immer
einander gehören müßten. Und küßten mich nur einmal
ihre roten Lippen, dann wär' ich in Freude geborgen.

II Doch was hilft uns liebes Plaudern, Singen, Frauenschön-
heit, Geld und Gut, wenn man niemand Freude suchen
sieht und man gewissenlos Böses tut? Wenn man Treue,
Großmut, Sitte und Ehre ganz aus den Händen gibt, dann
verzweifelt an der Freude manches Herz.

20

I Gesegnet die Stunde, da ich sie fand, die mir Leib und
Seele bezwungen hat seit jenem Tag, da all meine Gedanken
zu ihr gingen; sie hat sie mir geraubt in ihrer Reinheit und

---

chen | I, 1 *Wol mich der*... Heil mir wegen der ... 3 ich meine
Gedanken ... zu ihr kehrte 4 *verdringen* m. Gen. wegnehmen

5 Daz ich von ir gescheiden niht enkan,
daz hât ir schœne und ir güete gemachet
und ir rôter munt, der sô lieplîchen lachet.

II Ich hân den muot und die sinne gewendet
an die vil reinen, die lieben, die guoten.
Daz müez uns beiden wol werden volendet,
swes ich getar an ir hulde gemuoten.
5 Swaz ich zer werlde fröiden ie gewan,
daz hât ir schœne und ir güete gemachet
und ir rôter munt, der sô lieplîchen lachet.

21

I   Si wunderwol gemachet wîp,   (L.-K. 53,25)
daz mir noch werde ir habedanc!
Ich setze ir minneclîchen lîp
vil werde in mînen hôhen sanc.
5 Gern ich in allen dienen sol,
doch hân ich mir dise ûz erkorn.
ein ander weiz die sînen wol,
die lob er âne mînen zorn.
hab ime wîs unde wort
10 mit mir gemeine: lob ich hie, sô lob er dort.

II Ir houbet ist sô wünnenrîch,
als ez mîn himel welle sîn.
Wem solde ez anders sîn gelîch?
ez hât ouch himeleschen schîn.
5 Dâ liuhtent zwêne sternen abe,
dâ müeze ich mich noch inne ersehen,
daz si mirs alsô nâhen habe!
sô mac ein wunder wol geschehen:
ich junge, und tuot si daz,
10 und wirt mir gernden siechen seneder sühte baz.

Vollkommenheit. Ich kann nicht mehr von ihr: das hat ihre Schönheit und Vollkommenheit getan und ihr roter Mund, der so schön und freundlich lacht.

II   All mein Fühlen und Denken gehört der Reinen, Lieben, vollendet Guten. Was ich von ihrer Gunst verlangen darf, das soll für sie und mich zu gutem Ende führen. Alle Freude, die die Welt mir gab: das hat ihre Schönheit und Vollkommenheit getan und ihr roter Mund, der so schön und freundlich lacht.

21

I   Die wunderschöne Frau – ach, daß sie mir danken möge! Preisen doch meine Liebeslieder ihre große Schönheit über alles. Gern würde ich allen Frauen dienen, doch erwählte ich mir diese eine. Ein anderer kennt die seine, er soll sie preisen, ich tadle ihn nicht. Und wenn wir auch Wort und Melodie gemeinsam hätten: Ich singe meinen Lobpreis hier, er singe ihn dort!

II   Ihr Haupt ist so schön, als sei's mein Himmel; nur ihm kann es gleichen, leuchtet es doch in himmlischem Glanz. Zwei Sterne strahlen herab, ich möcht' mich in ihnen spiegeln, brächte die Frau sie so nahe! Dann kann noch ein Wunder geschehen: ich werde wieder jung; der sehnende Kranke wird von der Krankheit der Sehnsucht erlöst.

II, 4 was immer ich von ihrer Gunst zu verlangen wage | I, 2 *habedanc* Preis beim Turnier   3–4 ihrer Lieblichkeit gebe ich einen edlen Platz ... 9 *hab ime* ... er möge ... II, 3 wem sonst ... 7 oder: Ach, hielte sie sie mir so nahe!   9 wenn sie das tut

III Got hât ir wengel hôhen flîz,
er streich sô tiure varwe dar,
Sô reine rôt, sô reine wîz,
hie rœseloht, dort liljenvar.
5 Ob ichz vor sünden tar gesagen,
sô sæhe ichs iemer gerner an
dan himel oder himelwagen.
owê, waz lob ich tumber man?
mach ich si mir ze hêr,
10 vil lîhte wirt mîns mundes lop mîns herzen sêr

IV Sie hât ein küssen, daz ist rôt;
gewünne ich daz für mînen munt,
Sô stüende ich ûf von dirre nôt
unt wære ouch iemer mê gesunt.
5 Swâ si daz an ir wengel legt,
dâ wære ich gerne nâhen bî;
ez smecket, sô manz iender regt,
alsam ez vollez balsmen sî.
daz sol si lîhen mir.
10 swie dicke sô siz wider wil, sô gibe ichz ir.

V Ir kel, ir hende, ietweder fuoz,
daz ist ze wunsche wol getân.
Ob ich da enzwischen loben muoz,
sô wæne ich mê beschouwet hân.
5 Ich hete ungerne „decke blôz!"
gerüefet, do ich si nacket sach.
si sach mich niht, dô si mich schôz,
daz mich noch sticht als ez dô stach,
swann ich der lieben stat
10 gedenke, dâ si reine ûz einem bade trat.

III, 5 *tar gesagen* zu sagen wage IV, 1 *küssen* Wortspiel Kissen
und Küssen 7–8 wenn man es irgendwo (irgendwie) anrührt

III Mit Sorgfalt schuf Gott ihre Wangen, mit kostbaren Farben malte er sie, reinem Weiß und Rot, rosenleuchtend hier und dort wie Lilien weiß. Wär's keine Sünde, ich würde es sagen: immer sähe ich lieber die liebe Frau als den Himmel und den Himmelswagen. Doch ich Narr, was preise ich sie so sehr! Hebe ich sie allzu hoch, zu fern von mir, so mag das Rühmen meines Munds mein Herz verwunden.

IV Sie hat ein rotes Kissen; gewährte sie das meinem Munde, dann stünde ich frei von allen Schmerzen auf und wäre für immer gesund. Wo sie sich's an die Wange legt, da wäre ich gern ganz nahe; es ist voll Balsamduft, wenn man's berührt. Sie soll es mir leihen – so oft sie es will, gebe ich's zurück.

V Ihr Hals, ihre Hände und Füße sind vollendet schön. Dazwischen habe ich noch mehr gesehen – falls ich das eine oder andere loben soll. Nicht gerne hätte ich „Bedeck dich!" gerufen, als ich sie nackt erblickte. Sie sah mich nicht, als ihr Pfeil mich traf – er schmerzt wie einst auch jetzt noch jedes Mal, wenn ich an die liebe Stätte denke, wo die Reine aus dem Bade kam.

(bewegt), so duftet es, als sei's voll Balsam V, 2 ze *wunsche* wie man sich's nur wünschen kann 3–4 wenn ich etwas dazwischen loben soll, so glaube ich, ich habe mehr gesehen

Auf dem Weg zur neuen Minne

22

I   „Frouwe, enlât iuch niht verdriezen   (L.-K. 85,34)
    mîner rede, ob si gefüege sî.
    Möhte ichs wider iuch geniezen,
    sô wær ich den besten gerne bî.
5 Wizzet daz ir schœne sît.
    hât ir, als ich mich verwæne,
    güete bî der wolgetæne,
    waz danne an iu einer êren lît!"

II   „Ich wil iu ze redenne gunnen
    (sprechet swaz ir welt), obe ich niht tobe.
    Daz hât ir mir an gewunnen
    mit dem iuwern minneclîchen lobe.
5 Ichn weiz obe ich schœne bin.
    gerne hete ich wîbes güete,
    lêret mich wiech die behüete:
    schœner lîp entouc niht âne sin."

III   „Frouwe, daz wil ich iuch lêren,
    wie ein wîp der werlte leben sol.
    Guote liute sult ir êren,
    minneclîch an sehen und grüezen wol.
5 Eime sult ir iuwern lîp
    geben für eigen, nemet den sînen.
    frouwe, woltet ir den mînen,
    den gæb ich umb ein sô schœne wîp."

IV   „Beide schouwen unde grüezen,
    swaz ich mich dar an versûmet hân,
    Daz wil ich vil gerne büezen.
    ir hât hovelîch an mir getân;
5 Tuot durch mînen willen mê,
    sît niht wan mîn redegeselle.

22

I „Herrin, bitte, laßt mich zu Euch sprechen, ich finde gewiß den rechten Ton. Gerne würde ich zu den Besten gehören, wenn Ihr mich dafür belohntet. Ich sage Euch, Ihr seid schön. Ist auch Eure Seele so schön – das glaube ich fest –, wie viel darf man da an *einem* Menschen preisen!"

II „Ich bin nicht närrisch und laß' Euch reden, was immer Ihr wollt; das schulde ich Eurer Galanterie. Ob ich schön bin, weiß ich nicht; Schönheit der Seele, die hätt' ich gern: lehrt mich, wie ich sie bewahre, denn Schönheit ohne Geist und Seele ist nichts."

III „Herrin, ich will Euch lehren, wie eine Frau sich in der Welt verhalten soll. Die Guten sollt Ihr ehren, schaut sie an und grüßt sie liebevoll. Einem schenkt Euch und nehmt ihn zu eigen, Leib und Leben. Wolltet Ihr mich zu eigen nehmen, ich gäbe mich im Tausch für eine so schöne Frau."

IV „Anschaun und Grüßen – ja, was ich da versäumte, das mach' ich gerne gut. Ihr wart ein echter Kavalier; bleibt's weiterhin, ich bitte, und schenkt und nehmt eben weiterhin

---

I, 1–2 . . . laßt Euch meine Rede nicht lästig sein, wenn sie schicklich ist   3 hätte ich bei Euch einen Nutzen davon   8 wieviel Preisenswertes liegt dann an Euch allein   II, 3 habt Ihr mir abgewonnen   III, 2 *werlte* hier und anderswo auch im Sinn von „Gesellschaft"   IV, 6 seid nichts mehr als mein Konversationspartner

in weiz nieman dem ich welle
nemen den lîp, ez tæte im lîhte wê."

V „Frouwe, lât michz alsô wâgen,
ich bin dicke komen ûz grœzer nôt;
Unde lâts iuch niht betrâgen:
stirbe ab ich, sô bin ich sanfte tôt."
5 „Herre, ich wil noch langer leben.
lîhte ist iu der lîp unmære:
waz bedorfte ich solher swære,
solt ich mînen lîp umb iuwern geben?"

23

I Ir sult sprechen willekomen: (L.-K. 56,14)
der iu mære bringet, daz bin ich.
Allez daz ir habt vernomen,
daz ist gar ein wint, nû frâget mich!
5 Ich wil aber miete;
wirt mîn lôn iht guot,
ich gesage iu lîhte daz iu sanfte tuot.
seht waz man mir êren biete.

II Ich wil tiuschen frouwen sagen
solhiu mære daz si deste baz
Al der werlte suln behagen,
âne grôze miete tuon ich daz.
5 Waz wold ich ze lône?
si sint mir ze hêr,
sô bin ich gefüege und bite si nihtes mêr
wan daz si mich grüezen schône.

II, 2–3 daß sie der ganzen Welt desto besser gefallen mögen

Worte. Keinem wollte ich nehmen Leib und Leben, es
könnte ihn schmerzen."

V   „Herrin, ich will es wagen! Ich habe Schlimmeres erlebt!
Nehmt's Euch nicht zu sehr zu Herzen: sterbe ich dabei, so
war's ein schöner Tod." – „Ich allerdings, mein Herr, will
noch leben. Ihr mögt Euch nicht um Leib und Leben küm-
mern – was soll mir solch schmerzhafte Last, meins für Eures
hinzugeben?"

23

I   Ihr sollt mich willkommen heißen: ich habe Neuigkeiten
für Euch. Was ihr bisher gehört habt, das war nichts, jetzt
aber fragt mich! Freilich will ich Lohn dafür; ist er gut,
dann werde ich Euch vielleicht erzählen, was euch freut.
Seht zu, daß man mir Lohn und Ehre gibt.

II   Ich will das Lob der deutschen Frauen so hell verkünden,
daß sie um so edler dastehn vor aller Welt. Lohn will ich
keinen dafür; was könnte ich mir auch wünschen? Sie stehen
so hoch über mir, da bin ich artig und bitte sie nur, daß sie
mit schönem und freundlichem Gruß mir begegnen.

III   Ich hân lande vil gesehen
      unde nam der besten gerne war.
      Übel müeze mir geschehen,
      kunde ich ie mîn herze bringen dar
    5 Daz im wol gevallen
      wolde fremeder site.
      nû waz hülfe mich, ob ich unrehte strite?
      tiuschiu zuht gât vor in allen.

IV   Von der Elbe unz an den Rîn
      und her wider unz an Ungerlant
      Mugen wol die besten sîn,
      die ich in der werlte hân erkant.
    5 Kan ich rehte schouwen
      guot gelâz unt lîp,
      sem mir got, sô swüere ich wol daz hie diu wîp
      bezzer sint danne ander frouwen.

V   Tiusche man sint wol gezogen,
      rehte als engel sint diu wîp getân.
      Swer si schildet, derst betrogen:
      ich enkan sîn anders niht verstân.
    5 Tugent und reine minne,
      swer die suochen wil,
      der sol komen in unser lant, da ist wünne vil.
      lange müeze ich leben dar inne!

VI   Der ich vil gedienet hân
      und ie mêre gerne dienen wil,
      Diust von mir vil unerlân,
      iedoch tuot si leides mir sô vil.
    5 Si kan mir versêren
      herze und den muot.

_____

IV, 2 _her wider unz an U._ hierher zurück bis nach Ungarn   7 _sem
mir_ Umlautform, ellipt.: so wahr mir (Gott helfe)   7-8 _wîp_ ...

III   In vielen Ländern bin ich gewesen, und gerne sah ich die
      Besten überall. Gott soll mich strafen, könnte ich je mein
      Herz dazu bringen, daß es das Fremde liebt. Was nützte
      es auch, für falsche Meinungen einzutreten? Denn deutsche
      Lebensart übertrifft die andern alle.

IV   Von der Elbe bis zum Rhein und wieder hierher, wo Un-
      garn beginnt, da leben gewiß die Besten, die ich auf der
      Welt je fand. Wenn ich edle Form und Schönheit recht er-
      kennen kann, weiß Gott, ich möchte schwören, hier sind die
      Frauen besser als sonst auf der Welt.

V   Deutsche Männer sind edel und gebildet, wie Engel sind die
      Frauen. Wer von ihnen Böses sagt, der weiß die Wahrheit
      nicht – anders kann ich ihn nicht verstehen. Wer reines
      Wesen und reine Liebe sucht, der soll zu uns kommen, da ist
      Freude und Glück. Ach, dürfte ich noch lange in diesem
      Lande leben!

VI   Ich gebe sie nicht frei, in deren Dienst ich lebte und mit
      Freuden immer leben will: doch sie bereitet mir nur Schmer-
      zen. Sie kann mir Herz und Seele verwunden; vergebe ihr

---

frouwen manche übers. auch: „daß hier die gewöhnlichen Frauen
besser sind als sonstwo die feinen Damen"

nû vergebez ir got dazs an mir missetuot!
her nâch mac si sichs bekêren.

24

I   Ich gesprach nie wol von guoten wîben,   (L.-K. 100,3)
    was mir leit, ich wurde frô.
    Sende sorge konde ich nie vertrîben
    minneclîcher danne alsô.
5   Wol mich, daz ich in hôhen muot
    mit mînem lobe gemachen kan,
    und mir daz sanfte tuot!

II   Owê wolte ein sælic wîp alleine,
    sô getrûrte ich niemer tac,
    Der ich diene, und hilfet mich vil kleine
    swaz ich sie geloben mac.
5   Daz ist ir lieb und tuot ir wol,
    ab si vergizzet iemer mîn,
    sô man mir danken sol.

III Frömdiu wîp diu dankent mir vil schône;
    dazs iemer sælic müezen sîn!
    Daz ist wider mîner frouwen lône
    mir ein kleinez denkelîn.
5   Si hab den willen den si habe;
    mîn wille ist guot, und klage diu werc,
    gêt mir an den iht abe.

VI, 8 *sichs bekêren* darin eine andere Meinung gewinnen | I, 2 ohne,
wenn ich traurig war, nicht wieder froh zu werden   7 und es auch
mir wohltut   II, 3 *kleine* wenig   III, 5 wie auch ihre Einstellung
sei

Gott, was sie mir zuleide tut. Später kann sie anders denken
und in sich gehen.

24

I   War ich einmal traurig, immer wurde ich froh, wenn ich
edle Frauen pries in meinen Liedern. Nie vergaß ich meinen
Liebesschmerz so liebevoll und so schön. Ich bin glücklich,
daß mein Lob ihrer Seele Freude schenken kann und mich
von Leid erlöst.

II   Ach, wollte es die eine liebe Frau, ich wäre keinen Tag
mehr traurig, denn ich gehöre ihr ganz allein; doch hilft
mein Lob mir nichts. Ihr ist das lieb und angenehm, doch
mich vergißt sie immer, wenn sie mir danken soll.

III   Herzlich danken mir fremde Frauen; sie sollen immer glück-
lich sein! Doch gegen den Lohn, den ich von meiner Herrin
haben möchte, ist jener Dank ein armes Kinderspiel. Soll
sie von mir denken, was sie will; ich will das Rechte und
beklage nur, wenn das Tun dem Wollen gar nicht eben-
bürtig ist.

25

I   Mich nimt iemer wunder waz ein wîp   (L.-K. 115,30)
     an mir habe ersehen,
     Dazs ir zouber leit an mînen lîp.
     waz ist ir geschehen?
5   Jâ hât si doch ougen,
     wie kumt dazs als übele siht?
     ich bin aller manne schœnest niht,
     daz ist âne lougen.

II   Habe ir ieman iht von mir gelogen,
     sô besehe mich baz.
     Sist an mîner schœne gar betrogen,
     sin welle anders waz.
5   Wie stât mir mîn houbet!
     dazn ist niht ze wol getân.
     sie betriuget lîhte ein tumber wân,
     ob siz niht geloubet.

III Dâ si wont, dâ wonent wol tûsent man,
     die vil schœner sint.
     Wan daz ich ein lützel fuoge kan,
     so ist mîn schœne ein wint.
5   Fuoge hân ich kleine,
     doch ist sie genæme wol,
     sô daz si vil guoten liuten sol
     iemer sîn gemeine.

IV   Wil si fuoge für die schœne nemen,
     so ist si wol gemuot.
     Kan si daz, sô muoz ir wol gezemen
     swaz si mir getuot.

_____

I, 8 das kann man nicht leugnen   II, 3–4 hinsichtlich meiner Schön-
heit ist sie ganz und gar betrogen, wenn sie nichts anderes will

25

I Immer muß ich mich fragen: was sieht diese Frau an mir,
   daß sie mich so verzaubert? Was ist über sie gekommen? Sie
   hat doch Augen – warum sieht sie so schlecht? Bin ich unter
   den Männern doch gewiß nicht der schönste!

II Hat man ihr etwas vorgelogen, so soll sie mich doch genauer
    anschauen. Wenn sie nur Schönheit will, dann bin ich gewiß
    nicht der Rechte. Wie sieht denn mein Kopf aus? Nicht allzu
    hübsch! Sie macht sich Illusionen, wenn sie das nicht begreift.

III Wo sie lebt, da leben tausend Männer, die viel schöner sind.
     Wohl ist's mit meiner Schönheit nichts, doch weiß ich, was
     sich schickt, und habe Anstand – ein wenig nur, doch ist er
     so beliebt, daß edle Menschen ihn immer mit mir teilen
     sollten.

IV Will sie statt Schönheit Anstand von mir, dann fühlt sie,
    wie sie soll. Wenn sie so fühlen kann, dann wird ihr alles,
    was sie mir zuliebe tut, gut zu Gesichte stehn. Ich werde

---

7 vielleicht betrügt sie eine törichte Täuschung III, 3 außer daß ich
mich ein wenig auf gutes Benehmen verstehe   6 *genæme* angenehm

5 Sô wil ich mich neigen
 und tuon allez daz si wil.
 waz bedarf si denne zoubers vil?
 ich bin doch ir eigen.

V Lât iu sagen wiez umbe ir zouber stât,
   des si wunder treit.
   Sist ein wîp diu schœne und êre hât,
   dâ bî liep und leit.
 5 Dazs iht anders künne,
   des sol man sich gar bewegen,
   wan daz ir vil minneclîchez pflegen
   machet sorge und wünne.

26

I Ich fröidehelfelôser man,   (L.-K. 54,37)
   war umbe mach ich manegen frô,
   Der mir es niht gedanken kan?
   owê, wie tuont die friunde sô!
 5 Jâ friunt! waz ich von friunden sage!
   het ich dekeinen, der vernæme ouch mîne klage.
   nû enhân ich friunt, nû enhân ich rât:
   nû tuo mir swie dû wellest, minneclîchiu Minne,
   sît nieman mîn genâde hât.

II Vil minneclîchiu Minne, ich hân
   von dir verloren mînen sin.
   Dû wilt gewalteclîchen gân
   in mînem herzen ûz und in.
 5 Wie mac ich âne sin genesen?
   dû wonest an sîner stat, da'r inne solte wesen.
   dû sendest in dû weist wol war.
   dâ enmac er leider niht erwerben, frouwe Minne,
   owê, dû soltest selbe dar.
   mich dann vor ihr neigen und alles tun, was sie will. Was

braucht sie noch Zauberkraft! Gehöre ich doch ihr ganz
allein.

V Laßt euch sagen von dieser wunderstarken Zauberkraft, die
sie in Händen hält. Sie ist eine Frau, die Schönheit und
Tugend hat, und Glück und Leid. Glaubt nicht, daß sie
noch andere Künste weiß: ihr Lieben allein gibt Schmerz
und Freude.

26

I Keiner hilft mir, froh zu sein; warum mach' ich so viele Men-
schen froh, die mir's nicht danken wollen? Nicht einmal Freun-
de sind anders – ach, warum? Doch was rede ich von Freun-
den! Hätte ich einen, er hörte meine Klage! Nun hab' ich kei-
nen Freund und keine Hilfe, und weil sonst niemand Mitleid
hat, so mach du, liebe Frau Minne, mit mir, was du willst.

II Du hast mich, herzlich liebe Minne, so tief verwirrt, daß ich
mich selbst verlor, und gehst mit aller deiner Macht in mei-
nem Herzen aus und ein. Wie kann ich leben, da ich all
meine Gedanken an dich verlor? Wo sie wohnten, da wohnst
nun du, und du sandtest sie aus, du weißt wohl, wohin.
Doch ach, dorthin gehen sie vergebens; du selber, Frau
Minne, müßtest mit ihnen gehen.

V, 6 diese Vorstellung soll man ganz aufgeben   7 ihr liebliches Tun |
I, 1 *fröidehelfelôs* ohne Freude und Hilfe, ohne Hilfe zur Freude
4 ach, warum benehmen sich die Freunde so!   II, 8 da kann der
sin leider nichts erreichen

III   Genâde, frouwe Minne! ich wil
      dir umbe dise boteschaft
      Noch füegen dînes willen vil:
      wis wider mich nû tugenthaft!
    5 Ir herze ist rehter fröiden vol,
      mit lûterlîcher reinekeit gezieret wol.
      erdringest dû dâ dîne stat,
      sô lâ mich in, daz wir si mit einander sprechen;
      mir missegie, do ichs eine bat.

IV   Genædeclîchiu Minne, lâ!
      war umbe tuost dû mir sô wê?
      Dû twingest hie, nû twing ouch dâ,
      und sich wâ sie dir widerstê.
    5 Nû wil ich schouwen ob du iht tügest.
      dun darft niht jehen daz dû in ir herze enmügest.
      ezn wart nie sloz sô manicvalt,
      daz vor dir gestüende, diebe meisterinne.
      tuon ûf! sist wider dich ze balt.

 V   Wer gap dir, Minne, den gewalt,
      daz dû doch sô gewaltic bist?
      Dû twingest beide junc und alt,
      dâ für kan nieman keinen list.
    5 Nû lob ich got, sît dîniu bant
      mich sulen twingen, deich sô rehte hân erkant
      wâ dienest werdeclîchen lît.
      dâ von enkume ich niemer; gnâde, ein küniginne!
      lâ mich dir leben mîne zît.

                        *

(VI) Frô Sælde teilet umbe mich
      und kêret mir den rügge zuo.
      Wan kan si doch erbarmen sich?
      nû râtet, friunt, waz ich es tuo.

III So hilf, Frau Minne! Willst du meine Botin sein, so tu' ich dir alles zuliebe. Sei gut zu mir! Ihr Herz ist reich an großer Freude und mit kristallner Reinheit schön geschmückt. Laß mich, wenn du eindringst, hineingehen mit dir, und laß uns beide mit ihr plaudern, du und ich. Sie wies mich ab, als ich sie alleine bat.

IV Du bist doch freundlich, Frau Minne; ach bitte, hör auf, mir immer weh zu tun. Immer bedrängst du hier – bedränge doch auch dort, bedränge sie, und schau, wie sie sich gegen dich wehren will! Jetzt möchte ich einmal sehen, was du kannst! Sag nur nicht, du kämst nicht in ihr Herz hinein. Ein so festes Schloß hat es noch nie gegeben, das vor dir, du Meisterdiebin, sicher war. Schließ es auf, sie widersteht dir allzu kühn.

V Wer gab dir, Minne, solche Macht, so übermächtige Gewalt? Alle bezwingst du, Junge und Alte – gegen deine Kraft hilft keine Kunst. Doch wenn ich nun in deinen Fesseln lebe, so lobe ich Gott, daß ich im Herzen weiß, wo mein liebendes Dienen Ehre und Achtung findet. Da will ich immer bleiben. Hilf mir, Königin, dir schenk' ich mein ganzes Leben.

*

(VI) Auf allen Seiten teilt das Glück Geschenke aus, doch mir kehrt es den Rücken zu. Kann ich es wohl dazu bringen, daß es Mitleid hat? Sagt mir, Freunde, wie ich's machen

---

III, 3 alle deine Wünsche erfüllen   7 wenn du dort Fuß faßt
9 bei mir schlug es fehl   IV, 5 ob du etwas taugst   7 *manicvalt*
„vielseitig", kompliziert, künstlich   8 *gestüende* widerstehen könnte
V, 7 wo Minnedienst auf ehrende Weise angewandt wird   8 davon
komme ich nicht mehr los

5 Si stêt ungerne gegen mir.
 louf ich hin umbe, ich bin doch iemer hinder ir,
 sin ruochet mich niht an gesehen.
 ich wolte daz ir ougen an ir nacke stüenden,
 sô müest ez ân ir danc geschehen.

27

I   Saget mir ieman, waz ist minne?   (L.-K. 69,1)
    weiz ich des ein teil, sô wist ichs gerne mê.
    Der sich baz denn ich versinne,
    der berihte mich durch waz si tuot sô wê.
  5 Minne ist minne, tuot si wol;
    tuot si wê, so enheizet si niht rehte minne.
    sus enweiz ich wie si danne heizen sol.

II Obe ich rehte râten künne
    waz diu minne sî, sô sprechet denne jâ.
    Minne ist zweier herzen wünne,
    teilent sie gelîche, sost diu minne dâ.
  5 Sol abe ungeteilet sîn,
    sô enkans ein herze alleine niht enthalten.
    owê woldest dû mir helfen, frouwe mîn!

III Frouwe, ich trage ein teil ze swære,
    wellest dû mir helfen, sô hilf an der zît.
    Sî abe ich dir gar unmære,
    daz sprich endelîche, sô lâz ich den strît
  5 Unde wirde ein ledic man.
    dû solt aber einez rehte wizzen, frouwe,
    daz dich lützel ieman baz geloben kan.

IV Kan mîn frouwe süeze siuren?
    wænet si daz ich ir liep gebe umbe leit?
    Sol ich si dar umbe tiuren

soll. Ungern wendet sich das Glück mir zu. Gehe ich auch
um sie herum, immer stehe ich hinter der Dame Glück. Sie
will mir nicht in die Augen sehen. Hätte sie doch Augen
im Nacken, dann müßte sie mich anschauen, auch wenn sie's
nicht will.

27

I   Sagt mir jemand, was Liebe ist? Ein wenig weiß ich von ihr,
doch wüßte ich gerne mehr. Wer sie tiefer versteht als ich,
der soll mir sagen, warum sie so schmerzt. Liebe ist Liebe,
wenn sie wohltut; tut sie weh, dann heißt sie zu Unrecht
Liebe. Doch einen andern Namen weiß ich nicht.

II   Wenn ich richtig raten kann, was Liebe ist, so ruft: Ja!
Liebe ist das Glück zweier Herzen; teilen sie beide, gleich
und gleich, dann ist die Liebe da. Doch wenn sie nicht teilen,
ein Herz allein kann die ganze Liebe nicht fassen. Ach,
Herrin, wolltest du mir helfen!

III Herrin, ich trage zu schwer; wenn du mir helfen willst,
dann hilf, so lang es noch Zeit ist. Doch wenn ich dir gar
nichts bedeute, dann sag es mir klar und offen; dann höre
ich auf, um dich zu ringen, und werde frei. Doch eines
sollst du wissen, Herrin: kein anderer kann dich schöner
rühmen.

IV Kann meine Herrin denn Süßes bitter machen? Glaubt sie,
ich gebe ihr Freude für Leid? Soll ich sie erhöhen, nur daß

(VI), 7 *sin ruochet* sie „geruht" nicht   9 *âne danc* wider Willen |
I, 7 in diesem Fall weiß ich nicht, wie sie sonst heißen soll   II, 4
wenn bei beiden Herzen alles gleich geteilt wird

daz siz wider kêre an mîne unwerdekeit?
5 Sô kund ich unrehte spehen.
wê waz sprich ich ôrenlôser ougen âne?
den diu minne blendet, wie mac der gesehen?

28

I „Genâde, frouwe! tuo alsô bescheidenlîche: (L.-K. 70,22)
lâ mich dir einer iemer leben!
Obe ich daz breche, daz ich von dir furder strîche!
wan einez soltû mir vergeben,
5 Daz mahtû mir ze kurzewîle erlouben gerne,
die wîle unz ich dîn beiten sol.
ich nenne ez niht, ich meine jenz, dû weist ez wol.
ich sage dir wes ich angest hân:
dâ fürht ich daz ichz wider lerne."

II „Gewinne ich iemer liep, daz wil ich haben eine:
mîn friunt der minnet andriu wîp.
An allen guoten dingen hân ich wol gemeine,
wan dâ man teilet friundes lîp.
5 Sô ich in under wîlen gerne bî mir sæhe,
sô ist er von mir anderswâ.
sît er dâ gerne sî, sô sî ouch iemer dâ!
ez tuot sô manegem wîbe wê,
daz mir dâ von niht wol geschæhe."

III Si sælic wîp, si zürnet wider mich ze sêre,
daz ich mich friunde an manege stat.
Sin gehiez mich nie geleben nâch ir lêre,
swie jâmerlîch ich sis gebat.
5 Waz hilfet mich daz ich si minne vor in allen?
si swîget iemer als ich klage.

IV, 5 das wäre nur möglich, wenn ich schlecht sehen könnte | I, 1

sie mich zum Dank erniedrigt und verhöhnt? Da müßte ich
blind sein. Aber ach, was sag' ich denn, der ich weder
Augen noch Ohren habe? Wen die Liebe blendet, wie soll
der sehen können!

28

I   „Bitte, Herrin, verstehe mich und tu' das eine mir zuliebe:
Laß mich immer leben für dich allein. Wenn ich dir diese
Treue breche, dann gehe ich fort von dir, ganz gewiß. Doch
eins verzeih: den Zeitvertreib kannst du mir gönnen all die
Tage, da ich auf dich warten muß. Ich sag's nicht laut,
das eine meine ich, du kennst es genau. Doch will ich dir
sagen, ich fürchte, daß ich wieder Geschmack daran finde."

II   „Wenn ich je einen Liebsten finde, so will ich ihn für mich
ganz allein; doch mein Freund liebt auch andere Frauen.
Alle guten Dinge will ich mit andern teilen, den Liebsten
nicht. Manchmal wollte ich, er wäre da, doch er ist weit
fort von mir. Und fort soll er auch immer bleiben, wenn's
ihm so gut gefällt! Das schmerzt jede Frau – wie sollte es
mich denn freuen?"

III   Die liebe Frau ist gar zu böse auf mich, wenn ich mich hier
und dort verliebe. Doch hat sie mir nie gezeigt, wie ich
mein Leben für sie leben sollte, auch wenn ich sie verzwei-
felt darum bat. Was hilft es mir, daß ich vor allen nur sie
liebe? Immer schweigt sie auf meine Klage. Will sie, daß ich

---

tuo alsô bescheidenlîche handle vernünftig und mach es so:
II, 4 außer dort, wo man auch Freunde teilt 8–9 es schmerzt
manche Frau so sehr, daß es auch mich nicht freute III, 3 sie hieß
mich nie nach ihrer Führung leben

wil si daz ich andern wîben widersage,
sô lâze ir mîne rede nû
ein wênic baz dann ê gevallen.

IV „Ich wil dir jehen daz dû mîn dicke sêre bæte,
und nam ich des vil kleine war.
Dô wisse ich wol dazt allenthalben alsô tæte,
dâ von wart ich dir fremede gar.
5 Der mîn ze friunde ger, wil er mich ouch gewinnen,
der lâze alselhe unstætekeit.
gemeine liep daz dunket mich gemeinez leit.
nû sage, weist dû anders iht?
dâ von tar ich dich niht geminnen."

29

I Daz ich dich sô selten grüeze,   (L.-K. 70,1)
frouwe, deist ân alle mîne missetât.
Ich wil daz wol zürnen müeze
liep mit liebe, swa'z von friundes herzen gât.
5 Niene trûre dû, wis frô!
sanfte zürnen, sêre süenen, deis der minne reht: diu herze-
                [liebe wil alsô.

II In gesach nie tage slîchen
sô die mîne tuont. ich warte in allez nâch.
Wesse ich war si wolten strîchen!
mich nimt iemer wunder wes in sî sô gâch.
5 Si mugen von mir komen zuo deme
der ir niht sô schône pfligt als ich: sô lâzen denne schînen,
                [ob si wîzen, weme.

III Dû solt eine rede vermîden,
frouwe: daz gezimt den dînen güeten wol.

IV, 5 wer mich zur Geliebten will   7 andere übers.: „Gemeinsame
Liebe, meine ich, sei auch gemeinsam getragenes Leid." | I, 3 *Ich*

mit andern Frauen breche, dann soll sie ein wenig freund-
licher als sonst auf meine Worte hören.

IV „Ich gebe zu, daß du mich oft herzlich batst, und ich
hab's nicht beachtet. Doch wußte ich gut, daß du überall
so herzlich batst: da zog ich mich von dir zurück. Wer mich
liebt und mich gewinnen will, der soll von solcher Unbe-
ständigkeit lassen. Geliebte mit andern teilen, das ist ge-
meinsames Leid; sag', weißt du es anders? Darum wage ich
nicht, dich zu lieben."

29

I Daß ich dir so selten singe, daran habe ich, Herrin, keine
Schuld. Liebende, meine ich, dürfen einander auch wohl
böse sein, wenn nur der Streit aus liebendem Herzen kommt.
So sei nicht traurig, sei froh! Sanftes Zürnen, stürmisches
Versöhnen – wenn man einander gut ist, gehört sich's so;
so will es die herzliche Liebe.

II Nie sah ich Tage so verrinnen wie die meinen. Immer und
immer schau' ich ihnen nach. Wüßte ich nur, wohin sie in so
großer Eile ziehen! Vielleicht kommen sie von mir zu einem
andern, der sie nicht so liebevoll behandelt: und wenn sie
sich dann beklagen, so sollen sie deutlich sagen, gegen wen
ihre Klage geht.

III Herrin, dies eine Wort sollst du nicht sagen, es würde sich
für dich nicht schicken, denn du bist gut. Ich wäre dir sehr

---

wil ich meine   II, 1 *slîchen* sonst: langsam, feierlich gehen, hier:
verrinnen   6 *wîzen* „verweisen" (hier Konj.)

Spræchestuz, ich woldez nîden,
daz die argen sprechent, dâ man lônen sol:
5 „Hete er sælde, ich tæte im guot."
er ist selbe unsælic, der daz gerne sprichet unde niemer diu
[gelîche tuot.

30

I Ich hân ir sô wol gesprochen   (L.-K. 40,19)
daz si maneger in der welte lobet.
Hât si daz an mir gerochen,
owê danne, sô hân ich getobet,
5 Daz ich die getiuret hân
und mit lobe gekrœnet,
diu mich wider hœnet.
frouwe Minne, daz sî iu getân.

II Frouwe Minne, ich klage iu mêre;
rihtet mir und rihtet über mich.
Der ie streit umb iuwer êre
wider unstæte liute, daz was ich.
5 In den dingen bin ich wunt.
ir hât mich geschozzen
und gât sie genozzen;
ir ist sanfte, ich bin ab ungesunt.

III Frouwe, lât mich des geniezen,
ich weiz wol, ir habet strâle mê.
Muget irs in ir herze schiezen,
daz ir werde mir gelîche wê?
5 Muget ir, edeliu künegîn,
iuwer wunden teilen
oder die mîne heilen?
sol ich eine alsus verdorben sîn?

I, 5 *getiuret hân* gepriesen habe   8 „das sei Euch getan", d. h.: be-

böse, wenn du es trotzdem sagtest, das Wort, das die Gei-
zigen sprechen, wenn's ans Zahlen geht: „Hätt' er Segen
und Glück, dann tät' ich ihm wohl." Er hat selbst kein
Glück und soll verflucht sein, der immer so redet und han-
delt nie danach.

30

I   Ich habe von ihr so viel Gutes gesagt, daß alle Welt sie
preist. Wenn sie mir dafür Böses tut, ach, dann war ich ein
Narr, daß ich sie, die mich zum Dank erniedrigt, feierte
und krönte mit meinem Lob. Frau Minne, wißt, daß sie's
auch Euch zuleide tut.

II   Weiter geht meine Klage, Frau Minne; gebt mir mein Recht,
seid meine Richterin! Ich war der Mann, der stets für Eure
Ehre kämpfte gegen die Untreuen und Schwankenden. In
diesem Kampf wurde ich verwundet; Ihr selbst habt auf
mich geschossen, sie blieb unverletzt; ich leide, doch ihr ist
wohl.

III   Herrin, ich weiß, Ihr habt noch viele Pfeile; das soll auch
mir zugute kommen! Schießt Eure Pfeile ihr ins Herz,
damit sie's so schmerzt wie mich. Schlagt, edle Königin, ihr
und mir die gleiche Wunde, oder heilt die meine. Soll ich
allein so zugrunde gehen?

---

trachtet es als etwas, was sie Euch angetan hat

IV Ich bin iuwer, frouwe Minne;
   schiezet dar, dâ man iu widerstê!
   Helfet daz ich sie gewinne:
   neinâ frouwe, daz sis iht engê!
5 Lât mich iu daz ende sagen,
   und engêts uns beiden:
   wir zwei sîn gescheiden.
   wer solt iu danne iemer iht geklagen?

31

I Stæte ist ein angest und ein nôt,   (L.-K. 96,29)
  in weiz niht obs êre sî;
  si gît michel ungemach.
  Sît daz diu liebe mir gebôt
5 daz ich stæte wære bî,
  waz mir leides sît geschach!
  Lât mich ledic, liebe mîn frô Stæte!
  wan ob ich sis iemer bæte,
  sô ist si stæter vil dann ich.
10 ich muoz von mîner stæte sîn verlorn,
  diu liebe en underwinde ir sich.

II Wer sol dem des wizzen danc,
  dem von stæte liep geschiht,
  nimt der stæte gerne war?
  Dem an stæte nie gelanc,
5 ob man den in stæte siht,
  seht, des stæte ist lûter gar.
  Alsô habe ich stæte her gerungen;
  noch enist mir niht gelungen.
  daz wende, sælic frouwe mîn,

IV, 4 *neinâ* ach nein! (daß es doch nicht so kommen möge!) |
I, 3 sie gibt uns große Sorge   4 *Sît daz* ... seit der Zeit, als ...

IV Ich gehöre doch Euch, Frau Minne; schießt dorthin, wo man
Euch widersteht. Helft mir sie gewinnen; ach, daß sie mir
nicht entkommt! Ich will Euch sagen, Frau Minne, wie es
enden wird, wenn sie uns entflieht: dann sind wir geschie-
dene Leute. Wer soll dann jemals kommen und Klage führen
vor Euch?

31

I Beständigkeit bringt Angst und Not; ob sie auch Ehre
bringt, das weiß ich nicht; sie macht das Herz uns schwer.
Die Liebe sagte mir, ich solle beständig sein und treu –
wieviel Leid hab' ich seit jenem Tag erlebt! Liebe Frau
Beständigkeit, ach gebt mich frei! Doch so oft ich sie auch
bitte, sie ist mit ihrem Nein beständiger. Ich sterbe noch vor
Beständigkeit, es sei denn, die Liebe halte sie zurück.

II Liebt ein Mann Beständigkeit, wenn Beständigkeit ihm
Liebes tut – das braucht man ihm nicht zu danken. Doch
wenn Beständigkeit ihm nie Erfüllung schenkte, und er
bleibt ihr dennoch treu – solche Beständigkeit ist echt und
rein. So lebte und strebte ich in Beständigkeit, doch Erfül-
lung fand ich nicht. Hilf mir, liebe Herrin, daß ich durch

---

5 daß ich mich zu der B. gesellte   11 es sei denn, die Liebe bemäch-
tige sich ihrer   II, 4 *Dem* einem Menschen, dem . . .   7 *her* bisher

10   daz ich der valschen ungetriuwen spot
       von mîner stæte iht müeze sîn.

III   Het ich niht mîner fröiden teil
       an dich, herzeliep, geleit,
       sô möht es wol werden rât.
       Sît nû mîn fröide und al mîn heil,
   5   dar zuo al mîn werdekeit,
       niht wan an dir einer stât:
       Solt ich dan mîn herze von dir scheiden,
       sô müest ich mir selben leiden:
       daz wære mir niht guot getân.
10   doch solt dû gedenken, sælic wîp,
       daz ich nû lange kumber hân.

IV   Frouwe, ich weiz wol dînen muot:
       daz dû gerne stæte bist,
       daz hab ich befunden wol.
       Jâ hât dich vil wol behuot
   5   der vil reine wîbes list,
       der guotiu wîp behüeten sol.
       Alsus fröit mich dîn sælde und ouch dîn êre,
       und enhân niht fröide mêre.
       nû sprich, bin ich dar an gewert?
10   dû solt mich, frouwe, des geniezen lân,
       daz ich sô rehte hân gegert.

32

I   Mîn frouwe ist ein ungenædic wîp,   (L.-K. 52,23)
     dazs an mir als harte missetuot.
     Nû brâht ich doch einen jungen lîp
     in ir dienest, dar zuo hôhen muot.
   5   Owê dô was mir sô wol.

III, 1 *mîner fröiden teil* was mir an F. zugeteilt ist   4–6 weil meine Beständigkeit nicht zum Spott der bösen Ungetreuen werde.

III Hätte ich nicht alle meine Freuden, Herzgeliebte, in deine Hände gelegt, dann könnte ich noch Hilfe finden. Nun bist du allein meine Freude, mein Glück und alles, was mir Wert und Ehre gibt; müßte jetzt mein Leben sich von deinem scheiden, ich gäbe mir nur Unglück und Schmerzen und nähme mir selbst alles Glück. Doch denk daran, liebe Frau, wie lange ich schon leide.

IV Herrin, dein Herz und deine Gedanken kenne ich und weiß, du liebst Beständigkeit. Dich hat die keusche Klugheit der Frauen, die edle Frauen behüten soll, aufs schönste behütet. Mich freut dein Glück und die Ehre, die man dir erweist, ich kenne keine größere Freude. Sag, wird meine Liebe nun erfüllt? Belohne mich, Herrin, dafür, daß ich geworben habe, wie ein Mann es soll.

32

I Meine Herrin ist eine harte Frau, wenn sie mich so grausam behandelt. Brachte ich ihr doch, als ich ihr diente, meine Jugend und mein frohes Herz! Ach, damals war ich glück-

---

nun ... nur an dir allein liegt   9 das wäre für mich keine Wohltat
IV, 7 *Alsus* daher   I, 8 nichts anderes als Leid, das ich trage   II, 1

wiest daz nû verdorben!
waz hân ich erworben?
anders niht wan kumber den ich dol.

II Ich gesach nie houbet baz gezogen,
    in ir herze kunde ich nie gesehen.
    Ie dar under bin ich gar betrogen:
    daz ist an den triuwen mir geschehen.
  5 Möhte ich ir die sternen gar,
    mânen unde sunnen
    zeigene hân gewunnen,
    daz wær ir, so ich iemer wol gevar.

III Owê mîner wünneclîchen tage,
    waz ich der an ir versûmet hân!
    Daz ist iemer mînes herzen klage,
    sol diu liebe an mir alsus zergân.
  5 Lîde ich nôt und arebeit,
    die klage ich vil kleine;
    mîne zît aleine,
    hab ich die verlorn, daz ist mir leit.

IV Ich gesach nie sus getâne site,
    dazs ir besten friunden wære gram.
    Swer ir vîent ist, dem wil si mite
    rûnen: daz guot ende nie genam.
  5 Ich weiz wol wiez ende ergât:
    vîent und friunt gemeine,
    der gestêts aleine,
    sô si mich und jen unrehte hât.

V   Mîner frouwen darf niht wesen leit,
    daz ich rîte und frâge in frömediu lant
    Von den wîben die mit werdekeit
    lebent: der ist vil mengiu mir erkant,
  5 Und die schœne sint dâ zuo.

lich, doch das ist alles vergangen. Was hab' ich behalten?
Nur Schmerzen und Leid.

II Nie sah ich ein schöneres Gesicht, doch in ihr Herz konnte
ich nicht schauen. So wurde ich bei all meiner Treue betrogen.
Hätte ich Sterne und Mond und Sonne ihr erwerben und
schenken können, ich hätte es gewiß getan.

III Ach, meine glücklichen Tage! Wie viele hab' ich an die
Frau verschwendet; immer klagt mein Herz, wenn mir
Glück und Liebe so zerrinnen. Not und Mühe beklage ich
nicht, doch ist's mir leid um die Lebenszeit, die ich an die
Frau verlor.

IV So etwas hab' ich noch nie gesehen: daß man seine besten
Freunde wie Feinde behandelt. Mit ihren wahren Feinden
flüstert sie intim, das kann doch nicht gut ausgehen. Ich
weiß genau: am Ende steht sie ohne Freunde und Feinde
allein, wenn sie sich zu mir und zu den andern so falsch
verhält.

V Meine Herrin braucht gar nicht gekränkt zu sein, wenn ich
in fremde Länder reite und nach den Frauen frage, die
dort geachtet sind. Viele hab' ich gefunden, auch schön

---

baz gezogen besser gezeichnet, geformt   3 *le dar under* während-
dessen stets   5 *die sternen gar* die St. allesamt   8 das alles gehörte
ihr, bei Gott (so wahr es mir gut gehen möge)   III, 3 so klagt . . .
5 wenn ich Mühe und Not erleide   IV, 1 Nie sah ich solches Be-
nehmen   V, 8 *iemer* jemals | I, 1 Ohne Freude . . .   6 *selten* ty-

doch ist ir deheine,
weder grôz noch kleine,
der versagen mir iemer wê getuo.

33

I   Ane liep sô manic leit,   (L.-K. 90,15)
    wer möhte daz erlîden iemer mê?
    Wær ez niht unhövescheit,
    sô wolt ich schrîen „sê, gelücke, sê!"
5   Gelücke daz enhœret niht
    und selten ieman gerne siht
    swer triuwe hât.
    ist ez alsô, wie sol mîn iemer werden rât?

II Wê wie jâmerlich gewin
    vor mînen ougen tegelîchen vert!
    Daz ich sus ertôret bin
    an mîner zuht, und mir daz nieman wert!
5   Mit den getriuwen alten siten
    ist man zer welte nû versniten.
    êr unde guot
    hât nû lützel ieman wan der übel tuot.

III Daz die man als übel tuont,
    dast gar der wîbe schult: daz ist alsô.
    Dô ir muot ûf êre stuont,
    dô was diu welt ûf ir genâde frô.
5   Hei wie wol man in dô sprach,
    dô man die fuoge an in gesach!
    nû siht man wol
    daz man ir minne mit unfuoge erwerben sol.

---

pisch mhd. *understatement*, stärkste Negation ausdrückend: niemals
II, 1–2 speziell: täglich sehe ich, wie wenig Glück die Treue uns

sind sie. Und doch ist keine, nicht eine einzige, bei der ich traurig wäre, wenn sie Nein zu mir sagt.

33

I Keine Freude und so viel Leid – wer kann das immer und immer ertragen? Wär' es nicht gegen den guten Ton, so wollte ich schreien: „Schau hierher, Glück!" Doch das Glück will nicht hören und will niemand sehen, der treu und ehrlich ist. Wenn es so steht, wie soll ich jemals Hilfe finden?

II Ach, ich sehe Tag für Tag die jämmerliche Ernte unseres Lebens. All mein feines Benehmen macht mich bloß zum Narren, ach, daß mich niemand davor bewahrt! Alte Treue ist in unserer Welt wie ein altmodisches Kleid. Heute ist man reich und geachtet nur, wenn man Böses tut.

III Daß die Männer so viel Böses tun, daran sind bloß die Frauen schuld, ich sage euch, warum: Als ihr Herz auf Wert und Ehre achtete, da war die Welt voll Freude in der Erwartung ihrer Gunst. O wie pries man sie, als man sah, wie recht und edel sie waren! Jetzt sieht man, daß man ihre Liebe mit Rüpelhaftigkeit gewinnen muß.

---

einbringt 5–6 mit dem alten treuen Benehmen ist man heute auf der Welt betrogen (vernichtet, oder auch: „schlecht zugeschnitten")

IV   Lât mich zuo den frouwen gân,
     sô ist daz mîn aller meiste klage:
     Sô ich ie mêre zühte hân,
     sô ich ie minre werdekeit bejage.
  5 Si swachent wol gezogenen lîp,
     ezn sî ein wol bescheiden wîp,
     der meine ich niht:
     diu schamt sich des, swâ iemer wîbes scham geschiht.

V   Reiniu wîp und guote man,
     swaz der lebe, die müezen sælic sîn.
     Swaz ich den gedienen kan,
     daz tuon ich, daz sie gedenken mîn.
  5 Hie mite sô künd ich in daz:
     diu werlt enstê dan schiere baz,
     sô wil ich leben
     sô ich beste mac und mînen sanc ûf geben.

34

I   Lange swîgen des hât ich gedâht,   (L.-K. 72,31)
     nû wil ich singen aber als ê.
     Dar zuo hânt mich guote liute brâht,
     die mugen mir wol gebieten mê.
  5 Ich sol singen unde sagen,
     und swes si gern, daz sol ich tuon: sô suln si mînen kumber
                                     [klagen.

II   Hœret wunder, wie mir ist geschehen
     von mîn selbes arebeit.
     Mich enwil ein wîp niht an gesehen,
     die brâht ich in die werdekeit,

IV, 4 *werdekeit bejage* Achtung erringe | I, 3 gute Menschen haben
mich dazu gebracht   4 *gebieten* verlangen   II, 1 *wunder* das Selt-
same   2 *mîn selbes* Gen.

IV Über eins muß ich am meisten klagen, wenn ich zu den
Frauen gehe: je besser ich mich betrage, desto geringer
achten sie mich. Wer Anstand und Bildung hat, den setzen
sie herab. Ich rede nicht von Frauen, die wissen, was sich
gehört – die schämen sich, wenn man tut, was Frauen
Schande macht.

V Reine Frauen, edle Männer – ihnen allen wünsch' ich Glück
und Segen. Sie sollen an mich denken, tu' ich doch ihnen
zuliebe alles, was ich kann. Dies Lied soll ihnen sagen:
Wenn's nicht bald besser wird auf dieser Welt, dann will
ich leben, so gut ich kann, und keine Lieder mehr singen.

34

I Lange wollte ich still sein, jetzt singe ich wieder wie zuvor.
Das tue ich Menschen zuliebe, die ich schätze, die baten
mich und können noch viel mehr erbitten. Ich will wieder
singen und dichten und tun, was sie von mir wollen; dafür
sollen sie mit mir klagen um mein Leid.

II Hört die Geschichte, was meine Mühe mir erwarb. Nicht
ansehen will sie mich, der ich das Leben wertvoll machte

5 Daz ir muot sô hôhe stât.
  jon weiz si niht, swenn ich mîn singen lâze, daz ir lop zer-
                                                        [gât.

III Hêrre, waz si flüeche lîden sol,
     swenn ich nû lâze mînen sanc!
     Alle die nû lobent, daz weiz ich wol,
     die scheltent danne ân mînen danc.
5   Tûsent herze wurden frô
     von ir genâden; dius engeltent, lât si mich verderben sô.

IV   Dô mich dûhte daz si wære guot,
     wer was ir bezzer dô dann ich?
     Dêst ein ende: swaz si mir getuot,
     des mac ouch si verwænen sich.
5   Nimet si mich von dirre nôt,
     ir leben hât mînes lebennes êre: stirbe ab ich, sô ist si tôt.

V   Sol ich in ir dienste werden alt,
     die wîle junget si niht vil.
     So ist mîn hâr vil lîhte alsô gestalt,
     dazs einen jungen danne wil.
5   Sô helfe iu got, hêr junger man,
     sô rechet mich und gêt ir alten hût mit sumerlaten an.

II, 6 sie weiß bestimmt nicht   III, 1 *flüeche lîden* Verwünschungen
erleiden   IV, 2 wer war ihr da freundlicher gesinnt als ich?   4 das
kann auch sie erwarten   6 ihr Leben gewinntAnsehen durch meines

und solche Ehre gab, daß ihr Herz sich so hoch erhebt. Weiß
sie denn nicht, daß, wenn ich nicht mehr singe, auch ihr
Ruhm verklingt?

III   O Gott, wie wird man sie verwünschen, wenn meine Lieder
zu Ende sind! Alle die sie nun preisen, ich weiß es, werden
dann böse auf sie sein, doch ich kann nichts dafür. Als sie
mir gut war, wurden tausend Herzen froh; die müssen es
büßen, läßt sie mich so zugrunde gehen.

IV   Als ich glaubte, sie sei wahrhaft gut, wer gab ihr Besseres
als ich? Das ist vorbei; jetzt soll sie wissen: was immer sie
mir tut, das geb' ich ihr zurück. Nimmt sie mir meine Not,
so wird ihr Leben reicher durch mein Leben; doch sterbe ich,
dann stirbt auch sie.

V   Werde ich alt in meinem Werben um sie, so wird auch sie
nicht jünger. Dann sieht mein Haar vielleicht so aus, daß
sie einen Jüngeren will. Gott stehe Euch bei, Herr Jüng-
ling! Rächt mich und macht Euch mit frischen Sommer-
zweigen an ihr altes Fell!

Mädchenlieder

35

I Herzeliebez frouwelîn,   (L.-K. 49,25)
    got gebe dir hiute und iemer guot.
    Kund ich baz gedenken dîn,
    des hete ich willeclîchen muot.
  5 Waz mac ich dir sagen mê,
    wan daz dir nieman holder ist? owê, dâ von ist mir vil wê.

II Sie verwîzent mir daz ich
    sô nidere wende mînen sanc.
    Daz si niht versinnent sich
    waz liebe sî, des haben undanc!
  5 Sie getraf diu liebe nie,
    die nâch dem guote und nâch der schœne minnent; wê wie
                                        [minnent die?

III Bî der schœne ist dicke haz,
    zer schœne niemen sî ze gâch.
    Liebe tuot dem herzen baz,
    der liebe gêt diu schœne nâch.
  5 Liebe machet schœne wîp.
    des mac diu schœne niht getuon, si machet niemer lieben lîp.

IV Ich vertrage als ich vertruoc
    und als ich iemer wil vertragen.
    Dû bist schœne und hâst genuoc,
    waz mugen si mir dâ von gesagen?
  5 Swaz si sagen, ich bin dir holt
    und nim dîn glesîn vingerlîn für einer küneginne golt.

V Hâst dû triuwe und stætekeit,
    sô bin ich des ân angest gar
    Daz mir iemer herzeleit
    mit dînem willen widervar.
  5 Hâst aber dû der zweier niht,   [schiht!
    so müezest dû mîn niemer werden. owê danne, ob daz ge-

35

I   Du liebes Mädchen, kleine Herrin, Gott bewahre dich heute
     und immer. Könnte ich dir Lieberes wünschen, mein Herz
     würde es gerne tun. Kein anderer hat dich so lieb – könnte ich
     dir mehr noch sagen? Ach, das macht mir das Herz schwer.

II   Sie werfen mir vor, daß meine Lieder für einfache Mädchen
     sind. Sie sollen verwünscht sein, wenn sie nicht verstehen,
     was Liebe ist. Wer sich in der Liebe nach Reichtum und
     Schönheit richtet, den hat wahre Liebe nie getroffen. Gott,
     was für eine Liebe sollte das sein!

III Oft stehen bei der Schönheit die bösen Gedanken; solcher
     Schönheit laufe niemand eilig nach. Viel lieber ist dem Her-
     zen die Liebe, ihr folgt Schönheit von selbst. Die Liebe
     macht Frauen schön; das kann die Schönheit nicht, sie kann
     keine liebe Liebende schaffen.

IV   Ich habe ihren Vorwurf stets ertragen und will es immer
     tun. Du bist schön und bist in allen Dingen reich – doch
     was wissen sie davon? Was immer sie sagen, ich habe dich
     lieb; das Glas in deinem Ring ist mir mehr als das Gold der
     Königin.

V   Hast du Treue und Beständigkeit, so habe ich keine Furcht;
     ich weiß, du willst nicht, daß ich traurig bin. Doch hast du
     sie nicht, dann sollst du mir nie gehören. Ach, wenn's je so
     wäre!

I, 2 *guot* Glück, Heil   3 *gedenken* in Gedanken wünschen   5–6
was weiter kann ich dir sagen, außer daß... II, 2 *nidere wende*
an einen niedrigeren Stand richte   III Spiel mit den Bedeutungen
von *liebe, liep*: Liebe, Freude, Anmut, Liebreizendes   IV, 5 *sagen*
Konj. sagen mögen   6 *glesîn vingerlîn* Fingerring aus Glas, oder
Ring mit Glasstein   V, 3–4 daß mir je von dir vorsätzlich Leid
widerfährt   6 *müezest* mögest

36

I   Bin ich dir unmære,   (L.-K. 50,19)
    des enweiz ich niht: ich minne dich.
    Einez ist mir swære:
    dû sihst bî mir hin und über mich.
5   Daz solt dû vermîden.
    ine mac niht erlîden
    selhe liebe ân grôzen schaden.
    hilf mir tragen, ich bin ze vil geladen.

II Sol daz sîn dîn huote,
    daz dîn ouge mich sô selten siht?
    Tuost dû daz ze guote,
    sône wîze ich dir dar umbe niht.
5   Sô mît mir daz houbet –
    daz sî dir erloubet –
    und sich nider an mînen fuoz,
    sô dû baz enmügest: daz sî dîn gruoz.

III Swanne ichs alle schouwe,
    die mir suln von schulden wol behagen,
    Sô bist duz mîn frouwe:
    daz mac ich wol âne rüemen sagen.
5   Edel unde rîche
    sint si sumelîche,
    dar zuo tragent si hôhen muot;
    lîhte sint si bezzer, dû bist guot.

IV Frouwe, des versinne
    dich ob ich dir zihte mære sî.
    Eines friundes minne
    diust niht guot, da ensî ein ander bî.
5   Minne entouc niht eine,

I, 1 *unmære* gleichgültig, zuwider   4 an mir vorbei und über mich

36

I   Ich weiß, ich liebe dich; ob auch du mich liebst, das weiß
    ich nicht. Eins macht das Herz mir schwer: immer schaust
    du an mir vorbei. Ach, laß das doch sein! Ohne großen
    Schaden kann ich solche Liebe nicht erdulden. Hilf mir
    tragen, meine Last ist zu schwer.

II Meiden deshalb deine Blicke mich, weil du dich vor andern
    schützen willst? Wenn du so gute Gründe hast, dann will ich
    nichts dagegen sagen. Dann schau mir eben nicht in die
    Augen – das will ich dir erlauben –, schau, wenn du keine
    andern Blicke wagen willst, dort unten auf meinen Fuß
    und grüß mich so.

III Ich schaue all die andern, ich habe Grund, sie gern zu sehen;
    doch du allein bist meine Herrin, das darf ich ohne Prahlen
    sagen. Sie alle sind vornehm und edel geboren, ihr Leben ist
    festlich froh – vielleicht sind sie gar besser, du bist nur gut:
    unvergleichlich und vollkommen gut.

IV Frage dich, Herrin, ob du mich auch nur ein wenig liebst.
    Denn ohne den andern ist des einen Liebe nichts. Die Liebe
    ist nichts, wenn nur einer sie einsam trägt, sie muß beiden

hinaus II, 1 Soll das dein Schutz sein 4 *wizen* verweisen, ta-
deln, strafen 5 *mît* vermeide 8 wenn du's nicht besser kannst
III, 1–3 Immer wenn . . ., die mir mit gutem Grund gut gefallen,
dann bist du dennoch . . . 5–8 s. Komm. IV, 2 *zihte (= ze ihte)*
mære irgendwie, einigermaßen lieb, angenehm 4 *da ensî* . . . wenn
nicht ein anderer dabei ist 5 *entouc niht* ist nichts wert

si sol sîn gemeine,
sô gemeine daz si gê
dur zwei herze und dur dekeinez mê.

37

I　In einem zwîvellîchen wân　　　　　　　(L.-K. 65,33)
　　was ich gesezzen und gedâhte,
　　Ich wolte von ir dienste gân,
　　wan daz ein trôst mich wider brâhte.
5　Trôst mag ez rehte niht geheizen, owê des!
　　ez ist vil kûme ein kleinez trœstelîn,
　　sô kleine, swenne ichz iu gesage, ir spottet mîn.
　　doch fröwet sich lützel ieman, er enwizze wes.

II　Mich hât ein halm gemachet frô:
　　er giht, ich sül genâde vinden.
　　Ich maz daz selbe kleine strô,
　　als ich hie vor gesach von kinden.
5　Nû hœret unde merket ob siz denne tuo:
　　„si tuot, si entuot, si tuot, si entuot, si tuot."
　　swie dicke ich alsô maz, so was daz ende ie guot.
　　daz trœstet mich: dâ hœret ouch geloube zuo.

III　Swie liep si mir von herzen sî,
　　sô mac ich nû doch wol erlîden
　　Daz ir sîn ie die besten bî;
　　ich darf ir werben dâ niht nîden.
5　Ichn mac, als ich erkenne, des gelouben niht
　　dazs ieman sanfte in zwîvel bringen müge.
　　mirst liep daz die getrogenen wizzen waz si trüge,
　　und alze lanc dazs iemer rüemic man gesiht.

I, 1 In schwankenden, zweifelnden, verzweifelnden Gedanken
4 *wan* außer daß... 8 doch freut sich kaum jemand, wenn er

gehören, so ganz, daß sie durch zwei Herzen dringt und sonst durch keines.

37

I Verzagt und zweifelnd saß ich da; vielleicht sollte ich sie verlassen, so dachte ich, doch da hielten mich Trost und Hoffnung zurück. Ach, Trost kann man's gar nicht nennen; ein kleines Tröstlein, mehr ist es kaum; ihr lacht mich aus, wenn ich's euch sage. Doch freut sich ja niemand ganz ohne Grund.

II Ein Halm hat mich froh gemacht, der sagt, die Liebste werde mich erhören. Ich hab' den kleinen Strohhalm abgemessen, wie ich es einmal bei Kindern sah. Nun hört zu und paßt auf, ob sie's auch wirklich tut: „Sie liebt mich, liebt mich nicht, liebt mich, liebt mich nicht, sie liebt mich!" Immer wieder maß ich, und immer war das Ende gut. Das ist mein Trost und meine Hoffnung; freilich, auch Glaube gehört dazu!

III Ich habe sie von Herzen gern, doch jetzt kann ich ohne Eifersucht ertragen, wenn andere, selbst die besten, um sie werben und ihr nahe sind. Jetzt weiß ich, daß ich glauben darf, niemand könnte sie schwanken machen in ihrer Treue zu mir. Es ist mir lieb, wenn die Enttäuschten merken, daß ihre Hoffnung sie betrog, doch allzu lange schon dürfen die Prahler die Liebste sehen.

---

nicht weiß, worüber   III, 4 ich brauche ihr Werben nicht mit Eifersucht zu sehen   5–6 wie ich jetzt weiß, kann ich nicht glauben, daß jemand sie auch nur im geringsten in den Zustand des Zweifels versetzen könnte   8 *(mirst) alze lanc*

38

I „Under der linden   an der heide,   (L.-K. 39,11)
   dâ unser zweier bette was,
   Dâ mugt ir vinden   schône beide
   gebrochen bluomen unde gras.
5 Vor dem walde in einem tal,
   tandaradei,
   schône sanc diu nahtegal.

II Ich kam gegangen   zuo der ouwe,
    dô was mîn friedel komen ê.
    Dâ wart ich enpfangen: ‚hêre frouwe!‘,
    daz ich bin sælic iemer mê.
5   Kuster mich? wol tûsentstunt,
    tandaradei,
    seht wie rôt mir ist der munt.

III Dô het er gemachet   alsô rîche
     von bluomen eine bettestat.
     Des wirt noch gelachet   inneclîche,
     kumt iemen an daz selbe pfat.
5   Bî den rôsen er wol mac,
     tandaradei,
     merken wâ mirz houbet lac.

IV Daz er bî mir læge,   wessez iemen
    (nu enwelle got!), sô schamt ich mich.
    Wes er mit mir pflæge,   niemer niemen
    bevinde daz wan er und ich
5   Und ein kleinez vogellîn,
    tandaradei,
    daz mac wol getriuwe sin.“

III, 3–4 darüber wird noch herzlich gelacht, wenn jemand an die-
sen Weg kommt

38

I   „Unter der Linde auf der Heide, wo wir beieinander ruhten, er und ich, da findet ihr liebevoll gebrochen Blumen und Grün. Vor dem Wald in einem Tal – tandaradei – sang schön die Nachtigall.

II   Ich kam zu der Wiese gegangen, mein Liebster war schon da. Und er empfing mich: ‚Du schöne Herrin!', da bin ich nun glücklich auf immer. Ob er mich küßte? Tausendmal – tandaradei –; seht, wie rot meine Lippen sind.

III   Er hat uns aus Blumen ein reiches Lager bereitet; wer hinkommt und es findet, wird lachen und sich innig freun. Er weiß, wo die Rosen liegen – tandaradei –, da ruhte mein Haupt.

IV   Daß er bei mir lag, wüßte es jemand (o nein, lieber Gott!), so müßt' ich mich schämen. Was er mir zuliebe tat – niemand soll je es wissen, nur er und ich und die Nachtigall – tandaradei –, die wird gewiß verschwiegen sein."

39

I Dô der sumer komen was   (L.-K. 94,11)
    und die bluomen dur daz gras
    wünneclîchen sprungen,
    aldâ die vogele sungen,
5 dô kom ich gegangen
    an einen anger langen,
    dâ ein lûter brunne entspranc;
    vor dem walde was sîn ganc,
    dâ diu nahtegale sanc.

II Bî dem brunnen stuont ein boum,
    dâ gesach ich einen troum.
    ich was von der sunnen
    entwichen zuo dem brunnen,
5 daz diu linde mære
    mir küelen schaten bære.
    bî dem brunnen ich gesaz,
    mîner sorgen ich vergaz,
    schier entslief ich umbe daz.

III Dô bedûhte mich zehant
    wie mir dienten elliu lant,
    wie mîn sêle wære
    ze himel âne swære,
5 und der lîp hie solte
    gebâren swie er wolte.
    dâne was mir niht ze wê.
    got gewaldes, swiez ergê;
    schœner troum enwart nie mê.

IV Gerne slief ich iemer dâ,
    wan ein unsæligiu krâ
    diu begonde schrîen.
    daz alle krâ gedîen

39

I   Als es Sommer geworden war und die Blumen so schön her-
vorblühten aus dem Gras, dort wo die Vögel sangen, da
kam ich auf eine große Wiese, wo ein klarer Quell ent-
sprang, der floß am Wald dahin; dort sang eine Nachtigall.

II   Ein Baum stand an dem Quell, da träumte ich einen Traum.
Ich war aus der Sonne zur Quelle gegangen, die liebe Linde
sollte mir Schatten geben; am Quell setzte ich mich nieder
und vergaß alle Sorgen. Bald war ich eingeschlafen.

III   Da war mir, als dienten mir alle Länder, als schwebte meine
Seele schwerelos und unbeschwert im Himmel, und der
Leib dürfte hier unten tun, was er wolle. Da war mir
wohl! Was immer kommen mag, das steht bei Gott: doch
einen schöneren Traum hat es nie gegeben.

IV   Gern hätte ich dort immer und immer geschlafen – doch
auf einmal schrie da diese verfluchte Krähe; soll doch allen

II, 5 *daz* damit; *mære* berühmt, bekannt, ausgezeichnet, gut, lieb
6 *bære* trüge, spendete   9 *umbe daz* deshalb   III, 1 *zehant* alsbald
4 *âne swære* Wortspiel: ohne körperliche Schwere, ohne seelische
Beschwernis   7 Litotes der Emphase   8 das walte Gott!   IV, 4–5
daß alle K. so gediehen, wie ich es ihnen gönne!

5 als ich in des günne!
  si nam mir michel wünne.
  von ir schrîenne ich erschrac:
  wan daz dâ niht steines lac,
  sô wær ez ir suonestac.

V Ein vil wunderaltez wîp
   diu getrôste mir den lîp.
   die begond ich eiden,
   nû hât si mir bescheiden
5 waz der troum bediute.
   daz merket, lieben liute!
   zwên und einer daz sint drî:
   dannoch seit si mir dâ bî
   daz mîn dûme ein vinger sî.

40

I Diu welt was gelf, rôt unde blâ,   (L.-K. 75,25)
   grüen in dem walde und anderswâ;
   kleine vogele sungen dâ.
   nû schrîet aber diu nebelkrâ.
5 pfligt si iht ander varwe? jâ,
   sist worden bleich und übergrâ.
   des rimpfet sich vil manic brâ.

II Ich saz ûf eime grüenen lê,
    da ensprungen bluomen unde klê
    zwischen mir und eime sê;
    der ougenweide ist dâ niht mê.
5   dâ wir schapel brâchen ê,
    dâ lît nû rîfe und ouch der snê;
    daz tuot den vogellînen wê.

---

8 *wan daz* nur daß   9 *suonestac* Jüngster Tag   V, 3 *eiden* in Eid

Krähen passieren, was ich ihnen wünsche! Sie hat mir dies
große Traumglück genommen, ihr Schreien schreckte mich
auf. Hätte da ein Stein gelegen, es wäre ihr letztes Stünd-
lein gewesen.

V Doch ein wundersam uraltes Weib versöhnte mich wieder.
Die hat mir unter Eid meinen Traum gedeutet. Merkt das,
liebe Leute: zwei und eins sind drei; und noch ein weiteres
kündete sie mir: daß nämlich mein Daumen ein Finger sei.

40

I Die Welt war strahlend golden, rot und blau; grün in den
Wäldern und hier und dort, und die Vögel sangen. Doch
jetzt schreien die Krähen wieder. Liegt die Welt in anderer
Farbe da? Sie ist bleich und grau geworden, und manches
Auge blickt sorgenvoll.

II Einst saß ich auf einem grünen Hügel, da wuchsen überall
bis zum Ufer des Sees Blumen und Klee. Jetzt ist das bunte
Bild vergangen. Wo wir Blumen pflückten zum Kranz, liegt
Reif und Schnee. Das schmerzt die kleinen Vögel.

---

nehmen 4 *bescheiden* dargelegt | I, 1 *gelf* hell (verwandt mit
akust. „gellen") 5 hat sie jetzt etwa andere Farbe? ja! 7 des-
halb legt sich manche Braue in Falten

III   Die tôren sprechent: „snîâ snî!",
     die armen liute: „owê owî!"
     des bin ich swære alsam ein blî.
     der wintersorge hân ich drî:
  5 swaz der unt der andern sî,
     der wurde ich alse schiere frî,
     wær uns der sumer nâhe bî.

IV   E danne ich lange lebt alsô,
     den krebz wolt ich ê ezzen rô.
     sumer, mache uns aber frô,
     dû zierest anger unde lô.
  5 mit den bluomen spilt ich dô,
     mîn herze swebt in sunnen hô:
     daz jaget der winter in ein strô.

V   Ich bin verlegen als ein sû,
     mîn sleht hâr ist mir worden rû.
     süezer sumer, wâ bist dû?
     jâ sæhe ich gerner veltgebû.
  5 ê deich lange in selher drû
     beklemmet wære als ich bin nû,
     ich wurde ê münch ze Toberlû.

41

I   „Nemt, frouwe, disen kranz!",   (L.-K. 74,20)
     alsô sprach ich zeiner wol getânen maget.
     „Sô zieret ir den tanz
     mit den schœnen bluomen, als irs ûffe traget.
  5 Het ich vil edele gesteine,
     daz müest ûf iur houbet,
     obe ir mirs geloubet.
     sêt mîne triuwe, daz ichz meine."

III, 3 deshalb   V, 2 *sleht* „schlicht", gerade   4 *gerner* lieber   5–6

III Die Narren rufen: „Wirble, Schnee!", die Armen klagen:
     „O weh". Da ist mir mein Herz so schwer wie Blei gewor-
     den. Ich habe drei Wintersorgen, doch schnell würde ich sie
     und alle andern los, wäre nur der Sommer nah'!

IV   Eh' ich noch länger so leben wollte, äße ich lieber Krebse
     ungekocht. Sommer, mach uns wieder froh! Wenn du Wie-
     sen und Büsche schmückst, dann spielte ich wieder mit Blu-
     men, und mein Herz flöge hoch und frei im Sonnenschein;
     doch der Winter jagt es in ein Bett aus Stroh.

V   Vor lauter Liegen bin ich träg' geworden wie eine Sau,
     struppig ist mein glattes Haar. Lieber Sommer, wo bist du?
     Gern sähe ich die Bauern ihre Felder bestellen. Ich will nicht
     länger in der Falle sitzen wie jetzt – lieber wollte ich
     Mönch sein in Dobrilugh.

41

I   „Nehmt, edle Dame, diesen Kranz!" sagte ich zu einem
     schönen Mädchen. „Dann seid Ihr die Schönste beim Tanz
     mit den schönen Blumen in Eurem Haar. Hätte ich edle Stei-
     ne, ich wollte Euer Haupt damit schmücken, ganz gewiß.
     Seht doch, wie ehrlich ich's meine."

---

ehe ich noch länger in einer solchen Falle eingeklemmt bin wie jetzt |
I, 4 *als irs* ... wie Ihr sie aufhabt   7 wenn Ihr mir's glaubt = Ihr
müßt mir's glauben

II Si nam daz ich ir bôt
     einem kinde vil gelîch daz êre hât.
     Ir wangen wurden rôt,
     same diu rôse, dâ si bî der liljen stât.
5 Do erschampten sich ir liehten ougen,
     doch neic si mir schône,
     daz wart mir ze lône.
     wirt mirs iht mêr, daz trage ich tougen.

III „Ir sît sô wol getân,
     daz ich iu mîn schapel gerne geben wil,
     So ichz aller beste hân.
     wîzer unde rôter bluomen weiz ich vil,
5 Die stênt sô verre in jener heide;
     dâ si schône entspringent
     und die vogele singent,
     dâ suln wir si brechen beide."

IV Mich dûhte daz mir nie
     lieber wurde, danne mir ze muote was.
     Die bluomen vielen ie
     von dem boume bî uns nider an daz gras.
5 Seht, dô muost ich von fröiden lachen.
     do ich sô wünneclîche
     was in troume rîche,
     dô taget ez und muos ich wachen.

V Mir ist von ir geschehen,
     daz ich disen sumer allen meiden muoz
     Vast under dougen sehen:
     lîhte wirt mir einiu, so ist mir sorgen buoz.
5 Waz obe si gêt an disem tanze?
     frouwe, dur iur güete
     rucket ûf die hüete.
     owê gesæhe ichs under kranze!

II Sie nahm, was ich ihr gab; so nimmt ein schlichtes, edles
Mädchen ein edles Geschenk. Ihre Wangen erröteten, da
stand bei der Lilie die Rose. Sie senkte scheu ihre klaren
Augen; doch anmutig neigte sie sich mir zum Dank. Schenkt
sie mir mehr, das will ich still im Herzen tragen.

III „Ihr seid so schön, ich gebe Euch gerne meinen Kranz, den
schönsten, den ich habe. Ich weiß, wo viel weiße und rote
Blumen stehen, weit fort auf jener Heide; sie blühen dort
so schön, und die Vögel singen, da wollen wir beide sie
pflücken."

IV Mir war, als sei ich noch nie so glücklich gewesen. Um uns
fielen immer und immer Blüten vom Baum ins Gras. Da
mußte ich lachen vor Glück. Als ich im Traum so ganz vor
Freude selig war, da kam der Tag, und ich erwachte.

V Ihretwegen muß ich diesen Sommer allen Mädchen nun tief
in die Augen sehen; vielleicht finde ich die Rechte, dann bin
ich meinen Kummer los. Ob sie gar mittanzt bei diesem
Tanze? Ihr Damen, seid so lieb, rückt Eure Hüte ein wenig
aus der Stirn. Ach, fände ich sie doch unter dem Kranz!

II, 2 *kint* junges Mädchen; *daz êre hât* Doppelbed. „das inneren
Adel, Ehrgefühl, Scham besitzt" und „das eine Ehrung empfängt"
4 *same* wie 8 *tougen* heimlich IV, 3 *bluomen* auch: Blüten
V, 1 (so viel Glück) ist mir von ihr widerfahren 3 *under dougen*
ins Gesicht

Hohe wîp-Minne

42

I　Zwô fuoge hân ich doch, swie ungefüege ich sî,　(L.-K. 47,36)
　der hân ich mich von kinde her vereinet.
　Ich bin den frôn bescheidenlîcher fröide bî
　und lache ungerne sô man bî mir weinet.
5　Durch die liute bin ich frô,
　durch die liute wil ich sorgen.
　ist mir anders danne alsô,
　waz dar umbe? ich wil doch borgen.
　swie si sint, sô wil ich sîn,
10　daz si niht verdrieze mîn.
　manegem ist unmære
　swaz einem andern werre:
　der sî ouch bî den liuten swære.

II　Hie vor, dô man sô rehte minneclîchen warp,
　dô wâren mîne sprüche fröiden rîche;
　Sît daz diu minneclîche minne alsô verdarp,
　sît sanc ouch ich ein teil unminneclîche.
5　Iemer als ez danne stât,
　alsô sol man danne singen.
　swenne unfuoge nû zergât,
　sô sing aber von höfschen dingen.
　noch kumpt fröide und sanges tac,
10　wol im, ders erbeiten mac!
　derz gelouben wolte,
　so erkande ich wol die fuoge,
　wenn unde wie man singen solte.

III　Ich sage iu waz uns den gemeinen schaden tuot:
　diu wîp gelîchent uns ein teil ze sêre.
　Daz wir in alsô liep sîn übel alse guot,
　seht, daz gelîchen nimet uns fröide und êre.
5　Schieden uns diu wîp als ê,
　daz si sich ouch liezen scheiden!

42

I Ich bin zwar plump und benehme mich schlecht, doch das eine Gute habe ich und hatte es schon als Kind: ich fühle rechte Freude mit den Frohen und lache nicht, wenn ich jemand weinen sehe. Ich bin froh und traurig mit den Menschen und für sie. Ist mir anders ums Herz, was tut's? Da borge ich mir aus, was sie empfinden. Ich will sein und fühlen wie sie und sie nicht abstoßen. Manchen kümmert es im Herzen nicht, was die andern bekümmert: der soll dann auch den Leuten lästig sein.

II Einst lebte man nach Regeln wahrer Liebe, da waren auch meine Lieder voll Freude. Diese Liebe ist nun vergangen, und auch meine Lieder sind liebefeindlich und lieblos geworden. Immer soll man singen, wie die Zeit es will. Wenn das rüpelhafte Treiben vorüber ist, dann kehre auch ich zur höfischen Kunst zurück. Der Tag der Freude und der Lieder muß doch wieder kommen; der ist glücklich, der's noch erlebt. Wenn man mir nur glauben wollte, ich wüßte für solchen Gesang genau das richtige Wann und Wie.

III Den Frauen ist ein Mann wie der andere, das schadet uns allen. Ob gut oder böse, wir sind ihnen gleich lieb: solche

---

I, 1 *Zwô fuoge* zwei gute Eigenschaften 2 die habe ich mir seit d. Kindheit angeeignet 3 *bescheidenlich* wissend, Anteil nehmend 5–6 *Durch die liute* um der L. willen 11–13 manchem ist es gleichgültig, was andern fehlt: der soll auch bei den Leuten (durch seine Gleichgültigkeit) unangenehm auffallen (Parallelismus mit doppelter Antithese: W. im Herzen sich anpassend – daher auch in der Gesellschaft angenehm; die andern im Herzen gleichgültig – daher auch in der Gesellschaft unangenehm) II, 2 *sprüche* im weiten Sinn: Dichtungen 12–13 ich wüßte die passendste Art und Weise, wann und wie... III, 1 *gemeinen* allgemeinen 2 *gelichent* stellen gleich 3 daß wir ihnen gleich lieb sind böse wie gut 5 *Schieden* unterschieden

daz gefrumt uns iemer mê,
mannen unde wîben beiden.
waz stêt übel, waz stêt wol,
10 sît man uns niht scheiden sol?
edeliu wîp, gedenket
daz ouch die man waz kunnen:
gelîchents iuch, ir sît gekrenket.

IV Wîp muoz iemer sîn der wîbe hôhste name
und tiuret baz dan frouwe, als ichz erkenne.
Swâ nû deheiniu sî diu sich ir wîpheit schame,
diu merke disen sanc und kiese denne.
5 Under frouwen sint unwîp,
under wîben sint si tiure.
wîbes name und wîbes lîp
die sint beide vil gehiure.
swiez umb alle frouwen var,
10 wîp sint alle frouwen gar.
zwîvellop daz hœnet,
als under wîlen frouwe:
wîp dêst ein name ders alle krœnet.

V Ich sanc hie vor den frouwen umbe ir blôzen gruoz,
den nam ich wider mîme lobe ze lône.
Swâ ich des geltes nû vergebene warten muoz,
dâ lobe ein ander, den si grüezen schône.
5 Swâ ich niht verdienen kan
einen gruoz mit mîme sange,
dar kêr ich vil hêrscher man
mînen nac ode ein mîn wange.
daz kît: „mir ist umbe dich
10 rehte als dir ist umbe mich.“
ich wil mîn lop kêren
an wîp die kunnen danken.
waz hân ich von den überhêren?

Gleichmacherei nimmt uns alle Freude, den Respekt der andern und die Achtung vor uns selbst. Wenn die Frauen doch wie früher bei uns klare Linien zögen – so wären diese Linien auch leichter zu ziehen bei ihnen. Das wäre besser für uns alle. Wenn die Unterschiede verschwimmen, wie kann man Gut und Schlecht auseinanderhalten? Ihr, die guten Frauen, denkt daran, daß auch die Männer einiges können; ihr seid gekränkt, wenn man euch mit allen andern auf eine Stufe stellt.

IV Wort und Begriff der „Frau" sind doch für alle Frauen am höchsten und schönsten; ehrenvoller und kostbarer, so meine ich, als „adlige Dame" und „Herrin". Wenn eine sich schämt, Frau genannt zu werden und Frau zu sein, die soll dieses Lied hören und dann wählen. Manch adlige Dame ist keine wahre Frau, Frauen dagegen können wohl nicht unfraulich sein! Idee und Wirklichkeit der Frau sind schön und vollkommen. Alle Damen sind doch wohl Frauen, wie sie auch sonst beschaffen sein mögen. Zweideutiges Lob bringt Schande, so manchmal das Wort „Dame" – „Frau" überstrahlt alles andere.

V Früher sang ich für die Frauen und wollte zum Dank für mein Lob nur ihren Gruß. Doch wo ich auf diesen Lohn vergebens warten muß, da soll sie ein anderer loben, den sie gnädig grüßen. Wo mir meine Lieder nicht einmal einen Gruß einbringen, da kehre ich den Frauen stolz den Rücken zu. Das will sagen: „Ich habe für dich so viel übrig wie du für mich." Ich schenke mein Lob nur Frauen, die danken können. Was sollen mir die hochnäsig Feinen?

---

10 wenn man zwischen uns nicht unterscheiden soll 13 *gelichents iuch* wenn sie euch alle als gleich betrachten IV s. Komm. V, 3 *warten* „ausschauen nach"

43

I   Die hêrren jehent, man sülz den frouwen   (L.-K. 44,35)
    wîzen daz diu welt sô stê.
    Si sehent niht frœlîch ûf als ê,
    si wellent alze nider schouwen.
5   Ich habe ouch die rede gehœret:
    si sprechent, daz in fröide stœret,
    si sîn mê dan halbe verzaget
    beidiu lîbes unde guotes;
    niemen helfe in hôhes muotes.
10 wer sol rihten? hiest geklaget.

II   Mîn frouwe wil ze frevellîche
    schimpfen, ich habe ûz gelobet.
    Si tumbet, obe si niht entobet:
    jon wart ich lobes noch nie sô rîche.
5   Torst ich vor den wandelbæren,
    sô lobte ich die ze lobenne wæren.
    des enhabe deheinen muot:
    ichn gelobe si niemer alle,
    swiez den lôsen missevalle,
10 sine werden alle guot.

III Ich weiz si diu daz niht ennîdet,
    daz man nennet reiniu wîp.
    Sô rehte reine sost ir lîp,
    daz si der guoten lop wol lîdet.
5   Er engap ir niht ze kleine,
    der si geschuof schœn unde reine.
    der diu zwei zesamne slôz,
    wie gefuoge er kunde sliezen!
    er solt iemer bilde giezen,
10 der daz selbe bilde gôz.

I, 6–8 sie sagen – und das vernichtet ihre Freude – die Männer

43

I Die Männer geben den Frauen die Schuld an dem traurigen
Zustand der Welt. Sie erheben nicht mehr froh ihre Augen
wie einst, sie schlagen sie traurig nieder. Doch auch anderes
habe ich gehört: Die Frauen sagen, sie hätten ihre Freude
verloren, weil die Männer an allem verzagen, was das
Leben wertvoll macht. Niemand schenke einer Frau hohes,
festliches Glück. Klagen hier und dort – wer soll entschei-
den?

II Allzu übermütig spottet meine Herrin, meine Lobekunst sei
wohl zu Ende. Sie muß närrisch sein, wenn nicht gar ver-
rückt! Noch nie war ich an Lob so reich. Und wenn ich
mir's getraute vor den Bösen, die man tadeln muß, so lobte
ich die Guten, die man loben darf. Eins muß sie verstehen:
Wie wenig das auch den Bösen behagt – werden sie nicht
alle gut, dann lobe ich niemals alle ohne Unterschied.

III Eine kenne ich, die ohne Neid den Preis edler Frauen ver-
nimmt. So edel und vollkommen ist sie selbst, daß ihr Herz
es freudig duldet, wenn man edle Frauen preist. Der sie
geschaffen hat, er machte sie an Schönheit und an Reinheit
reich. Rein und schön – wer eins ans andre band, wie kunst-
voll er doch binden konnte! Wer dieses Bild gegossen hat,
der müßte immer Kunstgebilde gießen!

---

seien fast ganz („mehr als halb") am Leben verzweifelt und zag-
haft (wohl: geizig) im Hinblick auf Güter (im Mhd. häufig die
lockere, für uns manchmal undeutliche Beziehung der Pronomina:
6 *si, in* 7 *si* 9 *in;* der antithetische Sinn fordert, daß sich V. 6
auf die Frauen, V. 7–8 auf die Männer, V. 9 wieder auf die Frauen
bezieht, vgl. Kraus, *Unters.* 154) II, 1 *frevellîche* urspr. „mutig",
hier: „übermütig" 2 *schimpfen* urspr. „scherzen" 5 *wandelbæren*
Wankelmütigen, oft im Sinn von „Bösen" 7 darauf braucht sie
sich keine Hoffnung zu machen III, 2 *nennet* lobend nennt

IV   Sich krenkent frouwen unde pfaffen,
     daz si sich niht scheiden lânt.
     Die den verschampten bî gestânt,
     die wellent lîhte ouch mit in schaffen
   5 . . . .
     . . . .
     wê daz zwên als edele namen
     mit den schamelôsen werbent!
     sicherlîche si verderbent,
  10 sine wellens sich erschamen.

                    44

I   Die zwîvelære sprechent, ez sî allez tôt,   (L.-K. 58,21)
     ez enlebe nû nieman der iht singe.
     Nû mugen si doch bedenken die gemeinen nôt,
     wie al diu welt mit sorgen ringe.
   5 Kumpt sanges tac, man hœret singen unde sagen;
     man kan noch wunder.
     ich hôrte ein kleine vogellîn daz selbe klagen,
     daz tet sich under:
     „ich singe niht, ez welle tagen."

II   Die lôsen scheltent guoten wîben mînen sanc
     und jehent daz ich ir übel gedenke.
     Si pflihten alle wider mich und haben danc,
     er sî ein zage, der dâ wenke.
   5 Nû dar swer tiuschen wîben ie gespræche baz!
     wan daz ich scheide
     die guoten von den bœsen: seht, daz ist ir haz.
     lobt ich si beide
     gelîche wol, wie stüende daz?

III Ich bin iu eines dinges holt, haz unde nît:
     sô man iuch ûz ze boten sendet,
     Daz ir sô gerne bî den biderben liuten sît

IV   Die Frauen und die Kirche schaden sich selbst, denn beide
     mögen es nicht, wenn man bei ihnen Gute und Böse unter-
     scheidet. Wer den Unverschämten recht gibt, der handelt
     auch oft wie sie ... Ach, zwei so edle Namen – Frau und
     Kirche – daß sie mit so üblen Elementen verkehren. Sie
     gehen bestimmt zugrunde, wenn sie sich nicht beizeiten
     schämen und bessern.

44

I   Die Schwarzseher sagen, alles sei tot, es lebten keine Sänger
     mehr. Doch sie sollen nicht vergessen, wie groß die Not ist
     überall, und wie die Welt mit der Sorge kämpft. Wenn die
     Zeit der Lieder wiederkommt, dann wird man singen und
     dichten hören; viele Lieder weiß man noch. So hörte ich
     ein kleines Vöglein klagen, das verbarg sich und sagte:
     „Ich singe nicht, bevor es tagt."

II   Böse Leute schmähen meine Kunst vor edlen Frauen und
     sagen, ich rede schlecht von ihnen. Sie sollen sich alle gegen
     mich wenden, mich kümmert's nicht; ein Feigling, wer da
     weicht! Den will ich sehen, der jemals deutsche Frauen
     schöner pries. Doch sind sie mir böse, weil ich gute und
     schlechte unterscheide. Wie sähe das aus, wenn ich sie lobte
     ohne Unterschied!

III Bosheit und Haß, eins gefällt mir an euch: ihr geht, wenn
     man euch als Boten sendet, gern zu guten Leuten, das

IV, 1 *pfaffen* Geistliche (zumeist ohne verächtl. Beiklang) 7 *namen*
auch: Stand, Geschlecht | I, 6 *wunder* eine Menge   II, 3 sie mögen
sich alle gegen mich zusammenschließen – ich danke ihnen (*haben*
ebenfalls Konj.)   III, 1 Wegen *einer* Sache mag ich euch

und dâ mit iuwern hêrren schendet.
5 Ir spehere, sô ir niemen stæten muget erspehen,
den ir verkêret,
sô hebt iuch hein in iuwer hûs (ez muoz geschehen),
daz ir unêret
verlogenen munt und twerhez sehen.

IV   Der alsô guotes wîbes gert als ich dâ ger,
wie vil der tugende haben solte!
Nû enhân ich leider niht dâ mite ich sie gewer,
wan obs ein lützel von mir wolte.
5 Zwô tugende hân ich, der si wîlent nâmen war,
scham unde triuwe:
die schadent nû beide sêre. schaden nû alsô dar!
ich bin niht niuwe:
dem ich dâ gan, dem gan ich gar.

V   Ich wânde daz si wære missewende frî,
nû sagent si mir ein ander mære.
Si jehent daz niht lebendes âne wandel sî:
so ist ouch mîn frouwe wandelbære.
5 Ich kan ab niht erdenken waz ir missestê,
wan ein vil kleine:
si schadet ir vînden niht, und tuot ir friunden wê.
lât si daz eine,
swie vil ich suoche, ich envinde mê.

VI   Ich hân iu gar gesaget daz ir missestât,
zwei wandel hân ich iu genennet.
Nû sult ir ouch vernemen waz si tugende hât
(der sint ouch zwô), daz irs erkennet.
5 Ich seit iu gerne tûsent: irn ist niht mê dâ,
wan schœne und êre.
die hât si beide volleclîche. hât si? jâ.
waz wil si mêre?
hiest wol gelobt: lobe anderswâ.

bringt eurem Herren Schande. Wenn ihr Schnüffler keinen Unverdorbenen findet, den ihr verderben könnt, dann geht nach Hause und gebt verlogenen Mund und schiefe Blicke der Schande preis.

IV Wer um eine edle Frau so herzlich wirbt wie ich, der müßte selbst viel Edles haben! Ich kann ihr leider nicht viel geben, nur eine Kleinigkeit. Zwei gute Eigenschaften hab' ich, die früher etwas galten: ich bin bescheiden und bin treu. Damit fährt man heute schlecht, doch was kümmert's mich? Ich bin nicht so modern; wenn ich mich einem Menschen schenke, dann tu' ich's ganz und ohne Vorbehalt.

V Ich glaubte, sie sei ohne Tadel, doch jetzt erzählt man mir anders: nichts Lebendes sei im Guten beständig und auch meine Herrin nicht. Doch kann ich mir nichts denken, was an ihr zu tadeln wäre, höchstens eine Kleinigkeit: Sie tut nicht ihren Feinden, sie tut den Freunden weh. Läßt sie das sein, dann finde ich keine Fehler mehr, soviel ich auch suchen mag.

VI Ich sagte euch alles, was man an ihr tadeln kann; zwei Fehler nannte ich euch. Nun hört auch ihre guten Eigenschaften, wieder zwei. Gerne würde ich euch tausend nennen, doch da sind nicht mehr, nur Schönheit und Anstand. Die beiden hat sie ganz. Wahrhaftig? Ja. Was sonst kann sie wünschen! Dies Lob ist groß; wenn ihr wollt, lobt anderswo.

---

5 *niemen stæten* keinen Beständigen   IV, 5 *der si* ... denen man einst Aufmerksamkeit schenkte   7 *schaden* ... mögen sie nur immerfort schaden!   9 *gan ich* „gönne"; bin zugetan, liebe   V, 5 *missestê* übel ansteht   VI, 2 *wandel* Veränderung; oft im Sinn von „Fehler" in einer Zeit, die vom Ideal der *constantia* beherrscht wird   9 *lobe anderswâ:* die Übers. „nun lobe auch sie (an anderen Orten) mich" ist wohl nicht richtig

45

I Aller werdekeit ein füegerinne,   (L.-K. 46,32)
    daz sît ir zewâre, frouwe Mâze;
    er sælic man, der iuwer lêre hât!
    Der endarf sich iuwer niender inne
5 weder ze hove schamen noch an der strâze;
    dur daz sô suoche ich, frouwe, iuwern rât.
    Daz ir mich ebene werben lêret!
    wirbe ich nidere, wirbe ich hôhe, ich bin versêret.
    ich was vil nâch ze nidere tôt,
10 nû bin ich aber ze hôhe siech:
    unmâze enlât mich âne nôt.

II Nideriu minne heizet diu sô swachet
    daz der lîp nâch kranker liebe ringet;
    diu minne tuot unlobelîche wê.
    Hôhiu minne reizet unde machet
5 daz der muot nâch hôher wirde ûf swinget;
    diu winket mir nû, daz ich mit ir gê.
    Mich wundert wes diu mâze beitet.
    kumet diu herzeliebe, ich bin iedoch verleitet.
    mîn ougen hânt ein wîp ersehen;
10 swie minneclich ir rede sî,
    mir mac doch schade von ir geschehen.

46

I Sô die bluomen ûz dem grase dringent,   (L.-K. 45,37)
    same si lachen gegen der spilden sunnen
    in einem meien an dem morgen fruo,
    Und diu kleinen vogellîn wol singent

I, 7 *werben* allg. sich bewegen, sich bemühen; hier weiter gefaßt
als die verengte Bed. „Liebeswerben", die auch mitklingt   11 Maß-

45

I Ihr, Frau Maße, schenkt und ordnet allen Wert und Sinn.
Ein Mann ist glücklich, wenn Ihr ihn lehrt; er braucht sich
nirgends auf der Welt zu schämen, nicht am Hof noch auf
der Straße. Darum suche ich, Herrin, Rat und Hilfe bei
Euch. Helft mir, recht um Liebe zu werben und in der Liebe
zu leben. Werbe ich nieder, werbe ich hoch – immer nur
Schmerzen! In der Niederen Minne ging ich fast zugrunde,
doch nun bin ich in der Hohen Minne krank zum Tode:
überall Maßlosigkeit und ihre Qual.

II Niedere Minne, das ist die Liebe, die so erniedrigt, daß
Menschen sich verlieren in dumpfer Leidenschaft; solche
Liebe bringt nur Verachtung und Leid. Hohe Minne begei-
stert Herz und Seele, daß sie sich hoch aufschwingen zu
vollendetem Wert; sie winkt mir jetzt, ich solle mit ihr
gehen. Doch worauf wartet Frau Maße noch? Wenn die
Neigung des Herzens kommt, dann lasse ich mich wieder
verführen. Meine Augen haben eine Frau gesehen; sie redet
liebevolle Worte, doch kann sie mir zum Unglück werden.

46

I Wenn die Blumen aus dem Grase sprießen, als lachten sie
der lachenden Sonne entgegen früh an einem Morgen im
Mai, und die kleinen Vögel ihre schönsten Lieder singen –

---

losigkeit läßt mich nicht ohne Not   II, 2 *lîp* hier auch stark in der
Bed. der Körperlichkeit, im Gegens. zu *muot* (V. 5) | I, 2 *spilden*
leuchtenden, funkelnden

5 in ir besten wîse die si kunnen,
waz wünne mac sich dâ gelîchen zuo?
Ez ist wol halb ein himelrîche!
suln wir sprechen waz sich deme gelîche,
sô sage ich waz mir dicke baz
10 in mînen ougen hât getân
und tæte ouch noch, gesæhe ich daz.

II Swâ ein edeliu schœne frouwe reine,
wol gekleidet unde wol gebunden,
dur kurzewîle zuo vil liuten gât;
Hovelîchen hôhgemuot, niht eine,
5 umbe sehende ein wênic under stunden,
alsam der sunne gegen den sternen stât –
Der meie bringe uns al sîn wunder:
waz ist dâ sô wünneclîches under
als ir vil minneclîcher lîp?
10 wir lâzen alle bluomen stân
und kapfen an daz werde wîp.

III Nû wol dan, welt ir die wârheit schouwen,
gên wir zuo des meien hôhgezîte!
der ist mit aller sîner krefte komen.
Seht an in und seht an schœne frouwen,
5 wederz dâ daz ander überstrîte:
daz bezzer spil, ob ich daz hân genomen.
Owê der mich dâ welen hieze,
deich daz eine dur daz ander lieze,
wie rehte schiere ich danne kür!
10 hêr Meie, ir müeset merze sîn,
ê ich mîn frouwen dâ verlür.

---

5 *wise* Melodie 6 welches Glück kann sich damit vergleichen?
II, 2 *wol gebunden* mit schönem Kopfschmuck 4 hochgestimmt,
wie es dem Hofe ziemt, und nicht allein 6 *alsam* wie 8 was un-
ter ihnen ist so bezaubernd 11 *kapfen* „gaffen", im Mhd. nicht

gibt es ein schöneres Glück? Es ist, als wären wir im Himmel. Doch soll ich sagen, was jener Freude gleicht? Es hat meine Augen noch mehr beglückt und würde sie immer wieder beglücken, dürfte ich's wieder sehen.

II Wenn eine edle Frau, vollendet schön die Seele und die Gestalt, in prächtigen Kleidern und mit schön geschmücktem Haupt in Gesellschaft geht, um mit andern froh zu sein, festlich elegant, von Gefolge begleitet, manchmal hierhin, manchmal dorthin schauend, und neben Sternen leuchtet wie die Sonne – da mag der Mai uns alle seine Wunder schenken! Ist auch nur eins so herrlich schön wie ihre Lieblichkeit? Wir lassen alle Blumen und sind versunken im Anblick der edlen Frau.

III Wollt ihr die Wahrheit wissen, so laßt uns alle nun zum Fest des Maien gehn! Der ist mit aller Macht gekommen. Schaut ihn an und dann die schönen Frauen und seht, wer Sieger bleibt – habe ich nicht das bessere Spiel gespielt? Ach, wenn ich da wählen müßte, das eine nehmen, das andere lassen, ohne Zögern wählte ich da! März müßtet Ihr werden, Herr Mai, ehe ich für Euch meine Herrin aufgäbe!

---

so grell   III, 1 *Nû wol dan* wohlan   6 *genomen* erwählt   8 daß
ich das eine um des andern willen aufgeben müßte

47

I   „Ich hœre iu sô vil tugende jehen,   (L.-K. 43,9)
    daz iu mîn dienest iemer ist bereit.
    Enhæt ich iuwer niht gesehen,
    daz schâtte mir an mîner werdekeit.
  5 Nû wil ich deste tiurre sîn
    und bite iuch, frouwe,
    daz ir iuch underwindet mîn.
    ich lebete gerne, kunde ich leben:
    mîn wille ist guot, nû bin ich tump,
 10 nû sult ir mir die mâze geben."

II „Kund ich die mâze als ich enkan,
    sô wære ich in der welte ein sælic wîp.
    Ir tuot als ein wol redender man,
    daz ir sô hôhe tiuret mînen lîp.
  5 Ich bin vil tumber danne ir sît.
    waz dar umbe?
    doch wil ich scheiden disen strît.
    tuot allerêrst des ich iuch bite
    und saget mir der manne muot,
 10 sô lêre ich iuch der wîbe site."

III „Wir wellen daz diu stætekeit
    der wîbes güete gar ein krône sî.
    Kan si mit zühten sîn gemeit,
    sô stêt diu lilje wol der rôsen bî.
  5 Nu merket wie der linden stê
    der vogele singen,
    dar under bluomen unde klê.
    noch baz stêt wîben werder gruoz.
    ir minneclîcher redender munt
 10 der machet daz man küssen muoz."

―――――――――
I, 5 *deste tiurre* um so wertvoller, edler   7 daß Ihr Euch meiner

47

I „Ich habe so viel Gutes von Euch gehört, daß mein Herz immer bereit ist, Euch zu dienen. Wär' ich Euch nie begegnet, mein Herz und mein Leben wären ärmer geblieben. Um so reicher will ich nun sein: bitte, Herrin, helft mir dabei. Ich lebte gerne, wenn ich wahrhaft leben könnte; ich bin naiv, doch habe ich guten Willen. Schenkt, Herrin, meinem Leben das rechte Maß."

II „Ich kann Euch dieses Maß nicht schenken; wüßte ich es, ich wäre glücklich auf der Welt. Ihr seid ein wahrer Künstler, wenn Eure Worte mich so hoch erheben. Ich kenne die Welt noch weniger als Ihr, doch was schadet das! Ich will auf unsere Streitfrage eine Antwort finden. Bitte, sagt mir zuerst, was denn die Männer denken, so sage ich Euch von den Frauen."

III „Wir wollen, daß sie sich und andern treu sind: Beständigkeit krönt edle Frauen. Wenn sie sich freuen können, artig und frei, dann steht bei der Lilie die Rose. Seht doch, zu der Linde gehören die Lieder der Vögel, dazu Blumen und Grün. Zur Frau gehört es, daß sie uns freundlich begegnet. Ihr lieber plaudernder Mund macht, daß man ihn küssen muß."

---

annehmt II, 1 Wüßte ich, wie die Maße ist, so, wie ich es nicht weiß 3 *wol redender man* der die Kunst der Rede versteht 7 *doch* trotzdem 10 *der wîbe site* die Art der Frauen III, 1 *Wir wellen* auch: wir meinen 3 *mit zühten . . . gemeit* klass. Ausdruck der Harmonie: fröhlich, doch mit Maß und Beherrschung 5–6 . . . wie gut der Linde der Gesang der Vögel ansteht

IV „Ich sage iu wer uns wol behaget:
    der beide erkennet übel unde guot,
    Und ie daz beste von uns saget,
    dem sîn wir holt, ob erz mit triuwen tuot.
5   Kan er ze rehte wesen frô
    und tragen gemüete
    ze mâze nider unde hô,
    der mac erwerben des er gert:
    welch wîp verseit im einen vaden?
10 guot man ist guoter sîden wert.“

                    48

I   Ein niuwer sumer, ein niuwe zît,   (L.-K. 92,9)
    ein guot gedinge, ein lieber wân,
    diu liebent mir en widerstrît,
    daz ich noch trôst ze fröiden hân.
5   Noch fröwet mich ein anderz baz
    dan aller vogellîne sanc:
    swâ man noch wîbes güete maz,
    dâ wart ir ie der habedanc.
    Daz meine ich an die frouwen mîn.
10 dâ muoz noch mêre trôstes sîn:
    sist schœner danne ein schœne wîp,
    die schœne machet lieber lîp.

II Ich weiz wol daz diu liebe mac
    ein schœne wîp gemachen wol.
    iedoch swelch wîp ie tugende pflac,
    daz ist diu der man wünschen sol.
5   Diu liebe stêt der schœne bî
    baz danne gesteine dem golde tuot.
    nû jehet waz danne bezzer sî,
    hânt dise beide rehten muot.
    Si hœhent mannes werdekeit.

IV „So sage ich Euch, wer uns gefällt: wer Gut und Böse unter-
scheiden kann und uns immer aus wahrem Herzen preist,
den lieben wir. Wer rechte Freude hat und maßvoll mit der
Seele Hoch und Tief umgreift, der findet, was er sucht.
Welche Frau versagt ihm auch nur einen Seidenfaden? Ein
guter Mann verdient ein Seidenkleid."

48

I Ein neuer Sommer, neue Zeit im Jahr, schönes Erwarten,
süßer Hoffnungstraum: ich weiß nicht, was mir lieber ist;
sie alle geben mir Zuversicht, daß ich noch Freude finde.
Doch eines freut mich mehr als aller Vogelsang: wo man den
Wert der Frauen mißt, da gewann sie, meine Herrin, stets
den Preis. Sie kann mir noch größere Hoffnung geben, denn
sie ist schöner als eine schöne Frau: erst Anmut macht wahr-
haft schön.

II Ich weiß, daß einer schönen Frau Anmut wahre Schönheit
geben kann; doch soll man eine gute Frau sich wünschen.
Anmut steht bei der Schönheit wie der Edelstein beim Gold,
doch kommt ein edles Herz dazu, sagt, was könnte voll-
kommener sein? Sie geben einem Mann tieferen Wert und

IV, 4 *ob erz* ... wenn es aufrichtig geschieht   8 *mac* ... kann er-
werben | I, 3 die sind mir um die Wette lieb   7 wo immer man ...
gemessen hat   9 das meine ich im Hinblick auf meine Herrin
12 ein anmutiger, liebreizender Mensch schafft, bedeutet Schön-
heit   II, 6 *baz danne* besser als   8 wenn beide auch edle Gesin-
nung haben

10 swer ouch die süezen arebeit
dur si ze rehte kan getragen,
der mac von herzeliebe sagen.

III Der blic gefröwet ein herze gar,
den minneclîch ein wîp an siht.
wie welt ir danne daz der var,
dem ander liep von ir geschiht?
5 Der ist eht manger fröiden rîch,
sô jenes fröide gar zergât.
waz ist den fröiden ouch gelîch,
dâ liebez herze in triuwen stât,
In schœne, in kiusche, in reinen siten?
10 swelch sælic man daz hât erstriten,
ob er daz vor den frömden lobet,
sô wizzet daz er niht entobet.

IV Waz sol ein man der niht engert
gewerbes umb ein reine wîp?
si lâze in iemer ungewert,
ez tiuret doch wol sînen lîp.
5 Er tuo dur einer willen sô
daz er den andern wol behage:
sô tuot in ouch ein ander frô,
ob im diu eine gar versage.
Dar an gedenke ein sælic man,
10 dâ lît vil sælde und êren an:
swer guotes wîbes minne hât,
der schamt sich aller missetât.

III, 7 was gleicht jenen Freuden 12 *entobet* nicht verrückt ist
IV, 1–2 *engert gewerbes* kein Verlangen hat, zu werben

reicheres Glück. Und wer die süße Not um ihretwillen wahrhaft tragen kann, der darf sagen, daß er herzlich frohe Liebe hat.

III Die Augen einer Frau erfreuen ein Herz, wenn sie ihm liebend begegnen. Wie muß ein Mann empfinden, dem sie noch Lieberes schenkt? Der ist immer reich an vielen Freuden, wenn des andern Freude schon vergangen ist. Welche Freude ist so groß wie diese, wenn ein liebes, liebendes Herz Treue, Schönheit, Unschuld, Reinheit hat? Wenn ein Glücklicher ein solches Herz gewann, der ist kein Narr, wenn er's vor den Menschen preist.

IV Was taugt ein Mann, der sich nicht sehnt, eine reine Frau zu gewinnen? Und wenn sie auch nie sich ihm schenkt, sein Werben macht sein Leben reicher und edler. Er soll der einen zuliebe so sein und so handeln, daß er allen gefällt: so mag eine andere ihn glücklich machen, wenn die eine sich ihm versagt. Ein edler Mann soll daran denken, viel Glück und Ehre steht darin: Wem eine wahre Frau ihre Liebe gab, der schämt sich, je Böses zu tun.

49

I   Waz ich doch gegen der schœnen zît   (L.-K. 95,17)
    gedinges unde wânes hân verlorn!
    Swaz kumbers an dem winter lît,
    den wânde ich ie des sumers hân verborn.
5   Sus sazte ich allez bezzerunge für:
    swie vil ich trôstes ie verlür,
    sô hât ich doch ze fröiden wân.
    dar under misselanc mir ie:
    in vant sô stæte fröide nie,
10 si wolte mich ê ich si lân.

II Muoz ich nû sîn nâch wâne frô,
    son heize ich niht ze rehte ein sælic man.
    Dem ez sîn sælde füeget sô
    daz im sîn herzeliep wol guotes gan,
5   Hât ouch der selbe fröiderîchen sin,
    des ich nû leider âne bin,
    son spotte er niht dar umbe mîn,
    ob im sîn liep iht liebes tuot:
    ich wære ouch gerne hôhgemuot,
10 möht ez mit liebes hulden sîn.

III Er sælic man, si sælic wîp,
    der herze ein ander sint mit triuwen bî.
    Ich wil daz daz ir beider lîp
    getiuret und in hôher wirde sî.
5   Vil sælic sîn ir jâr und al ir zît!
    er ist ouch sælic sunder strît,
    der nimt ir tugende rehte war,
    sô daz ez in sîn herze gêt.
    ein sælic wîp, diu sich verstêt,
10 diu sende ouch guoten willen dar.

I, 1–2 Wie viele Hoffnungen, die ich auf die schöne Jahreszeit

49

I   Wieviel Glauben und Hoffen hab' ich an den schönen Som-
    mer verschwendet! Ich hoffte, im Sommer sei die Sorge des
    Winters vorbei; immer glaubte ich, es würde besser werden
    und hoffte trotz aller Enttäuschung auf Freude. Doch nie
    hatte ich Erfolg, nie fand ich Freude, die mir treu war und
    so lange bei mir bleiben wollte wie ich bei ihr.

II Wenn meine Freude wieder nur ein Trugbild meiner Hoff-
    nung ist, so darf ich mich nicht wahrhaft glücklich nennen.
    Wenn es das Glück so will, und dem andern ist seine Herz-
    liebste gut, und sein Herz ist so voll Freude wie meins an
    Freuden leer, so soll er, wenn seine Liebste ihm Liebes
    schenkt, mich nicht verspotten. Auch mein Herz wäre gerne
    froh, wenn nur meine Liebste es wollte.

III Glücklich der Mann und die Frau, die einander mit treuem
    Herzen gehören. Ich will, daß man sie beide achtet und in
    hohen Ehren hält. Ihr Leben soll alle Jahre glücklich sein.
    Ich weiß, auch der ist glücklich, der ihren Wert versteht
    und aufnimmt in sein Herz. Eine Frau, die solches Glück
    erfahren und begriffen hat, soll diesem Mann ihre edle
    Neigung schenken.

---

setzte, habe ich verloren! 3–4 wieviel Not auch der Winter mit
sich bringt, ich glaubte, im Sommer sei ich ohne sie   5 *sazte* ...
für stellte mir vor   8 *dar under* dabei, inzwischen   9–10 so be-
ständige Freude fand ich nie, die mich nicht verlassen wollte, ehe
ich sie (verlassen wollte)   II, 5–6 und der so frohe Gedanken hat,
wie ich sie nun leider nicht habe   III, 5 glücklich seien ihre Jahre
und all ihre Zeit   6 *sunder strît* ganz gewiß, ohne Widerrede

IV   Sich wænet maneger wol begên
     sô daz er guoten wîben niht enlebe.
     Der tôre kan sich niht verstên
     waz ez fröide und ganzer wirde gebe.
  5 Dem lîht gemuoten dem ist iemer wol
     mit lîhten dingen, als ez sol:
     swer wirde und fröide erwerben wil,
     der diene guotes wîbes gruoz.
     swen si mit willen grüezen muoz,
 10 der hât mit fröiden wirde vil.

V   Jâ hêrre, wes gedenket der
     dem ungedienet ie vil wol gelanc?
     Ez sî ein sie, ez sî ein er,
     swer alsô minnen kan, der habe undanc,
  5 Und dâ bî guoten dienest übersiht.
     ein sælic wîp diu tuot des niht,
     diu merket guotes mannes site;
     dâ scheidet si die bœsen von.
     sô ist ein tumbiu sô gewon
 10 daz ir ein tumber volget mite.

50

I   Die verzagten aller guoten dinge   (L.-K. 63,8)
     wænent daz ich mit in sî verzaget:
     Ich hân trôst daz mir noch fröide bringe
     der ich mînen kumber hân geklaget.
  5 Obe mir liep von der geschiht,
     sô enruoche ich wes ein bœser giht.

II   Nît den wil ich iemer gerne lîden.
     frouwe, dâ solt dû mir helfen zuo,
     Daz si mich von schulden müezen nîden,

IV, 8 *diene* verdiene und erdiene   9 *mit willen* aus eigenem An-

IV Mancher glaubt, er führe ein gutes Leben, wenn er es edlen Frauen verschließt. Der Narr weiß nicht, wieviel Freude und Vollkommenheit es geben kann. Der Leichtsinn freilich genießt die leichten Dinge, so muß es sein; doch wer Vollkommenheit und Freude finden will, der soll so leben, daß er den Dank einer edlen Frau verdient. Wem sie sich dankend neigen will, der hat hohe Freude und edlen Wert.

V Ach Gott, wie denkt sich der das Leben, dem ohne Mühe und Verdienst sich jeder Wunsch erfüllt? Wer so liebt und rechten Minnedienst verachtet – ob Mann, ob Frau, dem wünsch' ich alles Schlechte. Eine gute Frau tut das nicht, sie will das Wesen eines guten Mannes kennen und ihn von den Schlechten unterscheiden. Doch ein närrisches Weib wird stets von Narren begleitet.

50

I Die an allem Guten verzweifeln, glauben, ich verzweifelte wie sie. Doch ich hoffe fest, daß sie mir noch Freude schenken wird, der ich klagte, was mich bedrückt. Mich kümmert nicht, was Böse sagen, wenn nur sie mir ihre Liebe gibt.

II Neid will ich immer gerne tragen. Dazu hilf mir, Herrin, daß sie mich mit Grund beneiden, wenn das Glück, das

---

trieb, von ganzem Herzen   V, 9 *gewon* gewohnt | I, 5 wenn mir von ihr Angenehmes widerfährt   II, 1 *Nît* meistens „Zorn, Haß", hier jedoch auch „Neid"

sô mîn liep in herzeleide tuo.
5 Schaffe daz ich frô gestê,
so ist mir wol, und ist in iemer wê.

III Friundîn unde frouwen in einer wæte
wolte ich an dir einer gerne sehen,
Ob ez mir sô rehte sanfte tæte
alse mir mîn herze hât verjehen.
5 Friundinne ist ein süezez wort,
doch sô tiuret frouwe unz an daz ort.

IV Frouwe, ich wil mit hôhen liuten schallen,
werdent diu zwei wort mit willen mir;
Sô lâz ouch dir zwei von mir gevallen,
dazs ein keiser kûme gæbe dir.
5 Friunt und geselle diu sint dîn,
sô sî friundîn unde frouwe mîn.

51

I Waz hât diu welt ze gebenne   (L.-K. 93,19)
liebers danne ein wîp,
daz ein sende herze baz gefröwen müge?
Waz stiuret baz ze lebenne
5 danne ir werder lîp?
ich enweiz niht daz ze fröiden hôher tüge:
Swenne sô ein wîp von herzen meinet
den der ir wol lebt ze lobe,
dâ ist ganzer trôst mit fröiden underleinet;
10 disen dingen hât diu welt niht dinges obe.

II Mîn frouwe ist zwir beslozzen,
der ich liebe trage,
dort verklûset, hie verhêret dâ ich bin.
Des einen hât verdrozzen
5 mich nû manege tage:

deine Liebe mir gab, ihr Herz beschwert. Mach mich ganz
glücklich und froh, mir zur Freude, ihnen zuleide.

III Gern sähe ich in dir Geliebte und Herrin in einer Gestalt.
Ob es wohl so glücklich macht, wie mein Herz mir sagte?
„Geliebte" ist ein liebes Wort, doch „Herrin" ehrt über alles.

IV Herrin, in hellem Jubel will ich singen, wenn du mir er-
laubst, die beiden Worte zu sagen. Nimm zwei andere von
mir, kein Kaiser könnte dir schönere geben. „Geliebter",
„liebster Freund" gehören dir; „Geliebte" und „Herrin"
sollen mir gehören.

51

I Was kann die Welt uns Schöneres geben als eine Frau, so
viel Freude einem sehnenden Herzen? Was schenkt uns so
viel Lebenslust wie ihr edles, reiches Leben? Wenn sie ihn
von Herzen liebt, der ein gutes Leben führt ihr zuliebe und
ihr zu Ehren – was könnte uns wohl größere Freude geben?
Trost und Hoffnung ruhen da auf Pfeilern frohen Glücks.
Es gibt nichts Herrlicheres auf der Welt.

II Zweifach verschlossen ist mir die Herrin, die ich liebe: dort
eingesperrt, von Hütern umgeben; hier, wo ich bin, erhaben
weit über mich hinaus. Die äußere Trennung ärgert mich

III, 1 *wæte* Gewand   2 *an dir einer* in dir zugleich   3 wenn ich
wüßte, daß ...   IV, 1 *liuten* Tönen, „Lauten"   2 wenn du mir diese
zwei W. gern zubilligst | I, 4 was hilft uns, unser L. besser zu führen
6 *hôher tüge* besser taugte   9 *underleinet* mit Stützen versehen

sô gît mir daz ander senelîchen sin.
Solt ich pflegen der zweier slüzzel huote,
dort ir lîbes, hie ir tugent,
disiu wirtschaft næme mich ûz sendem muote,
10 und næm iemer von ir schœne niuwe jugent.

III Wænet huote scheiden
von der lieben mich,
diech mit stæten triuwen her gemeinet hân?
Solhe liebe leiden,
5 des verzîhe sich:
ich diene iemer ûf den minneclîchen wân.
Mac diu huote mich ir lîbes pfenden,
dâ habe ich ein trœsten bî:
sin kan niemer von ir liebe mich gewenden.
10 twinget si daz eine, so ist daz ander frî.

52

I Ez wær uns allen   einer hande sælden nôt: (L.-K. 97,34)
daz man rehter fröide schône pflæge als ê.
Ein missevallen   daz ist mîner fröiden tôt,
daz dien jungen fröide tuot sô rehte wê.
5 War zuo sol ir junger lîp,
dâ mit si fröide solten minnen?
hei wolten si ze fröiden sinnen!
junge man, des hulfen iu diu wîp.

II Nû bin ich iedoch   frô und muoz bî fröiden sîn
durch die lieben, swiez dar under mir ergât.
Mîn schîn ist hie noch: sôst bî ir daz herze mîn,
daz man mich vil ofte sinnelôsen hât.

II, 7–8 müßte ich auf beide Schlüssel aufpassen, dort zu ihrer Per-
son, hier zu ihrer Tugend 9 dieses Amt befreite mich von der

schon lange, doch ihr inneres Fernesein erfüllt mich mit Sehnsucht und Schmerz. Wären mir doch beide Schlüssel anvertraut, dort zu der Tür, die im Raum uns trennt, hier zu der Tür, die in ihre vollkommene Seele führt. Dann wäre ich von aller Sehnsucht befreit, und ihre Schönheit gäbe mir immer neue Jugend.

III Glauben die Aufpasser denn, sie könnten mich von ihr trennen, die ich immer in Treue liebte? Mir dies Schöne und Liebe verleiden, das mögen sie lassen; immer diene ich der Liebsten und hoffe, sie schenke sich mir. Wenn auch die Wächter mir den Anblick der Liebsten nehmen, ein Trost bleibt zurück: meine Liebe können sie niemals nehmen. Über den Körper haben sie Gewalt, doch Liebesgedanken sind frei.

52

I Dies eine Glück wäre uns allen not: wieder wahrhaft froh zu sein wie in früheren Tagen. Doch eins ist schlimm und tötet mir die Freude: den jungen Menschen ist die Freude leid. Was taugt ihr junges Leben, das Freude lieben sollte? Ach, wenn ihr Herz doch Freude suchte und fände! Ihr jungen Männer, die Frauen könnten euch helfen.

II Doch ich bin jetzt froh und muß es bleiben für die Geliebte, wie mir's auch gehen mag. Das Bild meines Leibes ist noch da, doch ist mein Herz bei ihr; oft glaubt man, ich

---

Sehnsucht 10 *næm* empfinge III, 3 *her* bisher 5 *verzîhe* (auf *huote* bezogen) das sollen sie aufgeben | I, 7 *ze fröiden sinnen* ihre Gedanken auf F. richten II, 3 *schîn* das Sichtbare, der Leib 4 *sinnelôsen hât* für geistesabwesend hält

5 Hei, solten si zesamene komen,
mîn lîp, diu herze, ir beider sinne!
daz si des vil wol wurden inne,
die mir dicke fröide hânt benomen!

III Vor den merkæren   kan nû nieman liep geschehen,
wan ir huote twinget manegen werden lîp.
Daz muoz beswæren   mich: swenn ich si solte sehen,
sô muoz ich si mîden, si vil sælic wîp.
5 Doch müeze ich noch die zît geleben,
daz ich si willic eine vinde,
sô daz diu huote uns beiden swinde:
dâ mite mir wurde liebes vil gegeben.

IV Vil maneger frâget   mich der lieben, wer si sî,
der ich diene und allez her gedienet hân.
Sô des betrâget   mich, sô spriche ich: „ir sint drî,
den ich diene: sô hab ich zer vierden wân."
5 Doch weiz siz alleine wol,
diu mich hât sus zuo zir geteilet.
diu guote wundet unde heilet,
der ich vor in allen dienen sol.

V Nû, frouwe Minne,   kum si minneclîchen an,
diu mich twinget und alsô betwungen hât.
Brinc si des inne,   daz diu minne twingen kan:
waz ob minneclîchiu liebe ouch sie bestât?
5 Sô möhtes ouch gelouben mir
daz ich si gar von herzen meine.
nû, Minne, bewære irz und bescheine,
daz ich iemer gerne diene dir.

II, 6 mein L., die Herzen, und beider Herzen Fühlen und Denken
III, 1 *Vor* wegen   8 damit würde mir viel Angenehmes zuteil
IV, 6 die mich auf diese Weise zu einem Teil von sich selbst ge-

sei entrückt. Ach, kämen doch zusammen mein Leib und unsere Herzen und unser zweier Fühlen und Denken! Sie sollen es nur merken, die mir so oft meine Freude nahmen.

III Nun kann keinem etwas Liebes geschehen, wenn die Aufpasser wachen; ihr Lauern beengt manch edles Herz. Das schmerzt auch mich: sooft ich zu ihr will, zu der Begnadeten, die mich beglückt, immer muß ich ihr ferne bleiben. Ach, könnte ich noch den Tag erleben, daß sie allein ist und mich sehen will, und alle Schnüffler sind gegangen: das wäre eine große Freude für mich.

IV Mancher fragt mich, wer denn die Liebste sei, der ich jetzt und immer diene. Bin ich dies Fragen satt, dann sage ich: „Es sind drei, und auf die vierte hoffe ich." Doch das Geheimnis weiß sie allein, denn ich bin ganz und ungeteilt ein Teil von ihr. Die Edle, der ich vor allen andern dienen will, verwundet und heilt.

V Frau Minne, erfülle sie mit Liebe und ergreife sie, die mich bedrängt und ganz bezwungen hat. Laß sie erfahren, daß die Liebe zwingen kann – vielleicht, daß Liebesglück auch sie ergreift. Dann glaubt sie vielleicht auch mir, daß ich sie von Herzen liebe. Wie wahr es ist, das sag ihr, Minne, und zeige, daß ich dir immer mit Freuden diene.

---

macht hat V, 1 komm über sie mit Liebe 7 *bewæren* beweisen, als wahr aufweisen; *bescheinen* deutlich machen, zeigen

53

I   Si frâgent unde frâgent aber alze vil   (L.-K. 63,32)
    von mîner frouwen, wer si sî.
    Daz müet mich sô daz ichs in allen nennen wil:
    sô lânt si mich doch danne frî.
5 Genâde und ungenâde, dise zwêne namen
    hât mîn frouwe beide, die sint ungelîch:
    der ein ist arm, der ander rîch.
    der mich des rîchen irre,
    der müeze sich des armen schamen.

II   Die schamelôsen, liezen si mich âne nôt,
    son hæt ich weder haz noch nît.
    Nû muoz ich von in gân, als unzuht mir gebôt;
    ich lâze in laster unde strît.
5 Dô zuht gebieten mohte, owê, dô schuof siz sô:
    tûsent werten einem ungefüegen man,
    unz er vil schône sich versan
    und muose et sich versinnen:
    sô vil was der gefüegen dô.

III   Ich wil der guoten niht vergezzen noch ensol,
    diu mir sô vil gedanke nimet.
    Die wîle ich singen wil, sô vinde ich iemer wol
    ein niuwe lop daz ir gezimet.
5 Nû habe ir diz für guot: sô lobe ich danne mê.
    ez tuot in den ougen wol daz man si siht,
    und daz man ir vil tugende giht,
    daz tuot wol in den ôren;
    sô wol ir des und wê mir, wê!

IV   Swie wol diu heide in manicvalter varwe stât,
    sô wil ich doch dem walde jehen
    Daz er vil mêre wünneclîcher dinge hât:
    noch ist dem velde baz geschehen.

53

I   Wieder fragen und fragen sie mich bis zum Überdruß, wer
    meine Herrin sei. Ich bin es satt und nenne ihren Namen
    öffentlich, dann sollte ich doch Ruhe haben! Meine Herrin
    heißt Ja und Nein, Sichschenken und Sichversagen: ein
    Name arm, der andere reich. Wer mir den reichen nimmt,
    der schäme sich, wenn mir der arme bleibt.

II Hätte ich vor ihnen Ruhe, die solche Scham nicht kennen,
    dann träfen Haß und Feindschaft mich nicht. Nun muß ich
    gehen, mich zwingt ihr rüdes Benehmen; sollen sie alleine
    lästern und schimpfen. Als es noch Anstand gab, ach, da
    sagten tausend Menschen „Nein" zu dem einen, der keinen
    Anstand kannte, bis der sich eines Besseren besann – er
    hatte keine Wahl, so viele Menschen mit Anstand gab's
    damals!

III Ich will und werde die Eine nicht vergessen, die mir alle
    Gedanken raubt. So lang ich noch singe, finde ich das rechte
    Lob für sie, immer wieder ein neues. Heute möge ihr dieser
    Preis genügen, bald singe ich einen andern. Jedes Auge ist
    glücklich, sie anzuschauen, jedes Ohr hört gern, wenn man
    ihre Vollkommenheit rühmt. Freude und Segen für sie –
    doch für mich nur Schmerzen!

IV Wie bunt auch die Wiese blüht, herrlicher steht doch der
    Wald, und gar die Felder – wie reich sind sie beschenkt.

I, 8 wer mich daran hindert, den reichen zu besitzen   II, 5 als die
Zucht noch gebieten konnte, da bewirkte sie das: III, 4 ein neues
Lob, das ihr angemessen ist   5 *sô lobe* ... bald preise ich sie noch
mehr   IV, 2 *dem walde jehen* vom W. bekennen

5 Sô wol dir, sumer, sus getâner hövescheit!
  sumer, daz ich iemer lobe dîne tage,
  dîn trôst nû trœste mîne klage.
  ich sage dir waz mir wirret:
  daz mir ist liep, dem bin ich leit.

54

I Mîn frouwe ist underwîlent hie;   (L.-K. 44,11)
  sô guot ist si, als ich des wæne wol.
  Von ir geschiet ich mich noch nie:
  ist daz ein minne dandern suochen sol,
5 Sô wirt si vil dicke ellende
  mit gedanken als ich bin.
  mîn lîp ist hie, sô wont bî ir mîn sin,
  der wil von ir niht, dêst ein ende.
  nû wolt ich, er tæte ir guote war
10 und mîn dar umbe niht vergæze.
  waz hilfet, tuon ich dougen zuo?
  sô sehent si durch mîn herze dar.

II Ich lepte wol und âne nît,
  wan durch der lügenære werdekeit.
  Daz wirt ein lange wernder strît:
  ir liep muoz iemer sîn mîn herzeleit.
5 Ez erbarmet mich vil sêre,
  dazs als offenlîche gânt
  und niemen guoten unverworren lânt.
  unstæte, schande, sünde, unêre,
  die râtents iemer swâ mans hœren wil.
10 owê daz man si niht vermîdet!
  daz wirt noch maneger frouwen schade
  und hât verderbet hêrren vil.

III Noch dulde ich tougenlîchen haz
  von einem worte daz ich wîlent sprach.

Sommer, wir danken dir für all deine Schönheit und Kunst. Soll ich deine Tage immer preisen, so hilf mir, schenke mir Trost in meiner Klage. Ich sage dir, was mich quält: sie liebt mich nicht, die ich von Herzen liebe.

54

I   So lieb ist meine Herrin – ich hoffe es von Herzen –, daß sie dann und wann in Gedanken bei mir ist. Doch ich bin noch gar nie von ihr fortgegangen. Sie sagen, daß eine Liebe die andere sucht: dann ist sie in Gedanken weit fort in der Fremde, ganz wie ich. Mein Leib ist hier, doch bei ihr sind alle meine Gedanken und wollen nie wieder von ihr gehen. Wenn sie auch alles ihr zuliebe tun, so sollen sie doch mich nicht vergessen. Was hilft's mir, wenn ich die Augen schließe? Schauen doch meines Herzens Augen zu ihr hin.

II   Ich würde glücklich und ohne Feinde leben, wenn man nicht so sehr auf die Lügner hörte. Der Kampf wird lange dauern, denn was sie freut, das bringt mir immer großen Kummer. Es ärgert mich und tut mir weh, wenn sie in aller Öffentlichkeit ihr Unwesen treiben und alle anständigen Leute belästigen. Verrat und Schande, jedes Verbrechen, jede Gemeinheit stiften sie an, wo immer man auf sie hört. Ach, daß man ihnen nicht aus dem Wege geht! Das wird noch mancher Dame zum Verhängnis und hat manchem hohen Herrn Verderben gebracht.

III   Einmal habe ich etwas gesagt, das nimmt man mir noch heute heimlich übel. Doch was kann ich dafür, wenn sie sich

---

I, 4 *ist daz* wenn es so ist, daß   5 *vil dicke* sehr oft; *ellende* Doppelsinn: weit fort, und: unglücklich   8 *dêst ein ende* das steht fest 9 er *(mîn sin)* sorgte sich recht um sie   III, 1 Noch muß ich im geheimen Feindschaft erdulden

Waz mac ichs, zürnents umbe daz?
ich wil nû jehen des ich ê dâ jach.
5 Ich sanc von der rehten minne
daz si wære sünden frî.
der valschen der gedâhte ich ouch dâ bî,
und rieten mir die mîne sinne
daz ich si hieze unminne, daz tet ich.
10 nû vêhent mich ir undertâne.
als helfe iu got, werde ich vertriben,
ir frouwen, sô behaltet mich.

IV　Mac ieman deste wîser sîn
daz er an sîner rede vil liute hât;
Daz ist an mir vil kleine schîn.
ez gât diu werlt wol halbe an mînen rât
5 Und bin doch sô verirret
daz ich lützel hie zuo kan.
ez mac wol helfen einem andern man:
ich merke wol daz ez mir wirret,
und wil die friunde erkennen iemer mê
10 die guote mære niht verkêrent.
wil ieman lôser mit mir reden,
ichn mac: mir tuot daz houbet wê.

55

I　Ob ich mich selben rüemen sol, 　　　　　(L.-K. 62,6)
sô bin ich des ein hübescher man,
Daz ich sô mange unfuoge dol
sô wol als ichz gerechen kan.
5 Ein　　　klôsenære, ob erz vertrüege? ich wæne, er nein.
hæt er die stat als ich si hân,
bestüende in danne ein zörnelîn,

IV, 1–2 Wenn jemand dadurch um so klüger werden kann, daß

darüber ärgern? Ich bleibe bei meinem Wort. Ich hab' von
der wahren Minne gesungen: sie sei von aller Sünde frei.
Da sprach ich auch von der falschen Minne, und was mein
Herz mir riet, das tat ich: Unminne nannte ich sie. Ihre
Anhänger hassen mich jetzt. Doch wenn sie mich fortjagen,
bei Gott, so nehmt mich, ihr Frauen, in euern Schutz!

IV Manch einer wird gescheiter, wenn er ein großes Publikum
hat. Doch bei mir ist's gar nicht so. Es hört die ganze Welt
auf meinen Rat, doch bin ich so verwirrt, daß ich in dieser
Sache mir selbst nicht raten kann. Vielleicht hilft's andern,
ich sehe, mir schadet's nur. So will ich in Zukunft auf solche
Freunde achten, die gute, wahre Worte nicht zu Lügen
verdrehen. Doch wenn ein frecher Lügner mit mir sprechen
will – bedaure! Hab' ich doch plötzlich Kopfweh bekom-
men!

55

I Darf ich mich einmal selber loben, so muß ich sagen: ich bin
ein feiner Mann; so manche Frechheit lasse ich mir gefallen,
die ich doch mühelos heimzahlen könnte. Hätte wohl ein
frommer Klausner so viel Sanftmut? Ich glaube nicht.
Steckte der in meinen Schuhen, und kriegte er auch nur eine

---

viele Leute ihm zuhören   5 *verirret* in die Irre geführt | I, 2 *des*
insofern   3 *dol* ertrage   6 hätte er die Gelegenheit wie ich

ez wurde unsanfte widertân,
swie sanfte ichz alsô lâze sîn.
10 daz   und ouch mê vertrage ich doch dur eteswaz.

II   Frouwe, ir habt mir geseit alsô,
     swer mir beswære mînen muot,
     Daz ich den mache wider frô:
     er schame sich lîhte und werde guot.
  5 Diu   lêre, ob si mit triuwen sî, daz schîne an iu!
     ich fröwe iuch, ir beswæret mich:
     des schamt iuch, ob ichz reden getar;
     lât iuwer wort niht velschen sich
     und werdet guot: sô habt ir wâr.
 10 vil   guot sît ir, wan daz ich guot von guote wil.

III Frouwe, ir sît schœne und sît ouch wert;
     den zwein stêt wol genâde bî.
     Waz schadet iu daz man iuwer gert?
     joch sint iedoch gedanke frî.
  5 Wân   unde wunsch daz wolde ich allez ledic lân,
     nû höveschent mîne sinne dar.
     waz mag ichs, gebents iu mînen sanc?
     des nemet ir lîhte niender war,
     sô hân ichs doch vil hôhen danc.
 10 treit   iuch mîn lop ze hove, daz ist mîn werdekeit.

IV   Frouwe, ir habet ein vil werdez tach
     an iuch geslouft, den reinen lîp.
     Wan ich nie bezzer kleit gesach,
     ir sît ein wol bekleidet wîp:
  5 Sin   unde sælde sint gesteppet wol dar in.
     getragene wât ich nie genan,
     wan dise næm ich als gerne ich lebe:
     der keiser wurde ir spileman
     umb alsô wünneclîche gebe.
 10 dâ   keiser spil! nein, herre keiser, anderswâ!

kleine Wut, er würde es unsanft vergelten, doch ich nehme alles friedlich hin. Das und noch mehr ertrage ich mit gutem Grund.

II Herrin, Ihr habt zu mir gesagt: der mein Herz betrübt, dem sollte ich Freude schenken, vielleicht schämte er sich dann und würde gut. An Euch selber, Herrin, muß sich zeigen, wie echt und wahr diese Lehre sei. Ich gebe Euch Freude, Ihr gebt mir nur Leid. Ich will frei und offen sein: Schämt Euch und straft Eure Worte nicht Lügen: seid mir gut, dann habt Ihr die Wahrheit gesagt. Wohl seid Ihr von Herzen gut, doch ich will gute Frucht von solcher Güte haben.

III Herrin, Ihr seid schön und edel, da steht Euch freundliches Schenken wohl an. Was tut es Euch, wenn Gedanken sich nach Euch sehnen? Sind doch Gedanken frei. Alles Wünschen und Träumen hätte ich so gern vergessen, doch alles, was ich fühle, geht hin und huldigt Euch. Kann ich dafür, wenn mein Herz Euch meine Lieder schenkt? Mag sein, Ihr achtet's nicht, doch ich werde herrlich belohnt. Ich ehre mich selbst und werde geehrt, wenn mein Preis Euch am Hofe erhöht.

IV Herrin, ein kostbares Kleid habt Ihr angezogen, Euer reines Wesen und Sein. Nie sah ich ein schöneres Gewand. Ihr seid eine Frau, die Edles trägt: Geist und Glück sind daraufgestickt. Ich hab' nie getragene Kleider genommen, dies eine nähme ich und gäb' mein Leben dafür. Der Kaiser selbst würde ihr Spielmann sein für ein so herrliches Geschenk. Hier, Kaiser, spiele – nein, spiel anderswo!

II, 7 *ob ichz reden getar* wenn ich's zu sagen wage III, 5 *ledic lân* aufgeben 6 *höveschent* machen den Hof 7 *gebents = mîne sinne* IV, 1 *tach* Bedeckung, Hülle 6 *genan = genam*

56

I   Die mir in dem winter fröide hânt benomen,   (L.-K. 73,23)
si heizen wîp, si heizen man,
Disiu sumerzît diu müez in baz bekomen.
ouwê daz ich niht fluochen kan!
5 Leider ich enkan niht mêre
wan daz übel wort „unsælic". neinâ! daz wær alze sêre.

II Zwêne herzelîche flüeche kan ich ouch,
die fluochent nâch dem willen mîn:
Hiure müezens beide esel unde gouch
gehœren ê si enbizzen sîn.
5 Wê in denne, den vil armen!
wess ich obe siz noch gerûwe, ich wolde mich dur got er-
[barmen.

III Man sol sîn gedultic wider ungedult,
daz ist den schamelôsen leit.
Swen die bœsen hazzent âne sîne schult,
daz kumt von sîner frümekeit.
5 Trœstet mich diu guote alleine,
diu mich wol getrœsten mac, sô gæbe ich umbe ir nîden
[kleine.

IV Ich wil al der werlte sweren ûf ir lîp,
den eit sol si vil wol vernemen:
Sî mir ieman lieber, maget oder wîp,
diu helle müeze mir gezemen.
5 Hât si nû deheine triuwe,
sô getrûwet si dem eide und senftet mînes herzen riuwe.

V Hêrren unde friunt, nû helfet an der zît;
daz ist ein ende, ez ist alsô:
In behabe mînen minneclîchen strît,
ja enwirde ich niemer rehte frô.
5 Mînes herzen tiefiu wunde   [munde.
diu muoz iemer offen stên, si enküsse mich mit friundes

56

I Die mir im Winter die Freude nahmen, Männer oder Frauen
   – dieser Sommer soll ihnen besser bekommen! Ach, daß ich
   nicht richtig fluchen kann! Leider weiß ich nur das böse
   Wort: „verwünscht!" – nein, das wäre zu viel.

II Doch zwei herzhafte Flüche weiß auch ich, mit denen flucht
    sich's gut: „Sie sollen dieses Jahr den Kuckuck und den
    Esel hören auf leeren Magen!" Dann – wehe ihnen, man
    kann sie bedauern. Wüßte ich, ob sie's noch reut, ich ließe
    mich um Gottes willen erweichen.

III Man soll nachsichtig sein mit denen, die unnachsichtig sind;
     die Schamlosen ärgert das. Wenn einen die Bösen hassen,
     ohne daß er Böses tat, dann nur weil er gut und edel ist.
     Doch wenn die liebste Frau mich tröstet, die allein mir
     helfen kann, dann kümmere ich mich um all der andern
     Bosheit nicht.

IV Aller Welt will ich beim Leben der Geliebten schwören, und
    sie soll hören, was ich sage: Ich will in die Hölle kommen,
    liebe ich je eine andere Frau, ein anderes Mädchen mehr als
    sie. Wenn sie treu ist und vertrauen kann, dann glaubt sie
    meinem Eid und hilft mir in meiner Herzensnot.

V Ihr Herren und Freunde, helft mir noch beizeiten; ich
   komme an ein Ende, und das steht fest: Niemals wieder
   werde ich wahrhaft glücklich sein, wenn ich nicht siege in
   diesem Liebesstreit. Meines Herzens tiefe Wunde muß im-
   mer offen sein, wenn sie mich nicht küßt mit liebem Munde.

I, 6 *alze sêre* zu heftig II, 2 *nâch dem willen mîn* wie ich will
4 ehe sie etwas gegessen haben IV, 4 dann verdiente ich die
Hölle 6 *senftet* lindert V, 3 *behabe* behaupte

mînes herzen tiefiu wunde
diu muoz iemer offen stên, si enheiles ûf und ûz von grunde.
mînes herzen tiefiu wunde
10 diu muoz iemer offen stên, sin werde heil von Hiltegunde.

57

I   Ich wil nu mêr ûf ir genâde wesen frô   (L.-K. 184,1)
    sô verre als ich mit gedanken iemer mac.
    Ichn weiz ob allen liuten rehte sî alsô:
    nâch eime guoten kumt mir ein sô bœser tac,
  5 Sô ich ze frôiden niht enkan:
    sô trœstet wænen, des pflac ich
    von kinde gerner denne ie man.
    in ruoche wer mîn drumbe lachet:
    zewâre wünschen unde wænen
 10 hât mich vil dicke frô gemachet.

II Ich wünsche mir sô werde daz ich noch gelige
    bî ir sô nâhen deich mich in ir ouge ersehe
    Und ich ir alsô volleclîchen an gesige,
    swes ich si denne frâge, daz si mirs verjehe.
  5 Sô spriche ich: „wiltus iemer mê
    beginnen, du vil sælic wîp,
    daz dû mir aber tuost sô wê?"
    sô lachet si vil minneclîche.
    wie nû, swenne ich mir sô gedenke,
 10 bin ich von wünschen niht der rîche?

III Mîn ungemach, daz ich durch sie erliten hân
    swenn ich mit senenden sorgen alsô sêre ranc:
    Sol mich daz alsô kleine wider sie vervân,
    hân ich getrûret âne lôn und âne danc,
  5 Sô wil ich mich gehaben baz.
    waz ob ir frôide lieber ist

Meines Herzens tiefe Wunde muß immer offen sein, wenn nicht die Liebste sie in tiefster Tiefe heilt. Meines Herzens tiefe Wunde muß immer offen sein, wenn sie nicht heil wird durch Hildegunde.

57

I Ich will immer glücklich sein in der Hoffnung auf ihre Liebe – so weit, wie meine Gedanken mich tragen. Ich weiß nicht, geht's auch andern Leuten so: Bei mir kommt nach einem guten Tag ein schlimmer, und ich kann mich nicht freuen. Da hilft es, wenn man träumt; seit meiner Kindheit hab' ich mehr als die anderen das Träumen gelernt. Sollen sie über mich lachen; Wünschen und Träumen hat mich oft froh gemacht.

II Ich wünsche mir so kostbar und schön: ganz nah bei ihr will ich ruhn und mich in ihren Augen spiegeln, ihr Herz will ich so ganz besiegen, daß sie mir von Herzen alles bekennt. Frage ich sie dann: „Willst du jemals wieder, liebe Frau, mein Herz so tief verwunden?", so lacht sie mich liebend an. Sagt doch, macht mein Wunschbild mich in meinem Denken und Träumen nicht selig und reich?

III Viel Leid habe ich durch sie erlitten und schmerzlich mit Sehnsucht und Sorge gerungen; ist das alles nichts in ihren Augen, und hab' ich ohne Lohn und Dank getrauert, dann muß ich wohl zusehn, daß es künftig besser geht. Vielleicht

---

I, 1 *mêr* weiterhin 2 so weit, wie ich mit Gedanken vermag 8 *in ruoche* es kümmert mich nicht II, 1 *sô werde* als etwas so Schönes, Wertvolles 4 daß sie mir alles bekennt, wonach ich sie frage 9 *swenne* ... so oft ich mir solches vorstelle III, 1–2 Das Leid, das ... erlitten habe, wenn immer .... rang 3 soll mir das so wenig bei ihr einbringen 5 so will ich mich besser verhalten

dan trûren sî, ich wünsche ouch daz.
und sint ir denne beide unmære,
sô spilte ich doch des einen gerner
10 dan jens daz gar verloren wære.

58

(Ich wil niht mê ûf ir genâde wesen frô)   (L.-K. 61,32)

I Mir ist mîn êrre rede enmitten zwei geslagen,
daz eine halbe teil ist mir verboten gar.
Daz müezen ander liute singen unde sagen,
ich sol ab iemer mîner zühte nemen war
5 Und wünneclîcher mâze pflegen.
umb einez, daz si heizent zuht,
lâz ich vil dinges under wegen.
enmag ich des niht mê geniezen,
stêt ez als übel ûf der strâze,
10 sô wil ich mîne tür besliezen.

II Owê, daz mir sô maneger missebieten sol!
daz klage ich hiute und iemer rehter hövescheit.
Ir ist doch lützel den ir schapel stê sô wol,
er enfünde im ouch ein harte swerendez herzeleit,
5 Und wære er von ir anderswâ
wan dar ich gernde bin. daz ist
der schade: er wære ouch gerne dâ.
des muoz ich missebieten lîden.
iedoch swer sîne zuht behielte,
10 dem stüende ein schapel wol von sîden.

I, 8 Die Antithese zu V. 9 *(ûf der strâze)* impliziert ein *ze hove*
II, 3 u. 10 *schapel* Kranz, Kopfschmuck   4 *im* reflexiv: für sich, bei
sich   5–6 wenn *er* von ihr weg wäre an einem anderen Ort als an
dem, wohin *ich* mich sehne   10 auf V. 3 bezogen

ist ihr Freude lieber als Trauern; mir wäre es ganz recht.
Doch will sie beides nicht, dann spielte ich lieber das eine
Spiel als das andere, das doch von allem Anfang an ver-
loren ist.

58

(Ich will nie mehr glücklich sein in der Hoffnung auf ihre
Liebe)

I   Man schlug mir mein voriges Lied mitten entzwei und ver-
    bot mir die eine Hälfte ganz: nur eine gewisse Sorte von
    Leuten dürfe so singen und dichten, ich jedoch solle in
    Zukunft anständig sein und schönes Maß praktizieren. Doch
    was wollen sie: Gerade für das eine, das sie Anstand nennen,
    hab’ ich vieles aufgegeben. Hilft mir das am Hofe nichts
    und sieht’s draußen auf der Straße genauso schlimm aus,
    dann schließ’ ich meine Tür.

II Ach, daß mich jeder so übel behandeln darf! Dem wahren
    höfischen Geist will ich das heute und immer klagen. Es gibt
    doch keine Frau, so schön geschmückt wie sie, bei der ein
    anderer nicht auch brennendes Herzeleid empfände so weit
    fort von der Stätte, wohin meine Sehnsucht geht; das
    bekümmert ihn: er wäre selbst auch gerne dort! Und deshalb
    muß ich mich so übel behandeln lassen! Doch wer so schön
    wie ich den Anstand wahrt, dem gebührte jener schöne
    seidene Schmuck!

Zeitlich Unbestimmtes

59

I   Friuntlîchen lac   (L.-K. 88,9)
     ein rîter vil gemeit
     an einer frouwen arme.
     er kôs den morgen lieht,
5   do er in dur diu wolken
     sô verre schînen sach.
     Diu frouwe in leide sprach:
     „wê geschehe dir, tac,
     daz dû mich lâst bî liebe
10   langer blîben nieht.
     daz si dâ heizent minne,
     deis niewan senede leit."

II   „Friundinne mîn,
     dû solt dîn trûren lân.
     ich wil mich von dir scheiden,
     daz ist uns beiden guot:
5   ez hât der morgensterne
     gemachet hinne lieht."
     „Mîn friunt, nû tuo des nieht,
     lâ die rede sîn,
     daz dû mir iht sô sêre
10   beswærest mînen muot.
     war gâhest alsô balde?
     ez ist niht wol getân."

III „Frouwe mîn, nû sî,
     ich wil belîben baz.
     nû rede in kurzen zîten
     allez daz dû wil,
5   daz wir unser huote
     triegen aber als ê."
     „Mîn friunt, daz tuot mir wê,
     ê ich dir aber bî

59

I   Liebend lag ein schöner Ritter in den Armen einer edlen Frau. Er sah den hellen Morgen von fern durch die Wolken leuchten. Da sagte traurig die Frau: „Weh dir, Tag, daß du mich nicht länger bei dem Liebsten bleiben läßt. Was sie Liebe nennen, das ist nur Sehnsucht und Leid."

II   „Liebste, du sollst nicht mehr traurig sein. Ich sag' dir Lebewohl; es ist gut so für dich und mich. Hier wird es hell, das tut der Morgenstern." – „Ach nein, mein Liebster, sprich nicht so und mach das Herz mir nicht so schwer. Wohin willst du so eilig gehen? Ach, tu es nicht."

III   „Herrin, ich will noch länger bleiben; so soll es sein. Alles, was du dir wünschst, das sag mir schnell; wir täuschen sie wie einst, die unser Geheimnis verraten wollen." – „Das macht mich traurig, Liebster; zu groß ist mein Kummer all

---

I, 1 *Friuntlîchen* liebevoll, als Geliebter   2 *gemeit* auch: froh II, 6 *hinne* hier innen (im Gemach)   III, 2 *baz* „besser", hier im Sinn von „länger" gebraucht

gelige, mîner swære
10 derst leider alze vil.
nû mît mich niht ze lange,
vil liep ist mir daz."

IV „Daz muoz alsô geschehen
daz ich es niene mac,
sol ich dich, frouwe, mîden
eines tages lanc:
5 sô enkumt mîn herze
doch niemer von dir."
„Mîn friunt, nû volge mir.
dû solt mich schiere sehen,
ob dû mir sîst mit triuwen
10 stæte sunder wanc.
owê der ougenweide!
nû kius ich den tac."

V „Waz helfent bluomen rôt,
sît ich nû hinnen sol?
vil liebiu friundinne,
die sint unmære mir,
5 reht als den vogellînen
die winterkalten tage."
„Friunt, dêst ouch mîn klage
und mir ein wernde nôt.
jon weiz ich niht ein ende,
10 wie lange ich dîn enbir.
nû lige eht eine wîle:
son getæt dû nie sô wol."

VI „Frouwe, ez ist zît,
gebiut mir, lâ mich varn!
jâ tuon ichz dur dîn êre,
daz ich von hinnen ger.
5 der wahter diu tageliet

die Zeit, bis ich wieder bei dir liege. Komm bald zurück, das
ist mir herzlich lieb."

IV „Nur wenn ich's gar nicht ändern kann, dann mag's ge-
schehen, daß ich einen Tag nicht bei dir bin; doch nie geht
mein Herz von dir." – „Liebster, tu, was ich dir sage. Komm
bald zu mir, wenn du mir fest und ohne Schwanken treu
bist. Ach, was muß ich schauen: ich seh' den Tag!"

V „Was helfen mir nun die roten Blumen, wenn ich fort muß
von dir? Liebste Freundin, sie sind mir leid, wie den Vögeln
winterkalte Tage." – „Geliebter, das ist auch meine Klage
und immer meine Not. Endlos sind mir die Tage, da du mir
ferne bist. Noch eine Weile ruhe bei mir – nie hast du
Lieberes getan."

VI „Herrin, es ist Zeit. Ich bitte dich, laß mich gehen; ich geh'
um deiner Ehre willen. Der Wächter hat laut sein Morgen-

---

10 *leider* viel stärker als im Nhd. klingt die Grundbed. „Leid"
durch 11 *mît* meide IV, 1–3 Es muß so geschehen, daß ich gar
nichts dagegen tun kann, wenn ich dir fern bleiben muß ...
7 *volge* leiste Folge, gehorche V, 10 *enbir* „entbehre", ohne dich
bin VI, 2 *gebiut mir* verabschiede mich 5 *tageliet* hier nicht das
lit. Genre, sondern „Morgenlied"; *liet* oft Pl (Reihe von Strophen)

sô lûte erhaben hât."
„Friunt, wie wirt es rât?
dâ lâze ich dir den strît.
owê des urloubes,
10 des ich dich hinnen wer!
von dem ich habe die sêle,
der müeze dich bewarn."

VII Der rîter dannen schiet,
dô sente sich sîn lîp,
und liez ouch sêre weinde
die schœnen frouwen guot.
5 doch galt er ir mit triuwen
dazs ime vil nâhe lac.
Si sprach: „swer ie gepflac
ze singen tageliet,
der wil mir wider morgen
10 beswæren mînen muot.
nû lige ich liebes âne
reht als ein senede wîp."

60

Ich minne, sinne, lange zît: (L.-K. 47,16)
versinne Minne sich,
wie si schône lône mîner tage.
Nû lône schône, dêst mîn strît:
5 vil kleine meine mich,
niene meine kleine mîne klage;
Unde rihte grôz unbilde,
daz ein ledic wîp
mich verderbet gar âne schulde.

VI, 9 *urloubes* „Erlaubnis zu gehen", Abschied   10 *des* auf *urloup*
bezogen: den ich dir (um von hier fortzugehen) gewähre |

lied begonnen." – „Liebster, was soll ich tun? Es soll so
sein, wie du es willst. Ach, daß du gehst und ich muß dich
ziehen lassen! Der mir mein Leben gab, der soll dich be-
hüten."

VII Der Ritter ging von ihr. Voll Sehnsucht war sein Herz,
und in vielen Tränen ließ er die schöne edle Frau zurück.
Doch durch seine Treue dankte er ihr dafür, daß sie sich
ihm gegeben hatte. Sie sagte: „Wer jemals Morgenlieder
singt, der macht, wenn es Tag wird, das Herz mir schwer.
Jetzt liege ich ohne den Liebsten in all meiner Sehnsucht
allein."

60

Ich liebe, ich denke schon lange; so soll auch die Liebe den-
ken, wie sie mich schön belohne für die Zeit meiner Liebe.
Schön soll sie mich belohnen, das ist mein Verlangen. Wenig
mag ich ihr bedeuten, doch nicht wenig soll ihr meine Klage
bedeuten; das große Unrecht mache sie wieder gut, daß eine
Frau, in Gefühlen ungebunden, mich Unschuldigen zunichte

---

2 die Minne denke daran   4 *dêst mîn strît* darum geht es mir ganz
besonders   5 *si meine mich vil kleine*   7 *rihte* mache recht

10 zir gesihte   wird ich wilde.
   mich enhabe ir lîp
   fröide enterbet,   noch ger ich hulde.
   wære   mære   stæter man,
   sô solte,   wolte   si, mich an
15 eteswenne   denne   ouch sehen,
   sô ich gnuoge   fuoge   kunde spehen.

---

10 *wilde* „nicht bebaut"; daraus „unbewohnt", schließlich „fremd"
11–12 es sei denn, daß sie mir alle Freude genommen hat

macht. Ihrem Anblick bin ich fremd geworden. Noch sehne ich mich nach ihrer Gunst, wenn sie mich nicht aller Freude ganz beraubte. Wäre Treue noch genehm, dann müßte die Herrin, wenn sie wollte, mir zuweilen in die Augen schauen, wenn ich gut genug verstanden habe, was sich ziemt.

Der alternde Dichter

61

I   Minne diu hât einen site: (L.-K. 57,23)
    daz si den vermîden wolde,
    daz gezæme ir baz.
    Dâ beswært si manegen mite,
 5 den si niht beswæren solde;
    wê wie zimt ir daz?
    Ir sint vier unt zwênzec jâr
    vil lieber danne ir vierzec sint,
    und stellet sich vil übel, sihts iender grâwez hâr.

II Minne was mîn frouwe gar,
    deich wol wiste al ir tougen;
    nu ist mir sô geschehen:
    Kumt ein junger ieze dar,
 5 sô wird ich mit twerhen ougen
    schilhend an gesehen.
    Armez wîp, wes müet si sich?
    weizgot wan daz si liste pfliget
    und tôren triuget, sist doch elter vil dan ich.

III Minne hât sich an genomen
    daz si gêt mit tôren umbe
    springende als ein kint.
    War sint alle ir witze komen?
 5 wes gedenket si vil tumbe?
    sist joch gar ze blint.
    Dazs ir rûschen nienen lât,
    und füere als ein bescheiden wîp!
    si stôzet sich, daz ez mir an mîn herze gât.

IV Minne sol daz nemen für guot,
    under wîlen sô si ringet,
    daz ich sitzen gê.
    Ich hân alsô hôhen muot

61

I Eine Unart hat die Minne; wenn sie die doch lassen würde, das wäre besser für sie. Damit macht sie manchem das Herz schwer, dem sie das nicht antun sollte – ach, wie darf sie das? Vierundzwanzig Jahre sind ihr lieber als vierzig, und wenn sie irgendwo graue Haare sieht, dann läßt sie sich ganz böse an.

II So ganz war die Minne meine Herrin, mit all den Heimlichkeiten ihres Herzens war ich vertraut. Doch nun geht mir's so: Kommt jetzt ein junger Mann, dann schielt man mich verächtlich und mit schiefen Blicken an. Armes Weib, wozu die Liebesmüh? Sie übt so manche Künste und täuscht so manchen jungen Narren, doch ist sie, weiß Gott, viel älter als ich.

III Frau Minne hat sich angewöhnt, mit Narren im Kreis zu springen und zu hüpfen wie ein Kind. Wo ist denn ihr Verstand geblieben? Was denkt sich nur das dumme Weib? Kann sie denn nicht sehen? Hörte sie doch auf, so pompös einherzurauschen; würde sie sich nur verhalten wie eine wohlerzogene Frau. Ganz unmöglich benimmt sie sich, sie tut mir herzlich leid.

IV Die Minne muß mir schon erlauben, daß, während sie sich so eifrig gebärdet, ich mich ruhig setze. Mir schlägt mein

---

I, 1 *site* Gewohnheit II, 2 so daß ich all ihre Geheimnisse wußte 4 *dar* dorthin, daher 8–9 weiß Gott, wenn sie auch ... so ist sie doch ... III, 4 wohin ... gekommen? 8 *füere* und sich bewegte; *bescheiden* verständig 9 konkret: überall stößt sie an IV, 1 *nemen für guot* freundlich aufnehmen 2 *ringet* ringt, sich müht

5 alse der vil hôhe springet,
wê waz wil sis mê?
Anders diene ich swâ ich mac.
si besuoche wâ die sehse sîn:
von mir hâts in der wochen ie den sibenden tac.

62

I   Owê, hovelîchez singen,   (L.-K. 64,31)
    daz dich ungefüege dœne
    Solten ie ze hove verdringen!
    daz die schiere got gehœne!
  5 Owê daz dîn wirde alsô geliget!
    des sint alle dîne friunde unfrô.
    daz muoz eht alsô sîn: nû sî alsô!
    frô Unfuoge, ir habt gesiget.

II Der uns fröide wider bræhte,
    diu reht und gefüege wære,
    Hei wie wol man des gedæhte,
    swâ man von im seite mære!
  5 Ez wær ein vil hovelîcher muot,
    des ich iemer gerne wünschen sol;
    frouwen unde hêrren zæme ez wol.
    owê daz ez nieman tuot!

III Die daz rehte singen stœrent,
    der ist ungelîche mêre
    Danne die ez gerne hœrent:
    doch volg ich der alten lêre.
  5 Ich enwil niht werben zuo der mül,
    dâ der stein sô riuschent umbe gât

_____

7 *Anders* andernfalls   8 *besuoche* soll suchen, sehen | I, 4 *schiere*
bald, rasch   7 so soll es eben sein, nun sei es so!   II, 2 *gefüege*

Herz genau so hoch wie einem, der hohe Sprünge macht –
ach, was will sie denn mehr? Genügt ihr's nicht, dann diene
ich, wo man mich dienen läßt. Mag sie schauen, wo die
sechs Tage der Woche bleiben: von mir bekommt sie nur
noch den siebten.

62

I Ach, ihr Lieder, die zum Hofe passen, warum durften
schrille, grobe Klänge euch je vom Hof vertreiben? Schande
über diesen Unfug, lieber Gott! Ach, ihr schönen Lieder,
all eure Freunde sind traurig, weil euer Wert und eure Ehre
am Boden liegen! So ist's, so soll's in Gottes Namen bleiben.
Frau Tölpelei, Ihr habt gewonnen.

II Die rechte höfische Freude, so wie sie sein soll – wer die uns
wiederbrächte, oh, wie würde man ihn loben überall, wo
man von ihm spricht. Dieser Geist würde zum Hofe passen,
den wünsch' ich mir von Herzen, der wäre für Herren und
Damen gut. Ach, daß uns niemand diese Freude schenkt!

III Viel mehr Leute verderben die wahre Kunst, nur wenige
hören sie gerne. Doch ich bleib' beim Alten, ich will nichts
zu schaffen haben mit der Mühle, wo der Stein sich rau-

---

nach der Ordnung, gesittet   III, 1–3 Derer, die ... sind ungleich
mehr als derer, die ... 4 *der alten lêre* der alten Weisheit, Kunst-
auffassung

und daz rat sô mange unwîse hât:
merket wer dâ harpfen sül!

IV Die sô frevellîchen schallent,
der muoz ich vor zorne lachen,
Dazs in selben wol gevallent
mit als ungefüegen sachen.
5 Die tuont sam die frösche in eime sê,
den ir schrîen alsô wol behaget,
daz diu nahtegal dâ von verzaget,
sô si gerne sunge mê.

V Swer unfuoge swîgen hieze,
waz man noch von fröiden sunge
Und si abe den bürgen stieze,
daz si dâ die frôn niht twunge!
5 Wurden ir die grôzen höve benomen,
daz wær allez nâch dem willen mîn.
bî den gebûren liez ich si wol sîn:
dannen ists och her bekomen.

63

I Bi den liuten nieman hât   (L.-K. 116,33)
ze fröiden hovelîchern trôst denn ich.
Sô mich sende nôt bestât,
sô schîne ich geil und trœste selben mich.
5 Alsô hân ich dicke mich betrogen
unde durch die werlt mir manege fröide erlogen;
daz liegen was ab lobelich.

II Leider ich muoz mich entwenen
vil maneger wünne der mîn ouge an sach.
War nâch sol sich einer senen,

IV, 1–3 Die ... lärmen, über die ... lachen, weil sie ... gefallen

schend dreht und das Rad so manchen Mißton singt: paßt
auf, wer da die Harfe spielt!

IV Zornig lache ich über ihren frechen Lärm; sie gefallen sich
mit ihrem Unfug gut und gebärden sich wie Frösche im
Teich, die von ihrem Geschrei so sehr begeistert sind, daß
der Nachtigall, die gern noch sänge, die Lust vergeht.

V Welche Freudenlieder sänge man, wenn man plumpen Un-
fug schweigen hieße und ihn von den Schlössern jagte! Dann
ließe er die wahrhaft Fröhlichen in Ruhe. Mir wäre es
recht, wenn er die großen Höfe verlassen müßte. Bei den
Bauern dürfte er meinetwegen bleiben; von dort ist er auch
hergekommen.

63

I Kein andrer ist vor den Leuten so rücksichtsvoll wie ich:
ich tue so, als dürfte ich auf Freude hoffen. Wenn mich
Sehnsucht ergreift, dann spiele ich den Fröhlichen und tröste
mich selbst. So hab' ich mir oft etwas vorgespielt und um
der andern willen mir manche Freude vorgelogen. Doch
soll man mich für solche Lügen preisen.

II Ach, so viel Glück, das meine Augen sahen, muß ich ver-
gessen lernen. Doch wonach könnten sich die andern sehnen,

---

8 wenn sie ... V, 4 damit sie (*diu unfuoge*) dort die Frohen
nicht belästigen könnte | I, 1–2 Vor den Leuten hat niemand höf-
lichere Hoffnung auf Freude als ich

der niht geloubet swaz hie vor geschach?
5 Der weiz lützel waz daz sî, gemeit.
daz ist senender muot mit gerender arebeit.
vil sælic sî daz ungemach!

III Maneger wænet, der mich siht,
mîn herze sî an fröiden iemer hô.
Hôher fröide hân ich niht,
und wirt mir niemer wider, wan alsô:
5 Werdent tiusche liute wider guot,
unde trœstet si mich, diu mir leide tuot,
sô wirde ich aber wider frô.

IV Ich hân ir gedienet vil,
der werlte, und wolte ir gerne dienen mê,
Wan dazs übel danken wil
und wænet des daz ich mich niht verstê.
5 Ich verstên michs wol an eime site:
des ich aller sêrest ger, sô ich des bite,
sô gît siz einem tôren ê.

V Ichn weiz wiechz erwerben mac:
des man dâ pfligt, daz widerstuont mir ie.
Wirbe ab ich sô man ê pflac,
daz schadet mir lîhte: sus enweiz ich wie.
5 Doch verwæne ich mich der fuoge dâ,
daz der ungefüegen werben anderswâ
genæmer sî dan wider sie.

IV, 5 *an eime site* an einer Gewohnheit   6 *sêrest* am schmerzlich-
sten   V, 5 doch erwarte ich von den guten Sitten   6–7 daß das
Werben derer, die keinen Anstand haben, anderswo besser an-
kommt als bei ihr

die nicht glauben, wieviel Glück es einmal gab. Die wissen nicht, was das ist: froh sein. Das ist ein liebend sehnendes Herz und eine verlangend sehnende Not. Gepriesen sei dies Leid!

III So glauben manche, die mich sehen, mein Herz sei immer voll Freude. Doch große Freude kenne ich nicht mehr und werde sie niemals wieder finden; nur wenn die Deutschen wieder edel sind wie einst, und die Eine, die mir das Herz so schwer macht, mir Trost und Hoffnung gibt, dann werde auch ich wieder voll Freude sein.

IV Ich habe der Welt in Treue gedient und wollte ihr gerne weiter dienen: doch dankt sie's schlecht und meint, ich merke das nicht. Doch daran merke ich's gut: Wenn ich sie um das Eine bitte, das ich aus tiefstem Herzen mir wünsche, dann gibt sie es lieber dem nächsten besten Narren.

V So weiß ich nicht, was ich tun soll, um es zu erringen. Wie man's heute macht, war mir's schon immer zuwider. Doch wenn ich um sie werbe, wie man's früher tat, dann schade ich mir gewiß; so weiß ich nicht aus noch ein. Doch glaube ich, daß es noch so viel Anstand gibt und daß die Liebesmühe der Rüpel meine Dame nicht so sehr beeindruckt wie die andern.

64

I　Wie sol man gewarten dir,　　　　　　　　(L.-K. 59,37)
　　Welt, wilt alsô winden dich?
　　Wænest dich entwinden mir?
　　nein: ich kan ouch winden mich.
　5　Dû wilt sêre gâhen,
　　und ist vil unnâhen
　　daz ich dich noch sül versmâhen.

II　Dû hâst lieber dinge vil,
　　der mir einez werden sol.
　　Welt, wiech daz verdienen wil!
　　doch solt dû gedenken wol,
　5　Obe ich ie getræte
　　fuoz von mîner stæte,
　　sît dû mich dir dienen bæte.

III　Welt, du ensolt niht umbe daz
　　zürnen, ob ich lônes man.
　　Grüeze mich ein wênic baz,
　　sich mich minneclîchen an.
　5　Dû maht mich wol pfenden
　　und mîn heil erwenden,
　　daz stêt, frouwe, in dînen henden.

IV　Ichn weiz wie dîn wille stê
　　wider mich: der mîne ist guot
　　Wider dich. waz wil dus mê,
　　Welt, von mir, wan hôhen muot?
　5　Wilt dû bezzer wünne,
　　danne man dir günne
　　frôide und der gehelfen künne?

────────────

I, 1 *gewarten* ausschauen; warten, um dienen zu können　　2 *winden* dich winden, drehen　　3 glaubst du, du kannst dich mir ent-

64

I   Welt, wie soll man dich schauen und dir dienen, wenn du
dich immer von uns wendest? Meinst du, durch dein Wenden
kannst du dich mir entziehen? Nein, denn auch ich kann
mich wenden: hin zu dir. Du eilst fort, doch ist die Zeit
noch fern, daß ich von dir lassen will.

II   Du hast viele schöne Dinge; eins sollst du mir schenken.
Ach, ich will es wert sein und alles dafür tun. Doch denk
auch du und sage, ob je mein Fuß den Weg der Treue ver-
ließ, seitdem du mich batst, dir zu dienen.

III   Welt, ich will dich an meinen Lohn erinnern, sei mir nicht
böse darum. Komm ein bißchen freundlicher zu mir und
schau mich liebend an. Doch kannst du mir alles rauben
und mein Glück mir nehmen, auch das liegt, Herrin, in
deinen Händen.

IV   Ich weiß nicht, was du willst und wie du zu mir stehst;
mein Wille ist dir gut. Was willst du mehr von mir, Welt,
als ein freudiges Herz? Man wünscht dir Freude und kann
helfen, daß sie sich erfüllt; willst du größeres Glück?

---

winden? 4 ich kann mich auch drehen   III, 1–2 sei mir deshalb
nicht böse, wenn ... 6 *erwenden* umkehren, abwenden   IV, 6–7
danne ... als daß man dir F. gönnt und dir dazu verhelfen kann

V Welt, tuo mê des ich dich bite,
  volge wîser liute tugent!
  Dû verderbest dich dâ mite,
  wil dû minnen tôren jugent.
5 Bite die alten êre,
  daz si wider kêre
  und ab dîn gesinde lêre.

65

I Ich bin als unschedelîche frô, (L.-K. 41,13)
  daz man mir wol ze lebenne gan.
  Tougenlîche stât mîn herze hô:
  waz touc zer welte ein rüemic man?
5 Wê den selben, die sô manegen schœnen lîp
  habent ze bœsen mæren brâht!
  wol mich, daz ichs hân gedâht!
  ir sult si mîden, guotiu wîp.

II Ich wil guotes mannes werdekeit
   vil gerne hœren unde sagen.
   Swer mir anders tuot, daz ist mir leit:
   ich wilz ouch allez niht vertragen.
5 Rüemære unde lügenære, swâ die sîn,
   den verbiute ich mînen sanc,
   und ist âne mînen danc,
   obs alsô vil geniezen mîn.

III Maneger trûret, dem doch liep geschiht,
    ich hân ab iemer hôhen muot
    Und enhabe doch herzeliebes niht;
    daz ist mir alsô lîhte guot.
5 Herzeliebes, swaz ich des noch ie gesach,
    dâ was herzeleide bî.
    liezen mich gedanke frî,
    son wiste ich niht umb ungemach.

V   Erfülle mir, Welt, noch eine Bitte: folge guten Menschen, die das Leben kennen. Wenn du die Narrheit der Jugend liebst, dann richtest du dich zugrunde. Bitte die alte Ehre, sie soll wiederkommen und wieder alle lehren, die bei dir sind.

65

I   Man wünscht mir ein freudiges Leben, denn meine Freude ist keinem eine Last. Heimlich nur ist mein Herz froh, denn was taugen uns die Prahler! Man soll sie verachten, die schöne Frauen ins Gerede bringen; ich bin froh, daß ich's nie tat. Edle Frauen, hütet Euch vor ihnen!

II   Gerne höre ich und verkünde ich den Preis eines edlen Mannes. Mir ist es leid, und ich will es nicht dulden, wenn man's anders hält. Wo immer Prahler und Lügner sind, ich verbiete ihnen, meine Lieder zu singen. Wenn sie zu Ehren kommen in meinem Namen, so kann ich nichts dafür.

III   Mancher ist traurig, dem Liebes geschieht; doch ich bin immer froh, auch wenn mein Herz nichts Liebes kennt. Vielleicht ist's am besten so, denn immer, wo ich frohe Herzen sah, war Herzeleid nah dabei. Gäbe mein Denken und Sehnen mich frei, so wüßte ich von keinem Schmerz.

V, 1 *tuo mê* tue weiterhin   7 *dîn gesinde* die Gesellschaft, alle Menschen | I, 1 Ich bin „unschädlich froh", d. h. meine Freude schadet niemandem (ich prahle nicht mit Liebeserfolgen V. 3) 6 *ze bœsen mæren* in schlimmen Ruf   7 wohl mir, daß ich das bedacht habe   II, 3 wenn man's bei mir ...   4 *allez niht* ganz und gar nicht   8 wenn sie nur im geringsten Nutzen haben durch mich

IV   Als ich mit gedanken irre var,
     sô wil mir maneger sprechen zuo.
     Sô swîg ich und lâze in reden dar,
     waz wil er anders daz ich tuo?
  5 Hete ich ougen oder ôren danne dâ,
     sô kund ich die rede verstân:
     swenne ich beider niht enhân,
     son kan ich nein, son kan ich jâ.

V   Ich bin einer der nie halben tac
     mit ganzen fröiden hât vertriben.
     Swaz ich fröiden ie dâ her gepflac,
     der bin ich eine hie beliben.
  5 Nieman kan hie fröide vinden, si zergê
     sam der liehten bluomen schîn.
     dâ von sol daz herze mîn
     niht senen nâch valschen fröiden mê.

IV, 1 Wenn meine Gedanken ungewiß schweifen   3 *reden dar* da-
hinreden   7 wenn aber beide nun nicht da sind   V, 3 *ie dâ her*
immer bis jetzt   4 *eine . . . beliben* ohne sie geblieben, ihrer beraubt

IV Wenn meine Gedanken sich verirren, dann will mich mancher trösten; ich lasse ihn reden und bin still. Was sonst könnte er von mir erwarten? Wären meine Augen und Ohren da, dann könnte ich verstehen, was er sagt. Doch sie sind fort, und ich kann nichts sagen, weder Ja noch Nein.

V Ich bin ein Mensch, der nie einen halben Tag in ganzer Freude lebte. Die Freude, die einst bei mir war und mit mir ging, läßt mich jetzt allein. Hier kann niemand Freude finden, die nicht wie der Glanz bunter Blumen vergeht; und so soll mein Herz nicht mehr sich nach falscher Freude sehnen.

Späte Lieder und Kreuzzugsdichtung

66

I Owê waz êren sich ellendet von tiuschen landen! (L.-K. 13,5)
    witze unde manheit, dar zuo silber und daz golt,
    Swer diu beidiu hât, belîbet der mit schanden,
    wê wie den vergât des himeleschen keisers solt!
  5 Dem sint die engel noch die frouwen holt.
    armman ze der werlte und wider got,
    wie der fürhten mac ir beider spot!

II Owê ez kumt ein wint, daz wizzet sicherlîche,
    dâ von hœren wir nû beide singen unde sagen:
    Der sol mit grimme ervaren elliu künicrîche,
    daz hœre ich wállaère unde pilgerîne klagen.
  5 Boume, türne ligent vor im zerslagen;
    starken liuten wæt erz houbet abe.
    nû suln wir fliehen hin ze gotes grabe.

III Owê wir müezegen liute, wie sîn wir versezzen
    zwischen zweien fröiden an die jâmerlîchen stat!
    Aller arebeite heten wir vergezzen,
    dô uns der kurze sumer sîn gesinde wesen bat.
  5 Der brâhte uns varnde bluomen unde blat.
    dô trouc uns der kurze vogelsanc:
    wol im der ie nâch stæten fröiden ranc!

IV Owê der wîse die wir mit den grillen sungen,
    dô wir uns solten warnen gegen des kalten winters zît!
    Daz wir vil tumben mit der âmeizen niht rungen,
    diu nû vil werdeclîche bî ir arebeiten lît!
  5 Daz was ie der welte meiste strît,
    tôren schulten ie der wîsen rât.
    man siht wol dort, wer hie gelogen hât.

I, 4 *vergât* entgeht 6 ... in der Welt und vor Gott II, 1 *sicher-*
lîche gewiß 3 *sol* Fut. 5–6 Bäume, Türme liegen zerschlagen vor

66

I   Ach, wie sind Ehre und Ruhm Deutschland fremd gewor-
den! Wer Geist und Kraft, wer Silber und Gold besitzt und
bleibt daheim in Schande, wehe, der verliert des himmli-
schen Königs Lohn, ihn lieben weder Frauen noch Engel.
Armseliger Mensch vor Gott und Welt, jetzt fürchte, daß
Gott und Welt dich verspotten.

II   Ach, es kommt ein Sturm, ihr sollt es wissen, Lieder und
Geschichten sagen von ihm. Der fährt in seinem Zorn über
alle Königreiche; Wallfahrer und Pilger höre ich's klagen.
Bäume und Türme fallen, starke Männer zerschlägt er.
Fliehen wir zu Gottes Grab!

III   Ach, wir Faulen, wie haben wir am Ort des Jammers uns
zwischen zwei Freuden verloren! Wir vergaßen alles Tun,
als der kurze Sommer uns zu sich lud. Der schenkte uns
Blumen und Blätter, doch sie vergingen, und der Vogelsang
betrog uns, der so bald verklang. Glücklich, wer Freude
suchte, die nicht vergeht.

IV   Ach das Lied, das wir mit den Grillen sangen! Wir hätten
an den Winter denken sollen. Daß wir uns nicht wie die
Ameise mühten, die geachtet und geborgen bei den Früchten
ihrer Arbeit ruht. Das war stets das größte Übel auf der
Welt: nie hörten die Narren auf den Rat der Weisen. In
jener Welt wird offenbar, wer hier gelogen hat.

---

ihm, starken Menschen bläst er den Kopf herab   III, 1 *versitzen*
sitzen und versäumen, ähnl. *verligen*   5 *varnde* vergängliche
IV, 2 als wir uns vor dem kalten W. hätten vorsehen sollen
5 *strît* Zwist, Widerstand   6 *schulten* schmähten

67

I   Vil süeze wære minne,   (L.-K. 76,22)
    berihte kranke sinne;
    got, dur dîn anbeginne
    bewar die kristenheit!
5 Dîn kunft ist frônebære
    über al der welte swære;
    der weisen barmenære,
    hilf rechen disiu leit!
    Lœser ûz den sünden,
10 wir gern ze den swebenden ünden.
    uns mac dîn geist enzünden,
    wirt riuwic herze erkant.
    Dîn bluot hât uns begozzen,
    den himel ûf geslozzen.
15 nû lœset unverdrozzen
    daz hêrebernde lant!
    Verzinset lîp und eigen;
    got sol uns helfe erzeigen
    ûf den der manegen veigen
20 der sêle hât gepfant.

II Diz kurze leben verswindet,
    der tôt uns sündic vindet;
    swer sich ze gote gesindet,
    der mac der helle engân.
5 Bî swære ist gnâde funden:
    nû heilent Kristes wunden,
    sîn lant wirt schiere enbunden,
    dêst sicher sunder wân.
    Küngîn ob allen frouwen,
10 lâ wernde helfe schouwen,
    dîn kint wart dort verhouwen,
    sîn menscheit sich ergap.
    Sîn geist müez uns gefristen,

67

I   Du süße, du wahre Liebe, zeig unserm schwachen Geist den
rechten Weg. Gott, behüte deine Christenheit um dessent-
willen, der Anfang war und Anfang schuf. Du kommst in
Herrlichkeit und heilst allen Schmerz der Welt. Der du dich
der Waisen erbarmst, hilf alles Unrecht strafen. Erlöser aus
den Sünden, wir sehnen uns nach den gleitenden Wellen des
Meers. Dein Geist kann uns entzünden, wenn du Reue in
unseren Herzen siehst. Dein Blut hat uns begossen und hat
uns den Himmel geöffnet – nun werdet nicht müde und
befreit das Land, in dem Gottes Heiligkeit lebt. Opfert, was
ihr habt und was ihr seid, und Gott wird uns schützen vor
dem, der manchem Todgeweihten die Seele nahm.

II Dies kurze Leben vergeht, als Sünder begegnen wir dem
Tod; wer aber Gott gehört, der kann der Hölle entfliehen.
Gnade steht bei der Not; uns heilen Christi Wunden; ich
weiß gewiß, bald ist sein Land befreit. Herrin aller Her-
rinnen, zeige uns immer deine Hilfe. Dein Kind wurde dort
erschlagen und gab seine Menschheit hin. Sein Geist erhalte

I, 2 *berihte* mache recht, weise zurecht   3 . . . um deines Anfangs
willen   5 *frônebære* heilig   16 *hêrebernde* Heiligkeit tragende
17 *Verzinset* gebt als Zins; *eigen* Eigentum   19 *veige* zum Tode
bestimmt; erst später die Bed. „eingeschüchtert", „feige"   II, 3 *ge-
sindet* sich dem Gefolge anschließt   10 *wernde* beständige

daz wir die diet verlisten;
15 der touf si seit unkristen,
wan fürhtent si den stap
Der ouch die juden villet?
ir schrîen lûte erhillet,
manc lop dem kriuze erschillet:
20 erlœsen wir daz grap!

III　Diu menscheit muoz verderben,
suln wir den lôn erwerben;
got wolde dur uns sterben,
sîn drô ist ûf gespart.
5 Sîn kriuze vil gehêret
hât maneges heil gemêret.
swer sich von zwîvel kêret,
der hât den geist bewart.
Sündic lîp vergezzen,
10 dir sint diu jâr gemezzen;
der tôt hât uns besezzen,
die veigen âne wer.
Nû hellet hin gelîche
dâ wir daz himelrîche
15 erwerben sicherlîche
bî dulteclîcher zer!
Got wil mit heldes handen
dort rechen sînen anden;
sich schar von manegen landen
20 des heilegeistes her!

IV　Got, dîne helfe uns sende,
mit dîner zesewen hende
bewar uns an dem ende,
sô uns der geist verlât,
5 Vor helleheizen wallen,
daz wir dar in iht vallen:
ez ist wol kunt uns allen,

uns und gebe uns Klugheit und Kraft, um über das Volk dort zu siegen, das die Taufe Heiden nennt. Warum fürchten sie den Stab des Richters nicht, unter dem auch die Juden stehen? Laut tönt ihr Geschrei, doch laut tönt auch dem Kreuz der Lobgesang: Laßt uns das Grab befreien!

III Die Menschheit muß sterben, wenn wir den Lohn empfangen, der uns gebührt. Doch Gott nahm seine Drohung zurück und starb für uns alle. Vielen Menschen wurde sein heiliges Kreuz zum Segen. Wer nicht mehr schwankt und zweifelt, hat seine Seele bewahrt. Deine Jahre sind gezählt, der du dich in der Sünde verlierst. Wehrlos gehören wir dem Tod, er umgibt unser ganzes Sein. Laßt uns alle eilen in das Land, wo sich uns gewiß der Himmel schenkt, wenn wir in Geduld und Hingabe suchen. Gott will, daß Heldenhände seine Schmach dort rächen. Dorthin kommt aus aller Welt, ihr Heere des heiligen Geistes.

IV Gott, schicke uns deine Hilfe; am Ende, wenn unsere Seele von uns geht, halte uns mit deiner rechten Hand, so daß wir nicht in die heißen Wogen der Hölle fallen. Wir alle wissen,

---

17 *villet* schlägt, züchtigt (Grundbed.: „das Fell abziehen") III, 4 *ûf gespart* aufgehoben 6 *maneges heil* das Heil eines manchen 9 *vergezzen* der du dich vergessen hast 11 *besezzen* belagert 13 *gelîche* allesamt 16 *zer* Aufwand: mit geduldiger Hingabe 17 Gott will mit Heldenhänden ...

wie jâmerlîch ez stât,
Daz hêre lant vil reine,
10 gar helfelôs und eine.
Ierusalêm, nû weine,
wie dîn vergezzen ist!
Der heiden überhêre
hât dich verschelket sêre;
15 dur dîner namen êre
lâ dich erbarmen, Krist,
Mit welher nôt si ringen.
die dort zer bürge dingen,
dazs uns alsô betwingen,
20 daz wende in kurzer frist!

68

I   Allerêrst lebe ich mir werde,   (L.-K. 14,38)
    sît mîn sündic ouge siht
    Daz reine lant und ouch die erde
    den man sô vil êren giht.
5   Mirst geschehen des ich ie bat,
    ich bin komen an die stat
    dâ got mennischlîchen trat.

II Schœniu lant rîch unde hêre,
    swaz ich der noch hân gesehen,
    Sô bist duz ir aller êre:
    waz ist wunders hie geschehen!
5   Daz ein magt ein kint gebar
    hêre über aller engel schar,
    was daz niht ein wunder gar?

IV, 16–17 erbarme dich der Not, mit der sie ringen   18–20 daß
sie, die dort in der (heiligen) Stadt herrschen, uns so ganz besie-

wie es daliegt, das reine heilige Land, in Jammer, hilflos und allein. Weine, Jerusalem, man hat dich ganz vergessen. Der Übermut der Heiden hat dich zum Knecht gemacht. Um deiner Dreieinigkeit willen erbarme dich, Herr, der Not deiner Christen. Hilf uns bald und laß die Feinde uns nicht ganz und gar besiegen, die dort herrschen in der heiligen Stadt.

68

I Erst jetzt erhält mein Leben tiefen Sinn, da meine sündigen Augen die heilige Erde schauen und das Land, das man so sehr verehrt und preist. Ich darf nun erleben, worum ich immer bat: ich bin an die Stätte gekommen, wo Gott bei uns war in menschlicher Gestalt.

II Viele Länder, schön und reich und herrlich, hab' ich gesehen; du überstrahlst sie alle. Wieviel Wunderbares ist hier geschehen! Daß eine Jungfrau ein Kind gebar, heiliger als alle Engelheere, war das kein großes Wunder?

---

gen, das wende binnen kurzem ab! | I, 1 *lebe ich mir werde* hat das L. Wert, Freude für mich 7 *trat* wandelte II, 7 *gar* völlig

[III] Mê dan hundert tûsent wunder
     hie in disem lande sint;
     Dâ von ich niht mê besunder
     kan gesagen als ein kint,
5   Wan ein teil von unser ê.
     swem des niht genuoge, der gê
     zuo den juden, die sagent es mê.

IV   Hie liez er sich reine toufen,
     daz der mensche reine sî.
     Dô liez er sich hêrre verkoufen,
     daz wir eigen wurden frî.
5   Anders wæren wir verlorn:
     wol dir, sper, kriuz unde dorn!
     wê dir, heiden! deist dir zorn.

V   Do er sich wolte über uns erbarmen,
     hie leit er den grimmen tôt,
     Er vil rîche durch uns armen,
     daz wir komen ûz der nôt.
5   Daz in dô des niht verdrôz,
     dast ein wunder alze grôz,
     aller wunder übergnôz.

VI   Hinnen fuor der sun zer helle
     von dem grabe, dâ er inne lac.
     Des was ie der vater geselle
     und der geist, den niemen mac
5   Sunder scheiden: êst al ein,
     sleht und ebener danne ein zein,
     als er Abrahâme erschein.

VII Do er den tievel dort geschande,
     daz nie keiser baz gestreit,
     Dô fuor er her wider ze lande.
     dô huob sich der juden leit,

III] In diesem Land gibt es mehr als hunderttausend Wunder; ich kann von allen nicht genauer erzählen als ein Kind; einiges jedoch weiß ich von den Wundern des neuen Testaments. Wem das nicht genügt, der soll zu den Juden gehen, die wissen mehr davon.

IV Hier ließ sich der Reine taufen und machte die Menschen rein. Es wurde der Herr zum Knecht und machte die Knechte frei. Sonst wären wir verloren; Dank sei Lanze, Kreuz und Dornen. Weh euch, ihr Heiden, daß ihr darüber zürnt.

V   Er wollte sich unser erbarmen und erlitt den grausamen Tod; er, reich und mächtig, für uns Arme, um uns zu erlösen aus unserer Not. Es ist ein herrlich großes Wunder, daß er das für uns tat, ein Wunder über alle Wunder.

VI Aus dem Grab, in dem er lag, fuhr der Sohn in die Hölle. Immer war der Vater bei ihm und der Geist, den von Sohn und Vater niemand trennen kann. Alle sind eins, glatt und gerade wie ein Pfeil, wie der dreieinige Gott dem Abraham erschien.

VII Dort hat er den Teufel besiegt – kein Kaiser hat je einen besseren Kampf gekämpft – und kam wieder in dies sein Land zurück. Da schmerzte es die Juden sehr, daß der Herr

---

III, 5 nur einiges von unserem Gesetz (dem Neuen Test.) IV, 2 damit der Mensch rein sei 3 dort ließ er, der Herr, sich in die Knechtschaft geben (andere übers. *verkoufen:* verraten) 4 *wir eigen* wir, die Knechte 7 darüber gerätst du in Zorn V, 7 *übergnôz* das unvergleichlich ist VI, 3 darin war immer sein Begleiter der Vater ... 6 gerade und glatter als ein Stab (Rohr, Rute) VII, 1 als er ... 2 so daß ...

5 Daz er hêrre ir huote brach,
und man in sît lebendic sach,
den ir hant sluoc unde stach.

VIII   Dar nâch was er in dem lande
vierzic tage: dô fuor er dar
Dannen in sîn vater sande;
sînen geist, der uns bewar,
5 Den sant er hin wider zehant.
heilic ist daz selbe lant,
sîn name ist vor gote erkant.

IX   In diz lant hât er gesprochen
einen angeslîchen tac.
Dâ diu witwe wirt gerochen
und der weise klagen mac
5 Und der arme den gewalt,
der dâ wirt an ime gestalt.
wol im dort, der hie vergalt!

[X]   Unser lantrehtære tihten
fristet dâ niemannes klage;
Wan er wil zestunt dâ rihten,
sôz ist an dem lesten tage.
5 Swer deheine schult hie lât
unverebenet, wie der stât
dort da er pfant noch bürgen hât!

XI   Kristen, juden unde heiden
jehent daz diz ir erbe sî;
Got müez ez ze rehte scheiden
durch die sîne namen drî.
5 Al diu welt diu strîtet her:
wir sîn an der rehten ger,
reht ist daz er uns gewer.

VIII, 5 *zehant* alsbald   IX, 1 in dies Land hat er ... anberaumt

ihre Wache durchbrach und man ihn, den ihre Hände geschlagen und gestochen hatten, jetzt als Lebenden sah.

'III   Danach war er vierzig Tage in diesem Land, dann ging er dorthin, von wo sein Vater ihn ausgesandt hatte. Seinen Geist, der uns behüten soll, sandte er wieder in sein Land zurück. Heilig ist dies Land, Gott kennt seinen Namen gut.

IX   In diesem Land, so hat er verkündet, will er einen furchtbaren Gerichtstag halten. Da wird die Witwe gerächt, und Waisen und Arme dürfen klagen gegen die Gewalt, die man ihnen angetan hat. Dort wird froh sein, wer hier seine Schuld bezahlte.

[X]   Da wird keines Menschen Klage verzögernd hingehalten, wie bei den Urteilen unserer Landrichter, sondern am Jüngsten Tage spricht der Richter sein Urteil sofort. Wie wird ein Mensch dastehen im Jenseits, wo er weder Pfand noch Bürgen hat, wenn er auf der Erde seine Schuld nicht bezahlte.

XI   Christen, Juden und Heiden sagen, daß dies Land ihr Erbe sei. Gott wird gerecht entscheiden im Namen seiner Dreieinigkeit. Wohl streiten alle Länder um dies Land, doch wir allein verlangen es zu Recht, und es ist recht, wenn Gott unsere Bitte erfüllt.

---

6 die man an ihm begangen hat (*gestalt* = angestellt)   X, 1–2 Das Urteil unserer Landrichter verzögert da keines Menschen Anklage   4 wenn der Jüngste Tag da ist

[XII] Nû lât iuch des niht verdriezen
       daz ich noch gesprochen hân.
       Ich wil iu die rede entsliezen
       kurzlîch und iuch wizzen lân,
  5   Swaz got mit dem menschen ie
       wunders in der werlt begie,
       daz huob sich und endet hie.

                            69

 I Ir reinen wîp, ir werden man,   (L.-K. 66,21)
    ez stêt alsô daz man mir muoz
    êr unde minneclîchen gruoz
    noch volleclîcher bieten an.
  5 Des   habet ir von schulden grœzer reht dan ê;
    welt ir vernemen, ich sage iu wes.
    wol   vierzec jâr hab ich gesungen oder mê
    von minnen und als iemen sol.
    Dô was ichs mit den andern geil,
 10 nu enwirt mirs niht, ez wirt iu gar.
    mîn minnesanc der diene iu dar,
    und iuwer hulde sî mîn teil.

 II Lât mich an eime stabe gân
     und werben umbe werdekeit
     mit unverzageter arebeit,
     als ich von kinde habe getân,
  5 Sô   bin ich doch, swie nider ich sî, der werden ein,
     genuoc in mîner mâze hô.
     daz   müet die nideren. ob mich daz iht swache? nein.
     die werden hânt mich deste baz.
     Diu wernde wirde diust sô guot,
 10 daz man irz hœhste lop sol geben.
     ezn wart nie lobelîcher leben,
     swer sô dem ende rehte tuot.

    ———————

    I, 3-4 Ehre und freundlichen Gruß noch reichlicher anbieten muß

[XII] Ärgert euch nicht an den Worten, die ich zu euch gesprochen habe. Ich will euch knapp und klar den Sinn meiner Worte erschließen und euch wissen lassen, welche Wunder Gott den Menschen auf der Welt erwies. Hier fing alles an, und hier wird es enden.

69

I   Ihr reinen Frauen, ihr edlen Männer, jetzt kommt die Zeit, da man mich freundlicher grüßen und reicher ehren muß, heute mehr als einst, mit gutem Grund. Wollt ihr's hören, ich sag' euch, warum. Vierzig Jahre und mehr sang ich von Liebe und lehrte, wie man leben soll; einst fand ich wie die andern in meinen Liedern Glück, heute nicht mehr, da gehört es euch ganz allein. Meine Liebeslieder sollen euch immer helfen; dankt mir mit Freundlichkeit.

II   Ginge ich auch am Bettelstab – suche ich dabei mit unverdrossener Mühe Ehre und Wert, wie ich's von Kind auf tat, dann bin ich edel in aller Niedrigkeit, hoch genug nach meinem eigenen Maß. Das ärgert die niedrigen Herzen. Ob sie auch mich erniedrigen? Nein, denn für die edlen stehe ich um so höher. Unvergänglicher Wert ist so schön, er verdient den höchsten Preis. Ein Leben ist vollendet gut, wenn es in diesem ewigen Wert das Ende erfüllt.

---

5 dazu habt ihr aus gutem Grund jetzt größere Verpflichtung als einst   8 *als iemen sol* „wie man muß", was man tun muß: ethische Lehre   12 *sî mîn teil* werde mir zuteil   II, 1 ff. Selbst wenn ich am Bettelstab ginge: wenn ich dabei ... suche, dann bin ich ...   7 *ob mich daz iht swache?* ob mich das etwa erniedrigt?   11–12 kein Leben war je preisenswerter als das eines Menschen, der dem Ende sein Recht gibt, der das Ende recht erfüllt

III Welt, ich hân dînen lôn ersehen,
　　swaz dû mir gîst, daz nimest dû mir.
　　wir scheiden alle blôz von dir.
　　scham dich, sol mir alsô geschehen.
5 Ich　　hân lîp unde sêle (des was gar ze vil)
　　gewâget tûsentstunt dur dich.
　　nû　　bin ich alt und hâst mit mir dîn gampelspil,
　　und zürn ich daz, sô lachest dû.
　　Nû lache uns eine wîle noch;
10 dîn jâmertac wil schiere komen
　　und nimet dir swazt uns hâst benomen
　　und brennet dich dar umbe iedoch.

IV Ich hât ein schœnez bilde erkorn,
　　owê daz ich ez ie gesach
　　ald ie sô vil zuoz ime gesprach!
　　ez hât schœn unde rede verlorn.
5 Dâ　　wonte ein wunder inne: daz fuor ine weiz war,
　　dâ von gesweic daz bilde iesâ.
　　sîn　　liljerôsevarwe wart sô karkelvar,
　　daz ez verlôs smac unde schîn.
　　Mîn bilde, ob ich bekerkelt bin
10 in dir, sô lâ mich ûz alsô
　　daz wir ein ander vinden frô,
　　wan ich muoz aber wider in.

V Mîn sêle müeze wol gevarn!
　　ich hân zer welte manegen lîp
　　gemachet frô, man unde wîp;
　　künd ich dar under mich bewarn!
5 Lobe　　ich des lîbes minne, deis der sêle leit,
　　si giht, ez sî ein lüge, ich tobe.
　　der　　wâren minne giht si ganzer stætekeit,
　　wie guot si sî, wies iemer wer.
　　Lîp, lâ die minne diu dich lât,
10 und habe die stæten minne wert!

III   Welt, ich weiß deinen Lohn; bald nimmst du wieder, was
      du gabst; wir gehen von dir mit leeren Händen. Schäm dich,
      wenn auch ich so von dir gehen muß. Ich wagte Leib und
      Seele tausendmal für dich, das war zu viel. Jetzt bin ich alt,
      du spielst mit mir deine Spiele und lachst über meinen
      Zorn. Lach noch eine Weile, bald kommt der Tag, da weinst
      auch du und klagst – er nimmt dir, was du uns nahmst, und
      verbrennt dich um unseres Jammers willen.

IV   Ich sah eine schöne Gestalt – ach, daß ich sie je erblickte und
      so viel mit ihr sprach; ihre Schönheit und ihre Worte sind
      nun vergangen. Etwas seltsam Wunderbares war in der
      Gestalt, das ging fort, ich weiß nicht wohin, und die Gestalt
      war still. Ihre Lilienrosenfarbe wurde wie ein Kerker grau,
      sie verlor ihren Duft und Glanz. Mein Körper, wenn du
      mein Gefängnis bist, so laß mich frei, wir werden uns ein-
      mal glücklich wiederfinden, denn ich muß zurück zu dir.

V   Meine Seele, fahr wohl! In dieser Welt hab' ich viele froh
      gemacht – hätt' ich mich doch selbst dabei bewahren kön-
      nen! Preise ich die Liebe der Welt, dann leidet die Seele
      Schmerzen und sagt, ich sei ein Lügner und ein Narr. Nur
      die wahre Liebe sei ganz treu und gut und ohne Ende. Leib,
      laß die Liebe fallen, die dich fallen läßt, und liebe die ewige

---

III, 3 *blôz* nackt   7 *hâst mit mir* ... treibst mit mir deine Pos-
sen   8 und ärgert mich das   IV, 1 *bilde* Äußeres, Erscheinung
6 infolgedessen war die Gestalt alsbald still   7 *karkelvar* kerker-
farben   V, 4 könnte ...   7 *giht si ganzer stætekeit* spricht sie voll-
kommene Beständigkeit zu

mich dunket, der dû hâst gegert,
diu sî niht visch unz an den grât.

70

I   „Frô Welt, ir sult dem wirte sagen   (L.-K. 100,24)
    daz ich im gar vergolten habe.
    Mîn grôziu gülte ist abe geslagen,
    daz er mich von dem brieve schabe.
5 Swer ime iht sol, der mac wol sorgen.
    ê ich im lange schuldic wære, ich wolt ê zeinem juden borgen.
    er swîget unz an einen tac:
    sô wil er danne ein wette hân,
    sô jener niht vergelten mac."

II   „Walther, dû zürnest âne nôt,
    dû solt bî mir belîben hie.
    Gedenke waz ich dir êren bôt,
    waz ich dir dînes willen lie,
5 Als dicke dû mich sêre bæte.
    mir was vil inneclîche leit daz dû daz ie sô selten tæte.
    bedenke dich, dîn leben ist guot.
    sô dû mir rehte widersagest,
    sô wirst dû niemer wol gemuot."

III   „Frô Welt, ich hân ze vil gesogen,
    ich wil entwonen, des ist zît.
    Dîn zart hât mich vil nâch betrogen,
    wand er vil süezer fröiden gît.
5 Do ich dich gesach reht under ougen,
    dô was dîn schœne an ze schouwen wünneclich al sunder
                                     [lougen.
    doch was der schanden alse vil,
    dô ich dîn hinden wart gewar,
    daz ich dich iemer schelten wil."

Liebe. Ich glaube, die du suchtest war nicht bis in die Tiefe wahr und ganz.

70

I   „Frau Welt, sagt dem Wirt, ich habe ihm alles bezahlt. Meine große Schuld ist beglichen, er soll meinen Namen von der Tafel löschen. Wer ihm noch etwas schuldet, dem muß bange sein. Ich will nicht lange leben in seiner Schuld, eher leih' ich mir Geld beim Juden. Er ist ganz still bis zu dem einen, letzten Tag, doch dann, wenn man nicht bezahlen kann, verlangt er sein Pfand."

II „Walther, sei nicht böse, du hast keinen Grund; bleib bei mir. Denk doch, wieviel Ruhm und Ehre ich dir gab und wie ich, was du wolltest, dir zuliebe tat, so oft du mich darum batst. Nur war mir herzlich leid, daß du so selten batst. Denk daran: dein Leben hier ist gut und schön; du wirst nie mehr froh sein, wenn du mich ganz verläßt."

III „Frau Welt, zu lang hab' ich an deiner Brust gesogen, ich will mich entwöhnen, es drängt die Zeit. Deine Liebkosung gibt so süße Freude, sie hat mich fast verblendet. Als ich dir voll in die Augen schaute, da sahst du wahrhaft schön und lieblich aus. Doch als ich deinen Rücken erblickte, da sah ich so viel Schreckliches, daß ich deinen Namen stets mit Abscheu nenne."

---

12 „die sei nicht Fisch bis auf die Gräte", sei nicht durch und durch Fisch; wohl sprichwörtl.: nicht echt, unverdorben, wahr | I, 2 *gar vergolten* völlig bezahlt   3 *abe geslagen* abgetragen   4 er soll mich vom Pergament der Schuldurkunde abkratzen, ausradieren (wir übers. mit einem anderen Bild)   5 *iht sol* etwas schuldig ist   6 *ê . . . ê . . .* eher . . . als daß . . .   II, 1 du zürnst ohne Grund   4 wie oft ich deinen Willen zuließ   8 wenn du mir richtig aufkündigst   III, 4 denn . . .   5 „unter die Augen", ins Gesicht   9 *schelten* schmähen

IV „Sît ich dich niht erwenden mac,
    sô tuo doch ein dinc des ich ger.
    Gedenke an manegen liehten tac,
    und sich doch underwîlent her,
 5 Niuwan sô dich der zît betrâge."
    „daz tæt ich wunderlîchen gerne, wan deich fürhte dîne lâge,
    vor der sich nieman kan bewarn.
    got gebe iu, frouwe, guote naht,
    ich wil ze herberge varn."

                    71   (L.-K. 122,24)

I   Ein meister las,   troum unde spiegelglas
    daz si zem winde   bî der stæte sîn gezalt.
    Loup unde gras,   daz ie mîn fröide was,
    swiez nû erwinde,   ez dunket mich alsô gestalt,
 5 Dar zuo die bluomen manicvalt,
    diu heide rôt, der grüene walt.
    der vogele sanc ein trûric ende hât,
    dar zuo der linde   süeze und linde.
    sô wê dir, Werlt, wie dirz gebende stât!

II Ein tumber wân   den ich zer welte hân,
    derst wandelbære,   wand er bœsez ende gît.
    Ich solt in lân,   kund ich mich wol verstân,
    daz er iht bære   mîner sêle grôzen nît.
 5 Mîn armez leben in sorgen lît,
    der buoze wære michel zît.
    nû fürhte ich siecher man den grimmen tôt,
    daz er mit swære   mir geswære.
    vor vorhten bleichent mir diu wangen rôt.

IV, 1 *erwenden* umstimmen   5 doch nur, wenn . . . 6 *lâge* Hinter-
halt   9 *ze herberge* ins Nachtlager. Die Vorstellungen „zur Ruhe"
und „nach Hause" verschmelzen; in beiden klingt deutlich die
ewige Ruhe und Heimkehr mit | I, 1 Traum und Spiegel   2 daß sie

IV „Ich kann nicht ändern, was du beschlossen hast, doch er-
füll mir noch eine Bitte. Denke an manchen sonnenhellen
Tag, und hin und wieder, wenn dir die Zeit zu lang wird,
schau zu mir her." – „Das tät' ich von Herzen gern, doch
fürchte ich deine Falle, der keiner entrinnt. Gott schenk Euch,
werte Dame, eine gute Nacht. Ich will nach Hause gehen."

71

I Ein Weiser lehrte, Traum und Spiegelbild seien so fest und
so beständig wie der Wind. Genauso kommen mir am Ende
Gras und Blätter vor, die mir einmal so große Freude gaben,
die Blumen alle, die bunte Wiese, der grüne Wald; traurig
enden die Lieder der Vögel und die zarte Süße der Linde.
Wehe dir, Welt, wie ist dein Schmuck dir entglitten.

II Ich bin ein Narr und hoffe auf die Welt, doch diese schwan-
kende Hoffnung trügt und führt zu schlimmem Ende. Wäre
ich klug, ich ließe sie fallen, so daß sie nicht die Feindin mei-
ner Seele wird. Mein armes Leben liegt in Angst und Sorge,
zur Umkehr drängt die Zeit. Nun bin ich krank und fürchte
den Zorn des Todes, daß er mich leiden läßt in Schmerzen
und Not. Die Angst macht mir die roten Wangen bleich.

---

hinsichtlich der Beständigkeit zum Wind gerechnet seien   4 wie es
nun endet, wie nun die Dinge ausgehen   9 wie dein Kopfputz dir
steht II, 1–2 Eine törichte Hoffnung, die ich . . ., ist unbeständig,
denn . . .   4 *bære* . . . *nît* Feindschaft entgegenbringt

III Wie sol ein man   der niuwan sünden kan
     genâden dingen   oder gewinnen hôhen muot?
     Sît ich gewan   den muot daz ich began
     zer werlte dingen   merken übel unde guot,
5 Dô greif ich, als ein tôre tuot,
     zer winstern hant reht in die gluot
     und mêrte ie dem tiefel sînen schal.
     des muoz ich ringen   mit geringen:
     nû ringe und senfte ouch Jêsus mînen val.

IV Heiliger Krist,   sît dû gewaltic bist
     der welt gemeine   die nâch dir gebildet sint,
     Gip mir die list   daz ich in kurzer frist
     alsam gemeine   dich sam dîn erwelten vint.
5 Ich was mit sehenden ougen blint
     und aller guoten sinne ein kint,
     swiech mîne missetât der welte hal.
     mach ê mich reine,   ê mîn unreine
     versenke mich in daz verlorne tal.

72

I Owê war sint verswunden   alliu mîniu jâr! (L.-K. 124,1)
     ist mir mîn leben getroumet   oder ist ez wâr?
     daz ich ie wânde ez wære,   was daz allez iht?
     dar nâch hân ich geslâfen   und enweiz es niht.
5 nû bin ich erwachet,   und ist mir unbekant
     daz mir hie vor was kündic   als mîn ander hant.
     liut unde lant, dar inn ich   von kinde bin erzogen,
     die sint mir worden frömde   reht als ez sî gelogen.
     die mîne gespilen wâren,   die sint træge unt alt.
10 bereitet ist daz velt,   verhouwen ist der walt.
     wan daz daz wazzer fliuzet   als ez wîlent flôz,

III, 7 und mehrte des Teufels Lärm (Lachen)   8 *geringen* Pl. von
der gerinc Mühe, Sorge   9 *ringe* erleichtere   IV, 4 „ebenso ge-

III   Wie kann ein Mensch, der nur von Sünde weiß, auf Gnade hoffen oder Freude finden? Als meine Seele anfing, auf die Dinge der Welt, auf Gut und Böse zu schauen, da griff ich mit der linken Hand ins Feuer wie ein Narr, so daß das Lachen des Teufels immer lauter klang. So muß ich mich nun quälen mit Not und Sorge. Jesus, laß mich, wenn ich falle, sanft in deine Hände gleiten.

IV   Heiliger Christus, du bist der Herr der Weltgemeinde, die nach deinem Bild geschaffen ist. So gib mir Weisheit und laß bald auch mich dich und deine erwählte Gemeinde finden. Mit sehenden Augen war ich blind, kindisch verwirrt war mein Geist, da ich mein böses Leben vor der Welt verbarg. Mache mich rein, ehe mein unreines Herz mich im Tal der Verlorenen versinken läßt.

72

I   Ach, wohin sind alle meine Jahre gegangen? Mein Leben – hab' ich es nur geträumt, oder ist es wahr? All die Dinge, die ich für wirklich hielt, hat es sie denn gegeben? Ich muß geschlafen haben, doch weiß ich's nicht. Jetzt bin ich erwacht, und was mir einst vertraut war wie meine Hand, das kenne ich nicht. Wo ich aufgewachsen bin als Kind, dies Land und seine Menschen sind mir fremd geworden, als hätte ein Märchen sie erlogen. Meine Freunde, mit denen ich spielte als Kind, sind müde und alt geworden. Bebaut sind die Felder, die Wälder sind geschlagen, und wenn nicht im Fluß das Wasser strömte wie einst, ach, ich glaube,

---

meinsam" | I, 3 war das alles etwas?   4 demnach muß ich g. haben; *es niht* nichts davon   11 außer daß ...

für wâr mîn ungelücke
mich grüezet maneger trâge,
diu welt ist allenthalben
15 als ich gedenke an manegen
die mir sint enpfallen
iemer mêre owê.

wânde ich wurde grôz.
der mich bekande ê wol;
ungenâden vol.
wünneclîchen tac,
als in daz mer ein slac,

II   Owê wie jæmerlîche
den ê vil hovelîchen
die kunnen niuwan sorgen,
swar ich zer werlte kêre,
5 tanzen, lachen, singen
nie kristenman gesæhe
nû merket wie den frouwen
jâ tragent die stolzen ritter
uns sint unsenfte brieve
10 uns ist erloubet trûren
daz müet mich inneclîchen
daz ich nû für mîn lachen
die vogel in der wilde
waz wunders ist ob ich dâ von
15 wê waz spriche ich tumber
swer dirre wünne volget,
iemer mêr owê.

junge liute tuont,
ir gemüete stuont!
owê wie tuont si sô?
dâ ist nieman frô.
zergât mit sorgen gar:
sô jæmerlîche schar.
ir gebende stât;
dörpellîche wât.
her von Rôme komen,
und fröide gar benomen.
(wir lebten ê vil wol),
weinen kiesen sol.
betrüebet unser klage:
an fröiden gar verzage?
durch mînen bœsen zorn!
hât jene dort verlorn,

III Owê wie uns mit süezen
ich sihe die bittern gallen
diu Welt ist ûzen schœne,
und innân swarzer varwe,
5 swen si nû habe verleitet,
er wirt mit swacher buoze
dar an gedenket, ritter:
ir traget die liehten helme
dar zuo die vesten schilte

dingen ist vergeben!
in dem honege sweben.
wîz, grüen unde rôt,
vinster sam der tôt.
der schouwe sînen trôst,
grôzer sünde erlôst.
ez ist iuwer dinc.
und manegen herten rinc,
und diu gewîhten swert.

II, 7 schaut, wie den Frauen der Kopfschmuck steht   12 *kiesen*

dann wäre mein Leid zu groß. Mancher, der mich früher kannte, will mich nicht mehr grüßen. Jetzt ist es öde und trostlos auf der Welt. Denke ich an die strahlenden Tage, die mir zerflossen sind, wie der Schlag der Hand im Meer zerfließt, ach, dann muß ich immer, immer klagen.

II Ach, wie kläglich führt sich die Jugend auf, die einmal froh und gut erzogen war. Jetzt können sie sich bloß noch sorgen, ach, warum denn nur? Wohin ich schaue auf der Welt, niemand ist mehr froh. Tanzen, Lachen und Singen geht in Sorgen unter. Nie hat ein Christenmensch eine so klägliche Gesellschaft gesehen. Seht die Frauen und ihren Schmuck; die stolzen Ritter tragen Bauernkleider. Aus Rom haben wir böse Briefe bekommen; wir dürfen traurig sein, doch froh sein dürfen wir nicht. Einst lebten wir glücklich, und es schmerzt mich tief, daß man mir für mein Lachen nun Weinen geben will. Auch die Vögel in Wald und Feld werden traurig durch unsere Klagen – ist es ein Wunder, wenn ich alle Freude verliere? Doch ich Narr, was sage ich da in meinem Zorn! Wer das Glück dieser Welt sucht, hat das Glück der andern Welt verloren. Ach, dann muß ich immer, immer klagen.

III Ach, wie wir Gift aus Bechern voller Süße trinken! Und in dem Honig seh' ich bittere Galle schweben. Die Welt ist außen schön: weiß, grün und rot, und innen schwarz und dunkel wie der Tod. Doch wen die Welt verführte, der soll nun Rettung suchen; die Buße ist klein, die ihn von großer Sünde erlöst. Denkt daran, ihr Ritter, ihr seid gerufen! Ihr tragt die strahlenden Helme und harten Panzerringe, die festen Schilde und geweihten Schwerter. Ach, ließe mich

---

wählen, erhalten   III, 1 *vergeben* vergiftet

10 wolte got, wan wære ich   der segenunge wert!
   sô wolte ich nôtic armman   verdienen rîchen solt.
   joch meine ich niht die huoben   noch der hêrren golt:
   ich wolte sælden krône   êweclîchen tragen,
   die mohte ein soldenære   mit sîme sper bejagen.
15 möht ich die lieben reise   gevaren über sê,
   sô wolte ich denne singen wol   und niemer mêr owê,
   niemer mêr owê.

---

12 huoben Hufe, Maß für Land, hier: Grundbesitz

doch Gott des großen Segens würdig sein! Dann wollte ich, der ich arm mit leeren Händen lebe, mir reichen Lohn erwerben. Nicht Land noch Gold der Fürsten meine ich: die Krone aller Seligkeit und allen Glücks, die will ich ewig tragen; einst hat ein Söldner sie mit seinem Speer errungen. Dürfte ich mit übers Meer auf die glückliche Fahrt, dann wollte ich in großer Freude singen, ach, und niemals wieder klagen.

Wahrscheinlich unechte Lieder

[73]

I   Weder ist ez übel, od ist ez guot,   (L.-K. 120,25)
    daz ich mîn leit verhelen kan?
    Man siht mich dicke wol gemuot,
    sô trûret manic ander man,
5   Der mînen schaden halben nie gewan.
    sô gebâre ich dem gelîche
    als ich sî maneger fröiden rîche.
    nû ruochez got gefüegen sô
    daz ich von wâren schulden müeze werden frô.

II Wie kumet daz ich sô manegem man
    von sender nôt geholfen hân,
    Und ich mich selben niht enkan
    getrœsten, mich entriege ein wân?
5   Ich minne ein wîp, diust guot und wol getân.
    diu lât mich aller rede beginnen,
    ich kan ab endes niht gewinnen.
    dar umbe wære ich nû verzaget,
    wan dazs ein wênic lachet sô si mir versaget.

III Genuoge kunnen deste baz
    gereden daz si bî liebe sint.
    Swie dicke ich ir noch bî gesaz,
    sô wesse ich minner danne ein kint.
5   Ich wart an allen mînen sinnen blint.
    des wær ich anderswâ betœret:
    sie ist ein wîp diu niht gehœret,
    joch guoten willen kan gesehen.
    den hân ich, sô mir iemer müeze liep geschehen.

IV Si sehe dazs innen sich bewar
    (si schînet ûzen fröidenrîch),
    Dazs an den siten iht irre var:
    sô wart nie wîp sô minneclîch,

[73]

I Ist's wohl schlecht oder ist es gut, daß ich meinen Kummer
verbergen kann? Oft sieht man mich froh und die andern
traurig, die nicht halb so viel Unglück tragen wie ich; ich
tue, als sei ich voller Freuden. Gib, lieber Gott, daß ich mit
gutem Grunde glücklich bin.

II Wie kommt's, daß ich so manchem half in Liebesnot und
mir nun selbst nicht helfen kann, es sei denn durch Phanta-
sien und Träumereien? Ich liebe eine schöne, edle Frau; die
läßt mich wohl beginnen, wenn ich Liebesworte spreche,
doch zum Ende komme ich nicht. Da müßte ich traurig sein,
wenn sie nicht ein wenig lächelte in ihrem Nein.

III Manche finden schöne Worte, wenn sie bei der Liebsten
sind, doch ich bin verlegener als ein kleines Kind, wenn ich
bei ihr bin; all mein Verstand ist blind geworden. Sonstwo
hielte man mich für einen Narren, sie aber gibt auf Worte
nichts, doch guten Willen kann sie erkennen. Den hab' ich,
wenn ich jemals Glück und Liebe finde.

IV Ihr äußeres Bild erstrahlt und gibt uns reiche Freude; sie
soll auch ihre Seele bewahren und an rechtem Tun nicht
irregehn, dann ist sie die lieblichste der Frauen; ihr Preis

I, 8 *ruochez* „geruhe es", möge es   II, 9 *wan dazs* außer daß sie
III, 3–4 wie oft ich auch bei ihr saß, ich wußte weniger als ein
Kind   IV, 1 Sie sehe zu, daß ...

5 Sô tæte ir lop vil frouwen lobe entwîch.
　ist nâch ir wirde gefurrieret
　diu schœne diu si ûzen zieret,
　kan ich ir denne gedienen iht,
　des wirt bî selken êren ungelônet niht.

V　Swie noch mîn fröide an zwîvel stât,
　den mir diu guote mac vil wol
　Gebüezen, ob sis willen hât,
　son ruoche ich waz ich kumbers dol.
5 Si frâgent des mich nieman frâgen sol,
　wie lange ich bî ir welle belîben:
　sist iemer mêr vor allen wîben
　ein wernder trôst ze fröiden mir.
　nû müeze mir geschehen als ich geloube an ir.

[74]

I　„Sît mir dîn niht mêr werden mac,　　　　(L. 183,1)
　wan daz ich kûme dich gesê,
　Wünsch ich dir heiles naht und tac
　und bin och iemer an der flê,
5 Daz dich got vor valscher diet bewar
　und leite dich alzan der engel schar.
　ouch bite ich, swâ dû mich ersêst,
　daz dû tougen　　dich schône mit den ougen
　zuo mir neiges　　und mir ein kleine lieb erzeiges:
10 son ruoche ich ob dû mich mit worten vêst.“

II　„Man mac wol offenbâre sên
　dîn scheiden an den ougen mîn:
　Nû sprich wie wære mir geschên,

---

5 *ir lop tæte vil fr. lobe entwîch* schlüge den Preis anderer F. in die
Flucht　6–7 ist die Schönheit, ᷄die sie außen schmückt, gefüttert

jagte den Preis aller anderen Frauen davon. Ist die Schönheit, die ihr Äußeres schmückt, gefüttert mit der edlen Seide ihres innern Werts, dann wird mir hohe Ehre und hoher Lohn, wenn ich ihr wohl zu dienen weiß.

V   Wenn auch bei meiner Freude noch der Zweifel steht, die Liebste kann mir, wenn sie will, allen Zweifel nehmen; dann kümmere ich mich nicht um die Schmerzen, die ich leide. Man fragt mich, was mich niemand fragen soll: wie lange ich wohl noch bei der Liebsten bleibe. Mehr als alle Frauen gibt sie mir stete Hoffnung auf bleibendes Glück – ach, wenn doch diese Hoffnung sich erfüllte!

[74]

I   „Da du mir kaum dies eine gönnst, daß ich dich ein klein wenig sehen darf, so wünsch' ich Nacht und Tag dir Segen und Glück, und ich flehe aus tiefstem Herzen, Gott möge dich vor bösen Menschen behüten, und immer sollen Engelscharen dich geleiten. Auch bitte ich: wo immer du mich siehst, neig liebend deine Augen heimlich her zu mir, schenk mir dies kleine Glück, dann will ich's vergessen, wenn du mir mit Worten böse bist."

II   „Alle können's an meinen Augen sehen, daß du von mir gehst. Doch sag, was wäre aus mir geworden, hätte ich dir

---

nach dem Maß ihres Werts   V, 9 es möge mir so geschehen, wie ich an sie glaube | I, 10 *son ruoche ich* dann kümmere ich mich nicht darum   II, 1 *offenbâre* öffentlich, deutlich

hæt ich getân den willen dîn?
5 Sône würde ich niemer rehte frô,
dû enkæmest wider; ich wirde iedoch alsô.
dû bist mir ein fremder man.
wê war umbe   klag ich sô sêre, ich tumbe,
durch daz eine,   daz wir ie wârn mit rede gemeine?
10 doch wizze deich dir wol ze lebenne gan."

III „Ich hân vil kleine an dir bejaget,
wan underwîlen einen gruoz.
Dû hâst mir aber sô wol versaget,
daz ich dir iemer dienen muoz.
5 Ob ich an dir niht erworben hân,
wol mich son hât ein ander ouch getân.
alsô kanst dû wesen gemeit.
got dir lône   daz dû dich hielde schône.
wis gesunde: wê daz ich dich alsô funde!
10 nû, frou, gedenke an alle stætekeit!"

[75]

I Ich wil nû teilen, ê ich var,   (L.-K. 60,34)
mîn varnde guot und eigens vil,
Daz iemen dürfe strîten dar,
wan den ichz hie bescheiden wil.
5 Al mîn ungelücke wil ich schaffen jenen
die sich hazzes unde nîdes gerne wenen,
dar zuo mîn unsælikeit.
mîne swære
haben die lügenære.
10 mîn unsinnen
schaff ich den die mit velsche minnen,
den frouwen nâch herzeliebe senendiu leit.

II, 7 *ein fremder man* ein Mann, mit dem ich keine Intimitäten hatte |

geschenkt, worum du mich batst? Dann wäre ich, kämst du
nicht zu mir zurück, niemals wieder froh geworden. Doch
jetzt werde ich froh, denn das eine Letzte haben wir uns
bewahrt. Ach, was klage ich, ich närrische Frau – wir ge-
hörten einander doch nur mit Worten! Doch sollst du
glauben, ich wünsche deinem Leben alles Glück!"

III „Wenig hab' ich dir abgewonnen, nur dann und wann
einen Gruß. Doch war dein Nein so vollendet schön, daß
mein Leben immer dir gehören soll. Wenn ich auch bei dir
keine Liebe fand, eins freut mich doch: kein andrer hat
mehr gefunden. Auch du kannst dich freuen, und Gott soll
dir's lohnen, daß du dich so schön und rein bewahrtest.
Bleib unverletzt: doch ach, daß ich dich so finden mußte!
Herrin, denk an meine Liebe und Beständigkeit."

[75]

I Ich gehe fort und will zuvor euch all das Meine geben;
kein Anspruch soll gelten als der, den dies Vermächtnis
nennt. All mein Unglück, alle meine Qual vererbe ich
denen, die Haß und Zorn und Bosheit lieben; den Lügnern
gebe ich allen Schmerz, des Herzens Verwirrung den untreu
Liebenden, den Frauen das Leid, das sich nach tiefer Liebe
sehnt.

I, 1 *teilen* verteilen, testamentarisch hinterlassen   2 meine beweg-
lichen Güter und (feststehendes) Grundeigentum   3–4 so daß nie-
mand darum zu streiten braucht als die, denen ich es hier bestimme
6 *sich ... wenen* gewohnt sind

II Mir ist liep daz si mich klage
ze mâze als ez ir schône stê.
Ob man ir mære von mir sage,
daz ir dâ von sî sanfte wê.
5 Si sol iemer mêre durch den willen mîn
ungefüege swære und fröide lâzen sîn.
daz stêt senenden frouwen wol
als ichz meine.
dar ahtent jene vil kleine,
10 die sich des flîzent
daz si den munt sô sêre bîzent
. . . .

III Nû bîtet, lât mich wider komen,
ich weiz der wîbe willen wol.
Ich hân von in ein mære vernomen,
dâ mite ich mange erwerben sol.
5 Ich wil lîp und êre und al mîn heil verswern:
wie mac sich deheiniu danne mîn erwern?
nein ich weizgot, swaz ich sage.
got der solte
rihten, obe er wolte,
10 die sô swüeren,
daz in diu ougen ûz gefüeren
und sich doch einest stiezen in dem tage.

II, 2 maßvoll, wie es ihr schön ansteht 6 maßloses Leid und
Freude aufgeben III, 5 *verswern* abschwören 12 *einest ... in
dem tage* einmal jeden Tag

II Eines freut mich: Wenn sie über mich klagt, dann klagt sie
maßvoll und schön, wie's einer schönen Frau geziemt;
wenn man ihr dies und das von mir erzählt, dann fühlt sie
doch nur leisen Schmerz. Sie soll nicht mir zuliebe maßlos
Leid und Freude haben; ich meine, auch für weibliche Sehn-
sucht schickt sich Gelassenheit. Doch jene kümmert das
nicht, die aus Leidenschaft und Schmerz sich auf die Lippen
beißen . . .

III Doch wartet, ich komme zurück. Ich kenne das Herz der
Frauen; was ich über sie sagen hörte, hilft mir, so manche
zu gewinnen. Leben, Ehre, alle Seligkeit will ich von mir
werfen – wie kann da auch eine mir widerstehn? Doch
Gott, was sage ich nur? Gottes Gericht über sie, die so
schwören – die Augen sollen ihnen aus den Höhlen fallen,
daß sie sich stoßen und tappend irren am hellen Tag!

DIE SPRÜCHE

Reichston

76

I Ich saz ûf eime steine   (L.-K. 8,4)
   und dahte bein mit beine,
   dar ûf satzt ich den ellenbogen;
   ich hete in mîne hant gesmogen
5 daz kinne und ein mîn wange.
   dô dâhte ich mir vil ange,
   wie man zer welte solte leben.
   deheinen rât kond ich gegeben,
   wie man driu dinc erwurbe,
10 der keines niht verdurbe.
   diu zwei sint êre und varnde guot,
   daz dicke ein ander schaden tuot.
   daz dritte ist gotes hulde,
   der zweier übergulde.
15 die wolte ich gerne in einen schrîn:
   jâ leider desn mac niht gesîn,
   daz guot und weltlich êre
   und gotes hulde mêre
   zesamene in ein herze komen.
20 stîg unde wege sint in benomen;
   untriuwe ist in der sâze,
   gewalt vert ûf der strâze,
   fride unde reht sint sêre wunt.
   diu driu enhabent geleites niht, diu zwei enwerden ê gesunt.

77

II Ich hôrte ein wazzer diezen   (L.-K. 8,28)
    und sach die vische fliezen,
    ich sach swaz in der welte was,
    velt, walt, loup, rôr unde gras.

I, 2 *dahte* „deckte"   6 *ange* mit ängstlicher Teilnahme, Sorgfalt

76

I Ich saß auf einem Stein, hatte Bein über Bein geschlagen,
den Ellbogen drauf gestützt, in die Hand schmiegte ich
Kinn und Wange. Mit allen Gedanken fragte ich mich, wie
man auf der Welt leben sollte. Ich wußte keinen Rat, wie
man drei Dinge gewinnen kann und keins verlieren und
verderben. Zwei sind Ehre und Güter der Welt, die beide
sich oft befeinden, das dritte ist Gottes Gnade, in ihrem
Goldglanz beide überstrahlend. Gern hätte ich sie alle in
einem Gefäß. Doch ach, es kann nicht sein, daß weltliche
Güter und Ehre und dazu Gottes Gnade in einem Herzen
sich finden. Stege und Wege sind ihnen verstellt, Verrat
liegt im Hinterhalt, auf den Straßen herrscht die Gewalt,
Friede und Recht sind auf den Tod verwundet. Bevor die
zwei nicht genesen sind, gibt es für die drei nicht Schutz
noch Sicherheit.

77

II Ich hörte Wasser rauschen, sah Fische schwimmen, sah
Felder und Wälder, Laub, Schilfrohr und Gras, die Dinge

---

11 *varnde guot* bewegliche Güter (auch mitklingend: vergängliche
G.) 14 *übergulde* Vergoldung | II, 3 ich sah, was auf der W. war

5 swaz kriuchet unde fliuget
und bein zer erde biuget,
daz sach ich, unde sage iu daz:
der keinez lebet âne haz.

daz wilt und daz gewürme
10 die strîtent starke stürme,
sam tuont die vogel under in,
wan daz si habent einen sin:
si dûhten sich ze nihte,
si enschüefen starc gerihte.
15 si kiesent künege unde reht,
si setzent hêrren unde kneht.
sô wê dir, tiuschiu zunge,
wie stêt dîn ordenunge!
daz nû diu mugge ir künec hât,
20 und daz dîn êre alsô zergât!
bekêrâ dich, bekêre,
die cirkel sint ze hêre,
die armen künege dringent dich.
Philippe setze den weisen ûf, und heiz si treten hinder sich!

78

III Ich sach mit mînen ougen   (L.-K. 9,16)
mann unde wîbe tougen,
daz ich gehôrte und gesach
swaz iemen tet, swaz iemen sprach.
5 ze Rôme hôrte ich liegen
und zwêne künege triegen.
dâ von huop sich der meiste strît
der ê was oder iemer sît,
dô sich begunden zweien
10 die pfaffen unde leien.

---

6 Beine auf die Erde krümmt   9–11 Vierfüßler, Kriechtiere tragen

der Welt. Ich sah, was kriecht und fliegt und auf der Erde geht, und sage: ihnen allen ist Feindschaft nicht fremd. Die Tiere draußen, was springt und kriecht und fliegt, alle leben in stürmischen Kämpfen; in einem aber sind sie klug geblieben: sie kämen sich arm vor ohne starkes Recht und Gericht. Sie wählen Könige und Gesetz und Recht, sie setzen Herren und Knechte. Du aber, ach, Deutschland, wie steht's um die Ordnung in deinem Reich? Daß die Biene jetzt ihren König hat und daß dein Glanz so vergeht! O kehre, kehre doch um! Fremde Kronen recken sich, Vasallenkönige bedrängen dich. Die Kaiserkrone setze dem Philipp aufs Haupt und weise die andern zurück.

78

III Ich sah im verborgenen Männer und Frauen; ich hörte, was jeder sagte, sah, was jeder tat. In Rom hörte ich, wie man log und zwei Könige betrog. Als Kirche und Welt sich entzweiten, da erhob sich der größte Kampf, der je war und

---

heftige Kämpfe aus, ebenso die Vögel unter sich 13 *ze nihte* nichts, vernichtet 14 wenn sie nicht ... schüfen 22 *cirkel* s. Komm. 24 *weisen* s. Komm.; *heiz si* ... heiße sie zurücktreten |
III, 2 *tougen* heimlich

daz was ein nôt vor aller nôt,
lîp unde sêle lac dâ tôt.
die pfaffen striten sêre,
doch wart der leien mêre.
15 diu swert diu leiten si dernider
und griffen zuo der stôle wider:
si bienen die si wolten
und niht den si solten.
dô stôrte man diu goteshûs.
20 ich hôrte verre in einer klûs
vil michel ungebære;
dâ weinte ein klôsenære,
er klagete gote sîniu leit:
„Owê der bâbest ist ze junc; hilf, hêrre, dîner kristenheit!"

―――――――――

17 *bienen* starkes Prät. von *bannen*

je sein wird. Das war eine unsägliche Not, es war der Tod für Leib und Seele. Hart kämpften die Pfaffen, doch wurden die Laien immer mehr. Da warfen die Pfaffen die Schwerter weg und legten wieder die Stola an: Sie bannten, wen immer sie wollten, und nicht den, der es verdiente. Man zerstörte die Kirchen. Fern in einer Klause hörte ich großes Klagen; ein Einsiedler weinte und klagte Gott seinen Schmerz: „O Gott, der Papst ist zu jung; Herr, hilf deiner Christenheit!"

Erster Philippston

79

I   Dô Friderich ûz Österrîch alsô gewarp,   (L.-K. 19,29)
    daz er an der sêle genas und im der lîp erstarp,
    dô fuort er mînen krenechen trit in derde.
    Dô gieng ich slîchent als ein pfâwe swar ich gie,
5   daz houbet hanht ich nider unz ûf mîniu knie:
    nû rihte ich ez ûf nâch vollem werde.
    Ich bin wol ze fiure komen,
    mich hât daz rîche und ouch diu krône an sich genomen;
    wol ûf, swer tanzen welle nâch der gîgen!
10 mir ist mîner swære buoz:
    êrste wil ich eben setzen mînen fuoz
    und wider in ein hôhgemüete stîgen.

80

II Diu krône ist elter danne der künec Philippes sî: (L.-K. 18, 29)
    dâ muget ir alle schouwen wol ein wunder bî,
    wies ime der smit sô ebene habe gemachet.
    Sîn keiserlîchez houbet zimt ir alsô wol,
5   daz si ze rehte nieman guoter scheiden sol:
    ir dewederz dâ daz ander niht enswachet.
    Si liuhtent beide ein ander an,
    daz edel gesteine wider den jungen süezen man:
    die ougenweide sehent die fürsten gerne.
10 swer nû des rîches irre gê,
    der schouwe wem der weise ob sîme nacke stê:
    der stein ist aller fürsten leitesterne.

I, 1 *alsô gewarp* „es so machte", dahin kam   4 *slîchent* „langsam,
leise gehend", mit schweren Schritten gehend   7 *ze fiure komen*
einen eigenen Herd bekommen   11 *êrste* erst jetzt wieder | II, 1 *sî*
Konj. im Komparativ   2 *dâ ... bî* daran   5 *ze rehte* mit Recht

79

I Als Friedrich von Österreich starb und seine Seele gerettet
   wurde, da nahm er meinen kranichstolzen Gang mit sich
   hinab. Schwerfällig wie ein Pfau schritt ich, wohin ich ging,
   und ließ den Kopf bis auf die Knie hängen; jetzt richte
   ich ihn auf, wie's seinem Wert gebührt. Ein Feuer brennt
   für mich im Kamin: König und Krone haben mich aufge-
   nommen. Wer nun zur Geige tanzen will! Von aller Not
   bin ich frei; endlich wieder werde ich ebene Wege gehen
   und in die Höhe neuer Lebensfreude steigen.

80

II Die Krone ist älter als König Philipp; ihr schaut ein Wun-
    der, wenn ihr seht, wie passend und gemäß der Schmied sie
    ihm formte. Sein kaiserliches Haupt gehört so ganz zu ihr,
    daß keiner, der da Gutes will, die beiden trennen darf,
    denn eins ist des andern Erfüllung. Sie leuchten einander an,
    der Edelstein und der begnadete Jüngling; die Fürsten lie-
    ben dieses Bild des Glücks. Wer jetzt noch nicht weiß, wer
    König ist, der schaue das Haupt, über dem der Stein der
    Krone strahlt: der Leitstern aller Fürsten.

---

6 keins von beiden setzt das andere herab   10 *irre gê* schwan-
kend ist   11 *weise* s. Komm.

81

III Ez gienc eins tages als unser hêrre wart geborn   (L.-K. 19,5)
    von einer maget dier im ze muoter hât erkorn
    ze Megdeburc der künec Philippes schône.
    Dâ gienc eins keisers bruoder und eins keisers kint
5 in einer wât, swie doch die namen drîge sint,
    er truoc des rîches zepter und die krône.
    Er trat vil lîse, im was niht gâch,
    im sleich ein hôhgeborniu küneginne nâch,
    rôse âne dorn, ein tûbe sunder gallen.
10 diu zuht was niener anderswâ:
    die Düringe und die Sahsen dienten alsô dâ,
    daz ez den wîsen muoste wol gevallen.

82

IV Philippes künec, die nâhe spehenden zîhent dich, (L.-K. 19, 17)
    dun sîst niht dankes milte: des bedunket mich
    wie dû dâ mite verliesest michels mêre.
    Dû möhtest gerner dankes geben tûsent pfunt
5 dan drîzec tûsent âne danc. dir ist niht kunt
    wie man mit gâbe erwirbet prîs und êre.
    Denk an den milten Salatîn:
    der jach daz küneges hende dürkel solten sîn,
    sô wurden sie erforht und ouch geminnet.
10 gedenke an den von Engellant,
    wie tiure er wart erlôst von sîner gebenden hant.
    ein schade ist guot, der zwêne frumen gewinnet.

                                                          ✦

_____

III, 3 *schône* in Schönheit   5 drei Namen   7 *lîse* gemäßigter Schritt
(nicht aufs Akustische beschränkt)   12 s. Komm. | IV, 2 *dankes*
freiwillig   8 *dürkel* löcherig

81

III An dem Tag, da unser Herr geboren wurde von einer Jung-
frau, die er sich zur Mutter erwählte, schritt in Magdeburg
König Philipp in seiner Herrlichkeit. Es schritten eines Kai-
sers Bruder und eines Kaisers Sohn in einem Kleid, obwohl
es doch drei Personen sind; er trug Zepter und Krone des
Reichs. Leicht und ohne Eile war sein Gang, gemessen
folgte die hochgeborene Königin, Rose ohne Dorn, holde
Taube ohne Bitternis. Nirgend sonst sind Anstand, Maß
und Form so höfisch vollendet. Da huldigten die Thüringer
und die Sachsen, zur Freude der Weisen.

82

IV Die genauer zusehen, König Philipp, werfen dir vor, deine
Freigebigkeit komme nicht von Herzen. Mir scheint, da-
durch verlierst du viel mehr als du gewinnst. Besser ist es,
du gibst tausend Pfund mit freien Händen als dreißig-
tausend widerwillig. Du weißt nicht, wie man durch Schen-
ken zu Ruhm und Ansehen kommt. Denk daran, wie frei-
gebig Saladin war: der sagte, Königshände müßten durch-
lässig sein, dann würde man sie fürchten und lieben. Denke
an den von England, wie seine schenkenden Hände ihn
loskauften mit teurem Geld. Gut ist ein Schaden, der
zweifach nützt.

83

V Der in den ôren siech von ungesühte sî,   (L.-K. 20,4)
    daz ist mîn rât, der lâz den hof ze Dürengen frî,
    wan kumet er dar, dêswâr er wirt ertœret.
    Ich hân gedrungen unz ich niht mê dringen mac:
5   ein schar vert ûz, diu ander in, naht unde tac,
    grôz wunder ist daz iemen dâ gehœret.
    Der lantgrâve ist sô gemuot,
    daz er mit stolzen helden sîne habe vertuot,
    der iegeslîchei wol ein kenpfe wære.
10 mir ist sîn hôhiu fuore kunt:
    und gulte ein fuoder guotes wînes tûsent pfunt,
    dâ stüende ouch niemer ritters becher lære.

V, 1 *ungesühte* schlimme Krankheit   3 *ertœret* dumm gemacht
4 *dringen* auch: sich Zugang zur Hofgesellschaft verschaffen
9 *kenpfe* Berufskämpfer

83

V Ohrenkranken rate ich, den Thüringer Hof zu meiden, sie
   würden dort völlig taub. Ich habe das Gedränge mitge-
   macht, bis ich nicht mehr konnte. Das ist ein Kommen und
   Gehen der Horden Tag und Nacht; ein Wunder, daß man
   überhaupt noch hören kann. So ist der Landgraf nun ein-
   mal: mit wackeren Kriegern verschleudert er Hab und
   Gut; jeden von ihnen könnte man in die Arena stellen. Ich
   weiß, wie großartig der Landgraf lebt: und kostete eine
   Fuhre mit gutem Wein tausend Pfund, die Becher der
   Ritter wären niemals leer.

Wiener Hofton

84

I Mit sælden müeze ich hiute ûf stên,   (L.-K. 24,18)
    got hêrre, in dîner huote gên
    und rîten swar ich in dem lande kêre.
    Krist hêrre, lâz mir werden schîn
5 die grôzen kraft der güete dîn,
    unt pflic mîn wol dur dîner muoter êre.
    Als ir der heilig engel pflæge,
    unt dîn, der in der krippen læge,
    junger mensch und alter got,
10 dêmüetic vor dem esel und vor dem rinde,
    und doch mit sældenrîcher huote
    pflac dîn Gabriêl der guote
    wol mit triuwen sunder spot –
    als pflig ouch mîn, daz an mir iht erwinde
15 dîn vil götelîch gebot.

85

II Swer âne vorhte, hêrre got,   (L.-K. 22,3)
    wil sprechen dîniu zehen gebot
    und brichet diu, daz ist niht rehtiu minne.
    Dich heizet vater maneger vil:
5 swer mîn ze bruoder niht enwil,
    der spricht diu starken wort ûz krankem sinne.
    Wir wahsen ûz gelîchem dinge:
    spîse frumet uns, diu wirt ringe,
    sô si dur den munt gevert.
10 wer kan den hêrren von dem knehte scheiden,
    swa er ir gebeine blôzez fünde,
    het er ir joch lebender künde,

I, 3 reiten, wohin ich mich . . . wende   8 ff. so wie dich . . . behütete,
als du . . ., und dennoch Gabriel . . . sich deiner annahm, in der-

84

I Unter deinem Segen laß mich heute aufstehn, o Herr, und
gehen in deinem Schutz, wohin ich mein Pferd auch wende.
Christus und Herr, zeige mir die große Kraft deiner Güte
und hilf mir um deiner Mutter Ehre willen. Der heilige
Engel umsorgte sie und dich, der du, junger Mensch und
alter Gott, in Niedrigkeit in der Krippe lagst vor dem Esel
und dem Rind, und den der liebe Engel Gabriel gleichwohl
treu und wahr umsorgte mit gnädigem Schutz: wie der
Engel euch bewahrte, so bewahre du auch mich und hilf,
daß dein göttliches Gebot an mir nicht verloren sei.

85

II Herr Gott, wer frei und ohne Furcht deine zehn Gebote
spricht und sie dann doch nicht hält, dem ist die wahre
Liebe fremd. Manch einer nennt dich Vater, doch wer mich
nicht zum Bruder will, dem kommt dies große Wort aus
kleinem, schwachem Herzen. Wir sind alle aus gleichem
Stoff gemacht; die Speise, die wir essen, nährt uns und
nimmt doch ab, wenn sie eingeht durch unsern Mund. Wer
unterscheidet Herrn und Knecht – und hätte er sie im Le-
ben noch so gut gekannt –, wenn er ihre kahlen Knochen

---

selben Weise nimm du dich auch meiner an   14 *iht erwinde* nicht
aufhöre | II, 6 *starken ... krankem* stark – schwach, Antithese
7 wir erwachsen aus demselben Stoff   8 Speise nützt uns, die wird
weniger ...   12 *lebender* als Lebende

sô gewürme dez fleisch verzert?
im dienet kristen, juden unde heiden,
15 der elliu lebenden wunder nert.

86

III Swer houbetsünde unt schande tuot   (L.-K. 22,18)
    mit sîner wizzende umbe guot,
    sol man den für einen wîsen nennen?
    Swer guot von disen beiden hât,
5 swerz an im weiz unt sichs verstât,
    der sol in zeinem tôren baz erkennen.
    Der wîse minnet niht sô sêre,
    alsam die gotes hulde und êre:
    sîn selbes lîp, wîp unde kint,
10 diu lât er ê er disiu zwei verliese.
    er tôre, er dunket mich niht wîse,
    und ouch der sîn êre prîse:
    ich wæn si beide tôren sint.
    er gouch, swer für diu zwei ein anderz kiese!
15 der ist an rehten witzen blint.

87

IV Waz wunders in der werlte vert!   (L.-K. 20,16)
    wie manic gâbe uns ist beschert
    von dem der uns ûz nihte hât gemachet!
    Dem einen gît er schœnen sin,
5 dem andern guot unt den gewin,
    daz er sich mit sîn selbes muote swachet.
    Armen man mit guoten sinnen
    sol man für den rîchen minnen,

---

15 der alle lebendigen Wunder erhält | III, 2 *diu wizzende* das Be-

findet, das Fleisch von Würmern gefressen? Christen, Juden und Heiden dienen ihm, der alles lebendig Wunderbare gleich erhält.

86

III Wenn jemand mit Wissen Todsünden und Verbrechen begeht, um sich zu bereichern, soll man den weise nennen? Hat er mit solchen Mitteln Besitz erworben, so soll man, wenn man's merkt und weiß, ihn eher einen Narren heißen. Nichts liebt ein weiser Mensch so sehr wie die Gnade Gottes und die Achtung der Menschen; eher gäb' er alles andere preis, sein Leben, seine Frau und Kinder, als diese beiden höchsten Güter. Ich halte den Narren nicht für weise und auch einen andern nicht, der jenen preist und ehrbar nennt: beide nenne ich Narren. Wer etwas anderes wählt als die beiden höchsten Güter, der ist ein Tor; ihm ist sein geistiges Auge blind geworden.

87

IV Wie seltsam sind doch die Dinge der Welt! Er hat uns vielerlei geschenkt, der uns aus nichts geschaffen hat. Dem einen gibt er reiche Gedanken, dem andern Güter und Erfolg, so viel, daß ihn sein Herz entehrt. Den Armen, der edel denkt, soll man mehr lieben als den Reichen, der nicht

---

wußtsein; *umbe guot* um des Geldes willen 11 der Narr, er kommt mir nicht weise vor | IV, 1 *vert* geschieht 4 *schœnen sin* feinen Verstand 6 daß er sich mit seiner eigenen Gesinnung entehrt

ob er êren niht engert.
10 ja enist ez niht wan gotes hulde und êre,
dar nâch diu welt sô sêre vihtet:
swer sich ze guote alsô verpflihtet
daz er der beider wirt entwert,
dern habe ouch hie noch dort niht lônes mêre,
15 wan sî eht guotes hie gewert.

88

V　Junc man, in swelher aht dû bist,　　　　　(L.-K. 22,33)
ich wil dich lêren einen list:
dû lâ dir niht ze wê sîn nâch dem guote.
Lâ dirz ouch niht zunmære sîn,
5 und volges dû der lêre mîn,
sô wis gewis, ez frumt dir an dem muote.
Die rede wil ich dir baz bescheiden.
lâst dû dirz ze sêre leiden,
zergêt ez, so ist dîn fröide tôt;
10 wilt aber dû daz guot ze sêre minnen,
dû maht verliesen sêle und êre.
dâ von volge mîner lêre:
leg ûf die wâge ein rehtez lôt
und wig ouch dar mit allen dînen sinnen,
15 als ez diu mâze uns ie gebôt.

89

VI　Mir ist verspart der sælden tor,　　　　　(L.-K. 20,31)
dâ stên ich als ein weise vor;
mich hilfet niht swaz ich dar an geklopfe.
Wie möht ein wunder grœzer sîn:

IV, 13 daß ihm beide nicht gewährt werden　　15 sondern habe sein

in Ehre leben will. Die Gnade Gottes und die Achtung der Menschen: um nichts anderes ringt die Welt so sehr. Wer dem Reichtum so verfallen ist, daß er jene wahren Güter verliert, der soll in dieser Welt und in der andern auch keinen besseren Lohn empfangen als den, den er schon hat: sein Geld.

88

V Junger Mann, aus welchem Stand du auch kommst, ich will dir einen guten Rat geben. Quäle dich nicht um Besitz, du sollst ihn aber auch nicht zu sehr verachten. Folgst du meinem Rat, so kommt er gewiß deinem Herzen zugute. Ich will's noch deutlicher sagen. Wird dir der Besitz zu sehr verleidet, und er entgleitet dir, so ist deine Freude dahin; liebst du ihn aber zu sehr, dann verlierst du vielleicht deine Seele und die Achtung der Menschen. Daher folge meinem Rat: Lege das rechte Gewicht auf die Waage und wiege mit Herz und Verstand; so hat es der Sinn für rechtes Maß immer geboten.

89

VI Das Tor zum Glück ist mir verschlossen, einsam steh' ich davor, vergebens ist all mein Klopfen. Kann es ein größe-

---

Gut bloß hier empfangen | V, 4 *zunmære* zu unwichtig | VI, 2 *als ein weise* wie eine Waise

5 ez regent bêdenthalben mîn,
daz mir des alles niht enwirt ein tropfe.
Des fürsten milte ûz Ôsterrîche
fröit dem süezen regen gelîche
beidiu liute und ouch daz lant.
10 er ist ein schœne wol gezieret heide,
dar abe man bluomen brichet wunder.
und bræche mir ein blat dar under
sîn vil milte rîchiu hant,
sô möhte ich loben die liehten ougenweide.
15 hie bî sî er an mich gemant.

90

VII   Ob ieman spreche, der nû lebe,   (L.-K. 25,26)
daz er gesæhe ie grœzer gebe,
als wir ze Wiene haben dur êre enpfangen?
Man sach den jungen fürsten geben,
5 als er niht lenger wolte leben:
dâ wart mit guote wunders vil begangen.
Man gap dâ niht bî drîzec pfunden,
wan silber, als ez wære funden,
gab man hin und rîche wât.
10 ouch hiez der fürste durch der gernden hulde
die stelle von den märhen læren;
ors, als ob ez lember wæren,
vil maneger dan gefüeret hât.
ez engalt dâ nieman sîner alten schulde:
15 daz was ein minneclîcher rât.

---

5 *bêdenthalben mîn* auf beiden Seiten von mir   10 *er ist* s. Komm.
11 *dar abe* von der   13 *sîn* s. Komm.   15 *hie bî* hiermit | VII, 1
Ob ob wohl ...   *3 dur êre* zur Ehre des Hofes, oder: zu unserer
Ehre   7 *niht bî drîzec pfunden* nicht mit dem 30-Pfund-Maß;
wohl: man maß die Summe nicht   10–11 der Fürst hieß um der

res Wunder geben: Auf allen Seiten regnet es, doch kein
Tropfen kommt zu mir. Die Freigebigkeit des Fürsten von
Österreich erfreut wie milder Regen die Menschen und das
Land. Er ist wie eine schöne, reich geschmückte Wiese, auf
der man eine bunte Fülle von Blumen pflückt. Und pflückte
mir da seine gebefreudige starke Hand auch nur ein Blatt,
so könnte ich loben und preisen, was so strahlend die Augen
beglückt. Diese Worte sollen ihn an mich erinnern.

90

VII Kann irgendein Lebender sagen, er habe je größere Ge-
schenke gesehen, als man in Wien uns gab zur Ehre des
Hofes? Man sah den jungen Fürsten schenken, als wollte er
nicht länger leben; was wurde da mit Gaben nicht alles
getan! Da maß man und wog man nicht, was man schenkte,
nein, man gab Silber und reiche Gewänder, als hätte man
das alles auf der Straße gefunden. Auch räumte der Fürst
die Ställe aus und gewann so der Fahrenden Gunst: Pferde
nahmen sie mit, als wären's Schafe. Niemand bezahlte da
alte Schuld: welch schöner Entschluß!

Gunst der Fahrenden willen alle Pferde aus den St. nehmen
12 *lember* Lämmer

91

VIII Der hof ze Wiene sprach ze mir: (L.-K. 24,33)
„Walther, ich solte lieben dir,
nû leide ich dir, daz müeze got erbarmen.
Mîn wirde diu was wîlent grôz:
5 dô lebte niender mîn genôz,
wan künec Artûses hof, sô wê mir armen!
Wâ sint nû ritter unde frouwen,
die man bî mir solte schouwen?
seht wie jâmerlich ich stê.
10 mîn dach ist fûl, sô rîsent mîne wende.
mich enminnet nieman leider;
silber, golt, ros unde kleider
diu gab ich, unde hât ouch mê:
nun hab ich weder schapel noch gebende
15 noch frouwen zeinem tanze, owê!“

92

IX Wer zieret nû der êren sal?   (L.-K. 24,3)
der jungen ritter zuht ist smal:
sô pflegent die knehte gar unhövescher dinge
Mit worten und mit werken ouch;
5 swer zühte hât, der ist ir gouch:
nemt war wie gar unfuoge für sich dringe.
Hie vor dô berte man die jungen,
die dâ pflâgen frecher zungen:
nû ist ez ir werdekeit.
10 si schallent unde scheltent reine frouwen.
wê ir hiuten und ir hâren,
die niht kunnen frô gebâren
sunder wîbe herzeleit!

VIII, 5 *mîn genôz* meinesgleichen 10 *rîsent* fallen 14 *gebende*

91

'III Der Wiener Hof sagte zu mir: „Walther, ich sollte dir lieb sein, nun bin ich dir leid; möge sich Gott erbarmen. Einst war ich hoch geehrt, da kam mir niemand gleich, nur König Artus' Hof, doch heute, wehe mir Armem! Wo sind nun Ritter und edle Frauen, die man hier sehen müßte in reicher Zahl? Schaut meinen Jammer an: Mein Dach ist morsch, meine Wände verfallen, keiner liebt mich mehr. Gold, Silber, Pferde und Gewänder verschenkte ich und hatte noch viel mehr zu geben, doch jetzt habe ich, ach, keine Kränze noch Bänder noch Frauen zum Tanz."

92

IX Wer ziert heute den Saal der Ehren? Armselig ist das Benehmen der jungen Ritter, und um so wüster führen sich die Knappen auf in dem, was sie reden und tun. Wer Manieren hat, der ist für sie ein Narr. Seht doch, wie sehr das rüde Treiben um sich greift. Früher gab man den Jungen eins aufs freche Maul, heute bewundert man ihr Geschrei. Sie tönen gewaltig und beleidigen den Anstand der Frauen. Das Fell sollte man ihnen gerben und das Haar abschneiden, die nicht in Stimmung kommen, ohne Frauen tief zu

---

Kopfputz der Frauen | IX, 2 *smal* (engl. „small") klein, gering; ihr Anstand ist gering geworden 5 *gouch* eigentl. „Kuckuck"; Narr 6 *für sich dringe* vordringe 7 *berte* schlug 9 heute rechnet man es ihnen zur Ehre an 11 wehe ihrer Haut und ihren Haaren

dâ mac man sünde bî der schande schouwen,
15 die maneger ûf sich selben leit.

93

X Ez troumte, des ist manic jâr,   (L.-K. 23,11)
   ze Babilône, daz ist wâr,
   dem künege, ez würde bœser in den rîchen.
   Die nû ze vollen bœse sint,
 5 gewinnent die noch bœser kint,
   jâ hêrre got, wem sol ich diu gelîchen?
   Der tievel wær mir niht sô smæhe,
   kæme er dar dâ ich in sæhe,
   sam des bœsen bœser barn.
10 von der geburt enkumt uns frum noch êre.
   die sich selben sô verswachent
   und ir bôsen bœser machent,
   ân erben müezen si vervarn!
   daz tugendelôser hêrren werde iht mêre,
15 daz solt dû, hêrre got, bewarn.

94

XI Die veter habent ir kint erzogen,   (L.-K. 23,26)
    dar ane si bêde sint betrogen:
    si brechent dicke Salomônes lêre.
    Der sprichet, swer den besmen spar,
 5 daz der den sun versûme gar:
    des sint die ungeberten gar ân êre.
    Hie vor dô was diu welt sô schœne,
    nû ist si worden alsô hœne,
    des enwas niht wîlent ê.
10 die jungen habent die alten sô verdrungen.
    nû spottet alsô dar der alten!
    ez wirt iu selben noch behalten,
    beit unz iuwer jugent zergê!

kränken. Hier kann man Sünde und Schande sehen, die mancher auf sich lädt.

93

X   Vor vielen Jahren träumte der König von Babylon, es würde immer schlimmer werden auf der Welt. Die schon jetzt von Herzen böse sind, bekommen sie gar noch üblere Kinder, mein Gott, mit wem vergleiche ich die? Käme mir der Teufel vor Augen, er wäre mir nicht so zuwider wie der Bösen böseres Kind. Solche Geburt bringt uns weder Nutzen noch Ehre. Wer sich so entehrt und sein schlechtes Leben noch schlechter macht, der soll ohne Erben vergehen. Daß es mehr und mehr böse Herren gebe, davor bewahre uns, lieber Gott.

94

XI   Die Väter haben ihre Kinder so erzogen, daß Väter und Kinder betrogen sind: wie oft kümmern sie sich nicht um Salomos Rat! Der sagt, daß, wer die Rute spart, seinen Sohn vernachlässigt und ihn verderbt; dann haben die Kinder weder Reife noch Zucht. Früher war die Welt voll Anstand und Schönheit, nun lebt sie in Übermut und Schmach, ganz anders als einst. Ihr Jungen habt die Alten fortgestoßen; spottet nur über sie! Wartet, bis eure Jugend

---

X, 4 *ze vollen* durch und durch 8 käme er dorthin, wo ich ihn sehe |
XI, 4 *besmen* Besen, Rute   6 *die ungeberten* die Ungeprügelten (?)
9 so war es einst nicht   10 *verdrungen* weggedrängt   12 das wird
euch selbst noch „aufbewahrt", aufgespart, vorbehalten

swaz ir in tuot, daz rechent iuwer jungen.
15 daz weiz ich wol, und weiz noch mê.

95

XII Owê dir, Welt, wie übel dû stêst!   (L.-K. 21,10)
waz dinge dû alz an begêst,
diu von dir sint ze lîdenne ungenæme!
Dû bist vil nâch gar âne scham,
5 got weiz ez wol, ich bin dir gram:
dîn art ist elliu worden widerzæme.
Waz êren hâst uns her behalten?
nieman siht dich fröiden walten,
als man ir doch wîlent pflac.
10 wê dir, wes habent diu milten herze engolten?
für diu lopt man die argen rîchen.
Welt, dû stêst sô lasterlîchen,
daz ichz niht betiuten mac.
triuwe unde wârheit sint vil gar bescholten:
15 daz ist ouch aller êren slac.

96

XIII Künc Constantîn der gap sô vil,   (L.-K. 25,11)
als ich ez iu bescheiden wil,
dem stuol ze Rôme: sper, kriuz unde krône.
Zehant der engel lûte schrê:
5 „owê, owê, zem dritten wê!
ê stuont diu kristenheit mit zühten schône.
Der ist nû ein gift gevallen,
ir honec ist worden zeiner gallen,
daz wirt der werlt her nâch vil leit.“

XII, 2 *alz an* = *allez an* immerfort   4 *vil nâch gar* beinahe ganz

vergeht; euch steht dasselbe Schicksal bereit. Was ihr den Alten tut, das rächen eure Kinder. Das weiß ich und weiß noch mehr.

95

XII Wehe dir, Welt, wie böse sieht es bei dir aus! Immer und immer tust du Dinge, die wir nur mit Ekel ertragen. Du bist schamlos fast über alles Maß. Gott weiß, du bist mir verhaßt; dein ganzes Wesen ist mir widerlich geworden. Hast du uns etwas bewahrt, was uns erhöht und unserer Ehre dient? Niemand sieht dich froh, so froh wie einst. Wehe dir, warum bestraft man die freigebigen Herzen und rühmt dafür die geizigen Reichen? Welt, du bist so voller Schande, ich kann's mit Worten nicht sagen. Treue und Wahrheit sind verrufen, und alle Ehre ist zu Ende.

96

III Viel schenkte König Konstantin dem römischen Stuhl, das will ich euch sagen: er schenkte ihm Speer, Kreuz und Krone. Sogleich rief laut der Engel: „Wehe, wehe, und dreimal wehe! Einst lebte die Christenheit, wie sich's gebührt, und hatte wahren Glanz, doch dies Geschenk ist ihr zu Gift geworden, ihr Honig zu Galle. Die Welt wird es

---

7 „Was an Ansehen hast du uns bisher bewahrt?" 10 *habent...*
engolten erleiden Strafe 15 *slac* tödlicher Schlag, Vernichtung |
XIII, 6 einst stand die Christenheit schön und prächtig, doch mit
Anstand da 7 *gift* Doppelsinn: Geschenk und Gift |

10 alle fürsten lebent nû mit êren,
   wan der hœhste ist geswachet:
   daz hât der pfaffen wal gemachet.
   daz sî dir, süezer got, gekleit.
   die pfaffen wellent leien reht verkêren.
15 der engel hât uns wâr geseit.

97

XIV Nû wachet! uns gêt zuo der tac,   (L.-K. 21,25)
    gein dem wol angest haben mac
    ein ieglich kristen, juden unde heiden.
    Wir hân der zeichen vil gesehen,
5 dar an wir sîne kunft wol spehen,
    als uns diu schrift mit wârheit hât bescheiden.
    Diu sunne hât ir schîn verkêret,
    untriuwe ir sâmen ûz gerêret
    allenthalben zuo den wegen.
10 der vater bi dem kinde untriuwe vindet,
    der bruoder sînem bruoder liuget,
    geistlich orden in kappen triuget,
    die uns ze himel solten stegen.
    gewalt gêt ûf, reht vor gerihte swindet.
15 wol ûf! hie ist ze vil gelegen.

XIV, 2 *gein dem* gegen den   5 an denen wir sein Kommen sehen
können   12 *in kappen* im langen Überkleid der Geistlichen   13
stegen Brücken bauen, Stege bereiten

noch bitter bereuen." Alle Fürsten sind hoch geachtet, nur der höchste hat sich entehrt; daran hat schuld die Wahl, die die Geistlichen trafen. Das sei dir, lieber Gott, geklagt. Die Pfaffen wollen Laienrecht verdrehen; der Engel hat die Wahrheit gesagt.

97

IV Wacht auf! Es naht der Tag, den alle Christen, Juden und Heiden mit Angst erwarten müssen. Wir haben viele Zeichen geschaut, die uns sein Kommen deutlich künden, wie uns die Schrift in aller Wahrheit gesagt hat. Die Sonne ist finster geworden, Untreue hat an allen Wegen ihren Samen ausgestreut. Der Vater findet Untreue beim Kind, der Bruder belügt den Bruder, in seinem heiligen Kleid betrügt der geistliche Stand, der unser Weg zum Himmel sein sollte. Die Saat der Gewalt geht auf, vor den Gerichten schwindet das Recht. Auf denn! Wir haben zu lange geschlafen.

Atzeton

98

I Mir hât hêr Gêrhart Atze ein pfert   (L.-K. 104,7)
    erschozzen zIsenache.
    daz klage ich dem den er bestât:
    derst unser beider voget.
5 Ez was wol drîer marke wert,
    nû hœret frömde sache:
    sît daz ez an ein gelten gât,
    wâ mit er mich nû zoget.
    Er seit von grôzer swære,
10 wie mîn pferit mære
    dem rosse sippe wære,
    daz im den vinger abe
    gebizzen hât ze schanden.
    ich swer mit beiden handen,
15 daz si sich niht erkanden.
    ist ieman der mir stabe?

99

II Swâ guoter hande wurzen sint   (L.-K. 103,13)
    in einem grüenen garten
    bekliben, die sol ein wîser man
    niht lâzen unbehuot.
5 Er sol si schirmen als ein kint,
    mit ougenweide in zarten:
    dâ lît gelust des herzen an
    und gît ouch hôhen muot.
    Sî bœse unkrût dar under,
10 daz breche er ûz besunder
    (lât erz, daz ist ein wunder),
    und merke ob sich ein dorn

I, 3 *den er bestât* dem er untersteht, dessen Dienstmann er ist

98

I Mir hat Herr Gerhart Atze in Eisenach ein Pferd erschos-
sen. Ich verklage ihn bei seinem Herrn, der sein und mein
Gerichtsherr ist. Das Pferd war gut drei Goldmark wert;
nun aber hört eine seltsame Mär, wie Atze, wenn's ans
Zahlen geht, die Sache verschleppen will. Er erzählt eine
schlimme Geschichte: mein edles Tier sei verwandt mit einem
Gaul, der habe ihm – ach, diese Schande! – den Finger
abgebissen. Mit beiden Händen schwöre ich: sie wußten
nichts voneinander! Wer nimmt den Eid mir ab?

99

II Wo in einem grünen Garten edle Kräuter stehn, da soll sie
ein kluger Mann nicht aus den Augen lassen. Er soll sie
behüten wie ein Kind, mit Liebe und Sorgfalt sie pflegen.
Dann wird das Herz glücklich und froh. Wenn schlechtes
Unkraut dazwischen steht, dann soll er's ausreißen, jedes
für sich – seltsam wär's, wenn er's stehen ließe – und

---

8 womit er mich nun hinhält   9 er erzählt von großem Schmerz
10 *mære* berühmt, ausgezeichnet   13 *ze schanden* ihm zur Schmach
16 *mir stabe* auf den Stab des Richters wird der Eid abgelegt; der
Richter spricht die Eidesformel vor: den Eid abnehmen | II, 1 *guoter
hande* von guter Art   3 *bekliben* Part. Prät. v. *bekliben* Wurzel
fassen   6 *mit ougenweide* mit sorgsamen Blicken; *in zarten* (*zarten*
Verb, *in* Dat. Pl.): ihnen liebevolle Pflege angedeihen lassen

mit kündekeit dar breite,
daz er den furder leite
15 von sîner arebeite,
sist anders gar verlorn.

100

III   Uns irret einer hande diet: (L.-K. 103,29)
der uns die furder tæte,
so möhte ein wol gezogener man
ze hove haben die stat.
5 Die lâzent sîn ze spruche niet,
ir drüzzel derst sô dræte:
kund er swaz ieman guotes kan,
daz hulfe niht ein blat.
„Ich und ein ander tôre,
10 wir dœnen in sîn ôre,
daz nie kein münch ze kôre
sô sêre mê geschrei."
gefüeges mannes dœnen
daz sol man wol beschœnen,
15 des ungefüegen hœnen.
hie gêt diu rede enzwei.

---

13 *mit kündekeit* mit Schlauheit   14–15 daß er ihn (den Dorn)
weglenke von der Frucht seiner Mühe | III, 2 *furder tæte* weiter
wegschaffte   6 ihr Rüssel ist so schnell   7 *er* einer   13–15 das
Singen eines kunstfertigen Mannes soll man gut aufnehmen, das des
Ungeschickten schmähen

sehen, ob keine Dornenhecke listig den Garten überwächst;
die darf er nicht in seinen Beeten wuchern lassen, sonst war
all seine Mühe umsonst.

100

III Eine Sorte von Leuten stört uns sehr; wenn man uns die
vom Halse schaffte, dann könnte ein Mann mit Bildung
und Geschmack einen Platz am Hofe finden. Bei denen
kommt man nie zu Wort. Pausenlos läuft ihre Schnauze,
man könnte der größte Künstler sein, das nützte nichts.
„Ich und noch ein Narr, wir grölen ihm ins Ohr, kein
Mönch hat je im Chor so wüst geschrien." Musik der Künst-
ler verdient Applaus, Stümpermusik soll man auspfeifen.
So viel für heute.

Zweiter Philippston

101

I Philippe, künec hêre,   (L.-K. 16,36)
    si gebent dir alle heiles wort
    und wolden liep nâch leide.
    Nû hâst dû guot und êre:
5 daz ist wol zweier künege hort,
    diu gip der milte beide.
    Der milte lôn ist sô diu sât,
    diu wünneclîche wider gât
    dar nâch man si geworfen hât:
10 wirf von dir milteclîche!
    swelch künec der milte geben kan,
    si gît im daz er nie gewan.
    wie Alexander sich versan!
    der gap und gap, und gap sim elliu rîche.

102

II Waz êren hât frô Bône,   (L.-K. 17,25)
    daz man sô von ir singen sol,
    si rehtiu vastenkiuwe!
    Sist vor und nâch der nône
5 fûl und ist der wibel vol
    wan êrst in der niuwe.
    Ein halm ist kreftec unde guot:
    waz er uns allen liebes tuot!
    er fröit vil manegem sînen muot,
10 wie danne umb sînen sâmen?
    von grase wirdet halm ze strô,
    er machet manic herze frô,
    er ist guot nider unde hô.
    frou Bôn, set liberâ nos â mâlô, âmen.

I, 5 *zweier künege hort* nicht: was er von zwei K. ererbt hat, son-

101

I Philipp, edler König, alle wünschen dir Glück und wollen
Freude nach Leid. Jetzt hast du Schätze und Ehren, Reich-
tum zweier Könige: schenk ihn der Gebefreudigkeit. Schen-
kender Hände Lohn ist eine Saat, die herrlich aufgeht, die
Frucht so reich wie die Saat. So säe mit gebefroher Hand!
Wenn ein König der Großmut Geschenke macht, dann
schenkt sie ihm, was er nie errungen hätte. Der weise Alex-
ander schenkte und schenkte – die Großmut schenkte ihm
die ganze Welt zurück.

102

II Welchen Ruhm hat denn Frau Bohne, daß man sie in Lie-
dern preisen soll – sie ist doch ein arger Fastenfraß! Vor und
nach Himmelfahrt ist sie faul und ist schon vor der Reife voll
Würmern. Ein Getreidehalm dagegen ist stark und gut, er
schenkt uns schöne, angenehme Dinge und erfreut manches
Herz. Sein Gras wird Stroh; wie kostbar ist sein Korn! Oben
und unten ist er nützlich, der ganze Halm erfreut die Men-
schen. Doch Frau Bohne! – erlöse uns von dem Übel. Amen.

---

dern: zwei Schätze (Güter und Ansehen), jeder für sich reich genug
für einen König 6 schenk beide der Freigebigkeit (damit sie dar-
über verfüge) 7–9 wie eine Saat, die . . .; *dar nâch* in dem Maße
wie . . . 11–12 ein König, der der Milte (etwas) schenken kann,
dem gibt sie etwas II, 4 *nône* die neunte Stunde, Zeit der Himmel-
fahrt Christi; auch für den Himmelfahrtstag gebraucht 6 *niuwe*
Frische, Unreife: „wenn sie erst frisch ist" 10 wie steht es dann

103

III   Wir suln den kochen râten,   (L.-K. 17,11)
      sît ez in alsô hôhe stê
      daz si sich niht versûmen;
      Daz si der fürsten brâten
5   snîden grœzer baz dan ê
      doch dicker eines dûmen.
      Ze Kriechen wart ein spiz versniten,
      daz tet ein hant mit argen siten
      (sin möht ez niemer hân vermiten):
10   der brâte was ze dünne.
      des muose der hêrre für die tür:
      die fürsten sâzen ander kür.
      der nû daz rîche alsô verlür,
      dem stüende baz daz er nie spiz gewünne.

104

IV   Mir hât ein liet von Franken   (L.-K. 18,15)
      der stolze Mîssenære brâht,
      daz vert von Ludewîge.
      Ichn kan ims niht gedanken
5   sô wol als er mîn hât gedâht,
      wan daz ich tiefe nîge.
      Künd ich swaz ieman guotes kan,
      daz teilte ich mit dem werden man,
      der mir sô hôher êren gan;
10   got müeze im êre mêren.
      zuo flieze im aller sælden fluz,
      niht wildes mîde sînen schuz,
      sîns hundes louf, sîns hornes duz
      erhelle im und erschelle im wol nâch êren.

———————

III,7 *spiz* Bratspieß, Spießbraten   8 *mit argen siten* auf geizige Art

103

III   Wir wollen den Köchen raten, da sie's doch so teuer zu
stehen kommt, sie sollen schleunigst den Braten der Fürsten
in größere Stücke schneiden als früher, mindestens um
Daumendicke. In Griechenland schnitt man einen Spieß-
braten auf, das tat eine geizige Hand (die hatte freilich
keine Wahl): der Braten war zu dünn. Da wurde der
Hausherr vor die Tür gestellt, die Fürsten wählten einen
andern. Wer jetzt die Krone auf solche Art verlöre, dem
wäre besser, er hätte nie einen Braten gesehen.

104

IV   Aus Franken hat mir der stolze Meißner ein Lied gebracht,
Ludwig hat es gesandt. Ich weiß ihm keinen Dank so schön
wie sein freundliches Gedenken, ich kann mich nur tief
verneigen. Könnt' ich, was Menschen Schönes schaffen kön-
nen, ich gäb' es dem edlen Mann, der mich so hoch geehrt
hat; möge ihm Gott immer reichere Ehre schenken. Ein
Strom allen Glücks soll zu ihm strömen, kein Wild soll
seinem Schuß entfliehen; seiner jagenden Meute Gebell,
seiner Hörner Getön erhalle und erschalle herrlich ihm zur
Ehre.

---

9 sie hätte es nicht vermeiden können   12 *sâzen ander kür* setzten
sich zu einer anderen Wahl zusammen | IV, 5 *sô wol* ebenso gut
6 außer daß ... 7 ... was irgend jemand Gutes zu schaffen ver-
steht   12 *mîde* meide

[105]

V   Hêr Wîcman, habt irs êre,   (L.-K. 18,1)
    daz ir den meistern rîtern welt
    sô meisterlîche sprüche?
    Lâtz iu geschehen niht mêre,
5   sît daz manz iu zunwitzen zelt.
    waz obe hêr Walther krüche?
    Er soltz doch iemer hân vor iu,
    alsô der weize vor der spriu.
    singt ir einz, er singet driu,
10 gelîche als ars und mâne.
    hêr Walther singet swaz er wil,
    des kurzen und des langen vil.
    sus mêret er der welte spil,
    sô jaget ir alse ein leitehunt nâch wâne.

V, 1 gereicht das Euch zur Ehre   2 *rîtern* sieben, auslesen (vgl. V.
7–8)   5 da man es Euch sonst als Verrücktheit anrechnet   14
nâch wâne aufs geratewohl, ohne eine Spur zu haben

[105]

V Herr Wicman, ist das recht, daß Ihr den Meistern ihre
meisterhaften Sprüche beckmessern wollt? Laßt es sein,
man meint sonst, Ihr seid verrückt. Und wenn Herr Wal-
ther kriecht, ist er Euch noch immer weit voraus, wie beim
Sieben Weizen vor der Spreu. Singt Ihr ein Lied, so singt
er drei, Ihr gleicht ihm wie der Steiß dem Mond. Herr
Walther singt, was und wie er will, kurz oder lang, und
mehrt die Freude aller Welt, doch Ihr irrt und schnüffelt
umher wie ein Leithund ohne Spur und Ziel.

Leopoldston

106

I　Rît ze hove, Dietrich! –　　　　　　　　　　(L.-K. 82,11)
　　„hêrre, in mac." – Waz irret dich? –
　　„in hân niht rosses daz ich dar gerîte." –
　　Ich lîh dir einz, und wilt dû daz. –
5　„hêrre, gerîte al deste baz." –
　　nû stant alsô noch eine wîle, bîte!
　　Weder ritest gerner eine guldîn katzen,
　　ald einen wunderlîchen Gêrhart Atzen? –
　　„semir got, und æze ez höi, ez wær ein frömdez pfert.
10　im gênt diu ougen umbe als einem affen,
　　er ist als ein guggaldei geschaffen.
　　den selben Atzen gebet mir her, sô bin ich wol gewert."–
　　nû krümbe dîn bein, var selbe hein, sît du Atzen hâst gegert.

107

II　Swâ der hôhe nider gât　　　　　　　　　(L.-K. 83,14)
　　und ouch der nider an hôhen rât
　　gezucket wirt, dâ ist der hof verirret.
　　Wie sol ein unbescheiden man
5　bescheiden des er niht enkan;
　　sol er mir büezen des im niht enwirret?
　　Bestênt die hôhen vor der kemenâten,
　　sô suln die nidern umb daz rîche râten.
　　swâ den gebrichet an der kunst, seht, dâ tuont si niht mê
10　wan daz siz umbe werfent an ein triegen;
　　daz lêrent si die fürsten, unde liegen.
　　die selben brechent uns diu reht und stœrent unser ê.
　　nû sehet wie diu krône lige und wie diu kirche stê!

I, 3 um dorthin zu reiten　7–8 *Weder* ... *ald* Doppelfrage mit
„oder"　11 *guggaldei* Bed. nicht ganz klar: Gockel? Kuckuck? |

106

I „Dietrich, reit an den Hof." – „Herr, ich kann nicht." –
„Was hindert dich denn?" – „Ich habe kein Pferd." –
„Willst du, so leih' ich dir eins." – „Dann, Herr, kann ich
allerdings besser reiten." – „Warte noch einen Augen-
blick! Reitest du lieber auf einer goldenen Katze oder auf
dieser komischen Figur, dem Gerhard Atze?" – „Mein Gott,
das wäre ein seltsames Pferd, auch wenn es Heu fräße. Er
rollt die Augen wie ein Affe, sonst sieht er wie ein Gockel
aus. Diesen Atze gebt her, mit dem bin ich bedient." –
„Jetzt mach dich auf die Beine, geh zu Fuß nach Haus, weil
du den Atze wolltest."

107

II Wenn der Hohe niedersteigt und man den Niedern hinauf-
holt zu hohem Rat, dann geht der Hof in die Irre. Wie soll
ein Mann, der selbst nichts weiß, lehren und entscheiden,
was er nicht versteht? Soll er mir in der Sorge helfen, um
die er sich selbst nicht sorgt? Bleiben die Hohen vor dem
Ratsaal stehen, dann beraten die Niedern um das Reich.
Sind die mit ihrer Kunst am Ende, dann verlegt man sich
auf Lüge und Betrug und bringt's auch den Fürsten bei.
Sie zerbrechen unser Recht und zerstören unser Gesetz.
Seht, wie die Krone daliegt und wie's um die Kirche steht.

II, 1 *Swâ* wo immer 3 *gezucket* hinaufgezogen 6 *büezen* „bes-
sern", helfen 7 *kemenâte* heizbares (mit Kamin versehenes) Zim-
mer: Frauengemach, auch (so hier) Ratsaal 10 *umbe werfent* um-
kehren 13 wohl kaum Antithese von „darniederliegen" und „da-
stehen"

108

III   Ich muoz verdienen swachen haz: (L.-K. 83,27)
    ich wil die hêrren lêren daz,
    wies iegeslîchen rât wol mügen erkennen.
    Der guoten ræte der sint drî,
5   drî ander bœse stênt dâ bî
    zer linggen hant: lât iu die sehse nennen.
    Frum unde gotes hulde und weltlich êre,
    daz sint die guoten, wol im der si lêre!
    den möht ein keiser nemen gerne an sînen hôhsten rât.
10 die andern heizent schade, sünde und schande,
    da erkennes bî der sie ê niht erkande:
    man hœret an der rede wol wiez umb daz herze stât;
    daz anegenge ist selten guot, daz bœsez ende hât.

109

IV   Drî sorge habe ich mir genomen;   (L.-K. 84,1)
    möht ich der einer zende komen,
    sô wære wol getân ze mînen dingen.
    Iedoch swaz mir dâ von geschiht,
5   in scheid ir von ein ander niht,
    mir mag an allen drîn noch wol gelingen.
    Gotes hulde und mîner frouwen minne,
    dar umbe sorge ich, wie ich die gewinne:
    daz dritte hât sich mîn erwert unrehte manegen tac.
10 daz ist der wünneclîche hof ze Wiene:
    in gehirme niemer unz ich den verdiene,
    sît er sô maneger tugende mit sô stæter triuwe pflac.
    man sach Liupoltes hant dâ geben, daz si des niht erschrac.

III, 1 „Ich verdiene nur geringe Feindschaft"   9 den könnte ein
Kaiser gut in seinen höchsten Rat aufnehmen | IV, 1 Drei Sor-

108

III Das wird man mir danken: Die Herren lehre ich die Kunst,
jeden Rat genau zu erkennen. Da gibt es drei gute, auf der
linken Seite stehen drei böse dabei: die sechs will ich euch
nennen. Nutzen und Gottesgnade und Ansehen vor den
Menschen, das sind die guten; wir danken ihm, der uns so
rät, der Kaiser sollte ihn zu seinem Vertrauten wählen.
Und die drei bösen: Verderben, Sünde und Schande heißen
sie. Wenn du sie noch nicht kanntest, daran erkennst du
sie: Man hört aus den Worten das Herz, und: niemals ist
ein Anfang gut, der ein schlimmes Ende hat.

109

IV Ich sorge mich um drei Dinge; könnte ich nur eines ganz
zu Ende bringen, dann stünde es um mein Leben gut. Doch
was mir diese Dinge auch tun, ich behalte sie alle; vielleicht
habe ich noch bei allen Glück. Ich sorge mich, wie ich Gottes
Gnade und die Liebe meiner Herrin finde; das dritte hat
sich schon lange zu Unrecht mir verschlossen: der wunder-
schöne Hof zu Wien. Ich werde nicht ruhen, bis ich Einlaß
finde und man mich seiner für würdig hält, denn soviel
Gutes hat er in Treue bewahrt. Man sah Leopold mit vollen
Händen schenken, nie schreckte seine Hand zurück.

---

gen ... 2 *zende komen* hinausführen, ins Reine kommen 5 ich
trenne sie nicht voneinander 6 es mag mir bei allen dreien gut ge-
hen: vielleicht habe ich bei allen Erfolg 12 da er so viele gute Ei-
genschaften beständig und treu bewahrte

110

V Owê daz wîsheit unde jugent,   (L.-K. 82,24)
 des mannes schœne noch sîn tugent
 niht erben sol, sô ie der lîp erstirbet!
 Daz mac wol klagen ein wîser man,
5 der sich des schaden versinnen kan,
 Reimâr, waz guoter kunst an dir verdirbet.
 Dû solt von schulden iemer des geniezen,
 daz dich des tages wolte nie verdriezen,
 dun spræches ie den frouwen wol [mit rehten wîbes siten.]
10 des süln si iemer danken dîner zungen.
 hetst anders niht wan eine rede gesungen:
 „sô wol dir, wîp, wie reine ein nam!", dû hetest alsô ge-
               [striten
 an ir lop daz elliu wîp dir gnâden solten biten.

111

VI Dêswâr, Reimâr, dû riuwes mich   (L.-K. 83,1)
 michels harter danne ich dich,
 ob dû lebtes und ich wær erstorben.
 Ich wilz bî mînen triuwen sagen,
5 dich selben wolt ich lützel klagen:
 ich klage dîn edelen kunst, daz sist verdorben.
 Dû kundest al der werlte fröide mêren,
 sô duz ze guoten dingen woltes kêren:
 mich riuwet dîn wol redender munt und dîn vil süezer sanc,
10 daz die verdorben sint bî mînen zîten.
 daz dû niht eine wîle mohtest bîten!
 sô leiste ich dir geselleschaft: mîn singen ist niht lanc.
 dîn sêle müeze wol gevarn, und habe dîn zunge danc.

V, 3 *erben* sich vererben 6 wie viel an edlem Können mit dir ver-
geht 7–9 mit gutem Recht sollst du stets den Nutzen davon

110

V Ach, daß eines Menschen Weisheit und Jugend, seine
Schönheit und sein innerer Wert sich nicht weitergeben
lassen über den Tod hinaus! So wird der Weise klagen,
denn er versteht, wieviel wir verloren, als deine große
Kunst, Reinmar, mit dir zugrunde ging. Nie wurdest du
müde, den Ruhm der Frau zu singen; das soll man dir
niemals vergessen. Die Frauen werden dir für deine Lieder
immer dankbar sein. Und hättest du nur dies eine Lied
gesungen: „Preis sei dir, Frau: wie rein das Wesen und das
Wort" – du hättest so schön für sie gekämpft, daß sie alle
bei Gott für dich bitten sollten.

111

VI Reinmar, ich trauere um dich viel tiefer, als du um mich
trauern würdest, wäre ich gestorben und du lebtest noch.
Doch sag' ich's frei heraus: um dich selber klage ich nicht,
ich klage, weil deine kostbare Kunst verklungen ist. Wenn
du das Gute suchtest, dann war die Welt an Freude reicher.
Ich trauere um deine Poesie und deine süßen Melodien; daß
ich erleben mußte, wie sie vergingen! Warum konntest du
nicht eine Weile auf mich warten? Dann wär' ich mit dir
gegangen; auch meine Lieder werden bald zu Ende sein.
Ich wünsche deiner Seele Fahrwohl und danke deiner Kunst.

---

haben, daß kein Tag dir leid tat, an dem du . . . (daß du keinen
Tag vergehen ließest, ohne zu . . .) | VI, 1 *dû riuwes mich* du
dauerst mich 7–8 du konntest die Freude der ganzen Welt größer
machen, wenn du es (*ez*, dem Sinn nach auf *kunst* bez.) dem Guten
widmen wolltest 10 *bî mînen zîten* zu meinen Lebzeiten

Ottenton

112

I Hêr keiser, sît ir willekomen!   (L.-K. 11,30)
    der küneges name ist iu benomen,
    des schînet iuwer krône ob allen krônen.
    Iur hant ist krefte und guotes vol;
5   ir wellet übel oder wol,
    sô mac si beidiu rechen unde lônen.
    Dar zuo sag ich iu mære:
    die fürsten sint iu undertân,
    si habent mit zühten iuwer kunft erbeitet.
10 und ie der Mîssenære:
    derst iemer iuwer âne wân,
    von gote wurde ein engel ê verleitet.

113

II Hêr keiser, swenne ir Tiuschen fride   (L.-K. 12,18)
    gemachet stæte bî der wide,
    sô bietent iu die fremeden zungen êre.
    Die sult ir nemen ân arebeit,
5   und süenet al die kristenheit:
    daz tiuret iuch und müet die heiden sêre.
    Ir tragt zwei keisers ellen:
    des aren tugent, des lewen kraft,
    die sint des hêrren zeichen an dem schilte,
10 die zwêne hergesellen.
    wan woltens an die heidenschaft!
    waz widerstüende ir manheit und ir milte?

I, 2 *benomen* genommen 3 *des* darum 5–6 *übel oder wol* entspricht *rechen unde lônen* 9 *mit zühten* in Ehrerbietung 11 *âne wân* gewiß | II, 1 *Tiuschen* den Deutschen 2 beständig gemacht habt „bei der Weide", d. h. bei Androhung des Weidenstricks, des Er-

112

I   Herr Kaiser, seid willkommen! Nun tragt Ihr nicht mehr
den Königsnamen, und so leuchtet Eure Krone über allen
Kronen. Eure Hand hält Reichtum und Macht, sie straft
und lohnt nach Eurem Willen. Auch sage ich Euch: die Für-
sten sind Euch ergeben und haben Euer Kommen erwartet,
wie sich's gebührt. Besonders der Meißner steht nun immer
fest zu Euch: eher würde ein Engel verführt, Gott zu ver-
lassen.

113

II   Herr Kaiser, wenn Ihr bei Strafe des Stranges Deutschland
einen dauernden Frieden gegeben habt, dann huldigen Euch
alle Völker. Ohne Mühe erreicht Ihr das. Dann schenkt
Frieden der ganzen Christenheit, Euch zur Ehre, den Hei-
den zu Leide. Zweifach tragt Ihr kaiserliche Kraft: des
Adlers edlen Sinn, des Löwen Stärke: das sind auf dem
Schild die Wappentiere des Herrn, seine Kampfgenossen.
Wollten sie sich doch auf die Heiden stürzen! Was könnte
ihrem Mut und ihrem großen Herzen widerstehn?

---

hängens   4 dieses Ansehen sollt Ihr mühelos nehmen, haben   6
müet verdrießt   7 Ihr tragt zwei Kaiserkräfte

114

III   Hêr keiser, ich bin frônebote   (L.-K. 12,6)
     und bring iu boteschaft von gote;
     ir habt die erde, er hât daz himelrîche.
     Er hiez iu klagen (ir sît sîn voget),
5   in sînes sunes lande broget
     diu heidenschaft iu beiden lasterlîche.
     Ir muget im gerne rihten:
     sîn sun der ist geheizen Krist,
     er hiez iu sagen wie erz verschulden welle.
10 nû lât in zuo iu pflihten:
     er rihtet iu da er voget ist,
     klagt ir joch über den tievel ûz der helle.

115

IV   Hêr bâbest, ich mac wol genesen,   (L.-K. 11,6)
     wan ich wil iu gehôrsam wesen.
     wir hôrten iuch der kristenheit gebieten
     Wes wir dem keiser solten pflegen,
5   dô ir im gâbet gotes segen,
     daz wir in hiezen hêrre und vor im knieten.
     Ouch sult ir niht vergezzen:
     ir sprâchet: „swer dich segene, der sî
     gesegent, swer dir fluoche, der sî verfluochet
10 mit fluoche volmezzen."
     durch got bedenket iuch dâ bî,
     ob ir der pfaffen êre iht geruochet.

III, 5 *brogen* trotzen, sich erheben   7 *rihten* mit Dat.: jdm. zu sei-
nem Recht verhelfen   10 laßt ihn Euch verpflichtet werden; macht,
daß er sich mit Euch verbindet   11 *da* dort, wo ...   12 und wenn
Ihr auch über ... klagtet | IV, 1 ich kann wohl gerettet werden
4 *Wes ... pflegen* was wir dem K. tun sollten   10 mit dem vollen

114

III Herr Kaiser, ich bin Bote des Herrn und bringe Euch sei-
nen Auftrag. Euch ist die Erde gegeben, sein ist der Himmel.
Er läßt vor Euch, seinem Statthalter, Klage erheben, denn
in seines Sohnes Land lehnen sich die Heiden auf, ihm und
Euch zur Schande. Gewiß schafft Ihr ihm gerne sein Recht,
denn sein Sohn heißt Christus, und der hat Euch verheißen,
wie er vergelten will. Mit ihm schließt einen Bund. Im
Reich, in dem er Statthalter ist, schafft er Euch Recht, und
wäre Euer Widersacher vor Gericht der Teufel aus der
Hölle.

115

IV Herr Papst, ich komme gewiß in den Himmel, denn ich
will Euch gehorsam sein. Ihr gabt dem Kaiser Gottes Segen,
da hörten wir, wie Ihr der Christenheit befahlt, was wir
ihm schuldig seien: wir sollten „Herr" zu ihm sagen und
vor ihm knien. Vergeßt auch nicht, wie Ihr sagtet: „Wer
dich segnet, sei gesegnet, wer dir flucht, der sei verflucht
mit des Fluches ganzem Gewicht." Daran denkt, bei Gott,
wenn Euch die Ehre der Kirche noch etwas gilt.

Maß des Fluchs 12 wenn Ihr Euch noch (etwas) um die Ehre der
Geistlichen kümmert

116

V Got gît ze künege swen er wil,   (L.-K. 12,30)
    dar umbe wundert mich niht vil,
    uns leien wundert umbe der pfaffen lêre.
    Si lêrten uns bî kurzen tagen,
5   daz wellents uns nû widersagen.
    nû tuonz dur got und dur ir selber êre,
    Und sagen uns bî ir triuwen,
    an welher rede wir sîn betrogen;
    volrecken uns die einen wol von grunde,
10 die alten ode die niuwen.
    uns dunket einez sî gelogen;
    zwô zungen stânt unebne in einem munde.

117

VI Dô gotes sun hie in erde gie,   (L.-K. 11,18)
    do versuohten in die juden ie,
    sam tâtens eines tages mit dirre frâge:
    Si frâgeten obe ir frîez leben
5   dem rîche iht zinses solte geben;
    dô brach er in die huote und al ir lâge.
    Er iesch ein münizîsen.
    er sprach: „wes bilde ist hie ergraben?"
    „des keisers" sprâchen dô die merkære.
10 dô riet er den unwîsen
    daz si den keiser liezen haben
    sîn küneges reht, und got swaz gotes wære.

V, 1 *gît* gibt   4 *bî kurzen tagen* vor wenigen Tagen   5 *widersagen*
widerrufen   6–7 *tuonz, sagen* Konj.: sie mögen es tun, sagen
9 *volrecken* sie mögen uns ... völlig, ganz und gar erklären   12 *un-
ebne* ungerade, nicht zusammenpassend | VI, 3 so taten sie es ...

116

V Gott macht zum König, wen er will; darüber wundere ich
mich nicht, doch wir Laien wundern uns über die Lehre
der Kirche. Was man uns eben noch sagte, das nimmt man
jetzt zurück. Um Gottes und Eurer Ehre willen, sprecht
die Wahrheit; welche Weisung hat uns getäuscht? Ihr sollt
uns eine, und nur eine, recht erklären, die alte oder die neue.
Eine muß gelogen sein; zwei Zungen passen schlecht in einen
Mund.

117

VI Als Gottes Sohn auf unserer Erde wandelte, da versuchten
ihn die Juden immerfort. So fragten sie ihn eines Tages, ob
sie als freie Leute dem Kaiser Steuern zahlen müßten. Er
entlarvte sie in ihrer Hinterhältigkeit und verlangte eine
Form, mit der man Münzen prägt. „Wessen Bild ist hier
eingraviert?" fragte er. „Das Bild des Kaisers", mußten die
Schnüffler sagen. Da riet er den Narren, sie sollten jedem
das Seine lassen, dem Kaiser und Gott.

---

6 da zerbrach er ihnen ihr Lauern und ihren Hinterhalt   7 *müniz-
isen* Prägestempel

Meißnerton

118

I   Der Mîssenære solde   (L.-K. 105,27)
     mir wandeln, ob er wolde;
     mîn dienest lâz ich allez varn,
     Niewan mîn lop aleine:
5   deich in mit lobe iht meine,
     daz kan ich schône wol bewarn.
     Lob ich in, sô lobe er mich,
     des andern alles des wil ich
     in minneclîch erlâzen.
10   sîn lop daz muoz ouch mir gezemen,
     ode ich wil mînz her wider nemen
     ze hove und an der strâzen.
     sô ich nû genuoge
     warte sîner fuoge.

119

II   Ich hân dem Mîssenære   (L.-K. 106,3)
     gefüeget manec mære
     baz danne er nû gedenke mîn.
     Waz sol diu rede beschœnet?
5   möht ich in hân gekrœnet,
     diu krône wære hiute sîn.
     Het er mir dô gelônet baz,
     ich dient im aber eteswaz;
     noch kan ich schaden vertrîben.
10   er ist ab sô gefüege niht,
     daz er mir biete wandels iht:
     dâ lâzen wirz belîben.
     wan vil verdirbet
     des man niht enwirbet.

_____

I, 2 *wandeln* Ersatz leisten   3 auf Anerkennung meiner Dienste

118

I Der Meißner soll mir gütigst den Schaden ersetzen, den ich
erlitt. Reden wir nicht mehr von meinem Dienst, doch
meinen Lobspruch will ich nicht vergessen: ich hüte mich, je
noch einmal sein Lob zu singen. Mein Lob verdient mir
das seine – alles andere will ich ihm freundlich schenken.
Doch sein Lob steht mir zu, sonst nehme ich das meine zu-
rück am Hof und draußen in der Welt; lange genug warte
ich schon auf ein Zeichen seines Anstands.

119

II Ich habe dem Meißner viel zuliebe getan – doch er gedenkt
mir's kaum; wir wollen es sagen, wie es ist. Hätt' es in
meiner Macht gestanden, ihn zu krönen, dann gehörte heute
die Krone ihm. Hätte er mir damals besseren Lohn gegeben,
ich erwiese ihm heute wieder einen Dienst. Noch immer
kann ich manches Böse abwenden. Doch so viel Anstand
hat er nicht, mir Lohn zu bieten; dann lassen wir's sein.
Denn vieles geht zugrunde, wenn man sich nicht darum
bemüht.

---

verzichte ich | II, 2–3 manch wichtige Sache für ihn in Ordnung ge-
bracht, besser, als er nun meiner gedenkt   11 *wandels* Schadener-

120

III   Nû sol der keiser hêre   (L.-K. 105,13)
      versprechen dur sîn êre
      des lantgrâven missetât.
      Wand er was doch zewâre
5   sîn vîent offenbâre:
      die zagen truogen stillen rât.
      Si swuoren hie, si swuoren dort
      und pruoften ungetriuwen mort,
      von Rôme fuor ir schelden.
10   ir dûf enmohte sich niht heln,
      si begonden under zwischen steln
      und alle ein ander melden.
      seht, diep stal diebe,
      drô tet diebe liebe.

---

satz (Gen.) | III, 4 *zewâre* wahrlich   10 ihr Diebstahl konnte sich
nicht verbergen   12 *melden* angeben, verraten   14 *liebe* angenehm,
freundlich

120

III Wir bitten den edlen Kaiser, er möge in seiner Hoheit dem
Landgrafen seinen Fehltritt verzeihen. War er doch ehrlich
und offen sein Feind; die Feigen intrigierten heimlich und
schworen Eide auf beiden Seiten, sie stifteten Verrat und
Schandtat an. Ihre bösen Worte gingen aus von Rom.
Doch konnten sie ihren Diebstahl nicht verbergen; da be-
stahl und verriet nun jeder den andern. Der Dieb bestahl
den Dieb; erst Drohungen machten die Diebe zahm.

Unmutston

121

I   In nomine dumme ich wil beginnen, sprechet âmen
(L.-K. 31,33)
(daz ist guot für ungelücke und für des tievels sâmen),
daz ich gesingen müeze in dirre wîse alsô,
swer höveschen sanc und fröide stœre, daz der werde unfrô.
5 ich hân wol und hovelîchen her gesungen,
mit der hövescheit bin ich nû verdrungen,
daz die unhöveschen nû ze hove genæmer sint dann ich.
daz mich êren solde, daz unêret mich.
herzoge ûz Ôsterrîche Liupolt, sprich:
10 dun wendest michs alleine, sô verkêre ich mîne zungen.

122

II   Nû wil ich mich des scharpfen sanges ouch genieten; (L.-K. 32,7)
dâ ich ie mit vorhten bat, dâ wil ich nû gebieten.
ich sihe wol daz man hêrren guot und wîbes gruoz
gewalteclîch und ungezogenlîch erwerben muoz.
5 singe ich mînen höveschen sanc, sô klagent siz Stollen;
dêswâr ich gewinne ouch lîhte knollen:
sît si die schalkheit wellen, ich gemache in vollen kragen.
ze Ôsterrîche lernt ich singen unde sagen:
dâ wil ich mich allerêrst beklagen.
10 vind ich an Liupolt höveschen trôst, so ist mir mîn muot
[entswollen.

123

III   Die wîle ich weiz drî hove sô lobelîcher manne, (L.-K. 34,34)
sô ist mîn wîn gelesen unde sûset wol mîn pfanne.

I, 1 *dumme* Zusammenziehung von *domini* 6 *verdrungen* wegge-
drängt 10 wenn du nicht... | II, 1 *mich ... genieten* mich be-

121

I In nomine domini will ich beginnen, und ihr sagt Amen! (das hilft gegen Unglück und Teufelssaat): dann kann ich mein Lied so zu Ende singen, daß jedem, der höfische Lieder und Freude stört, Lust und Freude vergehen. Bisher habe ich schön gesungen, wie es sich am Hofe schickt, doch mit all meinem feinen Benehmen seh' ich mich nun an die Wand gedrängt; am Hof mag man die plumpen Unhöfischen lieber als mich. Was mir Lob bringen sollte, bringt mir Verachtung. Wie steht's, Herzog Leopold von Österreich? Auch ich will andere Töne anschlagen, du allein kannst es verhüten.

122

II Nun will auch ich in grellen Tönen singen! Wo ich einst furchtsam bat, da will ich nun gebieten. Ich sehe, daß man die Gaben der Herren und den Dank der Damen rücksichtslos und mit Gewalt sich nehmen muß. Singe ich höfische Lieder, dann beklagen sie sich bei Stolle: da platzt einem doch bald der Kragen! Wenn sie Bosheit wollen: damit kann ich ihnen das Maul schon stopfen. In Österreich lernte ich singen und dichten, dort will ich mich zuerst beschweren. Gibt mir Leopold höfischen Schutz, dann ist mein Zorn verraucht.

123

III Solange ich drei Höfe mit so guten Männern kenne, ist mein Wein gelesen, und lustig prasselt meine Pfanne. Einer ist

---

fleißigen 6 *knollen* Schwellungen (geschwollene Adern)

der biderbe patrîarke missewende frî,
der ist ir einer, so ist mîn höfscher trôst zehant dâ bî:
5 Liupolt, zwir ein fürste, Stîr und Ôsterrîche.
niemen lept den ich zuo deme gelîche,
sîn lop ist niht ein lobelîn: er mac, er kan, er tuot.
sô ist sîn veter als der milte Welf gemuot:
des lop was ganz, ez ist nâch tôde guot.
10 mirst vil unnôt daz ich durch handelunge iht verre strîche.

124

IV Liupolt ûz Ôsterrîche, lâ mich bî den liuten, (L.-K. 35,17)
wünsche mîn ze selde, niht ze walde: ichn kan niht riuten!
si sehent mich bî in gerne, alsô tuon ich sie;
dû wünschest underwîlent biderbem man dun weist niht wie.
5 wünsches dû mir von in, sô tuost dû mir leide.
sælic sî der walt, dar zuo diu heide,
diu müezen dir vil wol gezemen! wie hâst dû nû getân?
sît ich dir an dîn gemach gewünschet hân,
und dû mir an mîn ungemach? lâ stân!
10 wis dû von dan, lâ mich bî in: sô leben wir sanfte beide.

125

V Dô Liupolt spart ûf gotes vart, ûf künftige êre, (L.-K. 36,1)
sie behielten alle samt, si volgeten sîner lêre;
si zuhten ûf, alsam si niht getorsten geben.
daz was billich: man sol iemer nâch dem hove leben.
5 daz sin an der milte iht überhœhen wolten,
wol in des! si tâten als si solten,
die helde ûz Ôsterrîche heten ie gehoveten muot.

III, 8 *veter* außer Vetter, Brudersohn auch Vatersbruder   10 *han-
delunge* Behandlung, Bewirtung | IV, 2 *riuten* roden   10 *wis* sei,

der edle Patriarch, der nur Gutes tut, und gleich dabei mein
höfischer Beschützer: Leopold, zweifacher Fürst, von Steier-
mark und Österreich; kein Lebender kommt ihm gleich.
Ich preise ihn mit höchstem Lob: er hat etwas zu schenken,
er weiß, wie man schenkt, und vor allem: er schenkt. Sein
Onkel hält es wie der freigebige Welf, dessen Ruhm so
vollkommen ist, daß er den Tod überdauert. Ich brauche
nicht weit zu gehen, um gut bewirtet zu werden.

124

IV Leopold von Österreich, laß mich bei den Leuten! Wünsch
mich an deinen Hof, nicht in den Wald, ich kann keine
Bäume schlagen. Die Leute sehen mich gerne, und gerne
sehe ich die Leute. Manchmal wünschst du einem braven
Mann – du weißt nicht was! Wenn du mich wegwünschst
von ihnen, dann tust du mir Schlimmes an. Nichts gegen
Wald und Heide: dir mögen sie prächtig passen. Doch was
hast du getan? Ich hab' dir Schönes gewünscht und du mir
nur Schlimmes. So geht es nicht! Geh du fort und laß mich
bei den Leuten, dann haben wir beide ein schönes Leben.

125

V Als Leopold auf den Kreuzzug sparte, auf künftigen Ruhm,
da folgten alle seinem Beispiel und hielten ihr Geld
zurück. Sie zuckten die Achseln, als wagten sie nicht, etwas
wegzuschenken. So war es recht; man soll sich immer nach
dem Hofe richten. Gut, daß sie nicht großzügiger sein
wollten als der Hof; ganz richtig handelten sie. Schon immer
lebten die Helden aus Österreich im höfischen Geist. Sie

Imper. von *wesen* | V, 5 *iht überhœhen* nicht überbieten

sie behielten durch sîn êre, daz was guot:
nû geben durch sîn êre, als er nû tuot.
10 sin leben nâch dem hove nû, so ist eniu zuht bescholten.

126

VI Ich hân gemerket von der Seine unz an die Muore, (L.-K. 31,13)
    von dem Pfâde unz an die Traben erkenne ich al ir fuore.
    diu meiste menege enruochet wies erwirbet guot;
    sol ichz alsô gewinnen, sô ganc slâfen, hôher muot.
  5 guot was ie genæme, iedoch sô gie diu êre
    vor dem guote: nu ist daz guot sô hêre,
    daz ez gewalteclîche vor ir zuo den frouwen gât,
    mit den fürsten zuo den künegen an ir rât.
    sô wê dir, guot! wie rœmesch rîche stât!
10 du enbist niht guot, dû habst dich an die schande ein teil ze
                                                              [sêre.

127

VII „Sît willekomen, hêr wirt", dem gruoze muoz ich swîgen;
                                                    (L.-K. 31,23)
     „sît willekomen, hêr gast", sô muoz ich sprechen oder nîgen.
     wirt unde heim sint zwêne unschamelîche namen,
     gast unde hereberge muoz man sich vil dicke schamen.
   5 noch müez ich geleben daz ich den gast ouch grüeze,
     sô daz er mir dem wirte danken müeze.
     „sît hînaht hie, sît morgen dort", waz gougelfuore ist daz!
     „ich bin heime" ode „ich wil heim", daz trœstet baz.
     gast unde schâch kumt selten âne haz.
10   nû büezet mir des gastes, daz iu got des schâches büeze!

VII, 7 *gougelfuore* Treiben der Gaukler, Possenreißerei

sparten ihr Geld um seiner Ehre willen: das war gut. Doch
sollen sie auch jetzt, da er freigebig ist, um seiner Ehre
willen seinem Beispiel folgen. Wenn sie sich nicht wie
früher nach dem Hofe richten, dann fällt auf jenes höfische
Maß ein schlechtes Licht.

126

VI Von der Seine bis zur Mur hab' ich mit offenen Augen die
Welt geschaut, vom Po zur Trave weiß ich, wie's die Men-
schen treiben. Den meisten ist's gleich, womit sie Geld und
Gut erwerben; geh schlafen, frohes, edles Denken, wenn ich
das Meine erwerbe wie sie! Besitz war immer angenehm,
doch gab es Zeiten, da ging Charakter vor Geld; jetzt ist
Besitz so überheblich stolz, daß er gewaltsam vor der Ehre
sich zu den Frauen drängt, mit den Fürsten zu den Königen
und ihrem Rat. Weh dir, Gut, wie steht's um das Römische
Reich! Du bist nicht gut, du hast dich allzusehr der Schande
preisgegeben.

127

VII „Hausherr, grüß Gott!" – darauf kann ich nichts sagen.
„Willkommen, Herr Gast!" – da muß ich antworten und
mich verneigen. „Hausherr" und „Heim": das klingt gut
und ehrenwert; „Gast" und „Herberge": da muß man sich
oft schämen. Ich möchte noch den Tag erleben, da ich einen
Gast begrüße und er mir als dem Hausherrn dankt. „Heute
nacht hier, morgen dort" – was für ein Zigeunerleben! „Ich
bin daheim" oder „Ich will heim" – ach, wieviel tiefere
Hoffnung gibt uns das. Gast im Haus und „Schach" im
Spiel – darüber ärgert man sich stets. Laßt mich kein Gast
mehr sein, und Gott wird Euch vom „Schach" befreien,
Herr König.

128

VIII Ich hân des Kerendæres gâbe dicke empfangen: (L.-K. 32,17)
wil er dur ein vermissen bieten mir alsô diu wangen?
er wænet lîhte daz ich zürne: nein ich, niht;
im ist geschehen daz noch vil manegem milten man geschiht.
5 was mir lîhte leide, dô was ime noch leider.
dô er mir geschaffen hâte kleider,
daz man mir niht engap, dar umbe zürne er anderswâ.
ich weiz wol, swer willeclîche sprichet jâ,
der gæbe ouch gerne, und wære ez danne dâ.
10 der zorn ist ân alle schulde weizgot unser beider.

129

IX Ichn weiz wem ich gelîchen muoz die hovebellen, (L.-K. 32,27)
wan den miusen, die sich selbe meldent, tragent si schellen.
des lekers jâ, der miuse klanc, kumt si ûz ir klûs,
sô schrîen wir vil lîhte: „ein schalc, ein schalc! ein mûs,
[ein mûs!"
5 edel Kerendære, ich sol dir klagen sêre,
milter fürste und marterer umb êre,
ichn weiz wer mir in dînem hove verkêret mînen sanc.
lâz ichz niht dur dich und ist er niht ze kranc,
ich swinge im alsô swinden widerswanc.
10 frâge waz ich habe gesungen, und ervar uns werz verkêre.

130

X Ich bin des milten lantgrâven ingesinde. (L.-K. 35,7)
ez ist mîn site daz man mich iemer bî den tiursten vinde.

———

VIII, 6 *geschaffen* angeordnet, mir zu geben 7 *anderswâ* anders-

128

III Oft habe ich vom Kärntner Geschenke erhalten; will er mir
den Rücken kehren, nur weil ich ein einziges nicht erhielt?
Vielleicht glaubt er, ich sei böse auf ihn: das ist gewiß nicht
wahr. Ihm geht's wie manchem andern großzügigen Herrn:
ihm war's bestimmt noch peinlicher als mir. Er hat befohlen,
mir Kleider zu geben, und man gab sie mir nicht – ihn
ärgert das, doch soll er diesen Ärger gegen andere richten.
Ich weiß gut, wenn man gerne Ja sagt, dann schenkt man
auch gerne, wenn etwas da ist. An diesem ärgerlichen Miß-
verständnis haben wir beide weiß Gott keine Schuld.

129

IX Mit wem soll ich nur die Hofkläffer vergleichen? Mit den
Mäusen, die sich selbst verraten, wenn sie Schellen tragen.
Des Speichelleckers „Ja", der Schellenklang der Maus, wenn
sie aus ihrem Loch gekrochen kommt – da schreien wir ge-
wiß: „Ein Hund, ein Hund! Eine Maus, eine Maus!" Ich
muß mich arg bei dir beklagen, edler Herr von Kärnten,
freigebiger Fürst und Märtyrer der Ehre. Ich weiß nicht,
wer an deinem Hof so übel verdreht, was ich singe. Ich
schlage genauso hart zurück, wenn ich's nicht lasse aus
Rücksicht auf dich und wenn der Kerl mir nicht zu wenig
ist. Frag doch, was ich gesungen habe, und finde heraus, wer
es verdreht.

130

X Ich bin im Gefolge des großzügigen Landgrafen. Das ist so
meine Art: man wird mich immer bei den Besten finden.

---

wohin | IX, 4 *ein schalc* ein Schuft   9 *swinden widerswanc* raschen
Gegenschwung

die andern fürsten alle sint vil milte, iedoch
sô stæteclîchen niht: er was ez ê und ist ez noch.
5 dâ von kan er baz dan si dermite gebâren;
er enwil dekeiner lûne vâren:
swer hiure schallet und ist hin ze jâre bœse als ê,
des lop gruonet unde valwet sô der klê;
der Dürnge bluome schînet dur den snê.
10 sumer und winter blüet sîn lop als in den êrsten jâren.

131

XI Wir klagen alle und wizzen doch niht waz uns wirret:
                                    (L.-K. 33,11)
daz uns der bâbest unser vater alsus hât verirret.
nû gât er uns doch harte vaterlîchen vor,
wir volgen ime und komen niemer fuoz ûz sînem spor.
5 nû merke, welt, waz mir dar ane missevalle:
gîtset er, si gîtsent mit im alle,
liuget er, si liegent alle mit im sîne lüge,
triuget er, si triegent mit im sîne trüge.
nû merket wer mir daz verkêren müge:
10 sus wirt der junge Jûdas, mit dem alten dort, ze schalle.

132

XII Ir bischofe und ir edeln pfaffen sît verleitet: (L.-K. 33,1)
seht wie iuch der bâbest mit des tievels stricken seitet.
saget ir uns daz er sant Pêters slüzzel habe,
sô saget war umbe er sîne lêre von den buochen schabe.
5 daz man gotes gâbe iht koufe oder verkoufe,
daz wart uns verboten bî der toufe:

X, 5 *dermite gebâren* damit umgehen   6 *vâren* hier: achten auf
7 *hiure* heuer, dieses Jahr   8 *valwet* verblaßt | XI, 4 ... bringen

Auch all die andern Fürsten geben viel, doch sind sie nicht so beständig; er jedoch schenkt heute noch so gern wie früher. Deshalb versteht er diese Kunst auch besser als die andern; er gibt nicht jeder Laune nach. Wer heute prahlt und nächstes Jahr so geizig ist wie je zuvor, dem grünt und verwelkt sein Ruhm wie der Klee. Doch die Blüte Thüringens leuchtet durch den Schnee; im Sommer und im Winter blüht des Fürsten Ruhm wie in den ersten Tagen.

131

XI Wir klagen alle, doch wir wissen nicht, was uns fehlt: daß uns nämlich der Papst, unser Vater, so sehr in die Irre geführt hat. Ganz wie ein rechter Vater geht er uns voran, und wir folgen seinen Spuren, Schritt für Schritt. Aller Welt sage ich, was mir daran nicht gefällt. Seine Gier macht, daß sie alle gieren, seine Lüge macht, daß sie alle lügen, sein Betrug macht, daß sie alle betrügen. Paßt auf, wer mir nun das Wort im Mund verdreht: Der neue Judas, wie der alte einst, wird sich dadurch verraten.

132

XII Ihr Bischöfe und edlen geistlichen Herren seid verführt; seht doch, wie der Papst euch bindet mit des Teufels Stricken. Wenn ihr sagt, er habe doch Sankt Peters Schlüssel, so sagt uns auch, warum er Peters Lehre auslöscht aus der Schrift. Gottes Gaben zu kaufen oder zu verkaufen hat uns die Taufe verboten. Doch diese Kunst lernt jetzt der Papst aus

---

unsere Füße nicht mehr aus seinen Fußstapfen 6–8 wenn er...
10 *ze schalle* ins Gerede (kommen)

nû lêretz in sîn swarzez buoch, daz ime der hellemôr
hât gegeben, und ûz im liset sîniu rôr.
ir kardenâle, ir decket iuwern kôr:
10 unser alter frône der stêt under einer übelen troufe.

133

XIII Der stuol ze Rôme ist allerêrst berihtet rehte,   (L.-K. 33,21)
als hie vor bî einem zouberære Gêrbrehte.
der selbe gap ze valle wan sîn eines leben,
sô wil sich dirre und al die kristenheit ze valle geben.
5 alle zungen suln ze gote schrîen wâfen,
und rüefen ime, wie lange er welle slâfen.
si widerwürkent sîniu werc und velschent sîniu wort.
sîn kamerære stilt im sînen himelhort,
sîn süener mordet hie und roubet dort,
10 sîn hirte ist zeinem wolve im worden under sînen schâfen.

134

XIV Ahî wie kristenlîche nû der bâbest lachet,   (L.-K. 34,4)
swenne er sînen Walhen seit: „ich hânz alsô gemachet!"
daz er dâ seit, des solt er niemer hân gedâht.
er giht: „ich hân zwên Allamân under eine krône brâht,
5 daz siz rîche sulen stœren unde wasten.
ie dar under füllen wir die kasten:
ich hâns an mînen stoc gement, ir guot ist allez mîn.
ir tiuschez silber vert in mînen welschen schrîn.
ir pfaffen, ezzet hüener und trinket wîn
10 unde lânt die tiutschen leien magern unde vasten."

XII, 8 *ûz im* ... liest in diesem Buch seine Rohrpfeifen (auf): viell.
Wortspiel mit „lesen" | XIII, 1 *berihtet* versehen 2 *bî* durch 5 *wâ-*

seinem schwarzen Buch, das ihm der Schwarze aus der
Hölle gab. In diesem Buch liest er die Pfeifen, mit denen er
uns aufspielt. Ihr Kardinäle baut ein Dach über eure Chöre,
doch unser heiliger Altar ist schlimmem Regen ausgesetzt.

133

III   Erst jetzt sitzt der Rechte auf dem römischen Stuhl, wie
einst Gerbert der Zauberer. Der stürzte nur sein eigenes Le-
ben ins Verderben, doch dieser will die ganze Christenheit
mit in den Abgrund stürzen. Alle Zungen sollen aufschreien
zu Gott und fragen, wie lange er noch schlafen will. Man
verderbt sein Werk und verfälscht sein Wort. Sein Käm-
merer stiehlt seinen himmlischen Schatz, sein Friedebringer
raubt und mordet hier und dort, sein Hirte ist zum Wolf
geworden unter seinen Schafen.

134

IV   Ei, wie der Papst nun lacht, ganz wie ein guter Christ,
wenn er zu seinen Italienern sagt: „Das haben wir hinge-
kriegt!" Er hätte es nicht einmal denken sollen, was er da
sagt. „Zwei Tedeschi haben wir unter eine Krone gesteckt,
daß sie das Reich durcheinanderbringen und verwüsten.
Dabei füllen wir unseren eigenen Beutel. Ich hab' sie zum
Opfern getrieben an meinen eigenen Stock; alles, was sie
haben, gehört mir. Ihr deutsches Silber wandert in meinen
welschen Sack. Ihr Pfaffen, eßt Hühner und trinkt Wein
und laßt die deutschen Laien sich dürr fasten."

---

fen Ausruf | XIV, 2 *Walhen* Welschen; „so hab' ich's gemacht!"
8 *schrîn* Kasten

135

XV Sagt an, hêr Stoc, hât iuch der bâbest her gesendet, (L.-K. 34,14)
daz ir in rîchet und uns Tiutschen ermet unde pfendet?
swenn im diu volle mâze kumt ze Laterân,
sô tuot er einen argen list, als er ê hât getân.
5 er seit uns danne wie daz rîche stê verwarren,
unz in erfüllent aber alle pfarren.
ich wæn des silbers wênic kumet ze helfe in gotes lant:
grôzen hort zerteilet selten pfaffen hant.
hêr Stoc, ir sît ûf schaden her gesant,
10 daz ir ûz tiutschen liuten suochet tœrinne unde narren.

136

XVI Swelch herze sich bî disen zîten niht verkêret, (L.-K. 34,24)
sît daz der bâbest selbe dort den ungelouben mêret,
dâ wont ein sælic geist und gotes minne bî.
nû seht ir waz der pfaffen werc und waz ir lêre sî.
5 ê dô was ir lêre bî den werken reine,
nû sint si aber anders sô gemeine,
daz wirs unrehte würken sehen, unrehte hœren sagen,
die uns guoter lêre bilde solden tragen.
des mugen wir tumbe leien wol verzagen:
10 wæn aber mîn guoter klôsenære klage und sêre weine.

XV, 2 *rîchet . . . ermet* reich, arm macht   5 *verwarren = verwor-*
ren (wohl keine Dialektvariante, sondern andere Ablautreihe) | XVI,
1 *sich . . . verkêret* sich vom Guten abwendet   5 *bî* zusammen mit
6 *anders* auf andere Weise   9 *tumbe* ungebildete

135

XV Wie ist denn das, Freund Opferstock – hat dich der Papst
geschickt, um seine Taschen zu füllen und uns Deutsche zu
schröpfen? Wenn die volle Kasse im Lateran erscheint,
dann dreht er es so schlau wie schon einmal. Er sagt dann,
wie im Reich ein Durcheinander sei – bis er aus allen
Pfründen wieder vollgestopft ist. Ich glaube, wenig von
dem Silber kommt dem heiligen Land zugute, denn selten
bringen Pfaffen große Schätze unter die Leute. Herr Opfer-
stock, Ihr sollt uns schaden und unter den Deutschen Ver-
rückte finden, deshalb hat man Euch geschickt.

136

XVI Wenn unser Herz in diesen Zeiten den wahren Glauben
nicht verliert, wo doch der Papst in Rom höchstselbst die
Ketzerei begünstigt, dann muß ein guter Geist und Gottes
Liebe uns zur Seite stehn. Seht doch, was die Pfaffen uns
sagen und was sie tun. Einst waren ihre Worte rein wie ihre
Werke; auch heute sind Worte und Werke eins: wir sehen
schlechte Taten, hören schlechte Worte – doch sollten ihre
Lehre und ihr Leben uns Vorbild sein. Da müssen wir armen
Laien verzagen. Ich glaube, mein lieber Klausner klagt und
weint bitterlich wie einst.

[137]

XVII Diu kristenheit gelepte nie sô gar nâch wâne: (L.-K. 33,31)
die si dâ lêren solten, die sint guoter sinne âne.
es wær ze vil, und tæt ein tumber leie daz.
si sündent âne vorhte, dar umb ist in got gehaz.
5 si wîsent uns zem himel, und varent si zer helle.
si sprechent, swer ir worten volgen welle
und niht ir werken, der sî âne zwîvel dort genesen.
die pfaffen solten kiuscher dan die leien wesen:
an welen buochen hânt si daz erlesen,
10 daz sich sô maneger flîzet wa er ein schœnez wîp vervelle?

138

XVIII An wîbe lobe stêt wol daz man si heize schœne: (L.-K. 35,27)
manne stêt ez übel, ez ist ze weich und ofte hœne.
küene und milte, und daz er dâ zuo stæte sî,
so ist er vil gar gelobt: den zwein stêt wol daz dritte bî.
5 wilz iu niht versmâhen, sô wil ichz iuch lêren,
wie wir loben suln und niht unêren.
ir müezet in die liute sehen, welt ir erkennen wol,
nieman ûzen nâch der varwe loben sol.
vil manic môre ist innen tugende vol:
10 wê wie der wîzen herze sint, der si wil umbe kêren!

XVII, 1 *nâch wâne* aufs geratewohl 6 *swer* wer immer 10 *ver-vellen* zu Fall bringen | XVIII, 2 *hœne* beleidigend 7 wollt ihr sie recht erkennen

[137]

'II Noch nie lebte die Christenheit so richtungslos ins Unge-
wisse hinein. Die sie leiten sollten, haben böse Gedanken und
ein böses Herz – kein einfältiger Laie dürfte sich benehmen
wie sie. Sie sündigen ohne Furcht vor Strafe, darum haßt
sie Gott. Sie zeigen uns den Weg zum Himmel und fahren
selbst in die Hölle. Sie sagen, ihren Worten soll man folgen,
nicht ihren Werken, dann sei einem das Heil im Jenseits
gewiß. Priester sollten keuscher als Laien sein: In welcher
Bibel haben sie gelernt, mit heiligem Eifer schöne Frauen zu
verführen?

138

III Schön – ein Wort, das gut zum Lob der Frauen paßt; für
Männer paßt es schlecht, es klingt zu schwach und oft ver-
ächtlich. Freigebig, tapfer, ein Drittes gehört dazu: fest und
beständig; die drei sind ein vollkommenes Lob. Wenn ihr
nichts dagegen habt, dann will ich euch sagen, wie man ohne
Schande wahrhaft preist. Schaut Menschen ins Herz, wollt
ihr die Wahrheit wissen; lobt nicht nach der Farbe und
ihrem äußeren Schein. Mancher Schwarze ist innen edel
und gut; ach, wie sehen die Herzen der Weißen aus, wenn
man sie nach außen wendet!

König Friedrichston

139

I Vil wol gelopter got, wie selten ich dich prîse!   (L.-K. 26,3)
   sît ich von dir beide wort hân unde wîse,
   wie getar ich sô gefreveln under dîme rîse?
   Ichn tuon diu rehten werc, ichn hân die wâren minne
5 ze mînem ebenkristen, hêrre vater, noch ze dir;
   sô holt enwart ich ir dekeinem nie sô mir:
   Krist, vater unde sun, dîn geist berihte mîne sinne.
   Wie solt ich den geminnen der mir übele tuot?
   mir muoz der iemer lieber sîn der mir ist guot.
10 vergib mir anders mîne schulde, ich wil noch haben den
                                                    [muot.

140

II Got weiz wol, mîn lop wær iemer hovestæte,   (L.-K. 30,9)
    dâ man eteswenne hovelîchen tæte
    mit gebærde, mit gewisser rede, mit geræte.
    Mir grûset, sô mich lachent an die lechelære,
5   den diu zunge honget und daz herze gallen hât.
    friundes lachen sol sîn âne missetât,
    lûter als der âbentrôt, der kündet süeziu mære.
    Nû tuo mir lachelîche, od lache ab anderswâ.
    swes munt mich triegen wil, der habe sîn lachen dâ,
10 von dem næm ich ein wârez nein für zwei gelogeniu jâ.

141

III Sît got ein rehter rihter heizet an den buochen, (L.-K. 30,19)
     sô solt er ûz sîner milte des geruochen
     daz er die getriuwen ûz den valschen hieze suochen!

I, 3 *rîse* Reis, Rute; Herrscherstab, Herrschaft 7 *berihte* mache
recht, erleuchte 10 *anders* im Hinblick auf das andere | II, 3 in der

139

I   O Herr, den alle preisen, wie wenig preise ich dich! Du
gabst mir meine Kunst, Wort und Musik, wie wage ich da,
unter deinem Zepter mich so zu versündigen! Ich tue keine
guten Werke, ich habe nicht die wahre Liebe zu meinem
Bruder noch, Herr und Vater, zu dir. Keinen liebe ich so
sehr wie mich selbst. Christus, Vater und Sohn, dein Geist
führe mein Herz auf den rechten Weg. Doch wie soll ich
den lieben, der mir Böses tut? Immer will ich den lieber
haben, der auch gut ist zu mir. Herr, meine andern Sünden
vergib – in dem einen Sinn will ich verharren.

140

II Gott weiß, mein Lob wäre immer dem Hofe treu, dort, wo
man zuweilen handelt, wie sich's für Höfe schickt, in Hal-
tung, festen Worten, greifbaren Dingen. Mir graust, wenn
mich der Lächler Lachen trifft: die Zunge Honig, und Galle
das Herz. Eines Freundes Lachen darf nichts Böses kennen,
ein wolkenloses Abendrot, das einen schönen Tag verkün-
det. Handle an mir im Geiste des Lachens – oder lächle dein
Lachen bei andern. Wessen Mund mich betrügen will, der
soll sein Lächeln behalten. Lieber hätte ich von ihm ein
wahres Nein als zwei gelogene Ja.

141

III Die Schrift nennt Gott einen gerechten Richter; so soll er
uns in seiner Freundlichkeit dies eine schenken: die Guten

Art, wie man sich gebärdet, redet, hilft; *geræte* der gute Rat, Hilfe,
aber auch gegenständliche Geschenke: „Gerät" 7 klar wie das
Abendrot, das Gutes kündet

Joch meine ich hie: si werdent dort vil gar gesundert,
5   doch sæhe ich an ir eteslîchem gerne ein schanden mâl.
    der ûz der hant dem man sich windet als ein âl,
    owê daz got niht zorneclîchen sêre an deme wundert!
    Swer sant mir var von hûs, der var ouch mit mir hein.
    des mannes muot sol veste wesen als ein stein,
10 ûf triuwe sleht und eben als ein vil wol gemahter zein.

[142]

IV   Ich hân gesehen in der werlte ein michel wunder: (L.-K. 29,4)
     wære ez ûf dem mer, ez diuhte ein seltsæn kunder;
     des mîn fröide erschrocken ist, mîn trûren worden munder.
     Daz glîchet einem guoten man. swer nû des lachen
5   strîchet an der triuwen stein, der vindet kunterfeit.
     ez bîzet dâ sîn grînen niht hât widerseit;
     zwô zungen habent kalt und warm, die ligent in sîme
                                          [rachen.
     In sîme süezen honge lît ein giftic nagel,
     sîn wolkenlôsez lachen bringet scharpfen hagel:
10   swâ man daz spürt, ez kêrt sîn hant und wirt ein swalwen
                                          [zagel.

143

V   Von Rôme vogt, von Pülle künec, lât iuch erbarmen
                              (L.-K. 28,1)
     daz man mich bî sô rîcher kunst lât alsus armen.
     gerne wolde ich, möhte ez sîn, bî eigenem fiure erwarmen.
     Zâhiu wiech danne sunge von den vogellînen,
5   von der heide und von den bluomen, als ich wîlent sanc!
     swelch schœne wîp mir danne gæbe ir habedanc,

III, 5 *an ir eteslîchem* an manchem von ihnen   7 *wundert* W. wirkt

soll er von den Bösen scheiden. Ich meine, schon hier auf
der Erde: im Jenseits scheidet man sie ohnehin; hier unten
sähe ich sie gern mit dem Schandmal gezeichnet. Die uns
wie Aale aus den Händen gleiten, ach, daß der Wunder-
täter Gott sie nicht schlägt in seinem Zorn! Wer mit mir
fortgeht, soll auch mit mir wiederkommen; fest wie ein
Fels soll das Herz der Menschen sein, in Treue und Wahr-
heit glatt und gerade wie ein schön geschnittener Stab.

[142]

IV   Etwas Wunderliches hab' ich in der Welt gesehen, wär's
auf dem Meer, es käme mir wie ein fremdes Ungeheuer vor;
da ist meine Freude erschrocken, meine Traurigkeit erwacht.
Es sieht aus wie ein guter Mann, doch wenn man sein La-
chen am Stein der Wahrheit prüft, dann findet man, es ist
falsch. Es beißt, bevor sein Knurren uns sagt, es sei unser
Feind. Zwei Zungen, kalt und warm, liegen ihm im
Rachen, in seinem süßen Honig liegt giftiges Gewürz, sein
wolkenloses Lachen bringt schneidenden Hagel; wenn man's
merkt, spaltet es sich im Nu und wird ein Schwalben-
schwanz.

143

V   Herr von Rom und König von Apulien, habt Mitleid; man
läßt mich arm bei all meiner reichen Kunst. Wie gerne würde
ich mich am eigenen Herdfeuer wärmen. Ach, wie wollte ich
dann singen von Vögeln, von Wiesen und Blumen, ganz wie
einst. Wenn eine schöne Frau mir für die Lieder dankte, ich

| IV, 5 an den Wahrheitsstein streicht   6 *widerseit* Fehde angekün-
digt   8 *nagel* Nelkengewürz, viell. auch: Stachel   10 *kêrt sîn hant*
im Handumdrehen

der liez ich liljen unde rôsen ûz ir wengel schînen.
Sus kume ich spâte und rîte fruo: „gast, wê dir, wê!",
sô mac der wirt baz singen von dem grüenen klê.
10 die nôt bedenket, milter künec, daz iuwer nôt zergê!

144

VI Ich hân hêrn Otten triuwe, er welle mich noch rîchen:
                                    (L.-K. 26,23)
    wie nam abe er mîn dienest ie sô trügelîchen?
    ald waz bestêt ze lône des den künic Friderîchen?
    Mîn vorderunge ist ûf in kleiner danne ein bône,
  5 ezn sî sô vil, obe er der alten sprüche wære frô.
    ein vater lêrte wîlent sînen sun alsô:
    „sun, diene manne bœstem, daz dir manne beste lône."
    Hêr Otte, ich binz der sun, ir sît der bœste man,
    wand ich sô rehte bœsen hêrren nie gewan:
10 hêr künec, sît irz der beste, sît iu got des lônes gan.

145

VII Ich wolt hêrn Otten milte nâch der lenge mezzen, (L.-K. 26,33)
    dô hât ich mich an der mâze ein teil vergezzen:
    wær er sô milt als lanc, er hete tugende vil besezzen.
    Vil schiere maz ich abe den lîp nâch sîner êre,
  5 dô wart er vil gar ze kurz als ein verschrôten werc,
    miltes muotes minre vil dan ein getwerc,
    und ist doch von den jâren daz er niht enwahset mêre.
    Dô ich dem künege brâhte daz mez, wie er ûf schôz!
    sîn junger lîp wart beide michel unde grôz.
10 nû seht waz er noch wahse: erst ieze über in wol risen gnôz.

V, 9 als Hausherr kann man besser vom grünen Klee singen | VI, 3
bestên „angehen", verpflichtet sein   5 alten sprüche s. Komm.

ließe auf ihren Wangen Rosen und Lilien blühn. So aber
komme ich spät abends und reite morgens früh: „Weh dir, du
Fremder!" Von grünen Wiesen singt sich's besser im warmen
Haus. Gütiger König, denkt an diese meine Not, so daß auch
die Eure ein Ende habe.

144

VI Herr Otto gab mir sein Wort, er mache mich noch reich;
doch wie konnte er meine Dienste annehmen und mich so
betrügen? Und welchen Grund hat König Friedrich, mich
für diese Dienste zu belohnen? Von ihm habe ich keinen
Pfennig zu verlangen, es sei denn, daß er sich noch an den
alten Sprüchen freut. Einst gab ein Vater seinem Sohn den
Rat: „Diene dem schlechtesten Mann und laß dich vom
besten bezahlen." Ich bin der Sohn, Herr Otto, Ihr seid
jener schlechteste Mann; einen so durch und durch schlechten
Herrn hab' ich nie gehabt. Der beste Mann seid Ihr, Herr
König, denn Gottes Lohn gab Euch die Mittel, zu lohnen.

145

VII Wie freigebig Herr Otto sei, das wollte ich an seiner Kör-
perlänge messen, doch mit diesem Maß hatte ich mich ver-
rechnet: Wäre seine Hand so gebefreudig wie sein Körper
lang, er wäre ein Ausbund der Tugend. Schnell maß ich ihn
wieder, nun die äußere Länge mit dem Maß des inneren
Wertes, da war er viel zu kurz, wie schlecht geschnittener
Stoff, an Großmut kleiner als ein Zwerg – und ist doch in
den Jahren, da man nicht mehr wächst. Als ich jedoch das-
selbe Maß an den König legte, wie machtvoll wuchs er
empor, sein junger Körper wurde hoch und groß. Denkt nur,
wie er noch wachsen mag, dabei überragt er den andern
jetzt schon, riesengleich.

146

VIII Der künec mîn hêrre lêch mir gelt ze drîzec marken,

(L.-K. 27,7)

des enkan ich niht gesliezen in der arken
noch geschiffen ûf daz mer in kielen noch in barken.
Der nam ist grôz, der nuz ist aber in solher mâze,
5 daz ich in niht begrîfen mac, gehœren noch gesehen.
wes sol ich danne in arken oder in barken jehen?
nû râte ein ieglich friunt, ob ichz behalte ode ob ichz lâze.
Der pfaffen disputieren ist mir gar ein wiht:
si prüevent in der arken niht, da ensî ouch iht.
10 nû prüeven hin, nû prüeven her, son habe ich drinne niht.

147

IX Ein schalc, in swelhem namen er sî, der dankes triege

(L.-K. 28,21)

unde sînen hêrren lêre daz er liege;
erlamen müezen im diu bein, swenn ers zem râte biege!
Sî abe er sô hêr daz er zem râte sitze,
5 sô wünsche ich daz sîn ungetriuwe zunge müeze erlamen.
die selben machent uns die edelen âne schamen:
sol liegen witze sîn, sô pflegent si tugendelôser witze.
Wan mugens in râten daz si lâzen in ir kragen
ir valsche gelübde od nâch gelübde niht versagen?
10 si solten geben ê dem lobe der kalc würd abe geslagen.

VIII, 6 wieviel, soll ich sagen, sei in Kisten oder Schiffen? 9 außer
es sei etwas drin | IX, 1 *namen* Stand, Rang 9 *nâch gelübde
niht versagen* nichts leugnen, nachdem sie geschworen haben 10
der Verputz abgeschlagen wird

146

II Mein Herr, der König, zahlte mir an die dreißig Mark.
Doch nichts davon kann ich in Kisten verschließen noch in
kleinen und großen Schiffen hinausfahren aufs Meer. Zwar
klingt die Sache gut, doch kann ich den Profit nicht grei-
fen, hören oder sehen. Wieviel sei nun in Kisten und Schif-
fen – was soll ich sagen? Die Freunde sollen mir raten, ob
ich's behalten oder lassen soll. Was die Kirche sazu sagt,
das kümmert mich wenig; wenn in der Kiste nichts ist, dann
werden sie nichts finden. Sie sollen nur hin und her kalku-
lieren; ich habe keinen Pfennig in der Kiste.

147

IX Ein schlechter Kerl, was immer sein Rang, der absichtlich
betrügt und seinen Herren das Lügen lehrt. Dem Ratgeber
sollen die Beine erlahmen, wenn er vor dem Herren kniet.
Doch wenn er so vornehm ist und sitzt, wenn man berät,
dann soll seine falsche Zunge erlahmen. Solche Leute sind
daran schuld, wenn gute Fürsten allen Anstand verlieren.
Ist Lügen klug, dann haben sie böse Klugheit. Raten wir
ihnen, sie sollen ihr Versprechen halten, oder, wenn's ge-
logen ist, im Halse stecken lassen. Sie sollen schenken, eh'
das Lob, das sie erhöht, allen Glanz verliert.

148

X Ir fürsten, die des küneges gerne wæren âne,   (L.-K. 29,15)
   die volgen mîme râte: ichn râte in niht nâch wâne.
   welt ir, ich schicke in tûsent mîle und dannoch mê für
                                               [Trâne.
   Der helt wil Kristes reise varn; swer in des irret,
5 der hât wider got und al die kristenheit getân.
   ir vînde, ir sult in sîne strâze varen lân:
   waz ob er hie heime iu niemer mêre niht gewirret?
   Belîbe er dort, des got niht gebe, sô lachet ir:
   kom er uns friunden wider heim, sô lachen wir.
10 der mære warten beidenthalp, und hânt den rât von mir.

149

XI Ich hân mîn lêhen, al die werlt, ich hân mîn lêhen. (L.-K. 28,31)
   nû enfürhte ich niht den hornunc an die zêhen
   und wil alle bœse hêrren dester minre flêhen.
   Der edel künec, der milte künec hât mich berâten,
5 daz ich den sumer luft und in dem winter hitze hân.
   mîn nâhgebûren dunke ich verre baz getân,
   si sehent mich niht mêr an in butzen wîs als sî wîlent tâten.
   Ich bin ze lange arm gewesen ân mînen danc,
   ich was sô voller scheltens daz mîn âten stanc:
10 daz hât der künec gemachet reine, und dar zuo mînen sanc.

X, 2 *nâch wâne* auf Grund von unsicherer Annahme   3 *für Trâne*
bis vor Trani 10 *beidenthalp* auf beiden Seiten | XI, 3 *dester minre*
um so weniger 7 *in butzen wîs* wie „Bussenmänner", Vermummte
(vgl. auch den „Butzemann" des Kinderliedes)

148

X Die Fürsten unter euch, die gern den König los wären, sollen meinen Rat befolgen, ich rate nicht ins Blaue hinein. Wenn ihr wollt, ich schicke den König tausend Meilen weit, und weiter nach Trani ans Meer. Der Held will auf die Heerfahrt Christi gehen; wer ihn daran hindert, handelt gegen Gott und die Christenheit. Ihr Feinde, laßt ihn seine Straße gehn, mag sein, er ist euch zu Hause nie mehr im Wege. Bliebe er dort – Gott mög's verhüten – dann freut ihr euch und lacht; kehrt er wieder heim zu seinen Freunden, dann lachen wir. Warten wir alle den Ausgang ab – und hört auf meinen Rat.

149

XI Ich habe mein Lehen, jubelnd sag ich's der Welt: ich habe mein Lehen. Nun fürchten meine Zehen den Februar nicht mehr, und all die geizigen Herren will ich um nichts mehr bitten. Der gebefreudige, edle König hat für mich gesorgt: im Sommer hab' ich kühle Luft, im Winter Wärme. Vor den Nachbarn stehe ich besser da, sie starren mich nicht mehr an wie einst, als wäre ich ein Gespenst. Zu lange war ich arm und konnte nichts dafür; mein Leben war so voll Schelten, daß mein Atem stank. Das alles, und auch mein Singen, hat der König heil und rein gemacht.

150

XII Herzoge ûz Ôsterrîche, ez ist iu wol ergangen (L.-K. 28,11)
und alsô schône daz uns muoz nâch iu belangen:
sît gewis, swenn ir uns komet, ir werdet hôh enpfangen.
Ir sît wol wert daz wir die gloggen gegen iu liuten,
5 dringen unde schouwen als ein wunder komen sî.
ir komet uns beide sünden unde schanden frî,
des suln wir man iuch loben, und die frouwen suln iuch triuten.
Diz liehte lop volfüeret heime unz ûf daz ort:
sît uns hie biderbe für daz ungefüege wort,
10 daz ieman spreche, ir soldet sîn beliben mit êren dort.

[151]

XIII Die wîsen râtent, swer ze himelrîche welle, (L.-K. 26,13)
daz er ê vil wol bewarte und ouch bestelle
den wec, daz iemen drûffe habe der in her wider velle.
Ein æhter heizet mort, der schât der strâze sêre,
5 dâ bî vert einer in starken bennen, derst geheizen brant.
sô sprechents einem wuocher, der hât gar geschant
die selben strâze. dannoch ist der wegewerender mêre:
Nît unde haz die hânt sich ûf den wec geleit,
unde diu verschampt unmâze gîtekeit.
10 dannoch sô rennet maneger für, des ich niht hân geseit.

[152]

XIV Durhsüezet und geblüemet sint die reinen frouwen,
(L.-K. 27,17)
ez wart nie niht sô wünneclîches an ze schouwen
in lüften noch ûf erden noch in allen grüenen ouwen.

XII, 2 *belangen* verlangen 8 *ort* äußerster Punkt (räuml., zeitl.),

150

XII Herr Herzog von Österreich, Ihr habt, was Ihr Euch vor-
nahmt, herrlich ausgeführt: so schön, daß wir uns alle nach
Euch sehnen müssen. Gewiß wird man bei Eurer Rückkehr
Euch ehrenvoll empfangen. Ihr habt verdient, daß die
Glocken Euch entgegenläuten, daß alles drängt und gafft, als
sei ein Wundertier erschienen. Ohne Sünde und Schande kommt
Ihr zurück zu uns, dafür werden Euch die Männer preisen und
die Frauen lieben. Vollendet Euren leuchtenden Ruhm bei uns
daheim, seid edel auch bei uns, dann wird niemand die bösen
Worte sagen, Ihr wäret besser in Ehren fortgeblieben.

[151]

XIII Die Weisen geben uns den Rat: Wer in den Himmel kom-
men will, der soll zuerst die Straße sichern und bewachen,
sonst könnte jemand dort sein, der ihn wieder von der
Straße jagt. Ein Verbrecher heißt Totschlag, er gefährdet
den Weg, ein anderer ist in Acht und Bann, Feuer heißt er,
Wucher heißt ein dritter mit seinen Schandtaten auf dieser
Straße. Doch noch mehr Wegelagerer sind da: Zorn und
Haß liegen auf der Straße und der unverschämte maßlose
Geiz. Noch manch anderer sprengt daher, den ich nicht
nannte.

[152]

XIV Reine Frauen sind blühende Blumen voller Süße – nirgends
in der Luft und auf der Erde und auf grünen Wiesen sieht
man ein so liebliches Bild. Wo Lilien und Rosen blühend

Ende   9 *biderbe für* ... tüchtig als Vorbeugung gegen | XIII, 3
habe (stand)halte   6 so nennen sie ... 9 *unmâze* maßlose

Liljen unde rôsen bluomen, swâ die liuhten
5 in meien touwen durh daz gras, und kleiner vogele sanc,
daz ist gein solher wünnebernden fröide kranc,
swâ man ein schœne froun siht. daz kan dürren muot erfiuhten
Und leschet allez trûren an der selben stunt.
sô lieplîch lache in liebe ir süezer rôter munt
10 und strâle ûz spilnden ougen schieze in mannes herzen grunt!

[153]

XV Vil süeziu frouwe hôhgelopt mit reiner güete,   (L.-K. 27,27)
    dîn kiuscher lîp gît wünneberndez hôhgemüete,
    dîn munt ist rœter danne ein liehtiu rôse in touwes flüete.
    Got hât gehœhet und gehêret reine frouwen,
5   daz man in wol sol sprechen unde dienen zaller zît.
    der werlde hort mit wünneclîchen fröiden lît
    an in, ir lob ist lûter unde klâr, man sol si schouwen.
    Für trûren und für ungemüete ist niht sô guot,
    als an ze sehen ein schœne frouwen wol gemuot,
10 sô si ûz herzen grunde ir friunde ein lieplich lachen tuot.

[154]

XVI Ich trunke gerne dâ man bî der mâze schenket,   (L.-K. 29,25)
     und dâ der übermâze niemen niht gedenket,
     sît si den man an lîbe, an guot und an den êren krenket.
     Si schât ouch an der sêle, hœre ich jehen die wîsen.
5   des möht ein ieglich man von sînem wirte wol enbern.
     liez er sich volleclîche bî der mâze wern,

XVI, 1 *schenket* ausschenkt

leuchten durch das tauige Gras im Mai, und die Vögel sin-
gen – all das ist nichts, wenn man's mit jenem wonnigen
Glück vergleicht: mit einer schönen Frau. Sie ist ein milder
Tau für ein verdorrtes Herz, sie löscht sogleich das Feuer
aller Traurigkeit. Ihr süßer roter Mund soll voll Liebe und
Anmut lachen, ach, sie soll aus lachenden Augen Pfeile
schießen, den Männern tief ins Herz!

[153]

XV Süße Herrin, hoch gepriesen, rein und vollkommen, deine
Keuschheit gibt dem Herzen hohe Freude und reiches Glück.
Rot sind deine Lippen wie die leuchtende Rose in der
Feuchtigkeit des Taus. Gott hat edle Frauen erhöht und
verklärt; man soll leben in ihrem Dienst und sie immer
preisen. Die Schätze der Welt und alle süßen Freuden liegen
in ihren Händen, rein und lauter ist ihr Preis, man soll die
Augenweide schauen. Nichts vertreibt Trauer und Unglück
so ganz wie der Anblick einer schönen, hochgesinnten
Frau, wenn sie aus tiefstem Herzen dem Geliebten ein
liebes Lächeln schenkt.

[154]

XVI Gerne tränke ich, wo man maßvoll schenkt und wo nie-
mand sich ans Übermaß verliert, denn es schadet dem Kör-
per, dem Ansehen und dem Besitz, und auch der Seele, höre
ich die Weisen sagen; niemand möchte durch seinen Gast-
geber solchen Schaden haben. Doch ließe er sich reich von

sô möht ime gelücke, heil und sælde und êre ûf rîsen.
Diu mâze wart durch daz den liuten ûf geleit,
daz man si ebene mæze und trüege, ist mir geseit;
10 nû habe er danc, ders ebene mezze und der si ebene treit.

[155]

XVII Er hât niht wol getrunken, der sich übertrinket. (L.-K. 29,35)
wie zimt biderbem man, daz ime diu zunge hinket
von wîne? ich wæne er houbetsünde und schande zuo im win-
[ket.
Im zæme baz, möht er gebrûchen sîne füeze,
5 daz er âne helfe bî den liuten möhte stân.
swie sanfte man in trüege, er möhte lieber gân.
des trinke ein iegeslîcher man, daz er den durst gebüeze.
Daz tuot er âne houbetsünde und âne spot.
swer alsô vil getrinket daz er sich noch got
10 erkennet niht, dâ mit hât er gebrochen sîn gebot.

XVI, 7 *rîsen* zufallen | XVII, 3 *zuo im winket* ruft zu sich   7 *des*
daher

der Maße beschenken, dann würde ihm viel Gutes, Segen, Glück und Ansehen zuteil. Man sagte mir, die Maße sei den Menschen gegeben, damit man sie recht messen und tragen soll. Lob und Dank dem, der sie mißt und trägt, wie sich's gebührt.

[155]

VII Der trinkt nicht recht, der sich betrinkt. Wie paßt das zu einem anständigen Mann, wenn seine Zunge hinkt vor lauter Wein? Er läßt Todsünde und Schande zu sich ins Haus. Könnte er noch gehen, dann wär's für ihn besser, wenn er ohne Hilfe bei den Leuten steht. Wie leicht man ihn auch tragen kann, er sollte lieber auf eigenen Beinen gehen. Man soll nur trinken, um den Durst zu stillen, ohne Sünde und ohne Spott. Wer so viel trinkt, daß er sich selbst und Gott nicht mehr kennt, der hat Gottes Gebot gebrochen.

Bogenerton

156

I Der anegenge nie gewan   (L.-K. 78,24)
    und anegenge machen kan,
    der kan wol ende machen und ân ende.
    sît daz allez stêt in sîner hende,
5 wer wære danne lobes sô wol wert?
    der sî der êrste in mîner wîse,
    sîn lop gêt vor allem prîse.
    daz lop ist sælic, des er gert.

157

II Nû loben wir die süezen maget,   (L.-K. 78,32)
     der ir sun niemer niht versaget;
     si ist des muoter, der von helle uns lôste.
     daz ist uns ein trôst vor allem trôste,
5   daz man dâ ze himel ir willen tuot.
     nû dar, die alten mit den jungen,
     daz ir werde lop gesungen.
     sist guot ze lobenne, sie ist guot.

158

III Ich solt iuch engele grüezen ouch,   (L.-K. 79,1)
      wan daz ich bin niht gar ein gouch:
      waz habet ir der heiden noch zerstœret?
      sît iuch nieman siht noch nieman hœret,
5   saget, waz hât ir noch dar zuo getân?
      möht ich got stille als ir gerechen,
      mit wem solt ich mich besprechen?
      ich wolte iuch hêrren ruowen lân.

I, 1 Dem nie ein Anfang wurde | II, 6 formelhafter Ausdruck

156

I Der ohne Anfang ist, doch Anfang schaffen kann, der kann auch Ende schaffen und Unendlichkeit. Weil das ganz in seinen Händen ruht – wen sollte man so loben wie ihn? Er sei der Anfang meines Lieds, denn allem Rühmen geht sein Lob voran; gesegnet ist der Lobpreis, den er von uns will.

157

II Loben wir auch die liebe Jungfrau, jede Bitte erfüllt ihr der Sohn; sie ist die Mutter dessen, der uns von der Hölle erlöste. So geschieht ihr Wille im Himmel: das, mehr als alles, schenkt uns frohe Zuversicht. Laßt uns alle ihren Lobpreis singen. Leicht und voller Segen ist ihr Lob, denn sie, die wir loben, ist vollendet gut.

158

III Auch euch, ihr Herren Engel, sollte ich grüßen, ich bin aber doch nicht ganz verrückt: wie viele Heiden habt ihr denn erschlagen? Niemand sieht euch, niemand hört euch, so sagt: was habt ihr denn auf diesem Gebiet getan? Könnte ich wie ihr den Herrgott still und heimlich rächen, dann bedürfte es keiner Konversation – dann ließe ich euch Herren in Frieden.

---

8 vieldeutige Simplizität: sie ist nicht schwer zu loben (aber auch: es ist gut, daß man sie lobt), (denn) sie ist gut

159

IV Hêr Michahêl, hêr Gabrîêl,   (L.-K. 79,9)
    hêr tiufels vîent Raphahêl,
    ir pfleget wîsheit, sterke und arzenîe.
    dar zuo hât ir engelkœre drîe,
5 die mit willen leistent iuwer gebot.
    welt ir mîn lop, sô sît bescheiden
    und schadet allerêrst den heiden.
    lopt ich iuch ê, daz wære ir spot.

160

V Sich wolte ein ses gesibent hân   (L.-K. 80,3)
    ûf einen hôhvertigen wân:
    sus strebte ez sêre nâch der übermâze.
    swer der mâze brechen wil ir strâze,
5 dem gevellet lîhte ein enger pfat.
    hôhvertic ses, nû stant gedrîet!
    dir was zem sese ein velt gefrîet,
    nû smiuc dich an der drîen stat.

161

VI Unmâze, nim dich beidiu an,   (L.-K. 80,19)
    manlîchiu wîp, wîplîche man,
    pfaflîche ritter, ritterlîche pfaffen.
    mit den solt dû dînen willen schaffen:
5 ich wil dir si gar ze stiure geben
    und alte junghêrrn geben für eigen,
    ich wil dir junge althêrren zeigen,
    daz si dir twerhes helfen leben!

IV, 1–3 je ein Attribut zu einem Engelsnamen, in derselben Reihen-

159

IV Herr Michael, Herr Gabriel, Herr Teufelskrieger Raphael,
ihr habt Weisheit, Stärke und die Kraft zu heilen. Auch
kommandiert ihr drei Engelsheere, die willig tun, was ihr
ihnen befehlt. Wollt ihr, daß ich euch lobe, so seid gescheit:
tut zuerst etwas gegen die Heiden; die würden sich doch
ins Fäustchen lachen, wenn ich euch vorher schon lobte.

160

V Die Sechs wollte eine Sieben sein; hochfahrende Flausen
hatte sie im Kopf und wollte übers rechte Maß hinaus. Wer
den maßvollen Mittelweg verläßt, gerät nur allzu leicht
auf enge Straßen. Großartige Sechs, nun bist du degradiert
zur Drei. Als du noch Sechs warst, hattest du sogar ein
freies Feld; jetzt zwäng' dich ein in die Felder der Drei!

161

VI Unmaß, diese Paare sind für dich: Mannweiber, weibische
Männer, pfäffische Ritter, Ritter spielende Pfaffen. Mit
denen tue, was du willst, ich schenk' sie dir, auch alte
Jünglinge und junge Greise sollst du haben; sie alle sollen
dir helfen, verkehrt zu leben!

---

folge | V, 4 *brechen* unterbrechen   5 *gevellet* fällt zu | VI, 1 ...
eigne dir die beiden an   8 *twerhes* quer

162

VII Wer sleht den lewen? wer sleht den risen?   (L.-K. 81,7)
wer überwindet jenen und disen?
daz tuot einer der sich selber twinget
und alliu sîniu lit in huote bringet
5 ûz der wilde in stæter zühte habe.
geligeniu zuht und schame vor gesten
mugen wol eine wîle erglesten:
der schîn nimt drâte ûf und abe.

163

VIII Swelch hêrre nieman niht versaget,   (L.-K. 80,11)
der ist an gebender kunst verschraget;
der muoz iemer nôtic sîn ald triegen.
zehen versagen sint bezzer danne ein liegen:
5 geheize minner unde grüeze baz.
well er ze rehte umb êre sorgen,
swes er niht müge ûz geborgen
noch selbe enhabe, versage doch daz.

164

IX Swelch man wirt âne muot ze rich,   (L.-K. 81,23)
wil er ze sêre striuzen sich
ûf sîne rîchheit, sô wirt er ze hêre.
ze rîch und zarm diu leschent beide sêre
5 an sumelîchen liuten rehten muot.
swâ übric rîchheit zühte slucket
und übric armuot sinne zucket,
dâ dunket mich enwederz guot.

_____

VII, 4 *in huote* unter Kontrolle   5 *habe* „Hafen"   6 *geligeniu*

162

VII Wer schlägt den Löwen? Wer schlägt den Riesen? Wer überwindet jenen oder diesen? Einer, der sich selbst bezwingt, der alle seine Glieder beherrscht und bringt sie aus wilder Freiheit in die Geborgenheit steter Zucht. Gespielte Manieren und Bescheidenheit vor Fremden – das kann wohl eine kleine Weile leuchten, doch schnell flackert's auf und schnell verglüht's.

163

III Bei einem Herrn, der niemals nein sagen kann, ist die Kunst des Schenkens arg beschränkt. Er kann nur arm oder ein Betrüger sein. Zehn Nein sind besser als ein gelogenes Ja: er soll nicht so viel versprechen und dafür freundlicher sein. Wenn er sich wahrhaftig um sein Ansehen kümmert, dann lehnt er jede Bitte ab, wenn er's nicht hat noch sich verschaffen kann.

164

IX Wird jemand allzu reich und hat kein reiches Herz, der wirkt nur überheblich, wenn er mit seinem Reichtum prahlt. Zu reich oder zu arm sein: beides zerstört bei manchen Leuten Charakter und rechte Haltung. Zu großer Reichtum verschlingt die guten Sitten, zu große Armut raubt den Verstand; keins von beiden ist gut.

geliehene | VIII, 2 *verschraget* durch Balken eingeschlossen 7 *ûz geborgen* sich entlehnen | IX, 1 *âne muot* ohne Geist 2 *sich striuzen* sich spreizen 4 *leschent* löschen aus 7 *zucket* reißt weg

165

X   Wolveile unwirdet manegen lîp.   (L.-K. 81,15)
     ir werden man, ir reiniu wîp,
     niht ensît durch kranke miete veile.
     ez muoz sêre stên an iuwerm heile,
5 welt ir iuch vergeben vinden lân.
     zundanke veile unwirdet sêre:
     dâ bî sô swachet iuwer êre,
     und ziuhet doch ûf smæhen wân.

166

XI   Man hôhgemâc, an friunden kranc,   (L.-K. 79,17)
     daz ist ein swacher habedanc;
     baz gehilfet friuntschaft âne sippe.
     lâ einen sîn geborn von küneges rippe,
5 er enhabe friunt, waz hilfet daz?
     mâgschaft ist ein selbwahsen êre,
     sô muoz man friunde verdienen sêre.
     mâc hilfet wol, friunt verre baz.

167

XII   Swer sich ze friunde gewinnen lât   (L.-K. 79,25)
     und ouch dâ bî die tugende hât
     daz er sich âne wanken lât behalten,
     des friundes mac man gerne schône walten.
5 ich hân eteswenne friunt erkorn
     sô sinewel an sîner stæte,
     swie gerne ich in behalten hæte,
     daz ich in muoste hân verlorn.

X, 3 *veile* käuflich   8 „und richtet sich doch nur auf schnöde Hoff-

165

X   Sich billig herzugeben macht manchem Schande. Ihr edlen
Männer, reinen Frauen, gebt euch nicht hin für geringen
Lohn. Es schadet eurem Glück und eurem Leben, wenn ihr
euch umsonst finden laßt. Wenn ihr gebt und Undank
erntet, leiden euer Ansehen und eure Ehre, denn sie bauen
auf trügerische Hoffnung.

166

XI   Vornehme Verwandtschaft, doch keine Freunde: da hat
man wenig Grund zum Danken; Freunde und keine Ver-
wandten, das hilft mehr. Ist einer aus königlichem Blut
geboren – was hilft ihm das, wenn er keine Freunde hat?
Verwandtschaft ist eine Ehre, die von selber kommt, Freun-
de muß man gewinnen und verdienen. Gut ist's, Verwandte
zu haben, doch wertvoller sind Freunde.

167

XII   Wer seine Freundschaft schenkt und auch so edel ist, daß er
die Freundschaft fest erhält, diesem Freund gibt man von
Herzen alles Schöne und Gute. Doch manchmal habe ich
einen Freund gehabt, dessen Treue war so kugelrund – wie
gerne ich ihn gehalten hätte, er rollte mir aus den Händen.

---

nung" (W.-M.) | XI, 1 Mann mit vornehmer V.; *kranc* arm |
XII, 1 als F. gewinnen läßt   4 *schône walten* gut behandeln   8 ich
mußte ihn doch verlieren

168

XIII Swer mir ist slipfic als ein îs   (L.-K. 79,33)
und mich ûf hebt in balles wîs,
sinewell ich dem in sînen handen,
daz sol zunstæte nieman an mir anden,
5 sît ich dem getriuwen friunde bin
einlœtic unde wol gevieret.
swes muot mir ist sô vêch gezieret,
nû sus, nû sô, dem walge ich hin.

169

XIV Diu minne ist weder man noch wîp,   (L.-K. 81,31)
si hât noch sêle noch den lîp,
sie gelîchet sich dekeinem bilde.
ir nam ist kunt, si selbe ist aber wilde,
5 und enkan doch nieman âne sie
der gotes hulden niht gewinnen
. . . .
si kam in valschez herze nie.

170

XV Ez ist in unsern kurzen tagen   (L.-K. 82,3)
nâch minne valsches vil geslagen.
swer aber ir insigel rehte erkande,
dem setze ich mîne wârheit des ze pfande,
5 wolt er ir geleite volgen mite,
daz in unfuoge niht erslüege.
minne ist ze himel sô gefüege,
daz ich si dar geleites bite.

XIII, 3 *sinewellen* rund werden, zur Kugel werden   6 *einlœtic*
von demselben Gewicht; *gevieret* fest, vierkant zusammengefügt |

168

III Wer selber schlüpfrig ist wie ein Stück Eis und mich auf-
heben will wie einen Ball, rolle ich dem aus den Händen,
dann soll man mich nicht wegen Treubruch schelten. Dem
treuen Freund bin ich stets von gleichem Maß, beständig
vierkant wie ein fester Block. Doch dem entgleite ich,
dessen Treue zu mir in bunten Farben schillert, bald so,
bald anders.

169

IV Die Liebe ist nicht Mann noch Frau, hat weder Seele noch
Leib, gleicht keiner anderen Gestalt. Man kennt das Wort,
ihr Wesen ist fremd, und doch kann niemand ohne ihre
Hilfe die Gnade Gottes finden . . . Nie kam sie in ein böses
Herz.

170

XV In unsern kurzen Erdentagen wird im Zeichen der Liebe
manch falsche Münze geprägt. Doch wenn ein Mensch ihr
wahres Bild ganz tief versteht, dann gebe ich ihm mein
Wort: das Böse raubte ihm nicht das Leben, wenn er im
Geleit der Liebe wandern wollte. Im Himmel kennt man
sie, denn Liebe gehört dem Himmel an. Ich bitte sie: Nimm
mich bei der Hand auf meinem Weg dorthin.

XIV, 4 sie selbst jedoch fremd | XV, 4 dem bürge ich dafür mit
meiner Wahrhaftigkeit 6 *unfuoge* das Ungeschickliche 7 die
Liebe paßt so sehr für den Himmel

171

XVI   Ich bin dem Bogenære holt   (L.-K. 80,27)
      gar âne gâbe und âne solt.
      er ist milte, swie kleine ichs geniuze.
      sô nieze in aber ein Pôlân alde ein Riuze,
5   daz ist allez âne mînen haz.
      in bræhte ein meister baz ze mære
      danne tûsent snarrenzære,
      tæt er den hovewerden baz.

172

XVII   Den dîemant den edelen stein   (L.-K. 80,35)
      gap mir der schœnsten ritter ein,
      âne bete wart mir diu gâbe sîne.
      jô lob ich niht die schœne nâch dem schîne;
5   milter man ist schœne und wol gezogen.
      man sol die inre tugende ûz kêren:
      sô ist daz ûzer lop nâch êren,
      sam des von Katzenellenbogen.

XVI, 5 ich bin deshalb nicht böse   6 *bræhte . . . baz ze mære* könnte
ihn besser berühmt machen   7 *snarrenzære* gewiß onomatopoetisch
| XVII, 2 *ein* einer

171

VI Dem Bogner bin ich treu ergeben, auch ohne Geschenke und Geld. Er schenkt mit vollen Händen, wenn ich auch nichts davon habe. Polen und Russen sollen von ihm profitieren – meinetwegen. Wenn er nur zu hoffähigen Künstlern freundlicher wäre: ein Meister trüge seinen Namen schöner in die Welt hinaus als tausend Stümpermusikanten.

172

VII Den Diamanten, den Edelstein, gab mir einer der schönsten Ritter; er gab ihn mir, ohne daß ich darum bat. Doch preise ich nicht den schönen Schein: schön und fein gebildet ist, wer geben kann mit offenen Händen. Man soll die Schönheit des Herzens nach außen kehren, so ist das äußere Lob der inneren Ehre gleich: wie bei dem Herrn von Katzenellenbogen.

Kaiser Friedrichston

173

I   Von Rôme keiser hêre, ir hât alsô getân   (L.-K. 84,30)
ze mînen dingen, daz ich iu muoz danken lân:
in kan iu selbe niht gedanken als ich willen hân.
Ir hât iuwer kerzen kündeclîchen mir gesendet,
5 diu hât unser hâr al gar besenget an den brân,
Und hât ouch der andern ougen vil erblendet,
doch hânt mir des wîzen alle vil gewendet:
sus mîn frum und iuwer êre ir schilhen hât geschendet.

174

II   Bot, sage dem keiser sînes armen mannes rât,   (L.-K. 10,17)
daz ich deheinen bezzern weiz als ez nû stât.
ob in guotes unde liute ieman erbeiten lât,
Sô var er balde und kome uns schiere, lâze sich niht tœren;
5 irre etelîchen ouch der got und in geirret hât.
Die rehten pfaffen warne, daz si niht gehœren
den unrehten die daz rîche wænent stœren;
scheides von in, oder scheides alle von den kœren.

175

III   Von Kölne werder bischof, sît von schulden frô! (L.-K. 85,1)
ir hât dem rîche wol gedienet, und alsô
daz iuwer lop da enzwischen stîget unde sweibet hô.
Sî iuwer werdekeit dekeinen bœsen zagen swære,
5 fürsten meister, daz sî iu als ein unnütze drô.
Getriuwer küneges pflegære, ir sît hôher mære,

I, 2 *danken lân* danken lassen   3 *als ich w. hân* wie ich möchte
4 *kündeclîchen* sichtbar, öffentlich   7 sie haben mir alle sehr viel
vom Weißen in ihrem Auge zugekehrt | II, 1 *armen mannes* Lehns-

173

I Erhabener Kaiser von Rom, Ihr habt mir so viel Gutes getan,
ich will Euch von Herzen danken. Leider muß ich meinen
Dank Euch senden, ich kann ihn nicht selbst überbringen. Vor
allem Volk habt Ihr Eure Kerze mir gesandt, die hat unser
Haar bis auf die Brauen versengt und die Augen der andern
geblendet; doch hat mich das Weiße in ihren Augen neidisch
angeschielt. Euer Geschenk hat mir genützt und Euch geehrt –
es hat ihr Schielen zuschande gemacht.

174

II Bote, sag dem Kaiser seines ergebenen Dieners Rat; wie
jetzt die Dinge stehen, weiß ich keinen bessern. Wenn man ihn
auf Geld und Truppen warten läßt, dann mach' er sich schnell
auf den Weg und komme zu uns – er soll sich nicht narren
lassen. Er soll sich auch gegen die wenden, die feindlich wa-
ren gegen ihn und Gott. Die echten Priester warne er, sie
möchten nicht auf die falschen hören, die das Reich verwirren
wollen. Die falschen soll er von den echten trennen, oder sie
aus allen Kirchen verstoßen.

175

III Edler Bischof von Köln, Ihr dürft Euch freuen! Ihr habt
dem Kaiser und dem Reich so gut gedient, daß Euer Ruhm
nun immer steigt und höher schwebt. Wenn, Herr der
Fürsten, Euer hohes Amt dem gemeinen Feigling lästig ist
und er Euch droht, beachtet seine leere Drohung nicht.
Treuer Königsvormund, Ihr seid weit berühmt und wahrt

---

mannes 5 einigen von denen, die Gott und ihm im Wege waren,
soll er's nun ebenso machen 8 alle aus den ... | III, 3 *da enzwi-
schen* inzwischen 5 betrachtet das als unnütze Drohung

keisers êren trôst baz danne ie kanzelære,
drîer künege und einlif tûsent megde kamerære.

176

IV Swes leben ich lobe, des tôt den wil ich iemer klagen.
(L.-K. 85,9)
sô wê im der den werden fürsten habe erslagen
von Kölne! owê des daz in diu erde mac getragen!
Ine kan im nâch sîner schulde keine marter vinden:
5 im wære alze senfte ein eichîn wit umb sînen kragen.
In wil sîn ouch niht brennen noch zerliden noch schinden
noch mit dem rade zerbrechen noch ouch dar ûf binden,
ich warte allez ob diu helle in lebende welle slinden.

177

V Si frâgent mich vil dicke, waz ich habe gesehen, (L.-K. 84,14)
swenn ich von hove rîte, und waz dâ sî geschehen.
ich liuge ungerne, und wil der wârheit halber niht verjehen.
Ze Nüerenberc was guot gerihte, daz sage ich ze mære:
5 umb ir milte frâget varndez volc, daz kan wol spehen.
Die seiten mir, ir malhen schieden dannen lære;
unser heimschen fürsten sîn sô hovebære,
daz Liupolt eine müeste geben, wan daz er gast dâ wære.

178

VI Swer an des edeln lantgrâven râte sî (L.-K. 85,17)
dur sîne hübscheit, er sî dienstman oder frî,
der mane in umb mîn lêren sô daz ich in spür dâ bî.

IV, 5 *eichîn wit* aus Eichenzweigen gedrehter Strang   8 *allez* im-

des Kaisers Ansehen besser als es je ein Kanzler tat; Käm-
merer von elftausend Jungfrauen und drei Königen.

176

IV Ich preise sein Leben, und immer klage ich um seinen Tod.
Weh dem, der den edlen Fürsten von Köln erschlug! O daß
ihn die Erde noch tragen will! Ich weiß keine Marter groß
genug für seine Schuld. Ein Eichenstrang um seinen Hals
wäre ihm zu sanft. Ich will ihn nicht verbrennen noch ihn
zerstückeln noch ihm die Haut abziehen, auch ihn nicht mit
dem Rad zermalmen noch aufs Rad ihn flechten; ich warte
nur jeden Tag, ob ihn nicht die Hölle lebendig verschlingt.

177

V Wenn ich vom Hoftag fortreite, fragt man mich oft, was
ich denn gesehen hätte und was geschehen sei. Ich mag nicht
lügen und auch nicht nur die halbe Wahrheit sagen. So
antworte ich: Man saß in Nürnberg ganz vortrefflich zu
Gericht, doch Geschenke – fragt fahrendes Volk, die haben
gute Augen. Mit leeren Taschen seien sie weggegangen, haben
sie mir erzählt. Unsere Fürsten hier seien so vollendet rück-
sichtsvoll gewesen, Leopold allein hätte spenden müssen –
doch der war Gast.

178

VI Wer höfisch fein gebildet ist und sitzt in des edlen Land-
grafen Rat, als Dienstmann oder Freier, der soll den Herrn
an meine Lehre erinnern – doch mit Erfolg! Man kennt die

---

merfort | V, 7–8 s. Komm. | VI, 2 *dur* wegen   3 so, daß ich von
seiner Intervention etwas merke

Mîn junger hêrre ist milt erkant, man seit mir er sî stæte,
5 dar zuo wol gezogen: daz sint gelopter tugende drî.
Ob er die vierden tugent willeclîchen tæte,
sô gienge er ebene und daz er selten missetræte,
wær unsûmic: sûmen schât dem snit und schât der sæte.

179

VII Ich traf dâ her vil rehte drîer slahte sanc: (L.-K. 84,22)
den hôhen und den nidern und den mittelswanc,
daz mir die rederîchen iegeslîches sagten danc.
Wie könd ich der drîer einen nû ze danke singen?
5 der hôhe der ist mir ze starc, der nider gar ze kranc,
Der mittel gar ze spæhe an disen twerhen dingen.
nû hilf mir, edeler küneges rât, da enzwischen swingen,
daz wir alle ein ungehazzet liet zesamene bringen.

180

VIII Mehtiger got, dû bist sô lanc und bist sô breit;   (L.-K. 10,1)
dæhten wir dâ nâch daz wir unser arebeit
verlüren! dir sint ungemezzen maht und êwekeit.
Ich weiz bî mir wol daz ein ander ouch dar umbe trahtet:
5 sô ist ez, als ez ie was, unseren sinnen unbereit.
Dû bist ze grôz, dû bist ze kleine: ez ist ungahtet.
tumber gouch, der dran betaget oder benahtet!
wil er wizzen daz nie wart gepredjet noch gepfahtet?

VII, 2 s. Komm. 3 *rederîchen* die Eloquenten, Redekundigen;
iegeslîches für jeden (Sang) 6 *spæhe* kunstvoll | VIII, 2 dächten
wir dem nach 4 *bî mir* an mir selbst, durch mein eigenes Beispiel
6 *ungahtet* „unermessen" 8 *gepfahtet* im Gesetz, Dogma nieder-
gelegt

Freigebigkeit unseres jungen Fürsten, auch beständig soll er
sein und von feiner Lebensart: drei edle, preisenswerte
Eigenschaften. Hätte er auch eine vierte und übte sie gern,
dann ginge er ohne Fehltritt auf ebenen Straßen: er soll nicht
lange zögern. Zögern schadet der Ernte und schadet der Saat.

179

VII Dreierlei Sang habe ich bisher gut gekonnt: hoch und nieder
und in der Mitte flog meine Kunst; die Kunstverständigen
haben mir für alle drei gedankt. Doch jetzt – wie könnte ich
in einem der drei Stile singen und Dank erwarten? Der
hohe tönt zu voll, der niedere ist zu dünn, der mittlere
immer noch zu reich für diese verkehrten Dinge. Hilf mir,
edler Berater des Königs, zwischen den dreien zu fliegen,
dann können wir alle miteinander ein Lied zustande brin-
gen, das man liebt.

180

III Gewaltiger Gott, du bist so groß und weit; vergebens wäre
alle Mühe, dein Maß zu begreifen, denn unermeßlich sind
deine Macht und Ewigkeit. Ich selber suche dich zu erfor-
schen, so weiß ich, daß es auch andere tun: doch jetzt und
immer bleibt dein Geheimnis uns verschlossen. Du bist zu
groß, du bist zu klein – was wissen wir davon? Wer Tag
und Nacht an dies Geheimnis denkt, der ist ein Narr. Will
er begreifen, was Predigt und Dogma nie ergründet haben?

181

IX   Rich, hêrre, dich und dîne muoter, megde kint,   (L.-K. 10,9)
an den die iuwers erbelandes vînde sint.
lâ dir den kristen zuo den heiden sîn alsô den wint,
Wan si meinent beide dich mit ganzen triuwen kleine.
5 an dîner râche gegen in, hêrre vater, niht erwint:
Dû weist wol daz die heiden dich niht irrent eine;
die sint wider dich doch offenlîche unreine,
dise unreiner, diez mit in sô stille habent gemeine.

182

X   Solt ich den pfaffen râten an den triuwen mîn,   (L.-K. 10,25)
sô spræche ir munt den armen zuo: „sê, daz ist dîn",
ir zunge sunge und lieze ir hant vil manegem man daz sîn.
Gedæhten daz ouch si durch got ê wâren almuosnære:
5 dô gap in êrste geltes teil der künic Constantîn.
Het er gewest daz dâ von übel künftic wære,
sô het er wol underkomen des rîches swære,
wan daz si dô wâren kiusche und übermüete lære.

183

XI   Mîn alter klôsenære, von dem ich dô sanc,   (L.-K. 10,33)
dô uns der êrre bâbest alsô sêre twanc,
der fürhtet aber der goteshûse, ir meister werden kranc.
Er seit, ob si die guoten bannen und den übeln singen,
5 man swenke in engegene den vil swinden widerswanc.
An pfrüenden und an kirchen müge in misselingen:
der sî vil die dar ûf iezuo haben gedingen
dazs ir guot verdienen umb daz rîche in liehten ringen.

IX, 4 denn beide lieben dich v. Herzen wenig   5 *niht erwint* lasse

181

IX Räche, Herr, du Kind der Jungfrau, dich und deine Mutter
    an den Feinden eures angestammten Landes. Doch nicht
    nur die Heiden, auch die Christen achte für nichts, denn in
    der Tiefe ihrer Seele hassen sie dich beide. Herr und Vater,
    laß sie die Schwere deiner Rache fühlen: du weißt sehr gut,
    daß nicht bloß die Heiden gegen dich sind. Die sind in
    ihrer Bosheit offen; schlimmer sind die andern, die heim-
    lich mit ihnen im Bunde sind.

182

X   Ich will der Kirche ehrlich raten: Sie soll den Armen sagen:
    „Das gehört euch." Die Priester sollen Messen singen und
    den Leuten das Ihre lassen. Sie sollen nicht vergessen, daß
    auch sie einst Almosen empfingen durch Gottes Gnade; erst
    König Konstantin gab ihnen Anteil am Reichtum der Welt.
    Hätte er gewußt, wieviel Übel daraus entsteht, er hätte dem
    Reich diesen Kummer erspart. Doch damals war man noch
    nicht voll Gier und Überheblichkeit.

183

XI Mein alter Klausner, von dem ich damals sang, als uns der
    frühere Papst so sehr bedrängte, der ist nun wieder um die
    Kirchen tief besorgt; er fürchtet, die Kirchenfürsten seien
    allzu schwach. Er sagt, wenn sie die Guten bannen und für
    die Bösen Messen singen, dann schlage man schnell und
    stark zurück: schlecht soll's ihnen gehen mit Kirchen und
    Pfründen, denn viele hoffen jetzt, im Dienst des Kaisers in
    glänzenden Waffen sich ihre Pfründen zu verdienen.

---

nicht ab | X, 6 *künftig wære* kommen würde 7 *underkomen* verhindert

191

192

193

Heinrichston

184

I Selbwahsen kint, dû bist ze krump;   (L.-K. 101,23)
  sît nieman dich gerihten mac –
  dû bist den besmen leider alze grôz,
  den swerten alze kleine –
5 nû slâf unde habe gemach.
  Ich hân mich selben des ze tump,
  daz ich dich ie sô hôhe wac.
  ich barc dîn ungefüege in friundes schôz,
  dîn leit bant ich ze beine,
10 mînen rugge ich nâch dir brach.
  Nû sî dîn schuole meisterlôs an mîner stat, ich kan dir niht.
  kan ez ein ander, deis mir liep, swaz liebes dir dâ von
                  [geschiht.
  doch weiz ich wol, swâ sîn gewalt ein ende hât,
  dâ stêt sîn kunst ouch sunder obedach.

185

II Diu minne lât sich nennen dâ   (L.-K. 102,1)
  dar si doch niemer komen wil.
  si ist den tôren in dem munde zam
  und in dem herzen wilde:
5 hüetet iuwer, guoten wîp!
  Vor kinden berget iuwer jâ,
  so enwirt ez niht ein kindes spil.
  minne unde kintheit sint ein ander gram:
  vil dicke in schœnem bilde
10 siht man leider valschen lîp.
  Ir sult ê spehen, war umbe, wie, wenn unde wâ und rehte
                  [weme
  ir iuwer minneclîchez jâ sô teilet mite daz ez iu zeme.
  sich, minne, sich, swer alsô spehe, der sî dîn kint,
  sô wîp sô man: die andern dû vertrîp.

184

I Du bist wild gewachsen, Kind, du bist zu krumm. Weil niemand mehr dich geradebiegen kann (denn leider bist du für den Stock zu groß und für das Schwert zu klein), so schlaf nur, ruh dich aus. Ich weiß, ich war ein Narr, daß ich einst so viel von dir hielt. Deine Wildheit schützte ich wie ein treuer Freund; was dich schmerzte, machte ich zu meinem Schmerz, meinen Rücken brach ich für dich. Ich war dein Lehrer; nun soll deine Schule ohne Lehrer sein, ich kann dir nicht mehr helfen. Wenn dir ein anderer helfen kann, dann freut mich alle Freude, die er dir schenkt. Doch weiß ich gut: wo seine Macht zu Ende ist, da ist auch seine Weisheit unbeschützt.

185

II Liebe – das Wort darf man nennen auch da, wohin sie selber niemals kommt. Narrenlippen ist sie vertraut, doch Narrenherzen fremd. Hütet euch, edle Frauen! Vor Kindern verbergt euer Ja, dann wird es nicht zum Kinderspiel. Liebe und kindische Jugend sind einander niemals gut. Ach, oft sieht man in schöner Gestalt ein treuloses Herz. Prüft zuvor, warum, wie, wann und wo, und prüft von Herzen, wem ihr euer liebendes Ja so schenken wollt, wie es euch ziemt und euch erfüllt. Sieh doch, Liebe: Männer und Frauen, die einander so von Herzen prüfen, sollen deine Kinder sein; die andern jage davon!

I, 3 *besmen* Besen, Rute   5 *habe gemach* mach dir's bequem   8–9 s. Komm.   11 *an mîner stat* wo ich gewesen war, statt meiner; *niht* nichts | II, 1 läßt sich nennen   3–4 Gegensatz zahm – wild; *wilde* auch „fremd"   13 *swer alsô spehe* wer so prüft

186

III Ich was durch wunder ûz gevarn,   (L.-K. 102,15)
      dô vant ich wunderlîchiu dinc.
      ich vant die stüele leider lære stân,
      dâ wîsheit, adel und alter
5   vil gewaltic sâzen ê.
      Hilf, frouwe maget, hilf, megde barn,
      den drîn noch wider in den rinc,
      lâ si niht lange ir sedeles irre gân.
      ir kumber manicvalter
10   der tuot mir von herzen wê.
      Ez hât der tumbe rîche nû ir drîer stuol, ir drîer gruoz:
      owê daz an ir drîer stat dem einen man nû nîgen muoz!
      des hinket reht und trûret zuht und siechet schame.
      diz ist mîn klage, noch klagte ich gerne mê.

III, 8 laßt sie nicht länger ihres Sitzes verlustig gehen   12 *an ir drîer stat* anstelle der drei

186

III Ich ging, um Unerhörtes zu erleben, und Unerhörtes hab'
ich gefunden. Ach, ich fand die Stühle leer, da Weisheit,
Adel und Alter einst saßen in großer Kraft. Helft, Herrin,
Jungfrau und der Jungfrau Kind, führt sie in ihren Kreis
zurück, laßt sie nicht allein und fern den Stühlen, die man
ihnen nahm. Ihr großes Leid tut mir im Herzen weh. Nun
sitzt ein reicher Narr auf ihrem Stuhl und nimmt die
Huldigung entgegen, die ihnen gebührt. Ach, daß man sich
nicht mehr den Dreien, nur noch dem Einen beugt! Jetzt
hinkt das Recht, der Anstand weint, Bescheidenheit ist
krank. Das ist meine Klage – gern klagte ich noch mehr.

Didaktische Lieder

187

I Nieman kan mit gerten   (L.-K. 87,1)
  kindes zuht beherten.
  den man zêren bringen mac,
  dem ist ein wort als ein slac.
5 dem ist ein wort als ein slac,
  den man zêren bringen mac.
  kindes zuht beherten
  nieman kan mit gerten.

II Hüetet iuwer zungen,
  daz zimt wol den jungen:
  stôz den rigel für die tür,
  lâ kein bœse wort dar für.
5 lâ kein bœse wort dar für,
  stôz den rigel für die tür.
  daz zimt wol den jungen:
  hüetet iuwer zungen.

III Hüetet iuwer ougen
  offenbâr und tougen.
  lât si guote site spehen
  und die bœsen übersehen.
5 und die bœsen übersehen
  lât si, guote site spehen.
  offenbâr und tougen
  hüetet iuwer ougen.

IV Hüetet iuwer ôren
  oder ir sît tôren.
  lât ir bœsiu wort dar in,
  daz gunêret iu den sin.
5 daz gunêret iu den sin,
  lât ir bœsiu wort dar in.
  oder ir sît tôren,
  hüetet iuwer ôren.

187

I   Niemand kann mit Ruten Kindererziehung erzwingen: Den
man zur Ehre erziehen kann, dem ist ein Wort so gut wie
ein Schlag. Dem ist ein Wort so gut wie ein Schlag, den
man zur Ehre erziehen kann. Kindererziehung erzwingen
kann niemand mit Ruten.

II   Eure Zunge nehmt in acht, das schickt sich für die Jugend.
Schieb den Riegel vor die Tür, laß kein böses Wort her-
aus. Laß kein böses Wort heraus, schieb den Riegel vor die
Tür. Das schickt sich für die Jugend: eure Zunge nehmt in
acht.

III Eure Augen nehmt in acht, wenn sie offen und heimlich
schauen. Das Gute sollen sie schauen, laßt sie nicht auf das
Böse sehen. Laßt sie nicht auf das Böse sehen, das Gute
sollen sie schauen. Wenn sie offen und heimlich schauen,
nehmt eure Augen in acht.

IV Eure Ohren nehmt in acht, wollt ihr nicht närrisch sein.
Laßt ihr böse Worte ein, dann entehrt ihr euer Herz. Dann
entehrt ihr euer Herz, laßt ihr böse Worte ein. Wollt ihr
nicht närrisch sein, nehmt eure Ohren in acht.

I, 2 *beherten* hart, dauerhaft machen

V Hüetet wol der drîer
   leider alze frîer.
   zungen, ougen, ôren sint
   dicke schalchaft, zêren blint.
5 dicke schalchaft, zêren blint
   zungen, ougen, ôren sint.
   leider alze frîer
   hüetet wol der drîer.

188

I Mirst diu êre unmære,   (L.-K. 102,29)
   dâ von ich ze jâre wurde unwert,
   Und ich klagende wære:
   „wê mir armen hiure! diz was vert.“
5 Alsô hân ich mangen kranz verborn
   und bluomen vil verkorn.
   jô bræche ich rôsen wunder, wan der dorn.

II Swer sich sô behaltet
   daz im nieman niht gesprechen mac,
   Wünneclîche er altet,
   im enwirret niht ein halber tac.
5 Des ist frô, swenn er ze tanze gât,
   swes herze ûf êre stât.
   wê im, des sîn geselle unêre hât!

III Man sol iemer frâgen
   von dem man, wiez umb sîn herze stê.
   Swen des wil betrâgen,
   der enruochet wie diu zît zergê.
5 Maneger schînet vor den frömden guot
   und hât doch valschen muot.
   wol im ze hove, der heime rehte tuot!

I, 4 *hiure* heuer, dieses Jahr; *vert* im vorigen Jahr 5 *verborn*

V   Alle drei nehmt in acht, sie sind leider allzu frei. Zunge,
    Augen und Ohren sind oft böse und blind für die Ehre. Oft
    böse und blind für die Ehre sind Zunge, Augen und Ohren.
    Leider sind sie allzu frei, alle drei nehmt in acht.

                              188

I   Solche Ehre ist mir leid, die mich übers Jahr entehrt, und
    ich muß dann klagen: „Ach, ich Armer heute, jetzt – wie
    anders war es im vergangenen Jahr!" So wies ich manchen
    Kranz zurück, und viele Blumen ließ ich ungepflückt. Gerne
    bräche ich tausend Rosen, wenn's keine Dornen gäbe.

II Wer sich so bewahrt, daß niemand Böses von ihm sagen
    kann, der wird in Freuden alt, kein halber Tag tut seinem
    Herzen weh. Wenn er zum Tanze geht, dann freut ein
    solches Leben jeden, der Ehre sucht. Doch weh ihm, wenn
    er Freunde hat, die in Schande leben.

III Man soll bei einem Menschen immer fragen, wie's in seinem
    Herzen aussieht. Wen solches Fragen ärgert, den kümmert's
    nicht, wie er seine Tage verbringt. Mancher scheint vor
    Fremden wahr und gut, doch ist er im Herzen falsch. Wer
    daheim ein rechtes Leben führt, der finde auch am Hof den
    rechten Lohn!

---

nicht gehabt 6 *verkorn* nicht beachtet

Einzelsprüche

189

Man seit mir ie von Tegersê,   (L.-K. 104,23)
wie wol daz hûs mit êren stê:
dar kêrte ich mêr dan eine mîle von der strâze.
Ich bin ein wunderlîcher man,
5 daz ich mich selben niht enkan
verstân und mich sô vil an frömde liute lâze.
Ich schiltes niht, wan got genâde uns beiden.
ich nam dô wazzer –
alsô nazzer
10 muost ich von des münches tische scheiden.

190

Ich sach hie vor eteswenne den tac,   (L.-K. 85,25)
daz unser lop was gemein allen zungen.
Swâ uns dehein lant iender nâhe lac,
daz gerte suone oder ez was betwungen.
5 Rîcher got, wie wir nâch êren dô rungen!
dô rieten die alten, und tâten die jungen.
nû krumbe unde tumbe die rihtære sint:
diz bîspel ist mangem ze merkenne blint –
waz nû geschehe dâ von, meister, daz vint!

191

Daz milter man gar wârhaft sî,   (L.-K. 104,33)
geschiht daz, dâ ist wunder bî.
der grôze wille der dâ ist,
wie mac der werden verendet?

5–6 „daß ich auf meinen eigenen Verstand so wenig gebe" (Pf.) |
2 allen Zungen gemeinsam war   3 wo uns ein Land irgend nahe

189

Immer erzählt man mir von Tegernsee, wie sehr die Gast-
freundschaft dort Ehrensache sei; so ging ich hin, und einen
Umweg machte ich mehr als eine Meile lang. Ein wunder-
licher Mensch bin ich: auf mich selbst kann ich mich nicht
verlassen, ich verlasse mich ganz auf fremde Leute. Ich will
sie gar nicht schelten, doch möge Gott uns beiden gnädig
sein. Man gab mir Wasser, und so reich benetzt mußte ich
scheiden von des Mönches Tisch.

190

Einst erlebte ich die Zeit, da wurden wir von allen Ländern
gepriesen. Jeder Nachbar suchte Frieden mit uns oder wurde
besiegt. Mächtiger Gott, wie wir damals nach Ruhm und
Ehre strebten! Da saßen die Alten im Rat, und die Jungen
gehorchten. Jetzt sind unsere Führer schief und dumm;
mancher ist zu blind, dies Gleichnis zu verstehen. Weiser,
du sollst die Folgen begreifen.

191

Freigebig sein, dabei immer Wort halten können – da muß
ein Wunder geschehen. Wie kann der große, gute Wille sich

---

lag   7 *rihtære* Richter, oberste Räte   9 *daz vint* das finde heraus |
2 wenn das geschieht, ist ein Wunder am Werk   3 *der dâ ist* der
vorhanden ist

5 Dêswâr dâ hœret witze zuo
und wachen gegen dem morgen fruo
und anders manec schœner list,
daz ez iht werde erwendet.
Der alsô tuot,
10 der sol den muot
an riuwe selten kêren.
mit witzen sol erz allez wegen,
und lâze got der sælden pflegen.
sô sol man stegen
15 nâch lange wernden êren.

---

5 wahrlich, dazu gehört Verstand ... 13 und lasse Gott Gnade
walten 14 *stegen* den Weg bereiten

vollenden in der guten Tat? Da muß man weise sein, am frühen Morgen wach und klar, und in vielen Dingen klug, sonst kann der Plan vereitelt werden. Wer so handelt, der darf sein Tun in seinem Herzen nicht bereuen, er soll es prüfen mit Verstand, doch das Gelingen dann in Gottes gnädige Hände legen. So soll man einen guten Ruf sich schaffen, der nicht vergeht.

DER LEICH

192

Einleitung

(L.-K. 3,1)

1,1 Got, dîner Trinitâte,
   die ie beslozzen hâte
   dîn fürgedanc mit râte,
   der jehen wir: mit drîunge
5   diu drîe ist ein einunge,
   ein got der hôhe hêre.

1,2 Sîn ie selbwesende êre
   verendet niemer mêre,
   nu sende uns dîne lêre.
   die sinne ûf mange sünde
5   der fürste ûz helle abgründe
   uns hât verleitet sêre.

Hauptteil I
1. Hälfte

2,1 Sîn rât und brœdes fleisches gir
   die hânt geverret, hêrre, uns dir.
   sît disiu zwei dir sint ze balt
   und dû der beider hâst gewalt,

2,2 Sô tuo daz dînem namen ze lobe
   und hilf uns daz wir mit dir obe
   geligen, und daz dîn kraft uns gebe
   sô starke stæte widerstrebe,

3,1 Dâ von dîn name sî gêret
   und ouch dîn lop gemêret.

3,2 Dâ von wirt er gunêret,
   der uns dâ sünde lêret

192

1,1 Gott, wir bekennen von deiner Dreieinigkeit, die dein weiser Plan von allem Anfang an für alle Zeit zusammenschloß: die drei sind in der Dreiheit eins, der eine hohe, erhabene Gott.

1,2 Seine Herrlichkeit ist ohne Ende, immer ist sie durch sich selbst und ruht in sich. Hilf und erleuchte uns; der Fürst aus dem Abgrund der Hölle hat unsre Sinne zur Sünde verführt.

2,1 Durch sein Locken und die Gier unseres schwachen Fleisches sind wir, Gott, dir fremd geworden. Teufel und Fleisch lehnen sich gegen dich auf, doch du bist ihr Herr:

2,2 verherrliche deinen Namen und steh uns bei, daß wir mit dir siegen und deine Kraft uns hilft, stark und beständig zu widerstehen.

3,1 So soll dein Name verherrlicht werden, dein Ruhm immer wachsen,

3,2 doch der uns Sünde lehrt und uns zur Unreinheit treibt, wird Schande haben;

1,1,1–4 *dîner Trinitâte* ... *jehen wir*   3 *fürgedanc* Vorausdenken, Vorsehung; *mit râte* mit Weisheit
1,2,1 *selbwesende* selbstseiende   4 *mange sünde* manche Schandtat
2,1,1–2 *Sîn rât* (verführerischer Ratschlag) ... *hânt geverret* ... *dir* haben uns von dir entfernt   3 *sît* weil; *balt* kühn, aufsässig

4,1   Und der uns ûf unkiusche jaget;
sîn kraft von dîner kraft verzaget.
des sî dir iemer lop gesaget,

4,2   Und ouch der reinen süezen maget,
von der uns ist der sun betaget,
der ir ze kinde wol behaget.

2. Hälfte

5,1   Maget und muoter, schouwe   der kristenheite nôt,
dû blüende gerte Arônes, ûf gênder morgenrôt,

5,2   Ezechîêles porte,   diu nie wart ûf getân,
dur die der künec hêrlîche wart ûz und in gelân.

5,3   Alsô diu sunne schînet   durch ganz geworhtez glas,
alsô gebar diu reine Krist, diu magt und muoter was.

6,1   Ein bosch der bran,   dâ nie niht an
besenget noch verbrennet wart.

6,2   Grüen unde ganz   beleip sîn glanz
vor fiures flamme unverschart.

6,3   Daz was diu reine   magt alleine,
diu mit megetlîcher art

7,1   Kindes muoter worden ist
ân aller manne mitewist,
und wider menneschlîchen list
den wâren Krist
5 gebar, der uns bedâhte.

4,2,2 *betaget* „an den Tag gekommen", erschienen

4,1   seine Macht verzweifelt vor deiner Macht. Dafür wollen wir dich immer preisen

4,2   und die liebe reine Jungfrau, die uns den Sohn gebar, das Kind, das ihr gehört und ihre Freude ist.

5,1   Jungfrau, Mutter, schau auf die Not der Christenheit; Aarons blühender Stab, aufgehendes Morgenrot,

5,2   Hesekiels Tor, nie aufgetan, doch den König ließ man herrlich aus und ein.

5,3   Die Sonne leuchtet durch unversehrtes, reines Glas; so gebar die reine Jungfrau und Mutter den Herren Christ.

6,1   Es brannte ein Busch, doch nichts war an ihm versengt noch verbrannt.

6,2   In seinem Leuchten blieb er grün und ganz, von der Flamme unversehrt.

6,3   Das war allein die reine Jungfrau, die als Jungfrau

7,1   eines Kindes Mutter wurde und doch von keinem Manne wußte; die gegen alle menschliche Vernunft den wahren Christus, den Heiland gebar.

5,2,2 durch welche ... aus und eingelassen wurde
5,3,1–2 *Alsô ... alsô* wie ... so   1 *ganz geworht* in einem Stück gefertigt
6,2,2 *unverschart* von *verscherten* „schartig machen": unverletzt
7,1,2 *mitewist* von *mite wesen*, dabeisein, also: Beiwohnung, Beilager   5 *der uns bedâhte* der sich unser annahm

7,2   Wol ir, daz si den ie getruoc,
       der unsern tôt ze tôde sluoc!
       mit sînem bluote er ab uns twuoc
       den ungefuoc,
    5 den Even schulde uns brâhte.

8,1   Salomônes   hôhes trônes
       bist dû, frouwe, ein selde hêr und ouch gebieterinne.

8,2   Balsamîte,   margarîte,
       ob allen megden bist dû, maget, ein magt, ein küneginne.

8,3   Gotes lambe   was dîn wambe
       ein palas kleine, dâ ez reine lac beslozzen inne.

 9   Daz lamp ist Krist,
       dâ von dû bist   nû alle frist
       gehœhet und gehêret.
       nû bite in daz er uns gewer
    5 durch dich des unser dürfte ger;
       dû sende uns trôst von himel her,
       des wirt dîn lop gemêret.

Mittelteil

10,1   Maget vil unbewollen,
       der Gedêônes wollen
       gelîchest dû bevollen,
       die got begôz mit sînem himeltouwe.

10,2   Ein wort ob allen worten
       entslôz dîner ôren porten,
       des süeze an allen orten
       dich hât gesüezet, süeze himelfrouwe.

7,2 Sie soll gesegnet sein, daß sie ihn einst unterm Herzen getragen, der unsern Tod zu Tode schlug. Mit seinem Blut wusch er uns rein, die wir durch Evas Schuld unrein geworden sind.

8,1 Salomos erhabenem Thron bist du, Herrin, heilige Wohnung und Gebieterin,

8,2 Balsamblüte, edle Perle; du bist, Jungfrau, über allen Jungfraun eine Jungfrau, du bist Königin.

8,3 Dein Schoß war für Gottes Lamm ein kostbar schönes Schloß, in dem es rein geborgen lag.

9 Christus ist das Lamm, das dich auf ewig heiligt und erhöht. Bitte ihn, daß er uns um deinetwillen schenkt, worum wir flehen in unserer Not; sende uns vom Himmel Hilfe und Trost, dann wirst du immer herrlicher gepriesen.

10,1 Unbefleckte Jungfrau, du gleichst dem Felle Gideons, das Gott mit seinem Himmelstau begoß.

10,2 Das Wort über allen Worten öffnete deiner Ohren Tür, und seine Süße hat dich mit Süße ganz erfüllt, du süße Himmelskönigin.

7,2,3–5 *ab uns twuoc / den ungefuoc* ... wusch von uns das Verkehrte, das uns Evas Schuld gebracht hatte
9,2–3 *dâ von dû bist* ... *gehêret* wodurch du ... erhöht wirst
5 *des unser dürfte ger* was unsere Not erfordert
10,1,3 *bevollen* ganz und gar

11,1   Swaz ûz dem wort erwahsen sî,
daz ist von kindes sinnen frî.
ez wuohs ze gote und wart ein man,
dâ merket alle ein wunder an:
5 ein got der ie gewesende wart
ein man nâch menneschlîcher art.

11,2   Swaz er noch wunders ie begie,
daz hât er überwundert hie.
des selben wunderæres hûs
was einer reinen megde klûs
5 wol vierzec wochen und niht mê
ân alle sünde und âne wê.

12,1   Nû biten wir die muoter
und ouch der muoter barn,
si reine und er vil guoter,
daz si uns tuon bewarn.

12,2   Wan âne si kan niemen
hie noch dort genesen,
und widerredet daz iemen,
der muoz ein tôre wesen.

Hauptteil II
1. Hälfte

2,1a   Wie mac des iemer werden rât,
der umbe sîne missetât
niht herzelîcher riuwe hât?
sît got enheine sünde lât,

2,2a   Die niht geriuwet zaller stunt
hin abe unz ûf des herzen grunt.
dem wîsen ist daz allez kunt,
daz niemer sêle wirt gesunt,

1,1 Was aus dem Wort erwuchs, das ist kein Kind; es wuchs und wurde Gott und wurde Mensch, ihr alle seht das Wunder: der Gott, der von Ewigkeit war, wurde Mensch, ganz nach der Menschen Art.

1,2 Alle Wunder, die er jemals tat, hat wunderbar dies eine übertroffen. Der Mensch und Gott, der diese Wunder tat, der wohnte vierzig Wochen ohne Sünde und Schmerz in einer reinen Jungfrau Kammer.

2,1 Nun bitten wir die Mutter und ihr Kind, die reine Jungfrau und den guten Gott um Hilfe und Schutz.

2,2 Denn ohne sie kann niemand Rettung finden, weder hier noch dort. Der muß ein Narr sein, der das leugnen will.

1a Wie kann der jemals Hilfe finden, der nicht von ganzem Herzen seine Schuld bereut? Gott vergibt keine Sünde,

2a die nicht allzeit Reue wirkt bis auf den Grund des Herzens. Wer weise ist, versteht: keine Seele, die das Sünden-

---

11,1,2 *von kindes sinnen frî* von Wesen und Gedanken eines Kindes frei

11,2,2 hat er durch dieses Wunder hier übertroffen

5 diu mit der sünden swert ist wunt,
sin habe von grunde heiles funt.

3,1a Nû ist uns riuwe tiure,
si sende uns got ze stiure

3,2a Bî sînem minnefiure.
sîn geist der vil gehiure

4,1a Der kan wol herten herzen geben
wâre riuwe und lîhtez leben.
swâ er die riuwe gernde weiz,

4,2a Dâ machet er die riuwe heiz.
ein wildez herze er alsô zamt,
daz ez sich aller sünden schamt.

2. Hälfte

5,1a Nû vater und sun uns sende   den rehten geist her abe,
daz er mit sîner süezen fiuhte ein dürrez herze erlabe.

5,2a Unkristenlîcher dinge   ist diu werlt al vol.
swâ Kristentuom ze siechhûs lît, dâ tuot man im niht wol.

6,1a In dürstet sêre   nâch der lêre
als er von Rôme was gewon.

6,2a Der im die schancte   und in dâ trancte
als ê, dâ wurd er varnde von.

7,1a Swaz im dâ leides ie gewar,
daz kam von simonîe gar;
nû ist er dâ sô friunde bar,
daz ern getar
5 niht sînen schaden gerüegen.

schwert verwundet hat, wird je gesund, wenn sie nicht aus tiefstem Grunde Heilung findet.

1a Reue ist schwer, wenn Gott mit seinem Liebesfeuer

,2a sie nicht zu uns sendet und uns hilft. Sein heiliger Geist

,1a kann harten Herzen wahre Reue und reines Leben schenken. Wo er sieht, daß Reue sich sehnt,

,2a da schenkt er ihr reinigende Glut. Er zähmt ein wildes Herz so ganz, daß es sich aller Sünden schämt.

,1a Vater und Sohn, sende uns den wahren Geist herab; sein milder Tau soll das verdorrte Herz erquicken.

,2a Unchristlich denkt und handelt alle Welt; dem Christentum geht's schlecht, wenn es im Siechenhaus liegt.

,1a Durstig sehnt das Christentum sich nach der reinen Lehre, wie sie immer sonst von Rom zu ihm kam.

,2a Wenn man sie ihm schenkte und ihm zu trinken gäbe wie einst, dann stünde es auf und wäre gesund.

,1a Alle Krankheit, die es erlitt, kam von der Simonie. Nun ist es in Rom ohne Freunde und wagt nicht, Klage zu führen um seinen Verlust.

3,1a,2 *ze stiure* zur Lenkung, Hilfe
4,1a,3 „wo er die Reue sehnend weiß"
5,1a,2 *fiuhte* Feuchtigkeit
5,2a,2 *swâ ... dâ* wo ... da
6,1a,2 wie es (*Kristentuom* mask.!) dies von Rom gewohnt war
6,2a,2 *varnde* gehend, „auf die Beine gekommen"
7,1a,1 *gewar* von *gewerren* betrüben: aller Kummer, den es erlitt
5 *gerüegen* sich beschweren, anklagen

7,2a Kristentuom und kristenheit,
      der disiu zwei zesamne sneit,
      gelîche lanc, gelîche breit,
      liep unde leit,
   5 der wolte ouch daz wir trüegen

8,1a In Kriste kristenlîchez leben.
      sît er uns hât ûf ein gegeben,   sô suln wir uns niht scheiden.

8,2a Swelch kristen kristentuomes giht
      an worten und an werken niht,   der ist wol halp ein hei-
                                                          [den.
8,3a Daz ist unser meiste nôt:
      daz eine ist ân daz ander tôt,   nû stiure uns got an beiden,

  9a Und gebe uns rât,
      sît er uns hât   sîn hantgetât
      geheizen offenbâre.
      nû senfte uns, frouwe, sînen zorn,
   5 barmherzic muoter ûz erkorn,
      dû frîer rôse sunder dorn,
      dû sunnevarwiu klâre.

                    S c h l u ß t e i l

13,1 Dich lobet der hôhen engel schar,
      doch brâhten si dîn lop nie dar
      daz ez volendet wurde gar,
      swaz lobes sî gesungen
   5 in stimmen oder von zungen
      ûz allen ordenungen
      ze himel und ûf der erde.
      des manen wir dich werde,

      _____

      7,2a,2 *zesamne sneit* zuschnitt (so daß sie in allem übereinstimmen

‚2a Christentum und Christenheit, wer sie, einander passend,
formte, gleich lang und gleich breit, für Glück und Schmerz,
der wollte,

‚1a wir sollen in Christus christlich leben; er macht uns eins,
wir sollen uns nicht trennen.

‚2a Ein Christ, der sich zum Christentum bekennt mit Worten,
nicht mit Werken, der ist halb ein Heide.

‚3a Das ist unser größtes Leid: das eine ist ohne das andere tot;
Gott helfe uns mit beiden

9a und steh uns bei, sind wir doch seiner Hände Werk, so hat
er's verkündet. Bewahre uns, Herrin, vor seinem Zorn, du
erwählte Mutter voll Barmherzigkeit, du Rose ohne Dor-
nen, du sonnenhelle Reinheit.

3,1 Dich preist der hohen Engel Schar, doch konnten sie dein
Lob nie ganz vollenden, welch Lobgesang auch je gesungen
wurde mit Engels- oder Menschenzungen in himmlischen und
irdischen Chören. So rufen wir zu dir, du Herrliche,

---

sollten) 4 *liep unde leit* Adj.: im Guten wie im Bösen
8,1a,2 *ûf ein gegeben* vereinigt
9a,4 *senfte* ... besänftige seinen Zorn
13,1,8 *manen* gemahnen, erinnern

13,2 Und biten umb unser schulde dich,
      daz dû uns sîst genædiclich,
      sô daz dîn bete erklinge
      vor der barmunge urspringe.
   5 sô hân wir des gedinge,
      diu schulde werde ringe,
      dâ mite wir sêre sîn beladen.
      hilf uns daz wir si abe gebaden

5,1b Mit stæte wernder riuwe   umb unser missetât,
      die âne got und âne dich nieman ze gebenne hât.

3,2   und flehen um unserer Sünden willen, daß du uns gnädig
bist und für uns bittest vor dem Quell der Barmherzigkeit.
So hoffen wir, daß die Last unserer Sünde leichter wird,
die wir mit Schmerzen tragen; hilf uns, daß wir die Sünde
von uns waschen

,1b   mit immerwährender Reue über unsere Schuld; Reue, die
uns niemand geben kann, nur Gott und du.

ZEITTAFEL

der wichtigsten politischen und literarischen
Ereignisse während Walthers Leben

Ab **1160**: frühe donauländische Lyrik (der Kürnberger, Dietmar v. Aist u. a.). – Um **1170**: W. geboren. – Seit **1180**: Lyrik Heinrichs v. Morungen. – Zwischen **1170** und **1189**: Heinrich v. Veldeke, *Eneit*, der erste (früh-)höfische deutsche Roman, mit vorbildlicher Form- und Reimstrenge. – Zwischen **1180** und **1185**: Hartmann v. Aue, *Erec*, der erste deutsche Artusroman. – Um **1185** Anfänge Reinmars. – **1189/92**: 3. Kreuzzug, auf dem **1190** Kaiser Friedrich I. (Barbarossa) und die Minnesänger Friedrich v. Hausen sterben. – Um **1190**: Anfänge von W's dichterischem Schaffen. – **1190**: Hermann Landgraf von Thüringen. – **1191**: Friedrich Barbarossas Sohn, Heinrich VI., zum Kaiser gekrönt. – **1192/94**: Heinrich VI. hält den englischen König Richard Löwenherz gefangen; hohes Lösegeld. – **1193**: Tod des Sultans Saladin. – **1197**: Philipp v. Schwaben, Sohn Friedrichs I. und jüngerer Bruder Heinrichs VI., vermählt mit Irene, byzant. Kaiserstochter. – **1197/98**: 4. Kreuzzug. Beim Aufbruch stirbt am **28. 9. 1197** Kaiser Heinrich 31jährig in Messina. Katastrophe für die staufische Reichspolitik, Unruhen im Reich, entscheidendes Wendejahr. Philipp v. Schwaben will zunächst als Prokurator die Krone dem bereits zum deutschen König gewählten Sohn Heinrichs, dem Kind Friedrich (geb. 1194) erhalten. Doch die Gegenpartei (der Erzbischof von Köln, die Welfen, die Engländer) betreiben die Wahl eines Gegenkandidaten, des Welfen Otto v. Braunschweig: jüngerer Sohn Heinrichs des Löwen, Neffe von Richard Löwenherz. So wird am **8. 3. 1198** Philipp in Mühlhausen (Thüringen) durch die Mehrheit der Reichsfürsten zum König gewählt. **9. 6.** Ottos Königswahl, **12. 7.** in Aachen Krönung durch den Erzbischof v. Köln (am rechten Ort durch den legitimen Kirchenfürsten, doch ohne die echten Krönungsinsignien). Philipps Krönung am **8. 9.** mit der echten Krone, aber am falschen Ort (Mainz) durch einen zufällig anwesenden burgundischen Erzbischof. Chaos, Unsicherheit im Reich; die Fürsten nützen die Situation zur Stärkung ihrer persönlichen Machtposition aus. – Am **8. 1. 1198** der jüngste Kardinal, Lothar v. Segni, als Innozenz III. zum Papst gewählt: genial, willensstark, auf territoriale Ausweitung des Kirchenstaats und politisch-theologische Stärkung der Kurie bedacht, bringt er sich im Machtspiel mit den deutschen Kaisern doch immer wieder um die Früchte seiner Politik. In die Doppelwahl **1198** greift er zunächst nicht ein. Trotz gewisser Vorteile Philipps bleibt die Situation im Reich noch ungewiß. **1198** Tod Friedrichs von Österreich auf einer Kreuzfahrt, Leopold VI. wird Herzog v. Österreich; W. verläßt Wien. – Um **1200**: Hartmanns *Iwein;* das *Nibelungenlied;* Beginn von Wolframs *Parzival* und Gottfrieds *Tristan.* – **1201**: Innozenz entscheidet sich für Otto IV.; am **1. 3.** schreibt er ihm: *te in regem recipimus;* am **3. 7.** verkündet der Kardinallegat Guido v. Praeneste in Köln die päpstliche Entscheidung und bannt Philipp und seine Anhänger. Die Mehrzahl der weltlichen und geistlichen Fürsten bleibt Philipp treu, Hermann v. Thüringen geht wieder zu Otto über. – **1203**: W. urkundlich bei Bischof Wolfger v. Ellenbrechtskirchen bezeugt; um **1203** wohl W's zweiter Aufenthalt in Wien. – Um **1205**: Reinmars Tod. – Trotz des Banns steigt Philipps Macht; die Engländer werden vom Festland vertrieben: schwerer Schlag für die Welfen. Der Erzbischof v. Köln geht zu Philipp über und krönt ihn am **6. 1. 1205** nochmals in Aachen. Der Papst beginnt Verhandlungen mit Philipp, Ottos Abfindung und Rücktritt scheinen beschlossen, doch am **21. 6.**

1208 wird Philipp in Bamberg aus Privatrache ermordet. Im Interesse der Einheit und des Friedens stellt sich nun auch die Stauferpartei hinter Otto, der Philipps Tochter heiratet und am **4. 10. 1209** zum Kaiser gekrönt wird. Doch bald wendet er sich gegen den Papst und verfolgt „staufische" Politik; **1210** wird er mit allen Anhängern (also unausgesprochen auch wohl W.!) gebannt und marschiert noch **1210** in Sizilien ein. – Um **1210**: Gottfried v. Straßburg gestorben; Wolframs *Parzival* vollendet; bald auch Hartmann gestorben; Anfänge Neitharts v. Reuental. – Die dritte große Kaisergestalt, die W's Dichtungen bestimmt, betritt die Bühne: Friedrich II., der Sohn Heinrichs VI. Auf Betreiben Frankreichs wählen im **Sept. 1211** einige Fürsten in Nürnberg Friedrich zum Kaiser. Hermann v. Thüringen scheint zu schwanken. Im Herbst **1212** kommt der 17jährige Friedrich, das *kint von Pülle* (Apulien) nach Deutschland; Otto kehrt aus Sizilien zurück, verliert an Einfluß. Im **Dez. 1212** Friedrich II. in Frankfurt nochmals gewählt und in Mainz gekrönt. – **27. 7. 1214**: Otto bei Bouvines (östl. Lille) vom französischen König entscheidend geschlagen, die englisch-welfischen Bündnispartner sind besiegt. – **1215**: 4. Laterankonzil: Friedrichs Wahl bestätigt; Friedrich nochmals in Aachen gekrönt; **1216**: Tod Innozenz' III. – **1215/16**: Thomasins *Welscher Gast*. – **1218**: Tod Ottos IV. – **1220**: Friedrichs Sohn Heinrich (VII.) in Frankfurt zum deutschen König gewählt. Am 22. 11. Friedrich II. durch Papst Honorius III. zum Kaiser gekrönt. – Um **1220** wohl Tod Wolframs von Eschenbach. – W's Lehen. – **1225**: Reichsverweser Erzbischof Engelbert v. Köln ermordet. – **1227**: Friedrich II. gebannt, da er wegen Krankheit ein Kreuzzugsversprechen nicht einlöst. – **1228/29**: Kreuzzug Friedrichs II. **1229**: Friedrich krönt sich zum König v. Jerusalem. – Um **1230**: W's Tod.

ANMERKUNGEN

Lied, Spruch; Strophenbindung, Zyklen, Chronologie.
Bindung der Strophen zur Einheit des Liedes und der Lie-
der zu größeren zyklischen Einheiten gehört zu den meist-
diskutierten Problemen der W.-Forschung: elementar die
Frage nach dem Verhältnis der Teile zueinander und zum
wie auch immer geformten oder verstandenen Ganzen.
Schon beim gewöhnlichen mehrstrophigen (Minne-)Lied,
dessen Strophen durch ein gleichgebautes, fast immer von
anderen Gedichten verschiedenes Metrum zusammengehalten
werden, ist die gehaltliche Einheit oft bestritten worden
(vgl. 23; 69; sogar 16). Reihung, Gedankenweg, Verknüp-
fung durch Responsionen der Motive, Reime, Laute; unsere
historisch bedingte, für ma. Lyrik manchmal zu enge
Vorstellung der „Einheit“: viele Probleme schon im Innen-
raum eines kurzen Lieds. Und gar die fast zahllosen Bin-
dungen nach außen, zum anderen, die oft das innere Ver-
ständnis mitbestimmen: die klaren oder kryptischen Krite-
rien gehaltlicher und formaler Verwandtschaft der Lieder
miteinander, Strophensippen, Wort- und Motivresponsio-
nen, geistige Konzepte und ihre (postulierte) Entwicklung.
Dann die immer wieder anders interpretierte Frage des
künstlerischen „Zusammenhangs“: Wo hören die bloßen
„Anklänge“ auf, wo fängt streng umrissene, tektonisch
verknüpfte „Einheit“ an? Vor allem: Gilt nur, was als
bewußte Einheit komponiert ist, oder fügen sich verschie-
dene Gedichte, wie bei einer Drehung des Kaleidoskops,
zu immer wieder anderen Konstellationen, vom Dichter
vielleicht nicht bewußt geplant und dennoch von seiner
Phantasie zum Kunstgebilde geformt? (Balzac entwarf die
zyklische Einheit der *Comédie humaine* erst, nachdem schon

ein Teil der Romane „planlos" existierte: „zufällig, un-
künstlerisch" nach manchen Kritikern, „lebendig im Unbe-
wußten erwachsen und daher Zeichen der wahren Einheit"
nach andern. Wir denken auch an die nachträgliche
zyklische Neuordnung frei entstandener Gedichte bei
manchen Lyrikern in modernerer Literatur.) Diese Mög-
lichkeit fluktuierender Ordnung gewährt größere Freiheit,
enthält aber für den Interpreten die Gefahr bodenloser
einempfindender Spekulation und kann in jenen banalen
Tiefsinn führen, für den alles mit allem verwandt ist:
kaum ein Ideal bei einem Dichter, dem das *scheiden*, die
Unterscheidung, so wertvoll war. – Für die Lieddichtung
W's gibt es zwei große Interpretationsmodelle zyklischer
Verknüpfung (neben kleinräumigeren Bindungen etwa der
Strophensippen, der offensichtlichen gehaltlichen Verknüp-
fung und der Motivresponsion – am extremsten im Selbst-
zitat, etwa 14 auf 13; 17 auf 16; 136 und 183 auf 78 –; der
Kohärenz innerhalb objektiver Gattungen wie des Boten-
lieds, Frauenmonologs, Dialogs, Wechsels). Da ist einmal
die alte biographische Methode: zwei aufeinander folgende
oder einander durchdringende Liebesromane, real erlebte
Verhältnisse mit zwei Frauen, einem Mädchen aus niederem
Stand und einer hohen Dame, in dieser Folge; die Wahr-
heit der Dichtung manifestiert sich selbstverständlich als
„Bruchstücke einer großen Konfession", Chronologie und
Entwicklung erhellend. Das zweite Modell, Gegenschlag
gegen die Gleichsetzung von Dichtung und äußerem Erleben,
verinnerlichte den geistesgeschichtlichen Begriff des Erleb-
nisses und fiktionalisierte das Geschehen: Burdach brachte
die Wende, im Lebenswerk Carl v. Kraus' kulminierte die
Methode. Die zyklische Verknüpfung etwa der Reinmar-
Walther-Fehde, der „Gruppe um das Preislied", der Lieder
der Mädchenminne und der „Neuen Hohen Minne" wird
erhellt durch subtiles Begreifen der Gedankenanklänge, der
Motiv- und Wortresponsionen und sonstiger Bezüge zwi-
schen den Liedern, auch in parodistischem Anklang an

andere Dichter: ein hochbewußtes System von „erdichteten"
Liebesbezügen; Liebe als höfisches Kunstwerk in reinster
Form. Auch dies zweite Modell, im Detail von vielen
modifiziert, doch jahrzehntelang methodologisches Grund-
konzept der Minnesangforschung, ist in den letzten Jahren
im Kern angegriffen worden. Das Zusammenstellen von
Liedern zu innerem Verlauf nach Krausschen Kriterien ist
in vielem willkürlich; oft möchte man nur sagen: So könnte
es gewesen sein. Vor allem die Gleichsetzung des Verlaufs
der erdichteten Geschichte (selbst wenn sie „richtig" rekon-
struiert sein sollte) mit äußerer Chronologie ist fragwürdig;
trotz festliegender Grundlinien könnte die dichterische
Phantasie immer wieder fast überall im „Roman" Kapitel
oder Varianten eingefügt, eine andere Wende nachgeholt
haben. Doch dann die weitere Frage: War solche romanhaft
entwickelte Geradlinigkeit überhaupt Grundlage der Fik-
tion, oder folgten die Gedichte, weniger streng verknüpft,
auch in ihrer *individuellen Fiktion* mehr den Liebesgesetzen
des pulsierenden Lebens, das sie dichterisch überhöhten:
„himmelhoch jauchzend, zu Tode betrübt"? Freilich würde
die Annahme, daß der Weg von Hoher zu Gegenseitigkeits-
minne aus fiktiven, auch von Kunstpolemik bestimmten
Stationen besteht, ein logisches Schritt-für-Schritt eher ver-
ständlich machen als dies bei autobiographischer Liebes-
dichtung der Fall wäre (wie absurd solche Rekonstruktion
eines fiktiven Liebesfahrplans in Goethes Lyrik!) – dennoch
ist auch bei „erfundenem" Geschehen das Detail des Wegs
nur „symbolisch" zu rekonstruieren, unter der Voraus-
setzung, daß W. ein Schritt-für-Schritt *im Innenraum des
Romans* gewollt hat. Wohl scheint die eine große Linie
festzuliegen: der Weg hin zur Gegenseitigkeitsminne. Wir
wollen W. nicht so viel romantische, Heinesche Ironie
zutrauen, er könne dieses in mittelalterlichem Geiste ge-
wonnene Ideal im gleichen Atemzug desavouieren. Ob aber
das Auf und Ab von Lieb und Leid, Freude und Zorn,
Bangen und Erfüllung Zug um Zug von der Komposition

eines zyklischen Gebildes bestimmt ist, lassen wir auf sich beruhen. Wenn jene extremen Forderungen relativiert werden, dann gewinnen auch Zusammenstellungen motivähnlicher, gedanklich und formal aufeinander bezogener Gedichte mit bescheidenerem Anspruch größere Relevanz. (Mit dieser Einschränkung folgt auch unsere Ausgabe im großen ganzen dem von der Forschung gezeichneten Weg.) Wir kennen in unserer Wissenschaft andere das Interpretationsmodell relativierende Beispiele der Resignation aus Sachlichkeit, aus Respekt für die Fülle der Dinge; etwa die Einschränkung der Heuslerschen Theorie von „Nibelungensage und Nibelungenlied" oder der Heuslerschen Metrik. –

In der Frage der künstlerischen Bindung von Teilen zum Ganzen spielen die *Sprüche* eine interessante, vieldiskutierte Rolle. Manche Kategorien überschneiden sich und mögen verwirren; die Gattung „Spruch" und die „Seinsweise" seiner Bindung zu höherer Einheit sind nicht leicht zu verstehen; seit Simrocks Formulierung des Begriffs (Waltherübersetzung 1833) hat man das Problem zuweilen gar zu leicht genommen, zuweilen auch allzu krampfhaft angepackt. Wir spüren den gattungsmäßigen Unterschied, wenn wir ein Lied wie *Nemt, frouwe, disen kranz* (41) neben die Reichstontriade oder die Sprüche im Ersten Philippston stellen, aber eine Definition fällt schwer. Thematische Unterscheidung (hier Minne, dort politische Lehre oder Lehre überhaupt) reicht nicht hin, denn nicht alle mehrstrophigen Lieder handeln von Minne; umgekehrt gibt es „Minnesprüche", und manche Minnelieder sind in hohem Maße didaktisch. Unser modernes, seit Klassik und Romantik wenn auch nur vordergründig geprägtes Gefühl für Unterschiede zwischen „liedhaft" und „didaktisch" hilft wenig (Gattungsunterschiede zwischen Goethes ‚Mailied' und den ‚Xenien' sind leicht zu begreifen, wie aber klassifizieren wir Gedankenlyrik, mehrstrophige „Erlebnis-Lehrdichtung" wie ‚Urworte. Orphisch'?). Auch greift die Thematik des

„Spruchs" (Reich, Kirche, Herrenpreis und -schelte, persönliche Bitte und Dank, Religiosität in Bekenntnis, Lehre und Gebet, höfische Lehre, allgemeine Lebenslehre, philosophische und theologische Fragen, Totenklage – um nur die wichtigsten W'schen Themen zu nennen) weiter aus als das, was man allgemein „Gnomik" nennt (Lehrspruchdichtung in vielen Literaturen). Simrock und andere nach ihm sahen in der *Vortragsform* einen wesentlichen Unterschied: Lied gesungen, Spruch gesprochen, höchstens rezitativisch-parlando deklamiert; aber auch für „Spruch"töne sind Melodien überliefert, also gesungene Sprüche: „Sangspruch", „Liedspruch". Auch die Form sei verschieden. Lieder seien formal kunstvoller, Sprüche einfacher oder schwerfälliger: gewiß nicht generell richtig, wenn man die Baugesetze und rhythmischen Feinheiten der Sprüche begreift. Schließlich der vielleicht folgenschwerste Unterscheidungsversuch: Sprüche seien prinzipiell einstrophig, Lieder (trotz mancher Abweichung von unseren anachronistischen Ansprüchen auf enge gedankliche Bindung) mehrstrophig; daran ändere vereinzelte Gruppenbildung von Sprüchen nichts (Reichston, Kaisersprüche im Ottenton, religiöse Sprüche im Bogenerton, Reinmarklage im Leopoldston). Doch ist dann die Tatsache, daß diese getrennten Sprüche im gleichen Ton (in gleicher sprachmetrischer und musikalischer Form) komponiert sind, für die künstlerische Intention, die „Seinsweise" des Kunstwerks belanglos? Maurer leugnete am entschiedensten den grundsätzlichen Unterschied zwischen Lied und Spruch, faßte die Töne als Lieder und suchte die Liedhaftigkeit der „Sprüche" zu erproben. Wenn er auch nicht jeden Ton mit allen seinen Strophen als streng gebundenes Lied begreifen will, so ist für ihn doch im Spruchton das Verhältnis vom Teil zum Ganzen weitgehend „liedhaft". Damit stellen sich viele Fragen. Manche Sprüche beziehen sich auf eindeutig bestimmbare oder mit Wahrscheinlichkeit datierbare historische Ereignisse: ist die dichterische Antwort als unbedingt „aktuell" zu deuten – sind etwa die

Sprüche zur Krönung Philipps unmittelbar nach (oder gar
vor) dem Ereignis entstanden, oder ist ihr Entstehen noch
Jahre später denkbar, in „epischer Verfremdung", erinnernd
und reflektiert? (natürlich nur, wenn das Ereignis dann nicht
völlig überholt ist; öffentliche Preisgedichte auf Hitler
würde man nicht nach 1945 datieren, wenn sie aus der Feder
eines Umgeschwenkten stammen). Dann: selbst wenn lied-
hafte Einheit besteht, wie ist das Verhältnis dieser künst-
lerischen Form zum schöpferischen Impuls zu denken: auf
wie lange Zeit kann sich dieser Impuls „verteilen", um noch
das Lied als Einheit umgreifen, „dahaben" zu können?
Damit verknüpft ist die Frage: Hat W. gleichzeitig an
mehreren „Liedern" gedichtet, oder ist eins nach dem andern
entstanden? (Für Maurers Konzeption der liedhaften Ein-
heit und der Chronologie wichtig: mit einem „Lied" ver-
bindet man die Vorstellung simultanen Entwurfs, nicht lang-
jähriger, kumulativer Reihung. So nimmt Maurer an, ein
Lied habe sich innerhalb kurzer Zeit zusammengefügt, und
i.allg. seien Lieder nacheinander entstanden; die Möglichkeit
für Nachträge wird eingeräumt.) Im Zweifelsfall würde
Maurer die Strophe eher vom Datum ihres historischen An-
lasses abrücken als von der knappen, das Kunstgebilde um-
greifenden und integrierenden Entstehungszeit seiner Ge-
samtgestalt. Wichtig und problematisch wird für Maurer
schließlich die Frage der Strophenfolge, denn ein Lied ist
ja keine Anhäufung von Strophen verwandten oder ver-
schiedenen Gehalts, zufällig nebeneinanderstehend oder lose
verbunden in demselben metrischen Gefäß, sondern eine fest
komponierte Folge der Teile (für mögliche kunstvolle
Variation s. Komm. zu 41). Wir haben also die beiden
Extreme: *Einzelspruch*, höchstens zyklische Bindung auf
kleinem Raum; simultane Spruchtöne, die W's ganze Lebens-
zeit umfassen könnten und in bunter Folge immer wieder
andere Sprüche aufnehmen, lockere Einheit der Themen,
Reihenfolge unwesentlich, metrisch-musikalische Gleichheit
ist nicht poetisch konstitutiv; es wird eben ein Repertoire

von Tönen geschaffen, in das die Sprüche hineingefüllt werden. Dagegen *Spruchton als mehrstrophiges Lied,* in relativ einheitlichem Impuls komponiert, die Strophen über nicht allzu lange Zeit verstreut, enge gehaltliche und formale Bindung neben der metrischen, die Strophenfolge ist wesentlich, ein Lied folgt dem andern: kein simultanes Bauen; auch die Entwicklung der Metren spiegelt die chronologische Abfolge, die der Gehalt suggeriert. – Wie die meisten W.-Interpreten versuchen wir eine Zwischenlösung: sie ist kein Kompromiß, sondern stellt sich eine nicht weniger rein geformte mittelalterliche Kunstgestalt in freierer, flexibler Bindung vor. Die hohe Kunstform der Spruchstrophe besteht gerade in ihrer Doppeldeutigkeit: für sich selbst zu stehen und offen zu sein für den Bezug, Individualität und *ordo* gleichermaßen widerspiegelnd. Der „dichtungsontologische" Charakter des Zyklus in Entstehen und Wesen muß klarer beleuchtet werden: Maurers Alternative zwischen eindeutiger (oft jedoch die Phänomene bedrängender) Tektonik und bloßer Kunstlosigkeit geht zu weit; ein Formprinzip, das die Teile freier ordnet, ist nicht weniger kunstvoll. Stärker als die meisten Hrsg. stelle ich mit Maurer die metrische Einheit des Tons als konstitutives künstlerisches Prinzip in den Vordergrund und bringe die „Sangsprüche" in der Einheit dieses Tons. Ich fasse den Ton als künstlerisch gewollte Einheit, nicht als zufälliges Konglomerat (manche Töne haben typische „Anfangsstrophen", so der Unmutston und der Bogenerton: Anfang entweder im Vortrag oder aber in der künstlerischen Struktur); ich folge Maurer in vielen seiner Formbeobachtungen, die die künstlerische Einheit überzeugend darlegen, gehe aber etwa bei der Auftaktregelung und manchen Emendationen *metri causa* nicht so weit wie er; W's Formgesetz scheint mir weniger starr. Von Maurers Strophenreihung weiche ich gelegentlich ab; das ist (nach unserem Konzept) belanglos, denn bei vielen Tönen ist uns festgefügte Strophenreihung, selbst wenn sie einst intendiert und vorhanden war, ohnehin nicht mehr greifbar. Wir beachten innerhalb der Töne thematische Zusammengehörigkeit als deutlichste Bindung, reihen chronologisch, wo Chronologie deutlich ist und durch solche Reihung keine feste Themengruppe durchbrochen wird; im Reichston z. B. scheint uns die Komposition schwerer zu wiegen als die Chronologie (Str. II u. U. vor I entstanden), daher bleiben wir bei der traditionellen Anordnung; doch erheben wir nirgends Anspruch darauf, die „wahre" Struktur des Tons dargestellt zu haben. Über die Grenzen der metrisch gebundenen Töne hinweg lassen sich Strophen in anderen zyklischen Bindungen fassen, auch hier gewiß in künstlerischer Komposition (etwa der 2. Reichsspruch 77 und der Kronenspruch 80; die Philippsmahnungen 82 und 101; die Atzesprüche 98 und 106); weitere einander überlagernde, nach gehaltlichen und formalen Gesichtspunkten sich bildende zyklische Kohärenzen entstehen, zur Dauer gefügt oder nur für einen Vortrag improvisatorisch zusammengestellt, Ringe im Wasser in fluktuierendem Spiel. (Solche wirkungsvoll arrangierten Vortragsprogramme mögen nichts mit ursprünglicher tektonischer Einheit zu tun haben; wir erinnern an die postulierten „Konzertprogramme" und „Liederbücher der Fahrenden", vielleicht auch von Bedeutung für überlieferungsgeschichtliche Zusammengehörigkeit von „Zyklen".) Manchmal können wir zufällig aufleuchtendes Nebeneinander des Ähnlichen von gewollter Fügung nicht mehr unterscheiden, doch auch solch zufälliger Zusammenklang ist für den Aufnehmenden schönes Nebenprodukt des künstlerischen Spiels. Die feste Grundform ist der metrischmusikalische Ton. Doch auch sein Entstehen und Wachsen müssen wir uns flexibel denken, viele Jahre mögen darüber vergangen sein. Generationen bauten an einer Kathedrale; die Einheit einer so verstandenen, wahrhaft mittelalterlichen Kunstgestalt leidet unter langer Bauzeit nicht. Im Zweifelsfall sollte man bei der Datierung eher die Aktualität des Spruches bewahren; eher scheint die vom

Augenblick betroffene Lebendigkeit des einzelnen Ereignisses hineinkomponiert in die übergreifende, überindividuelle Einheit und Dauer des Ganzen, als umgekehrt das Ereignis in der Erinnerung verfremdet um der Aktualität des zyklenbildenden Impulses willen. Wohl gibt es „frühe" und „späte" Töne, und W. mag den einen Ton nie mehr verwendet haben, als er den anderen geschaffen hatte; dennoch hat er gewiß an manchen Tönen gleichzeitig gebaut, er baute deshalb nicht weniger kunstvoll. (Daß etwa der Reichston und der Erste Philippston simultan entstanden sind, scheint mir gesichert: Friedrichsklage (79) 1198; letzter Reichsspruch (78) 1201; Philippsschelte (82) später.) Wenn komponierte Folge innerhalb des Tons zum künstlerischen Plan gehörte, dann lag sie wohl nicht von vornherein fest, sondern im Zusammenklang von Aufbau und rückschauender Umgruppierung bildete der Dichter aus der Kette den geschlossenen Kreis, im einen Ton in endgültiger Form gerundet, im andern vielleicht wieder geöffnet zu neuem Arrangement, in einem dritten unvollendet; doch diese Linien können wir nicht mehr nachzeichnen.

Lit.: Allg. zur Zyklik: (46) Burdach; (8), (119) Kracher; (17), (123) Kraus; (213) Schweikle. *„Lied", „Spruch":* (22) Halbach; (115) Köhne; (122) Kralik; (138), (140), (141), (144) Maurer; (153), (154), (155), (156) Moser; (188) Ruh.

Melodien. Lieder und Sprüche werden gesungen, doch sind für deutsche hochmittelalterliche Lyrik im Gegensatz zur provenzalischen nur wenige Melodien überliefert; die klassischen Sammelhss. sind ohne Musiknotation. Die erste große Hs. mit Noten ist die Jenaer, Mitte 14. Jh., doch sie enthält nichts von W., die Kolmarer Liederhs. (Mitte 15. Jh.) schreibt Melodien und Texte W. zu, die Texte sind zwar unecht, doch die Melodien mögen W. gehören. Nur eine vollständige Melodie W's, des Palästinalieds 68, ist überliefert (Münsterer Fragment, 1. Hälfte 14. Jh.), außerdem kleine Bruchstücke von vier oder fünf weiteren. So stellen sich mancherlei Fragen: Wie können weitere Melodien

rekonstruiert werden? Kontrafaktur: Unterlegen eines
neuen Texts unter bekannte Melodie; dies Phänomen in
älterer Musik und Dichtung weitverbreitet; so sind etwa
provenzalische Melodien, die zu Textmetren W's „passen",
möglicherweise Melodien W's: eine Methode, die ihre Ge-
fahren hat und von manchen Forschern allzu kühn gehand-
habt worden ist. Dann der Versuch, bei den Meistersinger-
weisen, v. a. den unter W's Namen überlieferten, zu W's
Metren passende Melodien zu finden; im Falle etwa der
„Hofweise" und des „Feinen Tons" ein ernstzunehmender
Ansatz (s. u.). Doch selbst wenn Melodien klar überliefert
sind: Wie haben sie geklungen? Viele Melodien sind in Cho-
ralnotation aufgezeichnet, d. h. nur die Tonhöhe, nicht der
Rhythmus ist angegeben. Notation war keine eindeutige
Fixierung, sondern Gedächtnishilfe. Viele Erklärungsver-
suche: Melodierhythmus sei aus dem Textrhythmus herzu-
leiten – folgenschwere Vereinseitigung, v. a., da wir heute
in metrischen Fragen nicht mehr so sicher sind, wie es noch
Heusler sein zu können glaubte; darauf ein nicht weniger
folgenschwerer einseitiger Gegenschlag, der der Textmetrik
keinerlei Verbindlichkeit mehr zugestehen wollte. Diese
Reaktion führte zur Ansicht, die Lieder würden rhythmisch
frei, rezitativisch vorgetragen, ohne taktmäßige Zeiteinheit
in Sprache und Musik. Eine andere, in vielem überzeugende
Interpretation ist die „modale", sich auf ma. Musiktraktate
beziehend: die Melodien folgen den Modi, den sechs Grund-
metren der antiken Dichtung, vor allem den trochäischen
(♩ ♩) und jambischen (♩ ♩); Modalrhythmus wäre also
Dreierrhythmus, der sakralen Bedeutung der Dreizahl ent-
sprechend. Aber auch Zweiertakte müssen existiert haben;
ob etwa ♩ ♩ oder ♩ ♩ zu rhythmisieren ist, kann nicht
eindeutig bestimmt werden. Dieser Ansatz glaubt an festes
taktmäßiges Gefüge der Musik; oft jedoch unter Leugnung
der Relevanz sprachmetrischer Struktur. Ein fruchtloser
Streit über das größere „kunstontologische" Gewicht, den
reineren Vertreter der „ideellen Struktur" – hie Text, hie

Musik — drohte manchmal die Tatsache zu verdunkeln, daß das Zusammenspiel von Sprache, Textmetrum und Musik die formale Schönheit des Lieds begründet. Diese drei Einheiten sollten zunächst als gleichwertige, ihre eigene Rhythmik und Gliederungsmöglichkeiten bewahrende Partner betrachtet werden. Die Zerknirschung der Textmetriker ist ebensowenig angebracht wie ihre frühere Aggressivität: wenn auch die Musik ihre eigenen Baugesetze hat, so ist doch die sprachmetrische Form, selbst bei vorsichtigerer Analyse als der Heuslerschen, eine eloquent für sich selber sprechende künstlerische Struktur, die für die Freiheit der Sprache und für das vielleicht andersgeartete Gesetz der Musik zum Partner werden kann, in ausdrucksvollem Spiel. W. Mohr weist in Walthers Wiener Hofton und Ottenton auf Parallelen zwischen Melodieführung und Syntax im Widerspiel zum Metrum hin (Melodien „Hofweise" und „Feiner Ton" der Meistersingerüberlieferung). Diese Brechungssysteme, die Monotonie bloßer Parallelität und Identität überspielend und die sich bewahrenden Teile wie die Bindung im Ganzen verkörpernd, sind Grundformen der Epenstrukturen, der philosophischen Summen, der Kathedralen. — Schließlich das Problem der musikalischen Aufführung: mit oder ohne Instrumentalbegleitung, oder nur mit instrumentalem Zwischenspiel? Der berühmte Walther-Preis Gottfrieds v. Straßburg, ‚Tristan' 4801–4820, v.a. 4802 ff.: die Nachtigall von der Vogelweide … *wie diu über heide / mit hôher stimme schellet! / waz wunders si stellet! / wie spæhes organieret! / wies ir sanc wandelieret* stellt W. als Musiker vor, mit hoher, heller Stimme, wie gewandt er *organieret*, d. h. wohl: die Melodien polyphon und harmonisch bearbeitet; also wahrscheinlich Instrumentalbegleitung. — Doch wir müssen klar verstehen: die überlieferten Minnesängermelodien sind ohne Begleitung aufgezeichnet. Wenn wir etwa W's Palästinalied mit Instrumentalbegleitung auf einer Schallplatte hören, dann beruht diese Konzeption und die Art der Ausführung, die Wahl der Instru-

mente usw. auf einer (wenn auch wahrscheinlichen) Hypo-
these.

Lit.: (24), (26), (27) Aarburg; (54) Bützler; (74) Gennrich; (97)
Huisman; (99) Jammers; (109) Kippenberg; (150) Mohr; (221)
Taylor.

Lieder

1 Bei diesem wie bei andern frühen Liedern muß man
auf direkte, nicht-parodierte Reinmarklänge hören, Krite-
rien der Schülerschaft: „Seminararbeit" hat man eines ge-
nannt. Doch manche Lieder mögen „sentimentalische", raf-
finiert parodierende Produkte des späteren W. sein, in fast
über-Reinmarscher Sprache mit Reim- und Motivanklängen
und subtilen Akzentverschiebungen den Meister *ad absur-
dum* führend. Eine besondere Rolle spielt hier die in der
Forschung als „Neunziger-Lieder" bekannte Gruppe (in
Lachmanns Ausg. die Lieder 91, 17; 92, 9; 93, 19; 95, 17;
96, 29; 97, 34; und unser Lied 99, 6). Manche sehen diese
Gruppe als innerlich und chronologisch geschlossenen Block,
entweder früh oder spät. Wir lassen die Möglichkeit offen
(dann aber gewiß spät!), können uns hier jedoch nicht zu
dieser Konsequenz entschließen. Unser Lied scheint in allem
noch tastende, holperige Anfängerarbeit zu sein (91, 17 haben
wir im Anschluß an andere Hrsg. sogar als unecht ausge-
schieden); wir mögen diese Lieder nicht in einem Atem
nennen mit brillanten Gebilden wie etwa 48, 49, 51, 52,
von denen zumindest 48 und 49 W's neues Ideal des Unter-
scheidens bzw. der Gegenseitigkeit zeigen und die alle in
Stil und Sprache die Eleganz des reifen Dichters zeigen,
zwar oft noch in „alten" Tönen und Motiven, aber umge-
schmolzen: Hohe *wîp*-Minne, Musik Mozarts neben einem
Stern vierter Größe der Wiener Schule. – In unserem Lied
typische Vokabeln und Bilder der Hohen Minne (vgl. auch
Komm. zu 7, 8, 9). I: *guotes mannes trôst; fröide,* die die

Frau schenkt; alle Frauen soll man ehren, die besten Frauen am höchsten. II: Niemand kann ohne Freude leben, auch ich nicht; sie kommt mir von der Einen, mein Herz sagt mir von *ir güete ie sunder wân*. Aussenden der Blicke, Rückkehr. III, IV: Das innere Raumerlebnis der Hohen Minne, Nähe, Ferne: die räumliche Ferne wird durch die Augen des Herzens überwunden; sie können die Entfernte immer sehen. Die *huote* kann nichts dagegen tun. V: Ein *sælic man,* wenn auch sie ihn mit des Herzens Augen sieht. Hoffnung auf ihr Gedenken, wie auch er auf ewig ihr gehört. – Die Grundform solcher Gegenseitigkeit des Gedenkens und der Treue (auch in der Sehnsucht nach Erfüllung) ist ein Element allen Minnesangs, doch ist in vielen Gedichten die Notwendigkeit der Nichterfüllung gegenwärtig; diese Dialektik soll dann in der Dichtung des reifen Walther aufgehoben werden.

Text: III, 5 *Dâst* M.: *da ist doch* Hs., L.-K.; IV, 4 *die dâ sehent* Wa.,M.: *dâ mite sihe ich* Hs.,L.-K.

Lit.: (83) Halbach; (201) Scholz; (225) Wagner.

2 Stereotype Motive in Str. I u. II. II,5 umstritten: „ich erwerbe ein Lachen von ihr" – so banal, daß Kr. und nach ihm Wapn. eine *„translatio difficilior"* vorschlagen: „Sie macht, daß ich mich freuen werde". Doch in die Kette der Gemeinplätze fügt sich sehr wohl der andere ein: sie lächelt mir zu. Str. III bringt burlesk den Topos des Verstummens in der Gegenwart der Geliebten, der die Fehde mit Reinmar ausgelöst haben mag (vgl. Komm. zu 7).

Text: II, 3 *ist sô* erg. L.; 8 *ich enfröwe* (*ich en f.* Wapn.): *in fröwe;* III, 5 *wunder rede kan* L.: *von der r. kam* Hss.

Lit.: S. Lit. zur Fehde, Nr. 7.

3 Das alte Genre des Botenlieds. Hauptformen: Der Ritter gibt dem Boten seinen Auftrag („sag ihr"); der Bote überbringt seine Botschaft (mit oder ohne Antwort der Dame: Gegenbotschaft); auch: die Dame gibt den Auftrag (mit oder ohne Antwort des Ritters). Oft Kombination der Grundformen, auch eingeschobene frei lyrische Strophen

des Ich. Interessant, wie Rollenlieder sich als solche aus-
weisen und wie sie ihre „episierende Tendenz" in der inne-
ren Form verwirklichen. Hier sehr klar: I, 2 *ich bin ein
bote,* außerdem in allen Botenstrophen der anaphorische
Anfang *Frouwe,* in der dritten intensivierend zu Beginn
des Abgesangs wiederholt. Die Frauenstrophe ist zwar nicht
äußerlich, aber doch gehaltlich als solche gekennzeichnet.
Requisiten der Minneterminologie: macht Ihr ihn froh, so
erfreut Ihr alle Welt; Gegenseitigkeit von Erhörung und
Minnepreis; durch Euch wird sein Leben erhöht, so daß er
das Beste gerne tut. Doch scheu die Ablehnung der Dame. –
Vgl. auch 10.

Text: Die Hs. bringt III und IV in umgekehrter Folge. I, 1 *von*
erg. L.; 3 *swære* L.: *sine sende sw.* Hs.

4 Liedeinheit, Reihenfolge und innerer Verlauf um-
stritten. Die Hss. reihen I, II, IV, III; Kr. I, IV, II, III.
Wir folgen der Reihung Maurers, die einen echten „Wechsel"
gibt. Der Wechsel ist eine der archaischsten Formen in mhd.
Lyrik; in räumlicher Trennung, ohne Du, reden die Lie-
benden voneinander und von ihrem gemeinsamen Gefühl,
oft in feiner Differenzierung der männlichen und weiblichen
Perspektive. Diese Urform der *point-of-view*-Technik ist
ein schönes lyrisches Genre, oft von herber Innigkeit. Ohne
berechnete Wirkung auf den anderen, ohne Vorwegnahme
des Echos (wie etwa im lyrisch jüngeren Dialog) spricht
hier aus der Einsamkeit ganz offen die Seele, *mon cœur mis
à nu* – dennoch archaisch gedämpft und keusch, kein
psychologischer Exhibitionismus. Meisterhaft schon beim
Kürnberger; raffiniert vollendet Morungens Tagelied-Wech-
sel. Die Minnereflexion scheint der Form des Wechsels
weniger gut anzustehen: W's Gedicht ist durchschnittlich.
Str. I: Vergebliche Minnesehnsucht des Mannes; die Herrin
hat ihre Haltung geändert. Str. II: Gerne wäre sie froh,
doch der Gesellschaft zuliebe muß sie ihre Freude verbergen
(das könnte die Haltung sein, der das *ander mære* ent-
spricht; I, 6). Str. III: Er äußert sich zu demselben Thema:

einst war man froh, doch ist die Freude vergangen. Str. IV:
Wenn sie (wegen der Gesellschaft) voll Sorge lieben muß,
dann freut sie sich, daß sie doch einen Mann liebt, der
(wichtiges Minnesangmotiv) bei den Leuten geachtet ist.
Sie will sich ihm schenken (Wechsel-Motiv der archaischen
donauländischen Lyrik, vielleicht schon Anti-Reinmar-Po-
lemik). Diese Strophe mag der Haltung entsprechen, die in
I, 4–5 ausgedrückt ist. – Vgl. auch 9.

Text: L.-K. Zäsur in V. 7, nach der 4. Hebung; I, 2 *si* erg. L.;
7 so M.: *inneclîchen des mîn herze kumber lîdet iemer sît;* IV, 7
seht erg. Kr. (Emendationen, die L. nur in den Anmerkungen vor-
schlägt, werden hier und im folgenden nicht unter seinem Namen
geführt.)

Lit.: (29) Angermann; (140) Maurer.

5 Typische Motive des Hohen Minnesangs. Str. II kreist
didaktisch um die Definition des Begriffs; die Personifika-
tion der Minne wird von W. in die Lyrik eingeführt
(Roethe, *Reinmar von Zweter* 210; Kraus, *Unters.* 218).

Text: I, 5 *geloube* L.: *gelûke* Hs.; IV, 3–4 Interpunktion nach
Br.,M.,Wapn.

Lit.: (182) Roethe.

6 Morungeneinfluß. Die Satzführung in I, 1–4 zeichnet
Ergriffensein durch die Liebste und drängende Sehnsucht
nach. – Metrum wie in 50; solche Gleichheit ist, wenn
keine bewußte gehaltliche Beziehung besteht, selten in mhd.
Lyrik; vielleicht sind die Melodien verschieden. – Unser
Lied u. U. später anzusetzen.

Text: II, 2 so Pf.,Kr.: verderbt *der ich von mir l.* Hs.

Lit.: (81) Halbach; (140) Maurer.

Reinmarfehde (7, 8, 9, 10). Poetenhändel, Beleidigung,
respektvolles Sichlustigmachen, Parodie: immer wieder
andere Aggressionen, wenn Dichter anderen Dichtern und
deren Werk begegnen. Heines infame Verunglimpfung von
Platen in den ‚Bädern von Lucca' – Thomas Manns geniale
Parodie von Hartmanns ‚Gregorius', die das Werk integriert
und verwandelt; Parodie als die dialektisch fast notwendige

Antwort des *common sense* auf die ragenden Gipfel des
Großen. Die literarische Fehde zwischen Reinmar und W.
scheint etwas von alledem an sich zu haben. Reinmar der
anerkannte Meister der Hohen Minne, der raffiniert schö-
nen Trauer, des geschliffenen Kunstprodukts Emotion,
humorloser Zeremonienmeister stilisierter Erotik – seltsame
Mischung: letzte Dinge, gekühlte Glut, Rechthaberei, lyrische
Reinheit. W. dagegen der Parvenu, der mit denselben Mitteln
der gedämpften Stilisierung Natur und Instinkt fordert,
Freude statt Trauer: ein Programm der Erfüllung, kein
Programm kalkulierter Sehnsucht; doch auch hier wohl letzte
Dinge gepaart mit Rechthaberei, Auflehnung gegen das
poetische Establishment, Futterneid: kalkulierte Natürlich-
keit in schönster Dichtung. Das alles können wir nur er-
ahnen, und die Forschung hat hier und da vielleicht allzuviel
erahnt. Eine bloß todernste Sache war die Fehde gewiß
nicht; manchmal ist man versucht, in ihr nur ein urbanes
Spiel zu sehen in einer Kultur, die oft das Ernste ernster
sagen konnte im Spiel. Manches jedoch scheint für realere
Konflikte zu sprechen. Doch selbst wenn die Biographie
Spinnefeindschaft erweisen könnte: die Kunstform der
Parodie darf nicht vergessen werden. – Umstritten bleibt,
wer von beiden angefangen hat. Da geht es um Echtheits-
fragen. Wenn wir (mit Halbach, de Boor, Wapnewski,
gegen Nordmeyer, Kraus) recht haben, dann schlug Reinmar
als erster los. W's Lied 2 mit der toposhaften dritten Str.
(wenn ich bei der Herrin bin, kann ich nicht mehr reden)
hätte dann R's massive Antwort herausgefordert: 13, IV–V
(R. zit. nach der Krausschen Ausg.; s. Bibl. (123), und
S. 587 unsere Vergleichstabelle Kr. u. MF): Ich konnte mei-
ner Herrin nie nahe kommen, doch andere, die es können,
reden den ganzen Tag lang nichts. Niemand hätte etwas
dagegen, wenn sie weggingen, sie haben ohnehin dort nichts
zu suchen ... Nun sollen nach Nordmeyer allerdings diese
beiden Strophen von fremder Hand nachträglich hinzuge-
fügt sein zu dem Lied, dessen dritte Strophe W's großen

Gegenschlag (oder, wenn IV und V unecht, seinen ursprüng-
lichen Angriff) ausgelöst hat: R. *Si ist mîn ôsterlîcher tac* –
extremste Hyperbel im Preis der Frau, wobei es beim Um-die-
Wette-Preisen der Frau auch um den Sieg der Dichtung und
der Dichter geht. Hinzu kommt Reinmars Lied 14, das so be-
ginnt:

> Ich wirbe umb allez daz ein man
> ze wereltlîchen fröiden iemer haben sol.
> daz ist ein wîp der ich enkan
> nâch ir vil grôzen werdekeit gesprechen wol.
> Lob ich si sô man ander frowen tuot,
> dazn nimet eht si von mir niht für guot.
> doch swer ich des, sist an der stat
> dâs ûz wîplîchen tugenden nie fuoz getrat.
> daz ist in mat.

Ein typisches Reinmargedicht: die Frau als *numen
ineffabile;* preist man sie wie andere Frauen, das nimmt
sie von mir nicht an. Und: ihre Tugend setzt alle anderen
Frauen matt. In Str. II wesentlich der Schluß: wer behaup-
tet, er habe mit größerem Erfolg das Glück gefunden,
der habe im daz: der soll's behalten, soll's eben glauben.
Entscheidend noch Str. V (wohl ein Morungenmotiv, das auch
in W's Lied 21 parodiert werden soll): wenn ich einen
Kuß von ihr stehlen kann, dann will ich ihn immer in aller
Heimlichkeit behalten. Doch wenn sie's für schlimm hält
und mir böse ist, was tu' ich dann, ich Unglücklicher? Ich
lege ihn wieder dorthin, von wo ich ihn nahm. – Diese
beiden Lieder sind Gegenstand für W's Parodie in Lied 7.
Metrische Form genau wie Reinmar 14, einmalig der Hin-
weis in der Hs.: *In dem dône: Ich wirbe . . .* Die Überliefe-
rung in der einzigen Hs. C ist stellenweise hoffnungslos
verderbt, die Hrsg. (Kraus, v.a. Kralik) haben z. T. kühn
neugedichtet. Die handschriftliche Version kann hier nicht
gegeben werden, vgl. dazu Kralik und Wapn. (231). Unser
Text folgt vorwiegend Wapn. und Maurer. Das Metrum muß

wohl genauestens dem parodierten Reinmarlied entsprechen.
Andere Probleme, eng verknüpft mit der Lesung von Ein-
zelstellen: Wer spricht? Vor allem: kann das *wîp* der
Str. II Reinmars Dame sein (unerhörter Rollenauftritt!),
oder ist es W's Dame? Haben wir überhaupt einen Wechsel?
(so meint Kralik – wenig überzeugend –, das Ganze sei
ein von W's Dame gesprochener Frauenmonolog). Weiter-
hin: Was soll unerhört sein an R's Feststellung, seine Herrin
sei sein *ôsterlîcher tac?* Und I, 8 *bezzer:* als was? Schwach
wirke hier die Erwähnung des sanften Grußes von W's Her-
rin. Daher faßt auch Wapn. die *frouwe* dieses Verses als
Reinmars Herrin, das Ganze als Dativ, und übersetzt:
„besser wäre es, wenn man ‚Madame' zart entgegen käme!"
Wesentlich für das Verständnis der Strophe (das betont
auch Wapn., doch bei V. 8 hält er sich nicht an diese
Einsicht) ist, wie bei den meisten Parodien, die Gegenwart
des Parodierten in der Parodie. W's Gedicht braucht nicht
Zug um Zug aus sich selbst verständlich zu sein; die Folie
des Parodierten schafft erst den vollen Sinn. R. hat doch
allen andern Frauen, und damit ihren Sängern, Matt ange-
sagt. Dasselbe sagt er mit der maßlosen Hyperbel *ôster-
lîcher tac,* zwar *seine* Auferstehungsfreude, zugleich aber
absoluter Superlativ, *non plus ultra.* Das klingt in den
Ohren, wenn W. keine *volge gibet,* wenn er I, 5–7 sagt:
Was mit uns andern? Da mache ich nicht mit! Und V. 8–9:
Besser als das, was seine Herrin ihm ist, ist das, was *meine
Herrin mir schenkt* (in der ganzen Weite des Begriffes
gruoz), und besser damit auch meine Herrin selbst. Reinmar
hatte ja gesagt: die eine Frau ist unvergleichlich, sie schenkt
mir das Höchste, und nur unvergleichlicher Preis kann sie
erreichen. Diese Mattansage an alle Frauen und Künstler
wehrt W. ab. Der Text des Parodierten erklärt die Parodie.
Doch der Gegenschlag gegen R. ist noch intensiver. Nun
desavouiert ihn sogar der Gegenstand seines Preises! Es
war ja nicht nur von Hyperbeln platonischer Minne die
Rede gewesen, sondern von leckereren Dingen: einen Kuß

stehlen und zurückgeben. Er soll ihn behalten! sagt die
Dame. Also zweimal „da mach' ich nicht mit": einmal von
W., und schärfer, höhnischer, aus R's eigenem Lager; R.:
der habe im daz, R's Dame: *und habe imz dâ l und anders-
wâ.*– Mutmaßungen über die Person der Dame und über
detailliertere biographische Zusammenhänge sind interessant,
entbehren jedoch jeder festen Grundlage. – Die Spiel-
metaphorik ist von Kralik gut herausgearbeitet, unsere
Übers. wollte allerdings in der Bildsphäre des Schachspiels
bleiben und vermied daher Begriffe wie „Spielleiter" und
dgl. – R's Antwort (15) ist zornig und wehleidig (die
vielen feinen Motiv- und Reimanklänge der ganzen Fehde
können hier nicht gezeigt werden): Was soll daran maßlos
sein, daß ich schwur, sie sei mir lieber als alle Frauen . . .,
und: bösen Spott muß ich erleiden: sie sagen, ich rede zu
viel von ihr, es sei Lüge . . . Sie sollen sich doch an ihre
Herrin halten und meine in Ruhe lassen. – Die Details
des Fehdeverlaufs werden von verschiedenen Forschern ver-
schieden gezeichnet. Bald muß Lied 8 gefolgt sein. – Zum
Ausklang der Fehde vgl. 110, 111.

Lit.: Zur Fehde: (46) Burdach; (83) Halbach; (89) Haupt; (121)
Kralik; (123) Kraus; (168) = Ursprung der Fehde, (169), (170),
(171) Nordmeyer; (195) Schmidt; (199) Schneider; (225) Wagner;
(230), (231) Wapnewski. Zu Lied 7: (121) Kralik; (123) Kraus;
(230), (231) Wapnewski.

8 Das alte Genre des Frauenmonologs; Vollendung
dieser Form des Rollengedichts sind des Kürnbergers Fal-
kenlied und W's *Under der linden* (38). Der männliche
Dichter läßt die Frau sprechen, er ist Gegenstand der
Gefühle, doch in der Fiktion redet die Frau für sich allein.
Sehnsucht, Leid, Glück, Zorn, Zweifel; in Bekenntnis,
Szene, Symbol und Reflexion: das Genre hat viele Mög-
lichkeiten. Unsere Strophen sind Selbstanalyse der Frau:
Ja oder Nein auf das Werben des Ritters. Viele Nuancen
dieses ernsten Spiels klingen an; entscheidend für das
Gedicht, und für viele Minnegedichte, ist jedoch der Kon-

trast: schwebende Nuancen stehen zugleich in der klaren Geometrie der rhetorischen Form und der sprachlich-strophischen Konstruktion. Charmant zerfließender psychologischer Impressionismus des weiblichen „Will ich? Will ich nicht? Darf ich? Soll ich? Aber dann ... Aber dennoch ..." wird zu einem fast scholastischen *sic et non:* klares antithetisches Hin und Her, von Parallelismen verstärkt, beherrscht das Gedicht, im Gegeneinander Er – Ich, sein Werben – meine Antwort, Gewähren – Verweigern, Schmerz – Glück, Furcht – Hoffnung, Beständigkeit – Unbeständigkeit, *helfe / rât* – Verzweiflung, die andern – Er. Str. I: Dasselbe Verlangen ist *angenehm* und *schmerzlich.* Ich kann ihm nicht mehr *verweigern,* worum er mich *bat;* wenn *ich nicht tue,* worum *er mich bat,* dann gibt es *keine Hilfe mehr* für mich. Str. II: *Oft* ist *mein Wille fest,* sein *Bitten ist dann vergeblich,* doch dieser feste *Wille ist unbeständig.* Str. III: Bliebe er doch *fort,* er kommt mir *zu nahe;* ich *fürchte,* daß ich ihm *nachgebe,* dennoch *wünsche ich es* – trotzdem muß ich mich ihm *versagen.* Str. IV: *Vor Sorgen,* die mich *alle Tage bedrängen,* kann ich ihm *nicht nachgeben.* Dennoch *klage ich um jeden Tag,* an dem ich ihm *nicht nachgebe.* Dann aber, in Str. V, das Ende des Kampfes und Spiels; äußere Objektivität löst den inneren Konflikt: die Besten der Gesellschaft reden von seiner Vollkommenheit. Da schenkt sie sich ihm. – Der Minnesang liebt nicht nur die feste Geometrie sprachlicher Form, sondern auch den klaren Begriff. Das reine Hohe Minnegedicht spielt nicht im *clair obscur;* deutliche Felder werden gezeichnet. Oft finden wir daher *Totalitätsbegriffe,* vor allem in Raum, Zeit und Emotion der Minnebegegnung, dieses seltsam leidenschaftlich-zerebralen Menuetts zweier Personen in der Gesellschaft: ganz nahe und in weiter Ferne und überall; immer, ewig, nie, alle, keine, der Einzige; Superlative der Eigenschaften; Antithesen, die sich zur Ganzheit addieren: immer wieder absolute Kategorien. Reinmar ist hier das große Vorbild. Diese Formen sind, in all der Reinheit und

Naivität, die dem absoluten Ausdruck eigen ist, überall lebendig, wo Liebesdichtung ewig liebt und nie vergißt und nur dem Einen und der Einen gehört. Auch W's Lied endet so klar, nach dem Hin und Her des Suchens: schon in Str. IV immer Sorge Tag und Nacht, und die Klage immer im Herzen; besonders aber dann in der Schlußstrophe: Die *Besten* reden von seinem *vollkommenen* Leben; daher gibt sie ihm im *Innersten* Raum, *niemand* war *je* dort. *Die andern* haben verloren – *er eine tuot in allen mat* – die „Endlösung" im königlichen Spiel. Dagegen ein Gedicht Rilkes aus dem ‚Stunden-Buch':

Wenn es nur einmal so ganz stille wäre.
Wenn das Zufällige und Ungefähre
verstummte und das nachbarliche Lachen,
wenn das Geräusch, das meine Sinne machen,
mich nicht so sehr verhinderte am Wachen –:

Dann könnte ich in einem tausendfachen
Gedanken bis an deinen Rand dich denken
und dich besitzen (nur ein Lächeln lang),
um dich an alles Leben zu verschenken
wie einen Dank.

Ganzheit („ganz stille") nur als Wunsch, nur einen Augenblick; Besitz des andern „nur ein Lächeln lang", darüber das Spiel des „Zufälligen und Ungefähren"; nur eine Ganzheit ist absolut, doch strömend weit und unbestimmt: „um dich *an alles Leben* zu verschenken / wie einen Dank". – Deutlich geformt sind die fünf Enjambements in W's Lied (I, 1–2; II, 1–2; IV, 2–3 und 5–6; V, 3–4), nicht nur allgemein im Spiel von Sichentziehen und Sichgeben, das untermalt wird durch ihr Brechen und Binden, sondern strenger in ihrem jeweiligen Stellenwert. Die ersten beiden, an entsprechender Stelle in der Strophe, betreffen den Willen; *wille / sanfte:* expressiv widerspricht der harte Bruch dem milden Attribut; *stæte / mînes willen:* die Dauer wird metrisch gebrochen. Doch beidemal erhalten die Attribute durch den harten Zeilensprung auch emphatischen Akzent. IV, 2–3: die Sorgen, die drängend *in dem herzen mîn / Twingent,* und ebenfalls klagend gespannt IV, 5–6: *iemer einen tac / sol fristen.* Schließlich in der Strophe der Lösung eines der schönsten Enjambements der Vereinigung in W's Dichtung: *Sô hân ich im mir vil nâhen / inme herzen eine stat gegeben.* Stellung des Gedichts in der Reinmarfehde: W's Wesen und Werben sind vorbildlich, so sagt seine *frouwe.* „Er allein setzt sie alle matt": wieder das burleske, Reinmar parodierende Leitmotiv, mit den Responsionen am Gedichtende: *stat, -trat, mat* (R. 14, I, 7–9).

Text: Kr. Zäsur in V. 6, nach der 3. Hebung; I, 6 *tuon* alle Hss.,M.,Wapn.; *ich des* O,M.,Wapn.: *entuon ichs.*

Lit.: (65) Fischer; (69) Frings; (82) Halbach; (190) Schaefer (allg. z. Enjambement bei W.).

9 Hohe Minne (W. prägte den Begriff in seinem Lied 45 *Aller werdekeit ein füegerinne*): man versucht, das Wesen dieses eigenartigen Phänomens zu bestimmen, das so unvermittelt in der Lyrik der Provence auftritt und bald die hochmittelalterliche Liebesdichtung in Westeuropa beherrscht; doch kann man die Erscheinung nur immer wieder umkreisen. Der eigenwillige Walther ist kein Meister in dieser Kunst des Überpersönlichen, sein Hoher Minnesang ist in der Jugend respektable Reinmarimitation, bald parodistisch übersteigert, schon früh voll Unmut über jene blaßsamtenen Töne. Die gedämpften Nuancen, das Verschwebende, in zarten Anspielungen Vieldeutige von Reinmars Kunst wollte und konnte W. nicht nachahmen. – Unser Lied ist die alte Form des „Wechsels", ohne Du, ohne Zusammensein das Reden der Minnenden, hier nicht ausgewogen zwischen Mann und Frau; er spricht Str. I und III, sie die Mittelstrophe. (Kraus vermutet ein Botenlied – Botschaft in Str. II – doch diese Annahme ist wenig überzeugend. Ein Botenlied müßte sich formal klarer als solches ausweisen.)

Stereotype Begriffe Hoher Minnedichtung werden verwandt, die uns heute den Eindruck müder Glätte geben, weil unsere an starke, differenzierte Reizmittel gewohnten Sinne keine Töne aufnehmen wollen, die ein großes, überpersönliches Erlebnis immer wieder gleich verkünden. Goldmünzen sind gewichtig und edel, auch wenn sie einander wieder und wieder gleichen. Und in dieser Kunst stereotyper Worte ist die leise rhythmische oder emotionale Nuance für die feinen Sinne der Hörer eine bunte Variation. – *Wünneclîcher wân:* selige, sich ihrer Vergeblichkeit halb bewußte Hoffnung: stete Hoffnung auf Erfüllung ist der Vektor, der dieser Liebeskultur der Nicht-Erfüllung Sinn gibt; die Bewegung hin zum Ideal würde zerstört durch Erfüllung, die das Ideal zerstörte. Doch ist die Hoffnung genährt durch *lieben friundes trôst: friunt* der Inbegriff der erfüllt Liebenden, *trôst* der vieldeutig verschwebende Begriff für alle Erfüllung: es geht ja nicht um Entsagung, sondern um Liebesvereinigung, und die Sehnsucht nach Erfüllung gibt *kumber*. Er soll zur *fröide* werden: Zentralwort der festlich erhobenen Kultur, gesellschaftliche Forderung, nicht nur individualpsychologische Annehmlichkeit. In andern Liedern wird die *fröide* des Einzelnen zur *fröide* der Gesellschaft, so sehr ist diese intime Kunst öffentliches gesellschaftliches Ereignis, Beitrag zur Festlichkeit der Menschen, die wissen, was Minne ist. Wie wird aus Kummer Freude? Eine typische, naiv-raffiniert verschleierte Wendung stellt die Bedingung: wenn's so kommt, wie meine Gedanken es von der Lieblichen wünschen – eine vage und deutliche Erwartung. Und nun ein Grundbegriff Hoher Minne: *diu mir enfremedet alliu wîp, / wan daz ichs dur si êren muoz.* Sie ist die Einzige, doch muß ich um ihretwillen sie alle ehren. Das ist kein Bekenntnis zur personalen Liebe: die unverwechselbar eine, geliebte Person, die mir symbolisch ihr ganzes Geschlecht wertvoll macht, sondern: in der Einen verehre ich alle, verehre ich das Ideal der Frau – eine Idee, groß in der Kultur der Zeit neben der Idee des Reichs und des christlichen Gottes. So kann die Eine, Ewige durch eine andere, wieder Ewige ersetzt werden, denn *triuwe* gilt nicht der Person, sondern dem Wunschtraum eines Reinen, dem man sich in Minne hingibt. Daher auch die stereotypen inneren und äußeren Züge, daher kein Name, kaum ein Du. – Der einzige Lohn, den er von andern Frauen will, ist symbolische Geste: der Gruß. Nun nennt die Frau die Gründe für ihre Zuneigung; das gilt für sie wie für ihn. Man liebt Tugend, die Teilhabe am Ideal, *valschelôse güete.* Er kann von mir verlangen, was er *Ehrenhaftes* will. *Stæte:* Beständigkeit nicht in der Treue zur Person, sondern zur Idee der Frau. Die Geliebte nimmt das Motiv der *fröide* aus Str. I auf. Dann verhüllt, innig, allgemein: *Mir ist an ime . . . ein schœnez wîbes heil geschehen.* Nun wieder er, in gedanklich-musikalischem Spiel der Begriffe Motive der beiden ersten Strophen durchspielend: *meine Freude – stæte,* und in fast religiöser Steigerung: sie hat mich auf immer von aller Schuld erlöst. Wieder Responsion auf den Liedanfang: *wünneclîcher, trôst, friundes,* und Antwort auf *wîbes heil: ein mannes heil.* Formelhaft und bedeutsam: *mit rehten triuwen,* und sein Wunsch, ihrem Herzen nah zu sein. Das befreit ihn von aller Sorge. – Eine Entwicklung von Str. I nach Str. III ist deutlich: Am Anfang wird die Freude von der letzten Hingabe abhängig gemacht, am Ende ist er bescheidener: die *Hoffnung* auf *trôst* und ihre Worte, er sei ihrem Herzen nah, machen ihn glücklich. – Innerhalb der Reinmarfehde mag das Motiv der Freude und der Hoffnung auf Erfüllung dem Reinmarschen Trauern polemisch entgegengesetzt sein. – Anderer Wechsel: 4.

Text: Die Überlieferung stellenweise unsicher. I, 5 *ich* M.: *ichs;* 6 *ez enkome: ezn kome;* 9 *dur si* Michels,Kr.: *alle dur si* Hss.; II, 3 *êre* erg. L.; 4 *mit* erg. L.; 5 *ouch* erg. Wa.,Kr.; III, 2 *und mich erlôst* L.: *und endelos* Hss.; 8 *jach* Singer,Kr.: *sprach* Hss.; 11 *lebt daz mîn* Wa.,Kr.: *lebet daz herze min (herzen mich)* Hss.

Lit.: (71) Furstner; (98) Isbaşescu; (116) Kolb; (149) Mohr; (162) Neumann (grundlegend für „Hohe Minne").

10 Reinmar läßt seine Dame dem Boten einen bekenntnishaften Auftrag geben (R. 22), voll scheuer Zurückhaltung, voll Sorge, der Geliebte möge in Worten und Gedanken die Grenzen des Schicklichen überschreiten und damit die feinen Fäden jenes ethischen und emotionalen Gespinstes zerbrechen: Nichts soll er tun, was uns trennen könnte; verschweig ihm, daß ich ihn von Herzen liebe. Was er vor kurzem zu mir sagte, das soll er vergessen. Nun folgt ein Höhepunkt dieser Minnephilosophie, in der Sicht Reinmars die Frau, was sie fühlen, was sie fürchten soll, um die Reinheit des Ideals zu bewahren, um das Werben zu immer strebender Sehnsucht zu läutern: „Was er will, das ist der Tod und verderbt viele Menschen. Bleich und rot macht es die Frauen. Minne heißen es die Männer, man sollte es eher Unminne nennen." (Vgl. dagegen W. 8, die lebendige, leidenschaftliche Frau in aller Dämpfung Hoher Minne.) W. 10 ist ein echtes Botenlied, mit Anklängen an R. 22. Der Bote übermittelt der Herrin das Dienstangebot des Ritters, doch höflich kühl antwortet die Dame: Noch bin ich ihm zu fremd. In Str. III beklagt sich der Ritter, die Dame habe seine erste Rede (*vor* der Botschaft in Str. I!) gut aufgenommen – bis er ihr nahe kam, da änderte sie ihre Meinung. Doch immer gehöre er ihr. Str. V ist allgemeiner gehalten: Minne ist keine Sünde – sie hat hohe ethische Werte; die falsche Minne dagegen muß man Unminne nennen. Vielleicht hing damit der Sinneswandel der Dame zusammen: Minne sei Sünde. Auf jeden Fall ist die Stelle auf Reinmars Lied bezogen, jene furchtsame Prüderie von Reinmars Dame wird wohl parodistisch angeprangert mit scheinbar denselben Worten, doch mit einem kraftvollen Bekenntnis zur wahren Minne. – Die Forschung hat weitere Anklänge dieses Lieds an Reinmar 22 und andere Reinmarlieder aufgezeigt. – Vgl. auch W. 3.

Text: Str. I–III werden in A und C Hartmann von Aue zugeschrieben, doch ist W's Verfasserschaft und die Einheit des Lieds kaum anzuzweifeln. Lachmanns Text glättet an einigen Stellen.

V. 7–8 stehen bei Wa.,Kr. als *eine* Zeile mit Zäsur; wir folgen L.,M.

Lit.: (77) Gutenbrunner; (81) Halbach; (140) Maurer; (197) Schneider.

Die Fehde geht auch nach W's Abschied von Wien (um 1198) weiter und tritt um 1203, bei W's Rückkehr, in eine zweite Phase ein. Doch zunächst einige Lieder, die in W's Wanderzeit (manche auch wohl später) entstanden sein mögen.

11 Dies musikalische, bunt rhythmische Gedicht der Freude zeigt gewiß Einfluß Morungens, des sprachmusikalischsten Lyrikers seiner Zeit. Leitwörter werden gehäuft, verstärken die Aussage, binden Strophen in sich und untereinander, formen geometrische Muster, tönen schließlich über allem Sinn in reiner Musik. Leitwortresponsionen werden verstärkt durch weitere Lauthäufungen. Freude; Singen; ein Leitwort der Minne: „bezwingen", wenden und kehren, Freude in Leid, Leid in Freude verwandeln: Wörter seelischer Berührung sind hier fast im Spiel rhythmisiert, inneres Geschehen wird zum Reigen: *trûren w e n d e n / unde s e n d e n fröide manicvalt;* Drängen der Minne; *ver-k ê r e n / daz dîn s ê r e n sanfte unsanfte tuot:* tief innerliche Verwandlung und Tanzkehre in einem. Das Zentralmotiv des Zwingens und der Wende zwingt durch Häufung und spielt als Musik, in Annominatio und Wiederholung in verschiedener grammatikalischer Form (Polypdoton): II, 3,4,6 *ze fröiden t w i n g e t, mich b e t w a n c, diu minne t w i n g e n;* III, 2 *dîn t w i n g e n* (Echo: *singen* I, 2, 4); IV, 2 *alsô b e t w u n g e n. Wenden / kêren,* z. T. durch „Kettenreim" verstärkt: III, 6–7 *ver k ê r e n / daz dîn s ê r e n sanfte unsanfte tuot* (durch Oxymoron intensiviert), zurückklingend auf *mêren* III, 4; IV, 3 *güete gegen mir k ê r e.* Das Hauptmotiv Freude, freuen, froh: I, 1, 7; II, 2, 3; III, 2, 5; V, 1 im Spiel mit *liebe, trûren,* mit *guot / güete* und *muot / ungemüete;* Engführung der Hauptmotive *fröide – twingen* II, 3; III, 2. Die Augen: III, 3 und IV, 5–6 (klassisches Begegnungsbild: empfangen durch den Glanz ihrer Augen). Andere Anklänge: III *wunder – spilnden, wunderspil;* IV, 1 *süeze Minne, süezen lêre;* V, 4–5 *ungemüete / ungemach.* Die Reimlinien: I *muote-muoz – guote – gruoz,* weiter in III, 5, 7 *muot – tuot;* Str. V ganz auf i und a. Weitere Responsionen sind leicht zu finden. – Auch sein Strophenbau macht dies tiefe und heitere Lied so schwerelos. Vor allem der Abgesang: kürzerer Neueinsatz nach Alternation vier längerer Aufgesangsverse; besonders aber der Binnen- oder „Ketten"reim 6–7. So spielt der Abgesang zwischen asymmetrischer Spannung des Dreier cwc und Lösung in den umarmenden Vierer cddc, der Vierer mit schwebend entstehendem, sogleich zerfließendem Zweitakter *unde senden, swie si wolde,* usw. Dies musikalische Fluktuieren des ungeradzahligen Abgesangs und seiner „geraden" Lösung (mit oder ohne Binnenreim) ließe sich in Morungens Strophik an vielen Beispielen zeigen.

Text: II, 2–4 Interpunktion nach Br.,M.; 5 *E* L.: *es* Hs.; III, 3 *ungemüete* Kr.: *liebe* Hs.; V, 4 *al* erg. Kr.

Lit.: (81) Halbach.

12 Ein jubelndes Lied; Morungens Einfluß ist deutlich, auch in der Form (das einzige völlig „durchgereimte" Metrum W's: kein neuer Reim im Abgesang; vgl. Komm. zu 19). Raumgreifende Gesten, volle Atemzüge, die Seele schwingt sich auf zum Himmel. Einmalig bei W. die Nennung antiker Gottheiten (manche vermuten, Diane stehe für Dione = Venus). – Echtheit und Zugehörigkeit von Str. (V) umstritten. Maurer gibt sie als Str. III (der hymnische Ton der beiden ersten Str. werde durch Einrede unterbrochen, Str. IV weise die Einrede zurück und nehme den hymnischen Ton wieder auf). Anders Kraus, *Unters.* 431 ff.

Text: Wir setzen Str. (V) ab. I, 5 *Seht* erg. Wa.,Kr.; 6 *wol* erg. Wa.,Kr.; II, 2 *gen ir* erg. Kr.; III, 2 *mîner frouwen* L.: *m. lieben (hertzen lieben)* fr. Hss.; *zêren* M.: *ze êren.*

Lit.: (81) Halbach; (140) Maurer.

13 Strophenfolge in den Hss. uneinheitlich, doch der
innere Verlauf und die Liedeinheit von Wackernagel und
Kraus überzeugend dargestellt. I: Die Reichen und die
Jugend sind schuld an der Freudlosigkeit der Welt. II:
Konstellation des Ungemäßen: Frau Sælde gibt mir
Armem Freude, dem Reichen Sorge; umgekehrt sollte es sein.
III: Allgemeines Rezept gegen die Sorge: gute Frauen, Som-
mertage. IV: Spezielle Anwendung auf die Eine: sie gibt
Freude und Liebe. Das Leitmotiv der Sorge verbindet
Str. I–III (I, 2; II, 8; III, 1). IV, 3–4 eines der schönsten
Enjambements drängender Hinwendung. – Der Topos des
Generationenproblems, von W. immer wieder verwandt,
verlangt keine Zuordnung zur Altersdichtung; s. auch
Komm. zu 14.

Lit.: (81) Halbach.

14 Von manchen Hrsg. als zwei Lieder gegeben; Kraus
hat die Einheit nachgewiesen. Ein Beispiel des Selbstzitats
(vgl. 13); unsere unmittelbare Anreihung an 13 bedeutet
nicht unbedingt chronologische Nähe. Str. IV u. V dieses
Lieds haben jedoch vagantischen Klang, es mag daher in die
Wanderzeit gehören; das schlösse auch späte Datierung des
von W. zitierten Liedes 13 aus. I: Die Reichen und Jun-
gen sind schuld an der Freudlosigkeit der Welt; wenn ich
wüßte, was ihnen fehlt, so könnte ich helfen, ihren Kummer
zu beklagen. II: Schöne Jahreszeit und schöne Frauen trösten
keinen Unglücklichen, weder mich noch die Reichen und
Jungen; vgl. dagegen 13, III. (Doch weiß ich, was mir fehlt;
so kann ich mein Unglück beklagen, wenn auch nicht ihres.)
III: Einer andern Freudlosen kann ich klagen helfen, ich
weiß, was ihr fehlt: in unserer schlimmen Zeit ist ihre
Schönheit umsonst; sie ist auch deshalb umsonst, weil sie keine
Freude mehr gibt, weder dem Dichter noch dem Land (denn
Freude des Landes würde ja durch Freudenlieder des Dich-
ters geschaffen). Er ist unglücklich, weil sie ihn nicht erhört,
sie ist es, weil ihre Schönheit vergeblich ist. IV–V: so wird
man von Sorgen erlöst! Der Schluß des Lieds hat eine

revocatio; allzu kühne Wünsche hat er geäußert: hätte er doch geschwiegen! Interessante Parallele zu 13: Kraus, *Unters.* 428 f.

Text: Wir geben mit M. V. 5 ohne Zäsur. I, 6 *hülf* M.: *hulf.*

Lit.: (81) Halbach.

15 Zeitliche Festlegung schwierig; vielleicht später anzusetzen. I, 5–6 bedeutet wohl: „Sie geben mir keine Klarheit und zögern, mir zu sagen, was sie wollen."

Text: I, 4 *sus und* L.: *truric* Hss.; 6 *versûment* L.: *versinnent* Hss.

Lit.: (81) Halbach.

16 Tradition und gestaltetes „Erlebnis" werden eins in diesem bunten Lied von Mai und Liebe. Abhängigkeit von zwei lat. Liedern (*Carmina Burana* 114 und 131, vgl. *Unters.* 183 ff.): Leichtigkeit und Spiel der Vaganten ist „Literatur" und dennoch impressionistisch gegenwärtiges Erlebnis wie kaum sonst in ma. Lyrik. – Der traditionelle „Natureingang" in den berühmten vier Gleichungen von Natur und Liebesgefühl ist kaum verständlich, wenn man an klassische, romantische, realistische Naturdichtung, an gleichgewogene Einfühlung, Gott-Natur, Stimmung, detaillierte Beschreibung denkt. Sommer und Liebesfreude, Winter und Liebesleid; trotz Sommer Liebesleid, trotz Winter Liebesfreude: zwei parallele, zwei chiastische, rhetorisch-rationale Beziehungen; wie die Gefühle, so sind auch die Naturdinge stilisiert. Man mag Details sehen, doch sie zählen nicht, sie entgleiten dem selektiven Netz, das jene Menschen deutend über die Dinge warfen. Da bleibt in erhabener Eintönigkeit, wie in Linien archaischer oder moderner Kunst, das Wesentliche, seit der Antike Tradition, Natur in geistigem Arrangement, unbehelligt von Naturgefühl und abzugaffendem Eigenleben: Vögel, die Linde, die Wiese, der Wald, Blumen und Grün, Rose und Lilie, Winter, Schnee, keine Blumen, kahle Bäume. Dieser Natureingang (bei W. selten) wird von ihm bewahrt und verwandelt. Str. I–III Natur, Str. IV–VI *frouwe,* so ausgewogen, daß Lachmann zwei

verschiedene Lieder vermutete. Die Natur ist Szene, leben-
dig, scheinbar frei von Klischees: Impressionen, Menschen,
Bewegung; der Mai versieht die Natur mit Kleidern; Blu-
men und Grün im Wettstreit auf der Wiese: bunte Rhyth-
mik, Fragen, Publikumsanrede, Aufruf. Doch auch hier
typische rhetorische Mittel und Stilisierung bei aller bunten
Verlebendigung. *Wê, wer singet nû ze tanze / jungen wîben
under bluomenkranze, / Gôzpreht, aber an dîner stat? / Wal-
kêr, Liupsun, Hiltolf, Ruoze, / Wîgolt, Wildunc, Rîchper
unde Tuoze* . . . (Neithart 36, IV), dagegen: *Seht an pfaffen,
seht an leien*; singende Vögel; *bluomen unde klê*, nicht:
„Kaiserkron' und Päonien rot". Der zweite Teil, Liebes-
werbung, ist ohne knackend einrastende Gleichung auf die
Naturszene bezogen. Ganz neuer Einsatz: Roter Mund,
laß dein Lachen, schäm dich, wenn du mich auslachst. Es
scheint ein reines Minnegedicht zu werden; auch Str. V
noch scheinbar frei. Doch die Schlußstrophe stellt die Be-
ziehung her zum „Natureingang" nach der Formel: trotz
Sommerfreude Liebesleid, mit Bitte um „Gemäßheit":
Freude in der Liebe, der Naturfreude entsprechend. *Muget
ir umbe sehen (Muget ir schouwen* Str. I); *sich fröit al diu
welt gemeine* (Zusammenfassung dessen, *waz dem meien
wunders ist beschert*), und zum Schluß in Analogie, mit
einem der innigsten und raffiniertesten Enjambements und
Diminutiva in W's Dichtung: *möhte mir von iu ein kleine /
fröidelîn geschehen!* Im Rückblick zeigen sich viele Motiv-
verknüpfungen zwischen den beiden Teilen. – Die Freude
ist höfisch maßvoll *(âne dörperheit)*, das Minnegespräch ist
Flirt und Ernst, die Realistik des Jetzt wird bewahrt und
doch transparent für das Typische, Dauernde: immer wieder
die Handlung abgefangen durch typisierende Beschreibung
und Deutung: anschauliche Maienszene und Liebesunterhal-
tung hier und jetzt, zugleich *der* Frühlingstag mit seinen
Menschen. Gleichung und Einklang von Natur und Minne,
keine Naturmystik, doch nicht nur zerebrales A=B. Urbane
Bukolik lebendig und stilisiert, kaum ein Gedicht W's vereint

Innigkeit und Artistik so vollendet; leidenschaftliche Präzision, jubelnde Farbigkeit und strenge Graphik. Entsprechend anmutig und klar der Strophenbau. Trotz seiner Eindeutigkeit fluktuiert er in Überlagerungen und wechselndem Zusammenspiel, immer wieder anderes reicht sich die Hände. Die tänzerische Leichtigkeit des Vorgangs klingt in der Vieldeutigkeit metrischer Geometrie. Stolliger Bau; zwei Verspaare mit alternierenden Reimen und alternierenden weiblich vollen und stumpfen Kadenzen in den Stollen, der Abgesang ebenfalls vierzeilig mit umarmendem Reim und entsprechender Kadenzstellung; alle Verse auftaktlose Viertakter. Dem festen Bau und seiner Symmetrie (Dominanz der Zweizahl und Vierzahl) überlagert sich, im Strophenverlauf entstehend und zerfließend, Variation, besonders expressiv im Übergang vom Aufgesang zum Abgesang. Die Kehre der Alternation zu umarmendem Reim und Kadenz bringt Verdoppelung der stumpfen Kadenz in der Strophenmitte *(wie daz alles vert. / Grôz ist sîn gewalt; âne dörperheit. / Wê wer wære unfrô?* usw.): das Geheimnis dieses Strophenrhythmus. Nach der eingeschwungenen Alternation der Stollen musikalisch die Verdoppelung des Aufgesangendes: ein Ballettrock wirbelt in der Drehung, kommt zur Ruhe, wirbelt in der Gegendrehung fliegend zurück. Dieser starke Gleichklang der stumpfen Zeilen fügt Verse 4 und 5 zum Paar: keine feste Gliederung, sondern schwebend zerfließendes Echopaar. Gruppe 5–6 scheint Spiegelbild zu 3–4 („Spiegelstollen"), aber nur metrisch; 5–6 ist rhythmisch kein Paar, sondern Verse 6–8 bilden eine Dreiergruppe, das 2+2 des Abgesangs überspielend, das Paar am Strophenbeginn in Schwellung aufnehmend. So irritiert die „Schwingachse" (V. 5, in allen sechs Strophen auch syntaktisch isoliert) die Symmetrie des (2+2)+(2+2), schafft Spannung, die sich löst; über dem Grundmuster spielt 1–4, 4–5, 6–8, und: 1–2, 3–5, 6–8; doch dominant bleibt die Grundform der zwei Viererblöcke. Einige von W's Metren lassen sich so dyna-

misch deuten (Morungen ist Meister dieser Form): wie ein
Reigen auf klar gemustertem Parkett. Doch sind die Bewe-
gungen nicht extrem; Ausgleich gegenläufiger Elemente,
„Verwandtschaft" des Variierten (Umkehrung), Balance
zwischen der Statik des Identischen und der Dynamik der
Variation: „klassische" Eigenschaften dieser schlanken, ela-
stischen, bunten und strengen Architektur.

Lit.: (66) Fischer; (67) Frings; (72) Ganzenmüller; (81) Halbach;
(128) Kuhn; (142), (143) Maurer; (190) Schaefer; (200) Schneider;
(238) Wiegand. Neithartzitat aus: Die Lieder Neidharts, hrsg.
Edmund Wiessner, ATB 44.

17 Wieder ein bekanntes Selbstzitat W's (vgl. 16, III,
6–8). Auch hier behauptet das Nebeneinander in unserer
Ausg. keinen direkten chronologischen Zusammenhang;
Str. I macht wahrscheinlich, daß mindestens ein Winter
zwischen den beiden Liedern liegt. Das Gedicht scheint ein-
fach, doch wird es verschieden gedeutet. Kraus, *Unters.*
411 ff. stellt die engen Bindungen an 16 heraus, z. T. wohl
überspitzt. I, 7 *disiu mære* sei nicht nur der kleine Wett-
streit, sondern das ganze Lied 16. Richtig zu III, 1: nicht
„hätte ich diesen Tag versäumt", sondern „vergeudet",
„ohne Liebeserfüllung zugebracht", aber nicht jenen Maitag
im zitierten Lied 16, sondern den heutigen: „Verginge
mir dieser schöne Tag ohne Liebe ... dazu wäre auch noch
alle frühere Freude vergebens gewesen." II, 5: nicht phy-
sische Krankheit und Tod, sondern Tod aus Liebe (zu dem
berühmten selbstbewußten Motiv vgl. 34). II, 6–7 „die einst
(wohl auf 16 bez.) Freude suchten und auch jetzt wieder
gerne tanzten und sängen."

Text: II, 5 *schadet* U, Br., W.-M., M.: *schât;* 7 *sungen* Kr.: *sin-*
gen U: *sprungen* CE.

Lit.: (197) Schneider.

18 „Naturlyrik" im Sinne der Romantik oder des
Realismus gibt es im Mittelalter nicht (zum „Naturein-
gang" vgl. 16): unberührte Weite, Beseeltheit, Fremdheit,
Stimmung; das Andere oder Echo auf die Stimme des Ich;

Natur als Gegensatz zu Kunst, Kultur, Geist; Natur als mathematische Formel; Philosophie, Meßgerät oder Gefühl. Zwar ist auch der ma. Naturbegriff nicht einheitlich, und manche ma. Vorstellung hat eingewirkt auf das Konglomerat dessen, was wir mit „Natur" verbinden, oder wird aus denselben antiken Quellen gespeist. *Natura* in ma. Geistesgeschichte ist objektive Ordnung der Schöpfung, das Gesetz der Dinge, die Entsprechung eines Dings und seiner Bestimmung; oft als Allegorie gestaltete Untergottheit, Formerin der Materie, reproduzierende Mittelinstanz zwischen Gott und Mensch, Gott und Welt. – In klassischer mhd. Lyrik ist das, was wir „Naturbild" nennen, fast immer auf Minnegefühl bezogen. Unser Lied ist ein seltenes Beispiel eines scheinbar reinen „Natur"gedichts. Doch berührt es sich in jeder Phase mit menschlichem Denken und Empfinden – auch das Liebesmotiv fehlt nicht: zart und spielerisch der Einklang in I, 4–5: spielende Mädchen, Lieder der Vögel (das Fliegen des Balls von Zeile zu Zeile in einem der schönsten Enjambements) – Impression, Sehnsucht; ballspielende, doch im Frühling auch wohl liebreizende Mädchen: leise klingt diese Sehnsucht mit. Das Motiv: „Wenn doch die Vögel des Frühlings kämen, dann wäre auch die Liebe da" wird in raffinierter Schlichtheit verhüllend umgekehrt: „Wäre es Frühling, und die Mädchen spielten draußen, dann sängen auch bald die Vögel." Und in der Schlußzeile das mitklingende Motiv des Blumenbrechens. – Gelehrter lateinischer Einfluß, geschliffene Kunst und reiche Musik (Reimhäufung, Daktylen, vielleicht das ganz unnaive Genre des „Tanzlieds"); bekannter Topos: Kampf zwischen Winter und Frühling, naturmythisch und naturallegorisch, in diesem Sinn geradezu „Naturdichtung" nach ma. Auffassung – und dennoch schlichter, inniger Ton. Die leidige Alternative „volkstümlich" oder „gelehrt" ist hier besonders irrelevant. Wenn es „Volksdichtung" soziologisch, ursprungsgeschichtlich wirklich gegeben hat, dann kann ihre Sprache und Motivik

direkt, aber auch ebensogut auf dem Umweg über „gelehrte"
Dichtung auf W. gewirkt haben; ein Transformatorenhaus
mehr ändert nichts Entscheidendes an „Ursprung" und
Substanz. Und wenn die „Gelehrten" „Volkstümliches"
selbst erfunden haben sollten, dann ist es eben „volks-
tümlich" in Stil und Gehalt. Entscheidend ist doch die
poetische Ausprägung. Die ist in unserem kunstvollen,
toposreichen Lied weder „volkstümlich" naiv noch „ge-
lehrt" (den Unterschied zu Dichtung in „gelehrtem" Stil
zeigt jede Lektüre naturallegorischer Didaktik). W. ver-
schmelzt beide Elemente in die bewußte, scheinbar spiele-
risch naive Gegenwart seines Gedichts, einmalig erlebt, zu-
gleich mit allen Akkorden der Reflexion, der Bewußtheit,
der integrierten Literaturgeschichte.

   Lit.: (72) Ganzenmüller; (200) Schneider; (238) Wiegand. Vgl.
auch (55) Curtius, Europ. Lit. u. lat. MA.

19 Str. I (hoffende Erwartung) und II (Enttäuschung)
sind antithetisch aufeinander bezogen, in Parallelbau der
Schlußzeilen, mit dreigliedrigem Chiasmus ABC; CBA: *ich
– an fröiden – genesen; verzagt – an fröiden – maneges
muot.* – Heinrich von Morungen ist der geniale Meister
rhythmisch bunter, schwebender Strophenkunst (vgl. auch
16). Einige von W's Metren scheinen von ihm beeinflußt,
so dieses Metrum, auch etwa 11; 12; 17. Eine typische
Strophe Morungens MF 126, 8 (Interpunktion nach Kr.):

Von den elben wirt entsên vil manic man:	a
sô bin ich von grôzer minne entsên	b
Von der besten die ie man ze friunt gewan.	a
wil si aber mich dar umbe vên,	b
Mir zunstaten stên, mac si dan rechen sich?	c
tuo des ich si bite: si fröit sô sêre mich,	c
daz mîn lîp vor liebe muoz zergên.	b

Auffällig ist, neben dem Überspielen der Aufgesangsgrenze
durch die Satzführung, das durch den Binnenreim *vên –*

stên unterstützt wird, das Hinübernehmen eines Reims (b) aus dem Aufgesang in den Abgesang. Diese Struktur wird häufig als Übergangsform vom frühen, noch nicht stolligen Prinzip („durchgereimt", „Reimbänder" durch die ganze Strophe verlaufend) zum dreiteiligen stolligen, Auf- und Abgesang im Reim trennenden Bau aufgefaßt. Wir sehen darin keine Übergangsform, auch kein Entweder – Oder, sondern in der Gestaltung durch einen so bewußten Form-künstler ein „sentimentalisches", intendiertes Zusammenspiel beider Grundformen, von denen jede von einem Hof historischer Assoziationen umgeben ist und sie in den Raum des Gedichts integriert; jede hat gleichsam ihre eigene Ge-schichte zu erzählen. So wird die Kanzonenform überspielt, jedoch nicht aufgelöst, sondern bewahrt, frei variiert, in Synkopierung gleichsam in Anführungszeichen gesetzt und dadurch „thematisiert", wie etwa Rilke dem Sonett mit dem tiefsten Verständnis für das Geheimnis der Sonett-form dort begegnet, wo er sie umspielend scheinbar auflöst. Die „Durchreimung" innerhalb der stolligen Kanzonenform bewirkt Überlagerung und Durchdringung zweier Vierer-gruppen (s. Schema), der b-Reim in V. 4 hat an beiden Vierergruppen teil (1–4, 4–7), die strenge Grenze zwischen Auf- und Abgesang wird verwischt; in musikalischer Leich-tigkeit entstehen und zerfließen Gliederungen; metrische Erinnerung wird im Rückblick bewahrt und umgeformt, metrische Erwartung wird mehrdeutig (vgl. 16). W. scheint von dieser Kunst der überlagernden Integration mit all ihren metrisch-rhythmischen Wirkungen in einer Phase seiner Entwicklung fasziniert gewesen zu sein. Unser Lied hat dasselbe Reimschema wie das Lied Morungens, dieselbe Rückkehr des b-Reims im Abgesang, das Überspielen der Aufgesangsgrenze (in Str. II durch das anaphorische Wie-deraufnehmen des *sît man* auch syntaktisch getragen), das schwebende Sich-Durchdringen der beiden Vierergruppen. Zwar ist das Metrum W's, der Melancholie des Gehalts entsprechend, in durchgehender Auftaktlosigkeit und nur im vorletzten Vers unterbrochener Fünfhebigkeit monotoner als Morungens Strophe (11 und 12 sind bunter, in jubelndem Rhythmus): dennoch ist die Morungensche Grundform in unserem Lied deutlich verwirklicht. – Immer wieder auch in späterer Lyrik wirken schwebende metrische Kohärenzen; die Mehrdeutigkeit der Beziehungen, in Metrum und Satzführung, löst nicht grell auf, sondern integriert feste Fügung ins Spiel. Der Schluß von Mörikes „Im Frühling":

Ich denke dies und denke das,	a
Ich sehne mich und weiß nicht recht nach was:	a
Halb ist es Lust, halb ist es Klage;	b
Mein Herz, o sage,	b
Was webst du für Erinnerung	c
In golden grüner Zweige Dämmerung?	c
– Alte unnennbare Tage!	b

aa bb, das Reimschema fast wie ein Aufgesang, im „Abgesang" die Dreiergruppe angeschlossen, mit dem Schlußreim zurückklingend zum „Aufgesangs"ende. Hier bricht auch die Satzführung expressiv die Gliederung 4+3 und formt 3+4, durch die drängende Bindung „Mein Herz, o sage, / Was webst du für Erinnerung ..." Die freie Hebungszahl und leise Füllungsfreiheit der Madrigalverse macht es der Sprache besonders leicht, den Vorgang von innen heraus zu formen. Wesentlich ist jedoch das scheinbar wahllose Reimschema, das, wenn das Muster „steht", Konturen und Überlagerungen schafft, im Spiel von Gesetz und Freiheit, wie bei Morungen oder Walther.

Text: Interpunktion II, 2 ff. nach M.

Lit.: (81) Halbach; (143) Maurer.

20 Morungeneinfluß, auch provenzalisches Vorbild. Daktylen könnten von der rheinischen Lyrik beeinflußt sein (de Boor). Der nicht-daktylische V. 5 mit seiner „Bremswirkung" vor dem Refrain ist rhythmisch ausdrucksvoll.

Text: I, 4 *der* Kr.: *des* Hs.; 5 so Hs.,M.: *gescheiden von ir*; II, 2
vil erg. Wa.,M.: fehlt Hs. und L.-K.; 5 so M.: *noch fröiden zer*
werlde (noch erg. Kr.).

Lit.: (67) Frings; (81) Halbach.

21 Eines der kühnsten, zugleich am stärksten von vagan-
tischer Tradition bestimmten Gedichte W's. Die Technik,
eine lebende Gestalt wie eine Statue von oben bis unten
zu beschreiben, ist stereotyp in antiker und mittellat. Dich-
tung. Entscheidend ist jedoch W's Verlebendigung der Tech-
nik; Zug um Zug wird die Gestalt erlebt; sie existiert
gegenständlich und in den Wirkungen auf das Ich: ihr
Haupt ist mein Himmel; das traditionelle Motiv des Sich-
bespiegelns in den Augen der Geliebten – so werde ich
wieder jung, und ich sehnender Kranker werde von Sehn-
suchtskrankheit erlöst; Widerspiel von Sehnen und Erfül-
lung in einem einzigen Vers (II, 10). Der *artifex* Gott, der
mit den toposhaften Farben der Lilie und Rose die Wangen
malt; eine spielerische Blasphemie: ich sehe dies Geschöpf
lieber als den Himmel, charmant verharmlost: und als den
Himmelswagen. In Str. IV der Mund: W. erlebt diesen
Teil der Gestalt mit einem Wortspiel: ein Kissen für meinen
Mund, „Küssen" suggerierend; parodistisch auf Reinmars
Lied vom Kußraub bezogen (14, V): Leihen, Zurückgeben;
Einklang von Sehen, Fühlen, Geruch, Geschmack. In Str. V
geht der Blick nach unten: Hals, Hände, Füße; auch da-
zwischen könnte der Dichter einiges beschreiben, was er
sah – als sie aus dem Bade kam. Großartig die Überlage-
rungen in dem Gedicht: eine Illusion wird geschaffen, wäh-
rend Zug um Zug eine – doch lebend gegenwärtige – Ge-
stalt entsteht: Illusion sinnlicher Liebeserfüllung, gewagt
im Genre des Minnesangs. Am Ende wird die Illusion
zerstört, die Gestalt in einer für die Frau unverfänglichen
Situation lebendig und bewegt gezeigt; der ganze „Auf-
bau" gewinnt in der Rückschau einen anderen Sinn, ohne
daß in der Aufhebung die Wirklichkeit sinnlich-liebender
Erwartung verwischt würde. Aus vielen Werken kennen

wir diese Grundform der Fiktion: nicht nur überraschender Ausgang, sondern die Notwendigkeit, nachträglich alles vorher Erlebte „umzudenken"; hier in wirkungsvoller Engführung: Synthese von Gestalt und Erleben der Gestalt, von stetig mehr bewegtem allgemein geschautem Bild und gegenwärtiger Szene, von Geschehen und Erinnerung, Aufbau und Rückschau; im Einklang von ergriffener Feier des Schöpfungswunders der Frau, schlüpfrig frivolem Schockieren der Gesellschaft und männlich freiem, menschlich sicherem, an Wolfram erinnerndem Spiel mit der Tradition und der Liebe. – Expressiv, den Knalleffekt betonend, die zwei parallelen Enjambements der Schlußstrophe: 5–6 *„decke blôz!"* / *gerüefet*, und 9–10 *lieben stat* / *gedenke*.

Text: V, 10 so Kr.: *si uz einem reinen b.t.* C: *di reine sueze (diu vil minneclich* AN) *uz einem b.t.* ADN.

Lit.: (71) Furstner; (81), (86) Halbach; (172) Ochs; (190) Schaefer; (200) Schneider.

22 Diese Gruppe von Gedichten („Lieder um das Preislied" Kraus, „Lieder der Minne-Auseinandersetzung" Wapn.), die hinführt zu dem grellen, bösen Lied 34, zeichnet die Entwicklung von W's „neuer Minne": Gegenseitigkeitsliebe, geforderte Liebeserfüllung. Die Reihung dieser Ausg. meint nur: „So könnte es gewesen sein", einmal der Weg der Entwicklung selbst, dann gar das zeitliche Nacheinander; denn selbst wenn W's Weg in der Fiktion so verlief, dann braucht er nicht zeitlich so verlaufen zu sein; die eine oder andere Station kann nachträglich geändert, weitere können eingefügt worden sein. Manches verdanke ich hier außer der Ausg. von Maurer der von Wapnewski. –

Lied 22 ist Dialog; W. hat (im Anschluß an provenzalische Vorbilder) das Genre in die mhd. Lyrik eingeführt (vgl. auch 28, 47, 70). Er und Sie, Geben und Nehmen, Rede und Gegenrede gleichgewogen, Ich und Du gegenwärtig (vgl. dagegen den „Wechsel" Nr. 4), „lyrische Gleichberechtigung": Gegenseitigkeit schon in der Form (zwei Strophen der Mann, zwei die Frau, die fünfte gleich auf Mann und Frau verteilt, in der Männerrede genaue numerische Ausgewogenheit von Ich und Du). Im Vergleich zum herberen, einsameren Wechsel der frühhöfischen Zeit eine Form urbaner Eloquenz: kleines und ernstes Spiel eines höfischen Flirts. Werbung und Ablehnung, Fordern und Sichentziehen; Heiterkeit und Tiefsinn verknüpft mit den Motiven Leben und Sterben, kokett und unverbindlich der literarische Topos, doch zugleich klingt tiefste Hingabe, Lieben und Sterben, leise an: Tradition wird nahes Erlebnis. In der Mitte des Lieds die Lehre und Bitte: *Eime sult ir iuwern lîp / geben für eigen, nemet den sînen,* dann die Nutzanwendung auf das eigene Ich. Und nun das Spiel mit *nemen den lîp* (Wortspiel der Bedeutungen „Leib" und „Leben"): es könnte ihn schmerzen. In V, 4 Höhepunkt und Ende seiner Rede, der bunte Ball, der in Parodie, Fehde und glitzerndem Bezug von Dichter zu Dichter gespielt werden soll: *stirbe ab ich, sô bin ich sanfte tôt.* Sie weist das Tauschgeschäft von Leib und Leben zurück: „Ich will nicht Euer Leben haben für meines." Vielleicht stammt das Motiv von Morungen MF 147, 4 *Vil süeziu senftiu tôterinne, / war umbe welt ir tôten mir den lîp;* es wird in der „Zweiten Reinmarfehde" aufgenommen und weitergespielt (vgl. Komm. zu 34).

Text: I, 1 *Frouwe, enlât* M., Wapn.: *Frowe'n lât;* V, 2 *græzer* Wa.,Kr.: *grôzer* L.,Hss.

Lit.: (32) Bachofer; (46) Burdach; (68) Frings; (190) Schaefer.

23 Zwei Hauptmotive bestimmen die dramatische Auseinandersetzung mit der Minne und der Dame, bis hin zum Bruch im Lied 34: die Forderung erotischer, emotionaler „Gleichberechtigung", Gegenseitigkeit, und damit verbunden das Motiv des Preises. Schon jetzt gilt: *ich wil mîn lop kêren / an wîp die kunnen danken* (42, V, 11–12). Gegenseitige Liebe wird in 22 gefordert, den Preis der Frau spricht vorbildlich Lied 23 aus, zwar noch im Rahmen Hoher Minne, doch polemisch gegen den Künder einseitig sich verströmender Sehnsucht und seine Wiener Minnewelt.

1203 ist W. in der Nähe von Wien im Gefolge des Bischofs Wolfger urkundlich bezeugt; um die Zeit des Hochzeitsfests Leopolds VI. mag er unser Lied vorgetragen haben. Reinmars Preislied Nr. 16 war vorausgegangen, seinerseits schon voll polemischer Anspielungen auf W.: *Waz ich nu niuwer mære sage / desn darf mich nieman frâgen . . .* Darauf selbstbewußt mit großer Geste der Weitgereiste: *der iu mære bringet, daz bin ich . . . nû frâget mich!:* Topos (vgl. das Kirchenlied „Vom Himmel hoch . . .“), dennoch in den ersten vier Zeilen ein wenig wie ein Grandseigneur des Minnesangs. Die Bezüge zwischen beiden Preisliedern wie zwischen 23 und anderen Liedern W's können nicht ausgeführt werden. R's Preis gipfelt in der berühmten Zeile, die in W's Reinmarklage 110 zitiert ist: *Sô wol dir, wîp, wie reine ein nam . . .* (vgl. W's Str. 110 und 111, den letzten Nachklang der Auseinandersetzung mit R.). W. will den Preis überbieten. Er gilt in den schönsten Tönen der deutschen Frau, doch ist das nicht nur Chauvinismus: W. weist eine antideutsche Invektive des Provenzalen Peire Vidal zurück, zudem hat der Preis einen ganz praktischen Zweck: Bitte um Lohn der Damen und Gunst des Herrn, die Antithese weiter Raum – *unser lant* hat, im Geist der um Gaben bittenden Spruchdichtung, diesen Beiklang. (Als spätes desillusioniertes Pendant des Motivs „von Grenzstrom zu Grenzstrom“, das Hofmann v. Fallersleben inspirierte, vgl. den Spruch 126.) Die Schlußstrophe (nach Maurer nicht nur *envoy,* Geleitstrophe, sondern wesentlicher Bestandteil des Lieds) verengt die Weite des Preises auf die Eine; hier von Stilbruch zu reden hieße die Motivführung ma. Lyrik verkennen. Die Schlußzeile mag un-Reinmarische Hoffnung auf Erfüllung bedeuten.

Text: Strophenfolge in den Hss. uneinheitlich. Die nur in C überlieferte Schlußstrophe, zu Unrecht in ihrer Echtheit bezweifelt, hat in V. 2 u. 4 in der Hs. Auftakt, den wir im Anschluß an M. beseitigen: 2 *ie: iemer;* 4 *sô* vor *tuot* gestrichen. Außerdem VI, 2 *mêre* erg. L.; 5–6 so L.: *si kan seren mir / das herze und den muot* Hs.

Lit.: (32) Bachofer; (81) Halbach; (126), (130) Kuhn; (140) Maurer; (149) Mohr; (163) Neumann; (238) Wiegand. S. auch Lit. zur Fehde, Nr. 7.

24 Enge Beziehung zum „Preislied": das Lob anderer Frauen, die Eine; hat der enthusiastische Preis der andern die Eine eifersüchtig gemacht? Ein erster Mißklang im Verhältnis zur Herrin: preise ich edle Frauen, dann bin ich glücklich, doch bei der Einen hilft mir alles Preisen nichts; wenn's ans Danken geht, vergißt sie mich. Und leise Drohung: andere Frauen wissen mir zu danken, doch charmant modifiziert: das ist mir im Vergleich zum Dank der Einen nur *ein kleinez denkelîn* (reizende Wortprägung W's, vgl. *fröidelîn* 16, *trœstelîn* 37, *lobelîn* 123). Nur eine kleine Wolke steht am Himmel.

Lit.: (32) Bachofer.

25 Nochmals in Gedanken und Worten Hoher Minne eine Huldigung an die Eine, Topos und Ergriffenheit: Zauber der Liebe. Nicht ohne Koketterie werden die männlichen Werte nebeneinandergestellt: Schönheit und Schicklichkeit. Diese Antithese von Innen und Außen, hier zwar auf den Mann bezogen, ist ein W'sches Zentralmotiv und deutet voraus auf Lieder wie 35 und 48. Zuerst sein „Begreife nicht, was sie an mir find't"; dann: es muß wohl meine *fuoge* sein; entscheidet sie sich für diesen inneren Wert, dann ist sie gut, dann tu' ich alles, was sie will. Und in der wunderschönen Schlußstrophe Rückkehr zum Anfang, zum Motiv des Zaubers, entmythologisiert als das natürliche Geheimnis des Weiblichen: ihre Schönheit und Tugend schenkt Glück und Leid.

Text: II, 2 *besehe* O,M.: *beschou;* 4 nach O,M.: *wil si niht wan daz;* III, 6 *genæme wol* L.: *gemeine* ohne *wol* Hss.; 7 *guoten* Simrock, Kr.: fehlt Hss.

Lit.: (32) Bachofer; (91) Heeder.

26 Noch die Sphäre Hoher Minne, doch Auflehnung gegen das Konzept einseitigen Schmachtens: warum macht meine Kunst so manchen froh, der mir nicht dankt? Personifikation der Minne, Wohnen im Raum des Herzens, Eindringen in den Herzensraum der Geliebten, in Str. IV das Gegenseitigkeitsideal im Bild der Meisterdiebin Minne, die auch das Schloß zum Herzen der Geliebten aufbrechen soll. Str. V endet traditionell: ich bin der Minne verfallen. Str. (VI) ist schwer einzufügen, doch ihr Gehalt (die Dame Glück wendet sich ab: weitere Personifikation) paßt zu den Klagetönen.

Text: z. T. unsichere Überlieferung. I, 7 *nû enhân* ... M.,Wapn.: beidemal *nun hân;* II, 8 *dâ enmac* Wapn.: *dan mac;* IV, 6 *herze enmügest* Wapn.: *herze'n mügest;* V, 8 *ein* Wa.,Kr.: *frowe* Hss.; 9 *dir* Hss.,Wapn.: *ir.*

Lit.: (32) Bachofer; (100) Jellinek; (140) Maurer; (238) Wiegand.

27 Der Klage in Tönen Hoher Minne steht nun die Definition der neuen Minne gegenüber: I, 5–6, vor allem aber II, 3–4, mit der Bitte an die Geliebte, in dieser Liebe mit ihm zu leben: hilf mir tragen (das Motiv innig wiederholt im Mädchenlied 36: dort entspricht die „Vereinigungsformel" der Minne der „Teilungsformel" unseres Lieds). Doch nun die erste Drohung, unerhört in der Welt der Hohen Minne: Wenn ich dir nichts bedeute, so macht mein Herz sich von dir frei – aber (wieder das Lobmotiv): keiner kann dich schöner preisen. In Str. IV Paare des Ungemäßen: so geht's nicht mehr! Doch noch einmal nimmt am Strophenende eine *revocatio* die Kühnheit zurück. – Der Strophenbau (4wva / 6mvb: // 4mvc / 6wv Waise / 6mvc) ist fast gleich wie bei 29 (4wva / 6mvb: // 4mvc / 6wv Waise + 6stc). Zwar ist dies Metrum nicht eindeutig: Maurer verbindet, wie in einer Anzahl von Liedern mit vorletzten Waisenreimen, die beiden Schlußverse zu einem 12taktigen Langvers, wir folgen ihm in 29, wo die Satzführung den Langvers rechtfertigt. Die Verwandtschaft bleibt bestehen; hier könnte erst die Melodie den wirklichen Bau enthüllen, sprachmetrisch fluktuieren die Zeilen. Solch nah verwandte Liedmetren nannte Plenio „Strophensip-

pen": auch etwa 30 (4wva / 6stb: // 4mvc / 4wkld / 4wkld /
6stc), und 32 (5mva / 6stb: // 4mvc / 4wkld /4wkld /6stc):
gleicher Abgesang, ähnlicher Aufgesang (nur die ersten Stol-
lenverse verschieden); oder 11 (6wva / 6stb: // 4mvc /
4wvd / 2wvd + 4stc) und 3 (6wkla / 4mvb: // 4mvc /
4wvd / 2wvd / 4mvc): nur kleine Variationen. Andere
Bezüge mit stärkeren Variationen zeigt Halbach auf. Mau-
rer (Ausgabe der Liebeslieder, S. 22 ff.), der schon in seiner
Untersuchung der Sangspruchmetren auf die Bedeutung der
Strophenverwandtschaft für die Erhellung der Chronologie
hingewiesen hatte (vgl. *Polit. Lieder* und unsere Diskussion
S. 480 ff.), hält auch bei den „Liebesliedern" metrische Ver-
wandtschaft für ein nicht unbedeutendes Kriterium in chro-
nologischen Fragen, wenn Gehaltliches nicht widerspricht.
Zweierlei hält er für sicher: daß bestimmte Formen erst
von einer bestimmten Zeit an auftreten, und daß bestimmte
Bausteine in zeitlich und sachlich benachbarten Liedern mit
besonderer Vorliebe verwandt werden. So weist er etwa
auf ähnlichen Bau bei den frühen Liedern 1, 3, 5 und 11
hin: zweigliedrige Stollen, für sich stehende Vierer am Ab-
gesangsbeginn, fast überall drei Zeilen Abgesangsschluß.
Vorzüge und Gefahren des Arguments sind offenbar: ein-
deutig frühe Lieder sind metrisch verwandt, andererseits
nicht unbedenkliche Frühdatierungen (etwa die von 22)
vielleicht über Gebühr von jenem Prinzip bestimmt. (Wei-
terhin beschreibt Maurer Strophenformen der „Gruppe um
das Preislied": Fünfer [bzw. st. Sechstakter] in Stollen;
keine Dreierketten des Abgesangs [oder solche mit Waisen,
denn wie etwa der Abgesang von 24 und 27 zu lesen sei,
bleibt ja noch offen!], dafür lange Schlußzeilen; oft auch
längere, ungefugte Abgesänge; auch fugungsfreie Stollen. Die
Gruppe der „Neuen hohen Minne" fällt durch schwere,
ausladende Großformen auf.) Verwandte Strophenformen:
eine reizvolle Erscheinung, die sich sprachmetrisch verwirk-
licht und auch gehaltlich Verwandtes bindet, Ausdruck des
sensiblen Formbewußtseins jener Dichter. Doch es sind luf-

tige Brücken, spielende Ähnlichkeiten. Wir wissen nicht, wie weit sie reichen, wieviel Wirklichkeit sie haben sollen, wie fest sie Zeit und Gedanken binden. Man kann sich nur mit „zarter Empirie" um sie bemühen.

Text: III, 6 *frouwe* erg. Kr.,Br.

Lit.: (32) Bachofer; (77) Gutenbrunner; (81) Halbach; (177), (178) Plenio.

28 Ernster ist in diesem Lied die Entfremdung, seine Drohung, ihre Eifersucht, ihr tiefer Zweifel an seiner Treue. Wir verlassen die stereotype Minneproblematik, in der selbst die Verzweiflung geborgen ist im Ritual, und kommen so nahe wie in mhd. Lyrik nur möglich an einen seelischen Liebeskonflikt zweier lebendiger Menschen, wahr in aller Fiktion. Hier ist die Frau nicht bloß die konventionelle Prüde, die auf W's Minne-Ideal nicht eingehen will und kann, sondern wir sehen ein prekäres seelisches Spiel: höchstes Lebens- und Liebesangebot, sensibles Vorausahnen ihrer Ablehnung und deshalb schon Denken und Handeln, das den männlichen Stolz bewahrt: „Ich kann auch anders"; ihr verletzter Stolz, ihre Enttäuschung über sein Handeln, das ihr Zögern selbst bewirkte, und nun in typischer Umkehrung: weil du so untreu bist, wage ich nicht, dich zu lieben. Seelische Verletzlichkeit, Möglichkeit der Mißverständnisse, primitive Eifersucht, in der sie ihn doch an sein höchstes Ideal erinnert: Treue gerade auch in der Gegenseitigkeit – Irrungen und Wirrungen eines lebendigen Liebesverhältnisses. Die höchst kunstvolle Form trägt den inneren Vorgang: Ineinander von Dialog und Wechsel, die pheripheren Strophen mit Du, die Innenstrophen fremd aneinander vorbeiredend. „Jenes, du kennst es gut" in Str. I soll nicht enthüllt werden, es ist im Gedicht bewußt verschleiert.

Text: Überlieferung oft unzuverlässig; zahlreiche Ergänzungen durch L., Wa. oder Kr.: I, 1 *tuo*; 3 *von dir*; II, 7 *iemer*; III, 2 *mich*; 8 *nû*; 9 *dann ê*; IV, 5 *ouch*. IV, 4 *dir fremede* Kr.: *dir so fr.* Hss.

Lit.: (32) Bachofer; (68) Frings.

29 Enge Beziehung zum vorausgehenden Lied; noch einmal sucht er zu beschwichtigen: Wenn man einander liebt, dann bedeuten Konflikte wie in Lied 28 nichts: „Versöhnung ist mitten im Streit und alles Getrennte findet sich wieder." Die schnell verrinnende Zeit verwendet er gut, indem er die Herrin preist. Doch Warnung in Str. III: Drücke dich nicht mit müßigen Reden um den Lohn, den ich verdiene.

Text: V. 6 in L.-K. 2 Verse, nach der 6. Hebung getrennt; III, 4 *argen* C[1],L.,Wa.,Br.,M.: *bœsen.*

Lit.: (32) Bachofer; (81) Halbach.

30 Scharfe Töne: Durch meine Kunst lobt sie alle Welt (wichtiges Motiv, s. auch 34); ich muß verrückt sein, wenn ich sie preise, der ich nur verächtlich bin. Töne der 4. Str. von 27 werden greller wieder aufgenommen. Auch das Motiv des gleichen Teilens aus 27 klingt in Str. III an. In der an die Minne gerichteten Bitte um Hilfe ist Hoffnung, doch am Schluß steht die Drohung, daß er der Minne den Dienst aufkündigt. – Wolfram bezieht sich im 6. Buch des ,Parzival' parodistisch auf dieses Lied (294, 21 ff.).

Lit.: (32) Bachofer; (81) Halbach.

31 Datierung ungewiß; vielleicht hier einzuordnen, vielleicht auch später. Die zahlreichen Anklänge an 28 stützen unsere Zuordnung (28 v.a. Vorwurf der *unstætekeit,* nun intensive Beteuerung der *stæte:* rhetorische Figur hämmernder Wiederholung, auch als Polypdoton). Zu abweichender Datierung innerhalb dieser Gruppe, in Auseinandersetzung mit Maurer, vgl. Bachofer. Beständigkeit droht durch mangelnde Gegenseitigkeit Leid zu bringen, doch besteht Hoffnung, daß die Herrin seine *stæte* belohnt.

Text: I, 1 *Stæte: Stæt;* 2 *obs* Wa.,M.: *ob si;* II, 8 so Wa.,M.: *nochn ist mir leider* . . . Hs.,L.-K.; III, 5 *al* erg. L.; IV, 10 *frouwe* erg. Pf.,Kr.

Lit.: (32) Bachofer; (83) Halbach.

32 Ein scharfer Angriff auf die Dame, Desillusion, Gefühle zwischen seiner Hingabe und ihrer ablehnenden Haltung: Sein junges Leben und seine frohen Ideale hatte er ihrem Dienst gewidmet – und hat nur Leid. Alle Gestirne hätte er ihr geschenkt, doch sein Werben ist vergeblich. Das erste Gedicht, in dem nicht nur ihre Grausamkeit beklagt, sondern die Sinnlosigkeit seiner Liebeszeit wehmütig und trotzig zugestanden wird – ein erschütternder Augenblick in der Geschichte des Minnesangs: nüchtern – reale Analyse hat einen stilisierten Ewigkeitstraum verdrängt. Das Verlangen, ein Ideal im Leben zu verwirklichen, führt (wie auch in W's später Spruchdichtung) zu Enttäuschung und Bitterkeit: W. einer der vielen zornigen Idealisten. So beklagt er nur noch die Zeit, die er an sie verschwendete, wirft ihr vor, sie sei ihren Freunden böse und mit ihren Feinden intim, das Motiv der andern, der Fremde – seit dem Preislied immer wieder anklingend – wird hier zu trotziger, selbstbewußter Drohung, wie anders als im *hôhen muot* des Preislieds. Doch am Ende eine Dämpfung; keine *revocatio,* doch wehmütiger Ausblick und Rückblick, Enttäuschung und einstige Liebe gleichermaßen erinnernd: das Nein keiner andern wird mich traurig machen. – Zwei parallele harte Enjambements, das erste die Perversität intimen Plauderns mit den Bösen nachäffend: IV, 3–4 *dem wil si mite / rûnen;* das zweite an derselben Stelle in Str. V.

Text: Strophenreihung nach C,L.-K.,Wapn. gegen Wa.,W.-M., P.,Br.,M. (diese nach E); dadurch symmetrische Architektonik der Strophenanfänge (nach Kr.): I *Mîn frouwe;* II *Ich gesach;* III *Owê;* IV *Ich gesach;* V *Mîner frouwen.* II, 1 *Ich* C,Wapn.: *In.*

Lit.: (32) Bachofer; (81) Halbach; (152) Mohr.

33 Datierung umstritten; der grämliche Alterstopos „mit den guten alten Sitten ist man heute übel dran", die *laudatio temporis acti,* der Tadel moderner Rüpelhaftigkeit ließen späte Datierung zu. Doch scheint der Schluß des Lieds („Wenn's nicht besser wird in der Welt, dann höre ich auf zu singen") auf den Beginn von 34 zu deuten; auch könnte 33 sinnvoll nach 32 stehen. – 32 hatte das Scheitern des Gegenseitigkeitsideals in der Wirklichkeit der einen *frouwe* gezeigt; der Idealist weitet die individuelle Klage ins Allgemeine: Ohne Glück so viel Leid – keine Erfüllung: *condition humaine.* So ist es heute, und die Frauen sind schuld daran (auch hierin noch der idealistische Topos: in den Händen der Frauen liegt alles Gute und Schöne der Welt). Jetzt ist alles verkehrt; je besser ich bin, desto weniger erreiche ich. Doch auch gute Männer und Frauen gibt es. Das Lied zeigt, wie nahe in solcher Abstraktion Wahrheit und Banalität beisammen stehen. Ein Spiegelbild zu 42: dort das Programm der Hohen *wîp*-Minne, hier des Leids durch gestörte Ordnung, Programmgedicht der Enttäuschung; in beiden liegt bei den Frauen die Verantwortung für die Sitten der Welt.

Text: I, 2 *wer* L.: *we wer* Hs.; 8 *mîn* Kr.: *min danne* Hs.

Lit.: (32) Bachofer.

34 Der Weg ist zu Ende; die Dame wird verunglimpft, Minnesang Reinmarschen Geistes *ad absurdum* geführt, die Wiener Minnegemeinde vor den Kopf gestoßen. W's „Aufenthalt in Wien" (selbst wenn nur im inneren Sinn) ist vorbei. Kraus u. a. zeigten, wie W. dies Lied in Reinmarklängen singt, wie er infam in R's Maske auftritt: dieser Weg zur neuen Minne war ja auch Reinmarfehde, verlief in Auseinandersetzung mit ihm. Wieder die Hauptmotive: mein Preis, sie, ihr Dank, ihr Ansehen, die andern. Am Anfang dieser Gruppe stand das Werbelied, in dem der Dichter sagte: *stirbe ab ich, sô bin ich sanfte tôt.* In seinem polemischen Lied 24 erwähnt R. W's Kritik an seiner ewigen Klage und faßt den Sinn seines Minne-Lebens zusammen: alles, was ich irgend bin und hoffe, das liegt an ihr; so muß ich mich um ihr Leben sorgen, denn *stirbet si, sô bin ich tôt.* Grell kehrt W. die Beziehung um: ihr Sein liegt nur in meiner Kunst, in meinem Preis. Wenn sie mir kein Leben nach meinem Ideal ermöglicht, dann hört meine Kunst und auch ihr Leben auf: *stirbe ab ich, sô ist si tôt.* Dein Leben nur durch mich und mein Lied: ein Topos der Weltliteratur (Shakespeares Sonett 18 „. . . and this gives life to thee."). Unerhört die Schlußstrophe: Bringe ich (wie Reinmar) mein Leben mit Schmachten hin, dann wird auch sie nicht jünger – dann will sie einen jungen Mann: rächt mich, Herr Jüngling, und gerbt ihr altes Fell mit Sommerruten. – „Das Ewig-Weibliche zieht uns hinan" – „Du gehst zu Frauen? Vergiß die Peitsche nicht!": Zwei in der Tiefe zusammenhängende Sätze; religiöse Verklärung und herrisches, verkrampftes, ängstlich überhebliches, fasziniertes, enttäuschtes Ressentiment – beides Begegnungen mit jenem seltsam unmenschlichen und schönen Extremprodukt des Geistes, dem Ideal. Die Parallele soll nicht zu weit gehen, dennoch ist die Fallhöhe vom Ideal zum Menschen für W. in dieser Phase ein erschütterndes Erlebnis, unmenschlich und intolerant will er der Frau *sein* Ideal aufzwingen. Nietzsche, der bis in die Tiefen seiner Seele von Idealen gequälte Anti-Idealist, scheint es der Frau nicht zu verzeihen, daß sie zum Ideal wurde und daß sie diesem (wenn auch illegitimen!) Ideal nicht entspricht, daß sie starke, gefährdende, unberechenbare Natur ist: bei ihm eine typisch menschliche Unmenschlichkeit, die Wirklichkeit ihr Abweichen von Idealen entgelten zu lassen, selbst wenn diese Ideale nur noch seelische Reflexe einer geistig schon überwundenen Historie sind.

Lit.: (32) Bachofer; (81) Halbach; (123) Kraus; (190) Schaefer. Zum Motiv leben–sterben bei Morungen, W., Reinmar vgl. W. Mohr, Wolfram von Eschenbach *Ursprinc bluomen.* In: Die dt. Lyrik, hrsg. B. v. Wiese, 78–89, hier S. 85.

35 In einer anderen Erlebnissphäre führt der Weg zur neuen Minne nicht zur Enttäuschung, sondern zur Erfüllung. Die große Synthese war nicht geglückt: gegenseitige Liebe von Menschen mit dem Comment der großen Welt, des Standes, der Gesellschaft, der *frouwe* in Einklang zu bringen, Konvention und Menschlichkeit zu verschmelzen; wir sahen, daß W. dieses Ideal z. T. recht unmenschlich verfolgte. Doch nun geht er aus der großen in die kleine Welt, die für ihn zur wahrhaft großen werden soll: zum

Mädchen, das nur Frau, nur Mensch sein darf. Man vergißt in dieser Freiheit für eine Weile die strengen Strukturen objektiver mittelalterlicher Ordnungen, spürt aber auch in diesen Liedern mittelalterlichen Geist: idealistische Dichtung, doch in schwereloser Harmonie von Ideal und Herzensneigung. – Unser Lied ist bei aller Innigkeit ein Programmgedicht der Mädchenminne: das *frouwelîn* aus niederem Stand, die Trennung von äußerer und innerer Schönheit, in raffiniertem Spiel der Begriffe: *liebe* als Gefühl und als liebreizende Eigenschaft (Anmut), dagegen die äußeren Werte Schönheit und Reichtum. Doppelsinn in III, 4 „Schönheit steht hinter der Liebe (Anmut) zurück", und: „Schönheit folgt der Liebe von selbst". Man hat darauf hingewiesen, daß in W's reifer Dichtung zum erstenmal die Trennung von ästhetischen und ethischen Komponenten spürbar wird, die dann im späten MA so wesentlich werden soll: das antike, auch noch den frühen Minnesang beherrschende Ideal der Kalokagathie, der selbstverständlichen Einheit von Gut und Schön, wird problematisch: Liebe und Güte sind nicht automatisch eins mit äußerer Schönheit (vgl. auch 48). Doch es entsteht ein neuer Kalokagathiebegriff der inneren, nach außen leuchtenden Schönheit, der noch lange lebendig ist; scharfe Zeichnung äußerer Häßlichkeit und inneren Adels findet sich in großem Stil erst im Realismus des 19. Jh. (Interessantes Gestaltungsproblem: bei „schönen Seelen", selbst wenn ihre äußere Unscheinbarkeit erwähnt ist, leuchtet irgendwie die innere Schönheit auch nach außen, wenn nicht die plastische Darstellung der Häßlichkeit die Diskrepanz stets deutlich erhält.)

Text: III, 6 *des . . . si* einige Hss.,Wapn.: *desn . . . sin;* V, 2 *des* CG,L.,Wapn.: *sîn;* 5 *aber* alle Hss.,Wapn.: *ab;* 6 *so* einige Hss.,M., Wapn.: *son.*

Lit.: (28) Ader; (32) Bachofer; (91) Heeder; (135) McLintock; (166) Neumann; (180) Pretzel.

36 In Begriffen der Hohen Minne wird das Mädchen gefeiert und (vgl. 38 und 41) als die wahre Herrin dargestellt; die höfischen Begriffe werden von innen heraus neu geformt: II, 1 *huote,* v. a. III, 3: du bist meine *frouwe.* III, 5–8 der Vergleich zwischen Damen und Mädchen; V. 8 unnachahmlich raffiniert und schlicht: *bezzer* bezieht sich nicht nur auf den sozialen, *guot* auf den ethischen Bereich, sondern die Steigerung mit folgender (scheinbarer) Antiklimax zeigt zugleich die Unvergleichlichkeit der Einen; der Positiv ist absolut vollkommen, jeder Vergleich ist so absurd wie das grammatisch-rhetorische Verpuffen der Zeile. – Dann das große Programm der Gegenseitigkeit in der Schlußstrophe.

Text: IV, 1 *des* E,P.,M.: *dû.*

Lit.: (81) Halbach; (91) Heeder; (135) McLintock; (180) Pretzel.

37 Das Kinder- und Liebesmotiv des Halmmessens, klassisch heiter und innig wie bei Gretchen im ‚Faust‘. Die dritte Str. im reflektierenden Stil der Hohen Minne, doch gedankliche Einheit: Nun habe ich Hoffnung, deshalb brauche ich selbst das Werben der Besten nicht zu fürchten. – An sich sind nur vier Gedichte reine Mädchenlieder (Motiv des Mädchens in Verbindung mit Gegenseitigkeitsminne): 35, 36, 38, 41 (vgl. auch Pretzel). Doch drei andere mögen dieser Gruppe locker angeschlossen sein: unser Lied (Str. I und II Liebeserhörung, inniger Ton), 39 Liebeslandschaft der Mädchenlieder, Traummotiv, 40 bei aller Raffinesse innige Bukolik, Str. II das Liebesmotiv des Blumenbrechens.

Text: II, 7 *swie dicke ich alsô maz* C²FO (*ichz* FO, Wapn.)Wa., Br.,M.; *so was daz ende ie guot* Br.,M.,Wapn., sehr nahe den Hss.: *swie dicke sô ich maz, daz ende was ie guot;* Str. III nur in C, verderbt; manche Emendationen von L. und Kr. III, 3 unser Text (so Br.,M.) näher der Hs.: *daz man ir sî ze dienste bî* Kr.

Lit.: (84) Halbach; (149) Mohr; (180) Pretzel; (238) Wiegand; (242) Willson.

38 In diesem Frauenmonolog und in 41 *Nemt, frouwe* erhält die Mädchenminne schönste Gestalt. Liebeserfüllung;

das Mädchen wird zur wahren, menschlichen *frouwe*, der
Begriff der *frouwe* wird neu geadelt, indem die Liebe des
Mädchens ihn trägt. Nicht bloß Pastourellenglück eines
Abenteuers mit der *puella*, sondern in der in voller Gegen-
wart erinnerten Szene auch neues, dauerndes Ideal gegen-
seitiger Liebe. Das Lied 35 *Herzeliebez frouwelîn* ist ethisch-
emotionales Bekenntnis, 42 mit der Strophe *Wîp muoz
iemer sîn der wîbe hôhste name* gibt begriffsrealistisch die
endgültige Definition; 41 und unser Lied zeigen das Ideal
verwirklicht. – In der Mädchenrede ist das männliche
Ich gegenwärtig; was der Mann ersehnt, erzählt das Mäd-
chen als erlebtes Glück. Gegenseitigkeit und Ausgewogenheit
von „Er" und „Ich" in Str. II–IV in fast regelmäßiger
Alternation *(Ich – mîn friedel – ich –* sein Ausruf: *,hêre
frouwe!' – ich – er mich,* usw.): ein eklatantes, doch bei
W. häufiges Muster. – Das „Rollenlied" episiert, aber nicht
völlig. Die fluktuierenden Bezüge zwischen „Erinnerung"
lyrischer Ich-Aussage und der objektivierenden Distanz epi-
scher Erzählung sind in jedem Gedicht anders. Vergegen-
wärtigende „Erinnerung" ist stark in diesem Lied, episches
„einmal geschah" wird immer wieder gebrochen durch
Publikumsanrede, Frage, Ausruf; lyrische Gegenwart und
erwartete Zukunft übertönen das Einst. Realistik ein-
maligen, zeiterfüllenden Geschehens wird zugleich entgrenzt
in ideale, traumhafte Zeitlosigkeit: durch die Requisiten
des *locus amoenus* und den Refrain *tandaradei:* jubelnder
Ausruf, erinnerndes Zögern, doch auch reine Musik, Her-
austreten aus dem Geschehen, Hingabe an stilisierendes, die
Zeit vergessendes Ornament. Man denkt an die Refrains
Owê und *dô taget ez* in Morungens berühmtem Tagelied.
Umspielen gegenwärtigen Geschehens, vor allem der Liebes-
handlung, ist auch sonst ein Grundzug des Gedichts (ähn-
lich in: *Nemt, frouwe*): nicht nur Dezenz oder Koketterie;
diese Dichtung will das Nur-Jetzt, Nur-So immer wieder
entgrenzen. Psychologischer Realismus des freudig erregten
Sagenwollens und schamhaften Zögerns wird eins mit kunst-

voller Brechung des Vorgangs, Überlagerung von Bild und Geschehen, Aussage und Frage, in Spiegelung an Publikum und Szenerie im erwarteten Lachen. In Str. I steht das Motiv des Liebeslagers im Nebensatz; II: Empfangen, seine Rede – Wirkung *iemer mê*. Frage, Publikumsanrede und Refrain: das Geschehen des Kusses wird syntaktisch umspielt. III: Die andern können die Spuren des Lagers sehen. IV: Liebesgeschehen steht in zwei parallelen Nebensätzen; zögernd und erschrocken in Parenthese die Wirkung auf das Mädchen; dann wieder Aussparen der Szene, Hinschauen zum Andern, dem Vöglein, das ihr Geheimnis bewahren wird. Die Satzführung trägt diese Form des Zögerns im Strömen, der Verhaltenheit im bloßen Geschehen; am ausdrucksvollsten im *tandaradei*, sprachlichen, szenischen und seelischen Vorgang unterbrechend und überspielend. – Vorläufiges Verhüllen fester Identität auch in der Anlage des Rollengedichts: Im Gegensatz zu vielen Frauenmonologen bleibt das Ich in der ersten Strophe unbestimmt, das Ich des Anfangs könnte dem männlichen Dichter und Vortragenden gehören, bis sich in Str. II, 2 das weibliche Ich zu erkennen gibt: *dô was mîn friedel komen ê,* und dann im Rückblick die erste Strophe „zurechtgerückt" wird. Nicht selten finden wir bei W. dies klassisch freie, umgestaltende Spiel mit starrer Identität und bloß geschehender Realität: denken wir an die nachträgliche Traumenthüllung in *Nemt, frouwe,* oder das Verhältnis von „Aufbau" und Rückblick im Frauenakt in 21 *Si wunderwol gemachet wîp.* – Metrische Form: Wir lesen mit Saran, Maurer (und Pretzel, der einige Emendationen vorschlägt) Lachmanns Kurzverse (L.-K. 1–2 und 4–5) als viertaktige Langverse mit Binnenreim. Die Rhythmisierung ist umstritten, vgl. Kraus, *Unters.* 131. Wir fassen die Aufgesangsverse steigend („jambisch"), die Abgesangsverse fallend („trochäisch"). Metrische Unregelmäßigkeiten sind nicht verwunderlich in einem Lied, das sich auch im Wortschatz *(friedel)* und im Genre (Frauenmonolog) auf die metrisch freiere donauländische Lyrik bezieht: sollen nicht Form und Gehalt jene Welt der lebendigen, gefühlsechten Frau und ihrer Minne vergegenwärtigen? I, 1: schwebende Betonung, den Anfang stark akzentuierend; I, 6: viertaktig stumpf, mit gedehnter erster Hebung; II, 3: Doppelsenkung *ich en-* mit tonschwachem e, so auch in III, 1, 3. Der Intensivierung des Vorgangs in IV entspricht bewegteres Metrum, zweisilbiger Auftakt in den ersten drei Versen (wiederum durch das schwachtonige e in *er* und *en-* nicht eigentlich zweisilbig; in V. 2 fällt das e durch Synaloephe vielleicht ganz aus). – II, 3 *hêre frouwe* verschieden gedeutet: prädikativer Zusatz „als hehre Frau" empfangen (Lachmann, Wilmanns; von Pfeiffer bestritten); Ausruf, Anruf der heiligen Jungfrau (Pfeiffer, Kraus, Wiegand); Zitat der Begrüßung durch den Geliebten (Roethe, Michels, Neumann; von Kraus und H. Brinkmann mit wenig überzeugenden Argumenten bestritten). Wir entscheiden uns, ohne die Möglichkeit „ach du heilige Jungfrau" ganz auszuschließen, für die letztere Lesung: das Glück, durch diese Anrede des Geliebten geadelt zu werden, macht den Jubel des Mädchens verständlich; wie in 41 wird das Mädchen *frouwe* genannt. – Vgl. auch 8.

Lit.: (42) Brinkmann; (65) Fischer; (67), (69) Frings; (91) Heeder; (94) Helm; (135) McLintock; (165) Neumann; (178) Plenio; (180) Pretzel; (184) Roethe; (190) Schaefer; (238) Wiegand.

39 Mittellatein. Einflüsse. Spielerisch und froh, Parodie der *wân*-Minne, Schönheit des *locus amoenus,* greller Umschlag, letzte Strophe *nonsense* als Parodie des Aberglaubens. Heiter tiefsinniger Unsinn in der Freiheit klassischer Höhe. Hier Traum als Spiel, doch liegt über allen Mädchenliedern der Erfüllung etwas entgrenzend Traumhaftes; überwirklich schöne, apollinische Traumwirklichkeit, das Nur-Jetzt, Nur-Hier öffnend in ideales Immer (vgl. 38 und 41, aber auch symbolische Spruchstrophen wie 80 und 81). Klein bezieht die Krähe auf Thomasin-Parodie.

Text: III, 5 *hie* erg. Wa.,Kr.
Lit.: (91) Heeder; (113) Klein; (238) Wiegand.

40 Anders als 39 spielt dies Lied auf klassischem Gipfel mit höherem Unsinn. Meisterhafte *tour de force* äußerer Form nach mittellat.-roman. Vorbild: nur ein (Endvokal-) Reim pro Strophe, die Vokale in alphabetischer Folge die fünf Str. bestimmend. Motivführung oft durch den Reimzwang bestimmt (*und anderswâ; des rimpfet sich vil manic brâ* usw.): das „Leimen" wird so wenig vertuscht, es ist wohl ein Zug der inneren Form. In der urbanen Meisterschaft dieses manieristischen Abenteuers steht zugleich die Parodie; Beherrschen und Belächeln jenes Formalismus glauben wir gleichermaßen zu spüren (vgl. auch 60). Ob die Drei (III, 4) sich auf konkrete Details bezieht, wie Kraus meint (Fehlen der *ougenweide*, Verstummen des Gesanges, Aufhören des Liebesverkehrs im Freien: *schapel brechen*), oder nur burleske, vom Reim getragene Zahl ist, bleibe dahingestellt. V, 7 *Toberlû:* Dobrilugk, später Doberlug, im thüringisch-meißnischen Raum; dort ein Zisterzienserkloster mit strengen Regeln.

Text: I, 3 *kleine* Wa.,Kr.: *die kl.* Hss.; III, 3 *des bin ich* nach den Hss. und den meisten Hrsg.: *ich bin* Kr.

Lit.: (238) Wiegand.

41 Beim ersten Lesen schenkt sich das Gedicht leicht und klar, wie ein Liebeslied des jungen Goethe. Doch je fester man die Klarheit fassen will, desto rätselhafter wird das Lied. Die Interpreten suchen Eindeutigkeit; oft vergebens, weil die Brücken der Überlieferung schwer begehbar sind; hier aber weiß man nicht einmal, ob jenseits der Brücke der Dichter poetische Eindeutigkeit überhaupt gewollt hat. – Die Strophenfolge bestimmt den inneren und äußeren Vorgang. Keine der Handschriften, die das Gedicht überliefern, „befriedigt" in ihrer Reihung. Nur A gibt das Gedicht ganz, in der Folge I *Nemt*, III *Ir sît*, II *Si nam*, V *Mir ist*, IV *Mich dûhte;* C reißt es auseinander, gibt nur die drei ersten Strophen als Einheit (I, III, II) und die beiden letzten viel später als separates Gedicht (V, IV), E bringt eine vierstrophige Fassung (I, III, II, V), läßt also die „Traumstrophe" aus. Sind diese Varianten „Verstümmelung", Interpretation auf dem Weg über die Brücke der Überlieferung, oder gar fluktuierende Vieldeutigkeit, ein Legespiel mit bunten Steinen zu Mustern und Erlebnissen, vom Dichter selbst gewollt? Alle Dichtung ist offen für Interpretation; hier aber scheint, jenseits von „Richtig" und „Falsch", das Gedicht selbst immer wieder neu zu sein. Ein paar Spielarten schauen wir an. Zunächst der Vorgang. Str. I: Auf einem Tanz will der Dichter einem schönen Mädchen einen Blumenkranz schenken; trägt sie ihn, dann ist sie die schönste der Tänzerinnen. Lieber gäbe er ihr jedoch kostbare Edelsteine. Diese Strophe ist ohne Zweifel der Anfang des Lieds. Doch nun gibt es verschiedene Wege. Alle Hss., und viele Herausgeber, lassen Str. III folgen: Fortsetzung der Rede des Mannes, oder Gegenrede des Mädchens? Alle Hss. haben das metrisch überzählige *frowe ir sit so wol getan,* das, wenn es richtig ist, die Möglichkeit der Frauenstrophe ausschließt. Aber stammt das *frowe* vom Dichter? Oder haben unsere frühen „Kollegen", die Schreiber, das schwebende Spiel lösen wollen und eindeutig „interpretiert", d. h. *frowe* eingesetzt? Oder soll es gar *frowe* mit Doppelpunkt sein, Regieanweisung: „die Frau sagt", ebenfalls früher Deutungsversuch der Ratlosen oder der Pedanten? Der Inhalt der Rede: „Ihr seid so schön (*wol getân* kein Attribut für Männer, also keine Frauenstrophe!), daß ich Euch meinen Kranz gerne gebe (*schapel* ein Frauenkranz, also keine Männerstrophe!), den schönsten, den ich habe." Und dann die Evokation der Wiese, des *locus amoenus,* mit Blumen und Vögeln, dort wollen wir Blumen pflücken. Fortsetzung der Werbung des Mannes, intensiver, mit tieferer Symbolik, oder Liebesangebot des Mädchens? Wenn Männerstrophe: Was soll der „zweite Kranz", der erst zu pflücken ist, wenn er ihr den Kranz doch schon gegeben hat! Dagegen aber: Es ist ein und derselbe Kranz, dessen Entstehen beschrieben ist (*entsprungen / sungen* AC): und auf jene Wiese wollen wir nun beide

gehen! (Willson). Das Liebesangebot des Mädchens (Wap-
newski) – poetisch und gesellschaftlich unerhört – würde
das Gedicht zutiefst verändern; der Inbegriff der Gegen-
seitigkeitsminne *(Under der linden)* würde menschlich rein,
wenn auch kühn, erfüllt, aus dem Monolog würde ein Dia-
log: Geschenk und Gegengeschenk in Geste, Bild und Sym-
bol. Das Gedicht näherte sich dann der *Pastourelle* (Werbe-
gespräch zwischen dem Ritter und einem Mädchen aus niede-
rem Stand; das typische „Verführungsgespräch" hier ge-
hoben in liebende Opferwilligkeit des Mädchens). Doch sind
die Linien zu zart, um deutlich eine Frauenstrophe aus-
zuweisen: vielleicht soll das Gedicht für beide Möglichkeiten
offen sein? – Es würde Str. II folgen: *Si nam,* ihre Annahme
des Kranzes und, wenn III Männerstrophe, des tiefer sym-
bolischen Liebesangebots; ihre Reaktion: Würde, Scham,
Reinheit, Dank, aber auch die Farben der Liebe weiß und
rot auf ihren Wangen: altes Motiv; und er: „heimlich im
Herzen will ichs behalten, schenkt sie mir mehr" (warum
aber dann doch „Ausplaudern" in Str. IV?). – Seit Kraus
wurde, gegen die Hss., die Umstellung der Str. II und III
aus manchen Gründen weithin akzeptiert: wegen der direk-
ten Folge von Angebot und Annahme (anaphorisch *Nemt,
Si nam,* aber auch bei Kraus wegen der Verteilung von
Traum und Wirklichkeit, s. u.); also wieder ein anderes
Spiel, etwa statt einheitlicher, zweistrophiger Männerrede:
sein Kranzangebot, ihre Reaktion, seine zweite, tiefere
Werbung. – Der Kern des Lieds, Str. I–III, wenn auch
mit vielen Nuancen, ist soweit deutlich: Tanz im Freien,
Kranzangebot des Mannes, Annahme durch das Mädchen,
ihre Reaktion, die Beschwörung jener Wiese, auf der die
beiden Blumen pflücken. Damit könnte eine „Fassung" zu
Ende sein. Doch nun die beiden Schlußstrophen. IV: Zart,
im Blütenregen, deutet er die Liebeserfüllung auf der Heide
an, um die in Str. III geworben wurde. In großer Freude
muß er lachen – da wird es Tag, und er erwacht. Es war
ein Traum! Nur die arkadische Liebeserfüllung III, IV (so

Kraus), oder alles Vorhergehende, Kranz und Tanz und *wol getâne maget?* Wieweit wird diese schönste Wirklichkeit als „nur" Traum zu nichts? Kann diese Dichtung die Erfüllung nur als Traum, als *wân* gestalten? Interessant, daß eine Fassung, E, die Traumstrophe nicht enthält, also nicht „desillusioniert" – welch anderer Akzent! Da folgt nur V: Der Dichter sucht, in der Fiktion realster Realität, die Partnerin der Pastourelle in der Wirklichkeit (und vielleicht, außerhalb der Fiktion, beim Vortrag gar unter den Zuhörerinnen?). Sind IV und V, Traumstrophe und burleske Realität, in einem Lied zusammengewesen? Man spielte mit der Möglichkeit der alternierenden Lösung, eine weitere Variante im Legespiel dieser bunten Steine und Wirklichkeiten – Freiheit des Dichters, Illusion zu schaffen (*Wirklichkeit* der Illusion) und zu zerstören: Pastourelle einmal mit Traumlösung (I–III, IV), dann wieder mit Suchen der Pastourellengeliebten in der Wirklichkeit (I bis III, V), oder als „Ringkomposition" (Mohr), Tanz *da capo (ad infinitum)*: Pastourelle – Realität, oder gar: Pastourelle – als Traum entlarvt – die Traumgeliebte wird in der Wirklichkeit gesucht, und wieder im Tanz Pastourelle – Traum – Suchen, usf. – Die Beispiele interpretierender Varianten ließen sich vermehren; wir spüren, wie das schlichte Lied sich in einen glitzernden Reigen auflöst; immer wieder Anderes reicht sich die Hände. Eine dieser Möglichkeiten, die manche Widersprüche zu lösen scheint, stellen wir deutlicher heraus. – Die *maget, frouwe* in menschlichem Adel, erhält den Kranz. (Zum Konzept *maget / frouwe* als neuem Ideal der Mädchenlieder vgl. auch 38.) „Lieber würde ich Euch Edelsteine schenken auf Euer Haupt – ich meine es ganz ernst." In der Synthese der Begriffe und Gefühle entsprechen die Edelsteine der Herrin, aber man kann hier kaum (mit Hahn) von einer inneren Steigerung, einem irrealen Diademangebot reden, so wenig *frouwe* nur Erhöhung von *maget* ist. Zu nahe spielen Ernst und Flirt im ersten Angebot zusammen, zu sehr klingt mit:

„Mein schönes Fräulein, darf ich wagen . . ." und: „Schönes Kind, wie gut würde der Schmuck dir passen": zur Größe des Gedichts gehört gerade auch diese Leichtigkeit. Str. II: Ihre Reaktion ist tief und rein: psychologisch überzeugend die leise Nuance in der Charakterisierung von ihr und ihm. Haben und Empfangen von *ère* werden eins. Farben der Liebe, Schönheit, frohe Scham, auch über die Anrede „Herrin", die das Mädchen adelt und dem Adel Menschenantlitz gibt. Dann ihre Geste des Danks. Er ist ergriffen durch diesen innigen Lohn, der ohne Worte ihre Liebe ausdrückt; die Begegnung der beiden ist tiefer geworden. Da hofft er auf den schönsten Lohn: „den will ich heimlich im Herzen behalten", im Gegensatz zu dem, den er soeben empfing. Str. III: Werben um diese Liebeserfüllung, in Reaktion auf ihr Verhalten, auf das Ineinander von Gefühl, Ausdruck und Symptom: ihren Stolz, ihre Verwirrung, ihre Liebe, ihre Scham. Welche Anrede, tröstend und werbend, wäre passender als: „Ihr seid so schön, gern gebe ich Euch meinen Kranz", nicht im Futur, sondern die seelische Haltung beschreibend: Den Kranz, den ich Euch gab, den gebe ich von Herzen gern; *wil:* „bin willens", nicht: „werde". Es ist der reale Kranz der ersten, tänzerischen Werbung. Doch nun spielt er (psychologisch ein wunderschöner Übergang) hin zur Werbung um die letzte Hingabe, zum symbolischen Kranz aus Blumen, die sie miteinander pflücken werden. Schwebende Stegzeile: „den schönsten, den ich habe". „Gerne gebe ich Euch den Kranz" – (noch denkt man an den realen) – „den schönsten, den ich habe": leise gleitet die eine Vorstellung hin zur andern. Und nun das Bild dieses Kranzes und der Blumen, in der Realität des Symbols und der Liebe. Wie kann man da von „zwei Kränzen" reden? Auch der „eine Kranz" Willsons, bei dem „gärtnerburschenhaft" (Hahn) das ganze Blumenbrechen zur Produktion des ersten Kranzes dient, paßt nicht in unsere Variante. Str. IV: Erfüllung der Liebe, aber so blütenhaft zart, symbolisch gesprochen und indirekt gesagt (wie in 38); er verstößt eigentlich nicht gegen sein Versprechen der Heimlichkeit in Str. II (dort hatte er den Lohn für den Kranz mit anatomisch-psychologischer Ausführlichkeit beschrieben). Dann Traumerfüllung und Erwachen: *alles*, der ganze Vorgang des Werbens bis zur Erfüllung, war Traum. Str. V: Er sucht nun die Traumgeliebte in der Wirklichkeit des Sommers und der Tänze; gestisch wird Gegenwart geschaffen: Gegenwart auch der „Aufführung" des Liedes im Gesellschafts-Spiel, wo der Sänger (auf dem Tanz?) in den Mädchen (oder Damen?) seine Geliebte vermutet. – Nur Traum: Das Erlebnis der Gegenseitigkeit darf im Sinne des Hohen Minnesangs doch nur *wân* sein? Diese Nuance klingt mit. Was ist aber „Traumenthüllung" in der Dichtung? Von der Fiktion einer Wirklichkeit wird gesagt, daß sie nur noch tiefer Fiktion war, nämlich Traum. Zweifellos ist der Traum „Motiv", also Mitspieler *im* Gedicht, die Traumenthüllung reduziert die Realität. Aber im Gegensatz zu Kants wirklichen und eingebildeten Talern löst die Einsicht in die Illusion die Wirklichkeit der Illusion nicht auf: Vorgang, Gestalt und Wunschbild *haben sich ereignet*. Wie in 21 ändert sich eine Wirklichkeit erst im Rückblick; dort suggeriert die Beschreibung des weiblichen Aktes intime Liebesbeziehung, und diese intendierte Illusion verklingt nicht ganz bei der Schlußenthüllung: Ich habe sie nur heimlich beim Baden gesehen. So auch hier. Die Wirklichkeit fiktiver Dinge löst sich nicht auf, wenn man sagt: „Es ist nicht wahr gewesen." – Die Lautmusik besonders der Traumstrophe ist reich und entgrenzt Geschehen in traumhafte Dauer: *Mich dûhte daz mir nie / lieber wurde, danne mir ze muote was. / Die bluomen vielen ie / von dem boume bî uns nider an daz gras*. Enjambements IV, 1–2 und 3–4, *nie* und *ie* weitend in der Schlußstellung; das zweite Enjambement begleitet schwebend die schwebende Bewegung der Blüten zur Erde. Burlesk ist das Enjambement V, 2–3: *allen meiden muoz / Vast under dougen sehen*. Viele Motiv- und Reimresponsionen lassen sich finden.

Text: II, 6 *doch* ACE,Wa.,Br.,Wapn.,M.: *dô;* IV, 1 *nie* L.: *ie* Hss.

Lit.: (79) Hahn; (85) Halbach; (88) Hatto; (91) Heeder; (135) McLintock; (151) Mohr; (167) Neumann; (175) Petsch; (180) Pretzel; (229) Wapnewski; (238) Wiegand; (246) Willson.

42 Man faßt die folgende Gruppe von Liedern gern unter dem Begriff der „Neuen hohen Minne" zusammen. Unklarheit entsteht, wenn diese Gruppe und die der Mädchenlieder im Sinn des chronologischen Nacheinander verstanden werden. Gerade diese beiden Möglichkeiten der Minne sind wohl simultan erlebt und gedichtet worden. Daher sprechen wir von Hoher *wîp*-Minne: diese Dichtung bleibt in der höfischen Welt der Herrin oder kehrt zu ihr zurück, aber in vielen Gedichten ist die Herrin zur Frau, zum Menschen geworden; nicht nur ist das Mädchen zur *frouwe* geadelt, durch den Begriff des *wîp* ist auch die *frouwe* zum Menschen geadelt. Nicht jede *frouwe* ist gut, und nur die Gute verdient, geliebt zu werden (ein weiter Schritt vom traditionellen Minnesang, in dem Standesadel, Schönheit und innerer Wert zutiefst eins sind). Das Ideal der Gegenseitigkeit und Gleichrangigkeit bleibt bestehen, ist reif und sicher gegenwärtig, obwohl keine Erfüllung mehr gestaltet ist; geborgenes Füreinander, das nun auch wieder in alten Tönen aufschauender Hoher Minne redet, liegt jenseits der innigen Leidenschaft der Mädchenlieder. Doch gibt es viele Interpretationsprobleme. Ein einheitliches Konzept hat diese Hohe Minne nicht; die Zuordnung ist oft unsicher, Lieder wie 45 eröffnen Abgründe der Minneexistenz überhaupt; manche Forscher wollen in der Neuen hohen Minne eine Absage an die „Niedere Minne" der Mädchenlieder sehen. Eins ist sicher: W. hat sich nie ganz von ma. Konvention entfernt; Hohe Minne, Fiktion oder Wirklichkeit der Gesellschaft, wenn auch innerlich verwandelt, bleibt Teil seiner Welt. Typisch mittelalterlich ist auch, selbst beim Zusammenbrechen von Konzeptionen, das Festhalten an objektiver Form: wenn man mit Mädchen schläft, dann bedient sich selbst der Revolutionär der dafür bereitgestellten

Genres: der Pastourelle, des Tanzlieds; er pflückt nicht mit
der höfischen Herrin Blumen auf der Heide (das *genre
objectif* des höfischen Tagelieds hat seine eigenen Gesetze,
s. Komm. zu 59). – Wir stellen das Lied 42 an den Anfang
der Gruppe; es ist zugleich Brücke zurück zu den Mäd-
chenliedern, denn es spricht programmatisch die geistige
Grundlage beider Welten aus. Ausladendes, an Reinmar
erinnerndes Strophengebäude; der Auseinandersetzung mit
Reinmar entspricht die äußere Form. – W. ist der erste,
der zugleich das aristokratische Genre des Minnelieds und
das Fahrendengenre des didaktischen Spruches pflegt; ver-
ständlich, daß Übergangsformen entstehen. Zwar kennt auch
der reine Minnesang keine Trennung von Lehre und
(fiktivem) Erlebnis, doch entwickelt W. Lieder vorwie-
gend didaktisch-idealistischer Verkündigung, wie dieses
oder das verwandte 43 oder 44. Umgekehrt entstehen
„Spruchlieder", Spruchgruppen mit liedhafter Bindung,
etwa der Reichston, der Ottenton, die religiöse Vierergruppe
im Bogenerton. – Die gedankliche Einheit unseres Liedes
früher oft nicht erkannt; nachgewiesen etwa bei Kraus,
Unters. und H. Schneider. *Fuoge:* zentrales Wort des *ordo,*
des Gemäßen. Alles Gute und Schöne bedeutet Überein-
stimmung mit fester Norm, geprägtem Dauerndem; Größe
drückt sich nicht in kühn sich individualisierendem Ab-
weichen aus. W. ist Revolutionär, doch sein Neues soll
bestehende objektive Ideen tiefer begreifen. Die Formen der
Entsprechung und Unterscheidung beherrschen das Lied:
Gedanken, durch zentrale ma. Denkformen geprägt. Str. I:
Zwei „Gemäßheiten": Sichfreuen mit den Frohen, Weinen
mit den Weinenden (vgl. Römer 12, 15). Leben im Einklang
mit der Gesellschaft: fühle ich anders, so will ich mich doch
anpassen. Str. II: Immer entspricht meine Kunst dem Wesen
der Welt: früher minnigliches Leben und frohe Kunst,
heute *unfuoge:* ungemäßes, unminnigliches Leben: dement-
sprechend auch die Kunst (Gemäßheit selbst des Ungemäßen:
wenn die Ordnung gestört ist, muß die Kunst „ordnungs-

gemäß" der Unordnung entsprechen; vgl. in 149 den reali-
stischen Topos: dem armen Leben entsprechen böse Lieder,
der Geborgenheit entspricht frohe Kunst). Bessere Zukunft
wird bessere Lieder bringen. Str. III: An diesem Zustand
des Ungemäßen sind die Frauen schuld: W. beschreibt nicht
nur, sondern urteilt. Grundlage für echte Gemäßheit sind
Kraft und Wille zur Unterscheidung: *scheiden*. Immer wieder
kommt dieser klassische Zentralbegriff der Grenzziehung,
der klaren Linie bei W. vor. Die Frauen sollen Gut und
Böse, sollen überhaupt Wesenheiten unterscheiden und
Unterscheidung dulden. Str. IV bringt auf höchster Ebene
ein Musterbeispiel der Unterscheidung, die die Ordnung
wiederherstellen könnte: Auflösung der oberflächlichen
Ordnung, Integration der wahren. Dies Meisterstück der
Unterscheidung malt nicht schwarz-weiß, das Verhältnis
der zwei Grundideen in W's Minnesang, *wîp* und *frouwe,*
wird diskutiert, dabei in ernstem Vertrauen auf die hochma.
begriffsrealistische Einheit von Wort, Begriff und Gegen-
stand mit diesen dreien und ihrem Verhältnis charmant
gespielt. V. 1 Gemeinplatz und Credo: „Frau" ist für die
Frau die beste Bezeichnung; in dem Satz werden Name,
dichterischer Klang, Begriff, Wesen, Gattung eins; das wert-
vollste Wort und Wesen, das W. kennt: die Frau als
Mensch. V. 5 weiter das Verhältnis der Namen, Begriffe
und Wesenheit: Damen können unfraulich sein, Frauen kön-
nen es nicht (großartig ernstes und burleskes Spiel mit logi-
schen Grundformen). V. 7 f. zentral: Name (Begriff) und
Person (Wesen) der Frau sind edel. Was zutiefst eins ist, wird
nochmals zur Einheit gefügt. V. 9 f.: Wie's um die Damen
auch bestellt sei, Frauen (dem Geschlecht nach) sind sie
alle. Wir lesen mit ACe, Lachmann, H. Schneider und
Willson gegen Kraus (und andere ihm folgende Hrsg.)
sint. Kraus *sîn:* „weiblich mögen alle Frauen durchaus sein".
Aber das Spiel der Begriffe erlaubt den scheinbaren
Gegensatz, an dem Kraus sich stößt; V. 5: unter den Damen
sind unfrauliche, V. 10: alle Damen sind Frauen (V. 5

Qualitätsurteil, V. 10 Gattungsbegriff, der scheinbare Widerspruch ist reizvoll!). Auch fluktuiert wohl in V. 10 die Gleichung der beiden Begriffe; klares *scheiden* und spielender Doppelsinn: alle Damen sind doch auch Frauen (Einschränkung des Standesbegriffs im Vergleich mit dem menschlichen), und: die menschlichen Frauen sind die wahren Damen; der neue, „aufgewertete" Begriff der *frouwe;* so wird in *Nemt, frouwe* und *Under der linden* das Mädchen geehrt, wenn man es *frouwe* nennt, und zugleich der Begriff *frouwe* erhöht, wenn er in Verbindung mit dem *wîp,* dem Menschen genannt wird. Ein Spiel von Wortklang, Idee, Gegenstand in der wahren Kunst des Unterscheidens, die neue Ordnung schafft. – Das Gedicht ist eines der spätesten Glieder in der Fehde mit Reinmar. *Sô wol dir, wîp, wie reine ein nam* (*wîp* freilich nicht in der pointierten Sonderbedeutung W's) steht hinter unserem Lied, das mit seiner vierten Strophe den theoretischen Höhepunkt von W's *wîp*-Minne darstellt. Str. IV gewinnt den Begriff der Gegenseitigkeitsminne, Str. V bringt die praktische Nutzanwendung, wieder nach dem Gesetz der Gemäßheit: wenn sie mir nicht danken, dann wende ich mich ab. (Man beachte im Spiel der Verben und Personen Muster der Gegenseitigkeit: die Idee in sprachlicher Gestalt.) Auf Str. III soll IV folgen, auf die Diskussion des Scheidens direkt das vorbildliche Beispiel; dann V, praktische Anwendung; daher schließen wir uns Schneiders Vorschlag, III, V, IV zu reihen (so auch Maurer, 3. Aufl.) nicht an. – Viele Motivresponsionen zu andern W.-Liedern zeigt Kraus, *Unters.* auf.

Text: IV, 10 *sint* ACe,L.,Wa.: *sîn.*

Lit.: (133) Ludwig; (197) Schneider; (246 a) Willson.

43 Die Nähe zu 42 scheint deutlich (I, 1–2 unseres Lieds auf 42, III bezogen, aber auch Anklang an 33, III): die Frauen sind schuld am Zustand der Welt, denn sie schenken keine Freude mehr und zerstören dadurch höfischen Geist. In Str. II noch grelle Schelttöne, doch positives

Bekenntnis zum hohen Preis der Edlen. Eine solche edle
Frau zeigt Str. III (leiser Anklang an den Preis der
Schönheit in 21). In Str. IV, in klarer Anlehnung an
42, III, zentral das Motiv der Unterscheidung – reifer
Walther: nicht jede *frouwe* ist schön und gut; Frauen und
Pfaffen sollen Unterscheidung dulden: nur die Guten ver-
dienen Liebe.

Text: III, 5 *niht* erg. L.

44 Ebenfalls enge Beziehung zu 42 (v. a. das Motiv
der Verknüpfung von Zeitgeist und Kunst: wörtlich 44,
I, 5 und 42, II, 9; das Zentralmotiv des Scheidens von Guten
und Bösen (II, 5 Anspielung auf das Preislied 23, noch
andere Anklänge, auch an Reinmarlieder). „Unterschei-
dung" im Gedicht selbst durchgeführt; zunächst ihre Per-
version in Str. III: die bösen Kräfte Haß und Zorn suchen
die Guten heim; in Str. IV nicht ohne Koketterie des Dich-
ters Selbstanalyse (vgl. 25, II–III); dann aber in Str. V und
VI überlegenes Scheiden von Gut und Böse in der einen
Frau: keine Statue, sondern ein „mittlerer Charakter".
Das alte Scheltmotiv (vgl. das bitterböse Lied 32, IV) steht
nicht mehr allein da, sondern wird ergänzt zum höchsten
Preis, zum Preis eines lebendigen Menschen: reife Dich-
tung W's.

Text: Strophenfolge in den Hss. uneinheitlich, Reihung und
Liedeinheit in der Forschung umstritten. Doch Kr., *Unters.* stellt
die innere Einheit überzeugend dar. I, 2 *ez enlebe: ezn lebe*; II, 5
Nû dar erg. Kr.; III, 3 *liuten* erg. Wa.,Kr.; 4 *dâ mit* Kr.: *daz ir*
Hs.; IV, 3 *Nû enhân: nun hân*; V, 5 *Ich kan* BC: *ichn kan;* 7
vînden BE,?Kr.,Br.,M.: *vînde;* 9 *ich envindes* A: *ichn vindes.*

Lit.: (113) Klein.

45 Das vielleicht schwierigste Lied W's, viel inter-
pretiert; schwer zugänglich vor allem das Verhältnis von
verbindlichem minnetheoretischem Programm und indivi-
dueller, nur im Kontext des Gedichts gültiger Aussage.
Literargeschichtliche Zentralbegriffe wurden aus dem Ge-
dicht abgeleitet: Hohe, Niedere, *ebene* Minne; *herzeliebe*:

das „Programm" mit immer wieder anderem Stellenwert in die Entwicklung von W's Liebesdichtung eingeordnet. Doch das Programm geht terminologisch nicht auf (anders als 27, Programm der Gegenseitigkeit und Gleichrangigkeit, als 35, terminologische Grundlage der Mädchenminne, als 42, Definition des „Scheidens" und des *wîp*, auch als 48, Ausdruck der gleichrangigen, doch läuternden Hohen *wîp*-Minne der *herzeliebe*). Aus dem Nicht-Aufgehen des Programms wird ein neues Programm: Minne und Maße unvereinbar, *ebenez werben* unmöglich. Doch scheint gerade dieses Gedicht, anders als die genannten, nicht zentrales Programm, sondern Grenzsituation zu sein, trotz definitorischer Didaktik Zweifel, Warnung, Verzweiflung; emotional ehrlich ein Lied dunkler Stunden neben hellen, konstruktiven Programmen, psychologisches Korrektiv, genauso „wahr" wie die andern Gedichte, doch wenig für Systeme auswertbar. *Werdekeit*, innerer Wert und äußeres Ansehen: das stiftet Ihr, Frau Maße – lehrt mich *ebene werben:* recht, maßvoll um Liebe werben, in der Liebe leben und *werdekeit* erringen, nicht *ze nidere* oder *ze hôhe*; diese Extreme des Unmaßes haben mich in Liebesnot und Verzweiflung gebracht. Offen bleibt, was *nidere* und *hôhe* genau bedeuten soll (Standesbegriffe, nach den Sphären *ze hove* und *an der strâze*: Schweikle; objektive ethische Minnewertungen; subjektive seelische Minneerlebnisse?) – genaue Auskunft gibt auch die 2. Str. nicht. Niedere Minne macht, daß der Mensch, der Leib (A *muot*, Sinn; II, 2 und 5 Antithese *lîp – muot* oder Parallele *muot – muot?*) nach seichten Freuden strebt (vielleicht noch stärker, wir übersetzen: nach „dumpfer Leidenschaft"); solche Liebe schmerzt und bringt keine *werdekeit*. Die Hohe Minne dagegen lockt zu hoher *werdekeit* – sie winkt mir nun. Dieser schöne Preis der Hohen Minne steht in grellem Gegensatz zu *hôhe, ze hôhe* in Str. I, das *versêret, siech* macht, *unmâze* ist. Doch könnte man selbst dann noch denken, wir sind der Lösung nah: so kommt man in *mâze* zu *werdekeit*, das ist vielleicht gar (trotz I, 8 und 10!) das *ebene werben*; doch nun kommt der Bruch, der alle terminologische Balance aufhebt: Was wohl die Maße will?! Auch die Hohe Minne der *hôhen wirde* ist nicht die Lösung: denn wenn die *herzeliebe* kommt, wird er doch wieder verführt. Auch die *herzeliebe* kann nicht im Einklang mit der Maße sein, das *ebene werben* ist nicht möglich, und so kann ihm von der Frau *schade geschehen*. Eines der psychologisch überzeugendsten Liebesgedichte, die Maßlosigkeit aller Minne ans Ende dieses Gedichts und seines suchenden inneren Weges stellend, an den *werdekeit* schenkenden Eigenschaften der Erotik und erotischen Dichtung verzweifelnd: eine Grenzsituation der Minnekultur und ihrer sublimierten Sexualität. Doch ein „Programm" ist diese punktuelle seelische Wahrheit nicht: daß Hohe Minne oder gar *herzeliebe* grundsätzlich der *mâze* und damit aller *werdekeit* entgegengesetzt sei, ein solches Prinzip könnte in keiner Phase W'scher Dichtung gelten, das Andere ist zu eloquent, unser Gedicht zu einsam. – Auch andere Systembildungen mit dem Material des Gedichts sind kaum haltbar: W. distanziere sich grundsätzlich von seinen Mädchenliedern „Niederer Minne", oder: jene maßvolle, *werdekeit* schenkende Minne des *ebenen* Werbens sei die Herzeliebe der Mädchenlieder, oder: Niedere und Hohe Minne sei zu Ende, die neue Minne heiße Herzeliebe. Wir sehen nur: der reife Dichter setzt sich mit verschiedenen Wirklichkeiten seiner Minnewelt auseinander, stellt sie ins Koordinatensystem der Kultur von Maße und *werdekeit,* und resigniert. Andererseits ist aber wesentlich: Wenn der Ballast einer falsch aus unserem Gedicht abgeleiteten Systematik von den Begriffen abfällt, dann sind die Begriffe selbst brauchbar: Hohe Minne die aufschauende Liebe zur *frouwe,* Niedere Minne die Liebe sinnlicher Erfüllung mit Mädchen niederen Standes („nieder" auch hier im ständischen Sinn!): die Problematik beider zeigt das Lied. Auch der Begriff des *ebenen* Werbens hat Gültigkeit; daß W. in manchen Phasen seiner Entwicklung dieses Ideal in den Mädchenliedern oder in der Hohen *wîp*-Minne erfüllt sah (wiederum nicht nach der Systematik unseres Lieds!), kann kaum bestritten werden. Schließlich *herzeliebe*: daß der Begriff Gegenseitigkeit und Gleichrangigkeit in der reifen Dichtung W's ausdrückt, ist deutlich; ob er auch auf die Mädchenminne anwendbar ist oder nur die Synthese von Gleichrangigkeit und *tiurendem* Aufschauen der Hohen *wîp*-Minne meint, somit auch für die Chronologie Bedeutung hat, ist aus den Texten nicht ohne Zirkelschlüsse ablesbar und muß dahingestellt bleiben.

Text: I, 6–7 Interpunktion nach M.; II, 11 *doch* A,Br.,M. u. a.: *wol.*

Lit.: (32), (33) Bachofer; (35) Beyschlag; (39) Borck; (100) Jellinek; (113) Klein; (180) Pretzel; (181) Rocher; (213) Schweikle.

46 Wie in *Nemt, frouwe, disen kranz* (41) das Mädchen, in den Sprüchen von der Krone und der Magdeburger Weihnacht (80; 81) der König als Idee und Mensch Gestalt wird, so hier die höfische *frouwe:* lebendig wie in den Mädchenliedern, nicht in programmatische Ferne stilisiert wie bei Reinmar, dennoch unerreichbar wie in allem Hohen Minnesang. Auch diese Möglichkeit der Liebesdichtung, neben, vor und nach den Gedichten der Erfüllung, erhält sich W. – Klarer Aufbau: „Natureingang" in Str. I; die Gestalt der Frau in Str. II; musikalisch die „Durchführung" der zwei Themen im Wettstreit in Str. III. Die plastische Maienszene sprengt die Gleichungsformel des Natureingangs (vgl. 16), doch ist auch sie nicht frei, sondern hineinkomponiert in den zerebralen Zusammenhang: *gelîchen* – spielerischer Vergleich der Freuden, Mai und Frau, und in der Schlußstrophe die Entscheidung. Bei aller Belebung des einen und andern kein Verschmelzen von Natur- und Liebesgefühl wie in Goethes ,Mailied', kein Eins in allem, sondern heiterer Dualismus von Maiennatur und Menschengestalt, klare Trennung im Einklang und im Bewahren beider. Die Frau: Schönheit und Tugend werden eins im Ideal der Kalokagathie. Schönheit der Kleider wie der Menschen: das Außen entspricht dem Innen, Schönheit ist Natur und Kultur. Der Mensch in der Gesellschaft, nicht allein; *dur kurzewîle, hovelîchen hôhgemuot:* spielerisch erhoben die heitere, allen Pomp in gelassene, doch warme Freude verwandelnde Festlichkeit. Keine Details der Bewegung; Schreiten und Schauen der höfischen Frau in Anmut: Schönheit in Bewegung (Schiller). – W's Lyrik geht für hochma. Begriffe weit im Schaffen von Personen und Dingen, die eigenes Leben haben. Doch sind sie dem Erlebenden kein bloßes Gegenüber, gefährdend, beglückend oder einfach sie selbst, begrenzt in einmaligem Realismus, sondern sind zugleich als Tänzer im Menuett gestaltet, Kunstgebilde wie die Traumwelt der Kultur, der sie angehören. Diese Kunst formt eine interpretierte, stilisierte Welt, in der eigenartigen Freiheit und Begrenztheit, Weisheit oder Naivität klassischer Haltung, „Wirklichkeit" zu schaffen, zu bewältigen oder zu verstümmeln. (Daß die entsprechenden Philosophien parallele Wege gehen in der Auffassung der Wirklichkeit, und daß selbst die „naturalistischste" Kunst nicht ohne stilisierende Interpretation der Dinge auskommt, braucht nicht betont zu werden.) Ein Beispiel aus unserem Gedicht: Die Einmaligkeit des Maienmorgens, der menschlichen Szene wird bewahrt und doch in traumhaftes Immer entgrenzt: Str. I und II stellen beide Szenen nicht syntaktisch unabhängig, sich selbst gehörig dar, sondern beidemal in langen hypotaktischen Satzbögen (Wenn die Blumen . . ., Wenn immer eine Frau . . ., nicht: Die Blumen wachsen . . . Eine Frau geht . . .): syntaktisch die Perspektive, das Arrangement des Schauenden. *Wenn; wenn immer:* in der Gegenwart klingt das Typische, Übliche, Dauernde verstandener, umgeformter, nicht nur als Impression gesehener Dinge und Menschen. Ähnlich und anders die berühmten seitenlangen Wenn-Satzbögen in Goethes ,Werther', besonders in den Briefen vom 10. Mai: „Wenn das liebe Tal . . . wenn ich das Wimmeln der kleinen Welt . . . wenn's dann um meine Augen dämmert . . . dann sehne ich mich oft und denke . . .";

und vom 18. August in moll, in traurigem Rückblick: „Wenn ich sonst vom Felsen über den Fluß . . . wenn ich jene Berge . . . wenn ich dann die Vögel . . . wie faßte ich das alles in mein warmes Herz." Auch hier ist die Natur kein fremder Gegenstand, sondern wird syntaktisch Inhalt menschlicher Perspektive. Aber auch der Unterschied zu W. wird deutlich. Im Einklang mit der Gefühlsmetaphysik der Zeit unterwirft Goethe in Werthers Worten die nur scheinbar sich selbst gehörende Natur und läßt sich von ihr überwältigen; Gefühl wird in die Natur projiziert und wieder aus ihr empfunden, denn beide sind eins. Auch Walther arrangiert syntaktisch und interpretierend die Dinge, aber er beherrscht sie gelassen, und beherrscht in aller Hingabe gelassen sich selbst; Grenzen zwischen dem Ich und den Dingen werden nicht mystisch verwischt, des Dichters Arrangement der Dinge ist keine Preisgabe an sie, sondern Ausdruck seiner Fähigkeit, sie zu sehen, zu verstehen und ihre ideale Gestalt zu abstrahieren. Im Gegensatz zu beiden Beispielen ein syntaktisch freier, realistisch gegenwärtiger „Natureingang", der Hier und Jetzt suggeriert und sich, ohne ganz auf subjektive Züge zu verzichten, weitgehend den Dingen überläßt: „Die Mittagssonne stand über der kahlen, von Felshäuptern umragten Höhe des Julierpasses im Lande Bünden. Die Steinwände brannten und schimmerten unter den stechenden senkrechten Strahlen . . ." (Beginn von C. F. Meyers ‚Jürg Jenatsch').
Lit.: (20) Burdach; (86) Halbach; (143) Maurer; (190) Schaefer; (238) Wiegand.

47 Der dritte Dialog W's, nun auf klassischer Höhe. 22 Werbung um Erfüllung; der „zerbrochene" Dialog 28 tiefe Vertrauenskrise; unser Lied ist Hingabe, Werben um rechte Lebenslehre und rechtes Leben in der Maße (wieder ein Lied der Maße, vgl. 45); gegenseitiges Einandersagen, was – jeweils in den Augen des andern – die Männer und die Frauen sind; Didaktik und reifes Verstehen des Männlichen und Weiblichen; wieder, wie in 28, Werbung um

Liebe, doch verhüllter, tiefer, in allgemeiner Lehre ver-
steckt; in Str. III Hohe Minne mit Obertönen der Mädchen-
lieder *(Nemt, frouwe; Under der linden)*, und in Str. IV
ihre weibliche, offene und verhüllende Antwort, wieder
in der Lehre neuer Hoher Minne: wer Gut und Böse unter-
scheiden kann und (dennoch? deshalb? – charmante Diffe-
renzierung stereotyper Motive!) nur das Beste von uns
sagt, *dem sîn wir holt*; suggestiv vieldeutig auch: *der
mac erwerben des er gert.* Und der umrätselte Schluß, den
wir weniger kryptisch verstehen als manche Interpreten:
Welche Frau kann einem solchen Mann auch nur das Ge-
ringste versagen? Er verdient ein Seidenkleid; vieldeutig,
neckisch ablenkend, doch in der Verhüllung letzte Gewäh-
rung nicht ausschließend: vom Faden wörtlich zum Kleid
(Geschenk an den Lehnsmann, also spielerische Ablenkung),
aber auch Steigerung vom Faden zum Kleid, vom Gering-
sten zum Höchsten. All das in der Sprache Hoher Minne:
von Str. I (Hörensagen; mein Wert erfüllt durch deine
Existenz) bis Str. IV mit dem Bild des Dienenden, der die
traditionelle Gabe empfängt. Jeder vereinzelnden Interpre-
tation scheint die glitzernde Vielfalt der Zeilen zu ent-
gehen. – Weitere Dialoge: 70, [74].

   Text: II, 2 *wære ich* M.: *wære et ich* (*et* fehlt in allen Hss.);
in der BC,Wa.,M.: *zer*; III, 2 *der wîbes güete* Jellinek,Kr.; IV, 6
Hss. verderbt, *tragen gemüete* L.,Wa.,Br., M.: *im gemuoten* Kr.

   Lit.: (33) Bachofer; (68) Frings; (81) Halbach; (100) Jellinek;
(113) Klein.

48 Der Hohe Minnesang liebt Reflexion: Spiegelung und
Brechung des Gedankens und der Emotion an verschiedenen
Reflexionsebenen, durch Vergleich, Analogie, Antithese,
Staffelung in Über- und Unterbegriffe, rhetorische Frage;
in Erkenntnis, Empfindung, Anschauung und Moral. Str. I:
Natureingang, sofort in Engführung: neue Jahreszeit und
neue Hoffnung (beide rhetorisch verdoppelt) *im Wettstreit*,
beide versprechen Glück; Natur und Gefühl in rationaler
Gleichung. Eins freut mich *mehr als* Vogelsang: wo immer

man *Vollkommenheit* der Frauen *maß,* da erhielt meine Frau den Preis: Vergleich, Verallgemeinerung, Spiegelung an der Gesellschaft, Wertung: absoluter Qualitätsbegriff (*güete*); Vereinzelung von der Gattung auf die Eine. *Größere* Hoffnung: sie ist *schöner als schöne* Frauen, denn Anmut (*liebe*) schafft Schönheit. Der Oberbegriff *güete* wird entfaltet: *schœne, liebe* im Wettstreit, spielender Doppelsinn von *schœne: schœner danne ein schœne wîp.* Vgl. 35, *Herzeliebez frouwelin,* W's berühmteste Unterscheidung von *schœne* und *liebe* (dort allerdings stärker in der Bedeutung „Liebe", Str. III, 4–5: *der liebe gêt diu schœne nâch. / Liebe machet schœne wîp*). W. nimmt das Ideal des traditionellen Minnesangs, die Kalokagathie, Einheit von Schön und Gut, nicht mehr fraglos hin; selbst im Hohen Minnelied, dessen Technik benützend, stellt er den ästhetischen die ethischen Werte gegenüber, auch hier ganz Walther, der auf der Suche nach dem Menschen jener stilisierten Gleichung müde wird, aber auch hier das Ideal des Gleichklangs fordert. – Str. II: *Ich weiz:* ein Zentralbegriff dieser bewußten Dichtung. Steigerung von *schœne* und *liebe* ist der umfassende Begriff der *tugent,* des inneren Wertes. Ästhetik und Gefühl werden bezogen auf die Ethik. Nochmals steigernder Vergleich: Anmut bei Schönheit wie der Edelstein beim Gold, aber – rhetorische Frage – gibt es *Besseres,* als wenn diese beiden die rechte Gesinnung haben? Und nun strahlend der Spiegel ethischer Wertung: *Si hœhent mannes werdekeit.* Dann analog und leise antithetisch die Attribute der Minne: *süeze arebeit* als Oxymoron; *herzeliebe.* Str. III: Weiter geht der Weg vergleichender Steigerungen, nun im Bereich der Minne; die Strophe steht unter dem Leitmotiv der Freude: liebender Blick – *ander liep.* Reaktion der Männer, Vergleich der Freuden: jenes andere Gewähren gibt dauernde Freude. Diese *höchste* Freude (das schönste Licht auf dem Weg der spiegelnden Vergleiche) ist Synthese: *liebez herze in triuwen ... in schœne, in kiusche, in reinen siten*; wer das *vor andern* preist (wieder Bezug auf die

Gesellschaft), der ist kein Narr. Immer wieder allgemeine Definition (*swelch*), und Brechung der Lehre in rhetorischer Frage. So auch in Str. IV. Da erscheint zunächst Antithese durch Negation: Was soll ein Mann, der nicht um edle Frauen wirbt? Und wieder Antithese; Paradox und tiefer Sinn des Minnesangs: „Auch wenn sie ihn nicht erhört, sein Werben macht sein Leben *wertvoller.*" Spiegelung hier am Absoluten, an der zweckfreien Tätigkeit. Erweiterung dieses Gedankens in Antithese, die zur Ganzheit führt: der Dienst an der Einen ist Ruhm für alle; und neckische Nutzanwendung, chiastisch die Antithese aufnehmend: wenn sie nicht will, vielleicht will dann eine andere. Weitung zur allgemeinen Schlußsentenz, alle emotionalen, intellektuellen, ästhetischen Spiegelbilder in sich vereinend: *swer guotes wîbes minne hât, / der schamt sich aller missetât.* Die Ganzheit aus der ersten Strophe wird wieder aufgenommen: *swâ man noch wîbes güete maz – swer guotes wîbes minne hât.* – Kontrapunktik von Schauen und Denken, von Empfinden und Werten, von Erkennen und Handeln, von Wesen und Beziehung, von Sein und Deutung: scharf reflektierende Spiegelflächen, klarer Wechsel der Positionen, lineare Übergänge. Ein Gedanke, ein Ding wird nicht allein gelassen, sondern, fast analog der Denkweise scholastischer *Quaestiones*-Disputation, auf vielen Denkebenen reflektiert. Dagegen etwa Goethes ‚Über allen Gipfeln ist Ruh': ein „Natureingang", in dem Szene, Stimmung, Seele und Deutung zu großem Einklang ineinandergleiten, mit nur einem leisen direkten Vergleich: „Warte nur, balde / Ruhest du auch."

Text: I, 2 *lieber* L.: *herzelieber* Hs.; 11 *schœner* L.: *noch schœner* Hs.; III, 4 *ir geschiht* L.: *in beschiht* Hs.

Lit.: (32) Bachofer; (83) Halbach; (91) Heeder.

49 Ein schöner Glaube jener Zeit, Überzeugung oder Wunschbild, für das auf vielen Ebenen des Lebens Lehre und Bekenntnis kämpfen: Die Begegnung mit Wertvollem macht Menschen wertvoller, und: Die Menschen (wertvolle Menschen besonders) können Wert erkennen. Das Ideal: „Erfüllung steht in gemäßem Verhältnis zum Bemühen und zum Wert des Sichmühenden" trägt diese Begegnung. Die Tragweite solcher Gedanken, auf die anti-klassische Zeiten mit Verachtung oder Sehnsucht reagieren, muß uns ganz deutlich werden. Minnesang bekennt diese Ideale und ringt um sie im Bereich der Liebe: zentrale Motive bei W. und vor ihm. Unser Lied ist seltsam stereotyp und doch ganz in W's Art. Str. III, 6 ff.: *Glücklich,* gesegnet ist der Mann, der den *Wert der Frau wahrhaft erkennt* (*tugent* noch in alter Bedeutung: ethisch-ästhetisch die Summe aller guten inneren und äußeren Eigenschaften); *glücklich* die *verständige* Frau; sie soll ihm *guoten willen* schenken (*wille*: Denken, Wollen, Trachten). Durch das Stereotype hindurch klingt W's Gegenseitigkeitsideal. In Str. IV, 7 ff. wieder der typische Gedanke: *Wer inneren Wert und Freude finden will,* der soll mit seinem *Dienst* den *gruoz* einer edlen Frau *erwerben* (*gruoz:* die Skala allen begegnenden „Entgegenkommens"). Und in Str. V das Unmögliche in der Haltung der andern: Erfolg ohne Verdienst; ob Mann oder Frau, sie sollen verwünscht sein. „Unverdient" – „gelingen": ein Widerspruch im Gefüge idealen Seins, daher verdammenswert, wenn es, wie alles Schlechte gleichsam als Un-Möglichkeit, sich dennoch ereignet. Doch (und dies sind entscheidende Sätze): Eine *edle, wahre Frau* anerkennt dies Mißverhältnis nicht: sie *erkennt* das *Wesen* des *guten Mannes* und *unterscheidet* es von dem *bösen Wesen* (W's großes Leitmotiv: *scheiden,* klare Trennung von Guten und Schlechten, um menschlich werten zu können). – Möglichkeit des Erkennens, Sichverhalten und Handeln als Folge des Erkennens, ja zwangsläufige Verknüpfung von Erkennen und Handeln; der erhaben fremde antike Grundsatz, es sei unmöglich, das Gute nicht zu *tun,* wenn man es als das Gute *erkannte.* Eines der großen Streitthemen mittelalterlicher Geistesgeschichte klingt an. Verhältnis von *esse, nosse, velle,* Primat des Willens oder des Erkennens, in der Beziehung zum Sein;

handeln wir, weil wir vorher erkannten, oder bestimmt das Wollen willkürlich selbst das Erkennen? Ohne daß die Minnesänger teilhatten an den Theorien auf den gelehrten Gipfeln der Zeit, klingt doch mit, was in der Zeit an Geistigem lebendig war, die noch dominante Überzeugung des Primats der Erkenntnis, in jenem viel weiteren antiken und mittelalterlichen Sinn: nicht nur zerebrales Fürwahrhalten, sondern Ergreifen, Besitzen von Wahrheit, eine Begegnung, bei der immer gilt: „Du mußt dein Leben ändern." So ist im Minnesang Erkennen von *tugent* (Schönheit und innerem Wert) fast immer das erste, auf all den Wegen von Ihr zum Herzen (Hörensagen, Träume, all die Bilder des Schauens); auch die Antwort der Frau folgt auf das Erkennen seines Werts. Diese stilisierte Größe schließt tausend Irrungen und Wirrungen und manche rätselhafte Schönheit und Wahrheit aus. Da gibt es kein „Ich liebe dich, Du Seele, die da irrt", nicht Mörikes Peregrinagedichte, kein Gebanntsein durch das Verruchte, nicht die erschütternde Ehrlichkeit des Paulus Röm. 7, 19: „Denn das Gute, das ich will, das tue ich nicht; sondern das Böse, das ich nicht will, das tue ich", die über Augustin und den spätmittelalterlichen Voluntarismus auf Luther wirkt und das psychologische Rätsel des Verhältnisses und Mißverhältnisses von Erkennen und Tun zu begreifen sucht. Im Hohen Minnesang liebt man keine Häßlichen, in böser Schönheit Faszinierenden, auch gibt es kein: Zwar ist sie gut und schön, doch ich kann sie nicht lieben. Erkenntnis geht voraus, liebendes Wollen und Tun folgt. Selbst die Zwanghaftigkeit der Minne kann noch so verstanden werden: man wird von einer edlen Frau gebannt. – Kaum je sonst bedeutete *Erkennen* so viel wie in jener Dichtung; daher die oft so pedantisch klingende Liebe zu Begriffen – Verstehen seiner selbst, der andern Menschen, der Welt, Erkennen Gottes: im Artusroman die doppelte Kette von Abenteuern, die erste in Dunkelheit, die zweite in *Wissen* erlebt; Parzivals Weg aus Mißverstehen und Zweifel zur Klarheit, selbst des Gralsmysteriums. Menschen finden einander, nachdem sie ihr eigenes und der andern Wesen verstehen. Zwar ist hier die Stilisierung nicht so streng, die Folge Tugend – Liebe nicht so direkt, dennoch nicht weniger wahr. Gawan weiß, daß Orgeluses Bosheit nur vorläufig und vordergründig ist, daß sich ein edler Mensch in ihr verbirgt. Gutes Handeln folgt dem Erkennen des Guten, auch falsches Handeln dem falschen Erkennen. Und eine erstaunliche, monumentale, optimistische Stilisierung, in Minnesang und Epos immer wieder deutlich: die Wertvollen können Wert und Wesen verstehen: *ein sælic wîp ... diu merket guotes mannes site*; psychologisch noch viel weiter ausgeführt etwa im ‚Parzival‘. In Minnetrance versunken hält Parzival vor dem Artushof, in edlem, tiefem Gefühl: drei Blutstropfen im Schnee wecken in ihm die Sehnsucht nach seiner Frau (rot und weiß das Antlitz der Geliebten). Mittelmäßige mißverstehen und versagen, doch der Außerordentliche, Gawan, begreift – er versteht auch Grenzgebiete der edlen Seele, denn er ist der Edelste der Ritter, er hat erlebt und weiß und kann daher dem Edlen helfen.

Text: II, 6 *nû* Kr.: *vil* Hs.; V, 8 *bœsen* L.: *guoten* Hs.

Lit.: (32) Bachofer; (83) Halbach; (91) Heeder.

50 Begriff und Wesen von *friundîn* und *frouwe, friunt* und *geselle*, höfischer Hoher Minne und Mädchenminne sollen eins werden, terminologisch ein Höhepunkt Hoher *wîp*-Minne (vgl. auch 42). – Dasselbe Metrum wie in 6.

Text: II, 4 *sô mîn liep* Wa.,Kr.: *so daz m. l.* Hss.; III, 2 *dir* L.: *ú, úch* Hss.; IV, 3 *ouch* L.: *ich* Hss.; 4 *dir* Bodmer: *mir* Hss.; 5 *sint dîn* L.: *sint baidú d.* Hss.

Lit.: (57) de Boor; (81) Halbach; (140) Maurer.

51 Motive des Hohen Minnesangs. Eines der „Neunziger-Lieder" (vgl. Komm. zu 1); Datierung unsicher, doch die poetische Brillanz deutet auf die Reifezeit. Großartige Tektonik: antithetischer Parallelismus des „doppelt verschlossen" der Herrin: äußerlich von der *huote* umgeben, innerlich in ihrer Tugend ihm unzugänglich. II, 7 *Solt ich* *pflegen der zweier slüzzel huote* steht, im Geiste des Hohen Minnesangs, im Konjunktiv. Str. III bringt in origineller Version traditionelle Motive, das *wân*-Motiv und den Gedanken: die *huote* kann mich nicht von ihr fernhalten; über *daz eine* (den *lip*, ihre äußere Gegenwart) hat die *huote* Gewalt, doch *daz ander* (ihre Tugend und Anmut: mein liebendes Denken an ihren inneren Wert) ist frei. – In Str. I klingt noch das *wîp*-Ideal an. In den folgenden Liedern dieser Gruppe tritt es in den Hintergrund; vorherrschend sind traditionelle Motive Hoher Minne (oft originell verwandelt), humorvoll-burleskes, auch ärgerliches, doch stets überlegenes Sichbehaupten gegenüber der Gesellschaft, Entlarven der Schnüffler und Lügner (vgl. Komm. zu 53), eklatante Pointen. Vielleicht sollte man 51 bis 58 in einer gesonderten Gruppe zusammenfassen (auch Lieder aus „Der alternde Dichter" einbeziehen?).

Text: I, 6 *ich enweiz* Br.,M.: *in weiz; ze fröiden* Hs.,M.: *ze allen fr.* Kr.; 7 *sô* erg. Kr.

Lit.: (83) Halbach.

52 Auch bei diesem (in Wortresponsionen und Rhythmen den Einfluß Morungens zeigenden) „Neunziger-Lied" ist die Datierung unsicher: traditionelle Motive Hoher Minne (mein Körper hier, mein Herz bei der Liebsten: Entrückung; die Merker; fragloser Minnedienst heute und immer; die drängende, zwingende Minne). Den Topos in Str. I (freudlose Jugend) scheint auch der frühe W. benutzt zu haben (vgl. 13 u. 14, wenn deren Datierung richtig ist). Doch die Formvollendung deutet auf die Reifezeit; Unwille über Elemente in der Gesellschaft hier und in den folgenden Liedern zeigt selbstbewußte Unabhängigkeit; in Str. IV wird mit einem Minnemotiv in burlesker Freiheit gespielt. II, 5–6 Emendation von Kr. *(diu herze)* sinnvoll: zusammenkommen sollen mein Körper (der noch hier ist), mein und dein Herz und ihr (d. h. unser beider Herzen) Denken und Fühlen. Gegen die Kraussche Emendation in 7–8: solche frohe Einheit sollen jene schauen, die mir Freude genommen haben! Str. IV, 3–4 viell. spielerisch-burlesker Doppelsinn: vordergründig ein Witz, hintergründig (vgl. Kr.) die drei *daz herze, der sin, der lip* der Geliebten, die vierte deren Einheit (dann bedeutete *geteilet* V. 6 vielleicht: den Leib hier gelassen, Sinn und Herz zu sich gezogen).

Text: Die ersten Stollenverse geben L.-K. als zwei Zeilen; wir folgen M., da zweitaktige erste Stollenverse hier unwahrscheinlich sind. Überlieferung in der einen Hs. C schlecht. I, 8 *iu* L.: *noh* Hs.; II, 3 nach Hs.,M.: *sô ist ir daz herze mîn / bî . . .*; 4 *vil* Wa., Br.,M.: fehlt L.-K.; 5 *Hei* L.-K., Br.,M.: *hie* Hs.; 6 *diu* Kr.: *mîn* Hs.,L.,Wa.,M.; 7 *daz si des wol* Hs.,L.,Br., *vil wol* M.: *niene* Kr.

Lit.: (83) Halbach; (91) Heeder.

53 Wieder eine burleske Antwort auf die Frage unangenehmer Zeitgenossen nach der Herrin. Immer wieder taucht das Motiv der lästigen Schnüffler, Neidhammel, Lügner, Verleumder auf (eine Intensivierung jenes stereotypen, kontrapunktischen Gegenmotivs der Andern, Andersdenkenden, Kleinmütigen, Minnefeindlichen, Dickfelligen, Unhöfischen: *Die zwîvelære . . . Die verzagten aller guoten dinge . . .* usw.); schon in 50 *ein bœser*, die Neider; in 51 die Merker; in 52 die Merker und neidischen Schnüffler; in unserem Gedicht die *schamelôsen, haz, nît, unzuht, laster unde strît, ungefüege*; das Motiv bleibt weiterhin Leitmotiv der Gruppe, teils zornig, öfter jedoch überlegen humorvoll gehandhabt: in dieser Form vielleicht später W.: 54 grell die *lügenære*; 55 mit Bonhomie Auseinandersetzung mit der *unfuoge*; 56 wieder in humorvoller Distanz launiges Fluchen den *schamelôsen*; 58 schließlich Leute, die ihm seine Rede verbieten, die ihn mißhandeln. – 53, II, 3: die Konjektur *unzuht* für *zuht* (alle Hss.) in Anschluß an Meißner ist überzeugend: einst wehrten tausend Zuchtvolle einem *ungefüegen*, heute vertreiben die Zuchtlosen die Anständigen.

Text: Die Liedeinheit häufig bestritten. Str. III u. IV auch als Wechsel gesehen, Str. IV als Frauenstrophe. L. reiht I, II, IV, III; Strophenfolge der Hss. uneinheitlich, Überlieferung schwierig. II, 3

unzuht Meißner,Kr.: *zuht* alle Hss.,L.,Wa.,M.; 7 *vil* a,Wa.,Br.,M.:
fehlt L.-K.; IV, 7 *dîn trôst nû* M.: *trôst, sô.*

Lit.: (38) Boesch; auch Rudolf Meißner, ZfdA 65 (1928), 217–20.

54 Str. I: Mein Körper hier, die Gedanken bei der Lieb-
sten (vgl. 52); die Augen des Herzens (vgl. 1); II: die Lüg-
ner als große Gefahr; III: Anspielung auf eine frühere Äuße-
rung, die ihm die Bösen immer noch nachtragen (vgl. 10, V);
IV, 4–6 der berühmte Sänger: allen kann ich raten, nur mir
selber nicht. Überraschende, brillante Schlußpointe wie in
so vielen W.-Gedichten. Die stereotypen Motive in Str. I
würden auch ganz frühe Datierung erlauben, doch die
ausladende Strophenform, der scharfe Realismus, das Einst
des Zitats, der Topos des Berühmten, die Schlußpointe
machen solche Datierung unwahrscheinlich.

Lit.: (113) Klein.

55 Dies Minnelied führt (zumindest in seinen Motiven,
wenn nicht in der Wirklichkeit des Vortrags) in den Raum
kaiserlich höfischer Welt. Str. I: Launig die höfische Selbst-
beherrschung der *unfuoge* gegenüber. Die Strophe endet mit
einem Doppelpunkt: all das ertrage ich nicht ohne Grund
(Liedeinheit!). Str. II–IV reden anaphorisch die Herrin an.
Str. II: Großartiges Wortspiel mit *guot*: mir in Liebe zugetan,
sittlich gut; das Gut, das mir zugute kommen soll: spiele-
rische Bitte um Erfüllung. Str. III: Minne als *wân*: Phan-
tasie, Wünschen und Wähnen; Gedanken sind frei! Schluß-
vers: Auch wenn Ihr mich nicht versteht, meine preisende
Kunst trägt Euch an den Hof, das bedeutet auch Ruhm für
mich. Str. IV: Motive des Hofs, Preis der Frau im Bild des
Kleids; ständischer Stolz des Dichters: getragene Kleider
(wie ein gewöhnlicher Fahrender) nahm ich nie. Und wieder
dramatische Schlußpointe. – In V. 5 u. 10 reimen Anfang
und Ende der Zeilen (vgl. auch 69): Zeichen des Spätstils?

Text: Einheit und Strophenfolge umstritten, doch Kr. reiht mit
Wa. überzeugend. III, 6 *nû* erg. Jellinek,Kr.; IV, 1 *vil* erg. Wa.,
Kr.; 7 *wan* erg. Wa.,Kr.

Lit.: (100) Jellinek; (113) Klein; (149) Mohr.

56 Humorvolle Abrechnung mit den Gegnern; Aberglaube, daß Begegnungen „auf leeren Magen" Unglück bringen; doch soll man Böses mit Gutem vergelten. Str. V einziges Beispiel bei W., wo in einer Strophe das Liedmetrum durchbrochen wird: hymnisch schwellende „Schlußbeschwerung". Den Namen der Geliebten nennt der Minnesang nicht: hier ist er „Fiktion"; möge sie nach dem Heldenliede heißen: Walther und – Hildegunde! Wieder überraschende Schlußpointe.

Text: IV, 2 *vil* erg. Kr.; 6 *senftet* Bartsch,Kr.: *enstet, entstet* Hss.; V, 3 *behabe* Wa.,Kr.: *behalde* E.

Lit.: (245) Willson.

57, 58 Die beiden Gedichte im gleichen Metrum gehören zusammen; die Überschrift von 58 (die wohl kaum vom Dichter stammt) ist Negation der Anfangszeile von 57. In 57 wieder, wie in 55, das *wân*-Motiv für schlimme Tage. Inhalt des Wünschens und Wähnens in Str. II mit dem alten Motiv des Sichbespiegelns in ihren Augen (vgl. 21). In Str. III (zurückklingend auf das Reinmarmotiv?): Hoffnung, der Liebsten sei Freude lieber als Trauer, und (hübsche Schlußpointe): wenn sie auch beides nicht will, mir wäre doch das eine lieber als das andere. – 58 spielt auf eine Kritik des vorigen Liedes an: die eine Hälfte, der *wân*-Traum der Liebeserfüllung, sei *unmâze*. Doch wer hatte mehr *zuht* als ich? Kann ich davon nicht mehr Nutzen haben, dann gebe ich auf. Str. II: Die Lästerer sind auch nicht besser: die wären auch traurig weit fort von so schönen Frauen, weit von dem Ort, wohin mein Wähnen mich führte! – Das stereotype höfische Motiv der *wân*-Minne, Erfüllung in der Phantasie, erhält sich noch neben und nach der Gestaltung erfüllter Liebe der Mädchenlieder.

Text: z. T. nur in einer Hs. überliefert und stellenweise hoffnungslos verderbt. Die zahlreichen Emendationen der Hrsg. können hier nicht dargestellt werden. 57, I, 8 *drumbe* Wa.,M.: *dar umbe*.

Lit.: (81) Halbach.

59 Tagelieder sind in vielen Literaturen entstanden, die Form ist in Epik und Dramatik bekannt (Shakespeares ‚Romeo und Julia‘: nach der Liebesnacht liebender Streit, ob Lerche, ob Nachtigall). Mhd. Lyrik kennt das Vorbild der provenz. *Alba,* viell. im donauländischen Minnesang unabhängige T. entstanden. Motive des Genres: Liebeserfüllung, Erwachen des einen, Wecken des anderen, manchmal Wecken durch das Wächterlied, Gespräch mit dem Wächter; Ausblick auf Trennung, Furcht vor Entdeckung durch die *huote,* gegenseitiges Sichfragen, ob Nacht oder schon Tag, ob Mond oder Sonne; Gesang der Vögel; Freude, Trauer, Sehnsucht – Selbstvergessenheit und schonende Fürsorge für die Gefühle und den Ruf des andern, oft in wechselseitigem Aufflammen und Verlöschen von Furcht und Hoffnung. – W's Tagelied fast ganz symmetrisch: epischer Rahmen, fünf Str. ganz Gespräch, Rede in den Gesprächsstrophen auf Ritter und *frouwe* gleich verteilt; deutlich weist die Anrede den Sprechenden aus. – Zwei Schichten klingen ineinander: die Erzählung (episches Präteritum) und das seelische Geschehen im Dialog (Gehenmüssen und Bleibenwollen; Entwerten des Tags und seiner Schönheit, Konflikt von Ehre und Liebe; der Wächter, hier nicht bestellt, um die Liebenden zu wecken; das Hin und Her innerer und äußerer Ferne und Nähe; die innere Zeitstruktur des „Wie lange bleibst du noch?" und „Wann kommst du wieder?"). – Vorbilder waren Wolframs Tagelieder, Reinmars Klagehaltung; archaisch sind Formen (*nieht, bliben, weinde*) und Metrum. Höchst kunstvolles Reimschema: abxcxd / daxcxb (x Waise).

Text: III, 1 *mîn* erg. Pf.,Kr.; *sî* Pf.,Kr.: *sich* C, fehlt A.
Lit.: (58) de Gruyter; (70) Frings-Linke.

60 *Tour de force,* Beherrschung (und Parodie?) des aufkommenden geblümten Stils (vgl. 40).

Text: V. 7, 9, 10, 12 nach M.: bei L.-K. jeweils 2 Verse; 12 *fröide* BC,L.,Wa.,Br.,M.: *der* Kr. ⁻
Lit.: (97) Huisman.

61 Die fünf Lieder dieser Gruppe „Der alternde Dichter"
sind z. T. nicht streng von den späten unmutigen Gedichten
der vorletzten Gruppe zu trennen; doch rechtfertigen viel-
leicht einige intensive, nicht bloß wie Topoi klingende, doch
auch noch nicht an der äußersten Peripherie des Lebens
sprechende Altersmotive die Zuordnung. Bloße Topoi Alter
– Jugend, gute alte Zeit, Verfall der Kunst u. dgl. recht-
fertigen noch keine Spätdatierung, doch ist der Topos nicht
immer von wirklichem Erleben zu unterscheiden. Unser Lied
redet von Vierundzwanzigjährigen und von Vierzigjährigen,
von grauen Haaren, von Einst und Jetzt; viermal ana-
phorische Nennung der Minne, der mannstollen alten När-
rin; in burlesker Schlußpointe drastische Einschränkung ihrer
Herrschaft über das Ich.

Text: II, 1 *gar* Kr.: *so gar* Hs.; 7 *wes*: *was* Druckf.; 9 *dan* M.:
dann; IV, 5 *alse der* Wa.,Br.,M. (*als der* E): *als einer der* L.: (*als
er, der* ?Kr.)
Lit.: (100) Jellinek.

62 Auch hier Schelte und Zorn: gegen unhöfische *unge-
füege* Kunst gerichtet (die von den Bauern gekommen sei und
dorthin zurückkehren solle). Bei W. ein nicht seltenes Motiv
(vgl. Lied 42 und die Sprüche 100, 121, 122; vielleicht auch
schon Anspielung in 16: *âne dörperheit*). Geht das Lied
gegen Neithart von Reuental, den genialen, perfiden Paro-
disten höfischen Minnesangs, der die Krise dieser Kunst
schonungslos aufzeigt, Bauern in höfischer Vermummung
paradieren läßt und in greller Realistik – parodistisch,
nicht bauernfreundlich und volkstümlich – die esoterischen
Töne verfremdet? Oder ist es nur gegen jene das Höfische
gefährdende, bei Hofe offenbar Erfolge feiernde Kunstgat-
tung gerichtet? Die neue Richtung scheint etabliert, W. folgt
der alten Lehre: also wohl W's spätere Jahre. – I, 8 eine
der vielen Personifikationen; IV, 5–8 Fabel vom Frosch
und der Nachtigall.

Text: I, 4 *die* Kr.: *dich* Hs.; III, 4 *doch* Hs.,L.,Br.: *noch* Kr.,M.;
V, 4 *dâ die frôn* L.: *da von* B. *Lit.:* (240) Wiessner.

63 Diskrepanz von Stimmung und Verhalten vor den Leuten: aus Rücksicht gibt sich der Traurige froh; Resignation: wenn die Deutschen wieder edel sind und die Herrin mich glücklich macht, dann bin auch ich im Herzen froh. Skepsis gegenüber den Gaben der Welt: sie schenkt sich den Narren, nicht mir. Topos: das Treiben von heute widerstrebt mir, das edle Tun von einst schadet mir. Die Topoi erlauben auch frühere Datierung. – Liedeinheit von L., W.-M., Wa. bestritten.

Text: z. T. verderbt, viele Ergänzungen durch L.,Wa.,Kr.: I, 2 *ze fröiden*; 6 *mir*; II, 2 *vil*; III, 2 *iemer*; IV, 4 *des*. Außerdem I, 5 *dicke mich b*. L.: *dicke selben (selbe) m. b*. Hss.; II, 7 *vil sælic* Wa.,Kr.: *unselig* Hss.; V, 3 *Wirbe* L.: *wirde* Hss.

Lit.: (19) Schönbach-Schneider; (81) Halbach; (113) Klein.

64 Wie 63 hat auch dieses Lied das Welt-Motiv (bei W. ein großes Altersthema, die Frau Welt eines der Leitmotive der Gotik und des späten MA), hier personifizierende Anrede; seine Treue zur Welt; die Freuden, die sie schenkt, ihre Wankelmütigkeit; in der Schlußstrophe wieder die Antithese Alter-Jugend und die *alte êre*, an die die Welt sich halten soll. Das Spiel ist noch nicht aus: noch keine enttäuschte, letzte Absage an der äußersten Peripherie des Lebens (vgl. dagegen 69, 70, 71, 72).

Lit.: (81) Halbach; (100) Jellinek.

65 Ein schönes Gedicht der Einsicht und Resignation. Heimlich, daher harmlos, bin ich froh: ich habe keine Geliebte (Str. III, Verknüpfung mit I) und bin deshalb nicht in Gefahr zu prahlen. Den Prahlern verbiete ich meine Lieder, sie sollen davon keinen Nutzen haben (Motiv der Reputation: Reifezeit, Spätzeit). Ich bin ohne Liebe froh, mancher ist traurig, der Liebe erfährt: Leid wohnt nahe beim Glück. Ich, der ich nicht geliebt werde, wäre glücklich, wenn ich keine sehnsüchtigen Gedanken hätte. Versunkenheit in Sehnsuchtsgedanken. Großartige Schlußstrophe resignierenden Rückblicks: Summe des Lebens, Einst und Jetzt. Leise klingt das große Motiv der Altersdichtung an, in ma. Dichtung zumindest als Folie immer gegenwärtig, doch ganz besonders ein Motiv an den Grenzen des Lebens und im Herbst der Epoche: Vergänglichkeit und Entwertung weltlicher Freude. *Lit.:* (32) Bachofer; (81) Halbach.

66 In der Gruppe „Späte Lieder" stehen zuerst die drei Gedichte, die zentral das Motiv des Kreuzzugs und des heiligen Lands behandeln (bei den Sprüchen vgl. 156–159). Datierung ist schwierig, da Friedrich II. seinen Kreuzzug wieder und wieder verschiebt und Kreuzzugsstimmung die ganzen zwanziger Jahre erfüllt. Die Lieder sind zweifellos spät; wie nahe dem Kreuzzugsjahr 1228 sie entstanden sind, ist schwer zu entscheiden. – I: Schande denen, die vom Kreuzzug zu Hause bleiben. Übers. für *waz êren sich ellendet* „wieviel Ehre ins Ausland geht", „wieviel Edle auf den Kreuzzug gehen" bestimmt falsch. II: Naturvorstellung (viell. Bezug auf einen großen Sturm im Dez. 1227), Apokalypse, auch Vorstellung des drohenden päpstlichen Banns klingen zusammen; Aufforderung zum Kreuzzug. III: Wie wir träge zwischen der zeitlichen und ewigen Freude unser Leben vergeudeten (in unserem falschen Leben mit der ewigen auch die wahre zeitliche Freude versäumten)! IV: Fabel von der Grille und Ameise (Aesop, vgl. auch La Fontaine, und zur fleißigen Ameise Sprüche Salom. 6, 6–8); am Ende didaktische Konsequenz, wieder in der Antithese Diesseits–Jenseits. Beide Strophen (vielleicht auch der Sturm in II) Vergegenwärtigung der Jahreszeiten, Winterstimmung erfüllt das Gedicht; zugleich Symbol der Vergänglichkeit.

Text: Überlieferung sehr schlecht. Manche Emendationen *metri causa,* die zweiten Stollenverse in III und IV in den Hss. um eine Hebung länger. I, 1 *von* Hss.,M.: str. Kr.; 3 *der belibet* Hss.; 4 *wê* erg. L.; 6 *ze* Hss.: *zuo;* II, 1 *Owê* erg. L.; 2 *hœren wir nû* M.: *wir hœren;* III, 2 *zweien* (*zwein fr. nider* Hss.) L., M.: str. Wa., Kr.; 4 *kurze* Hss.,L.,M.: str. Wa.,Kr.; IV, 1 *Owe* (*We* C) *geschehe* Hss.: str. L.; 2 *kalten* Hss.,L.,M.: str. Wa.,Kr.; 4 *werdeclîche* Hss., L.,M.: *werde;* 5 *meiste* erg. Kr.

Lit.: (78) Gutenbrunner; (82) Halbach.

67 In fünf Viererblöcken (mit je drei gereimten klingen-
den und einer abschließenden stumpfen Kadenz) bauen sich
die wuchtigen Strophen auf; man hat auf den Wanderrhyth-
mus der Pilgerlieder hingewiesen, auch auf den „seelischen
Rhythmus eines langen, gleichartigen Wanderns einem Ziel
entgegen, das ... doch immer in weiter Ferne bleibt". Das
Kreuzzugsthema wird im Zusammenhang christlichen Le-
bens und Heilsgeschehens dargestellt; ständige Steigerung
der inneren, auch syntaktischen Dynamik gegen das Ge-
dichtende. Die meisten Motive in der Tradition gelehrter
Hymnendichtung, der Bibel, theologisch-exegetischer Litera-
tur (vgl. v.a. W.-M.). Beschwörende, kreisende Motivwie-
derholungen stehen neben linearen Wegen der Motivent-
wicklung (Trinität vom Anfang bis zur Himmelfahrt; Er-
lösung des todgeweihten Lebens durch Christus, Sohn der
Himmelskönigin; Erlösung der todgeweihten Menschheit);
immer wieder, und besonders in der Schlußstrophe, Hin-
wendung zum konkreten Anliegen in historischer Situa-
tion.

Text: I, 6 *al* Bodmer: *uf* Hss.; 10 *ze den* C,M.: *zen*; IV, 18 *zer*
bürge Jungbluth: *den borgen (bœgen* A) Hss.,L.-K.,M. Die hsl.
Lesart eine Crux; wir halten Konjektur und Interpunktion Jung-
bluths für möglich.

Lit.: (96) Hübner; (105) Jungbluth; (139) Maurer; (236) Wentz-
laff-Eggebert.

68 Das berühmte Gedicht (übrigens das einzige W.-Lied,
zu dem eine vollständige Melodie überliefert ist) stellt uns
vor viele Probleme. Zunächst die Frage: „erlebt" oder
„nur erfunden"; Teilnahme an einem Kreuzzug oder Kom-
position „am grünen Tisch"? Die Meinungen darüber und
über die Datierung sind geteilt. Ob „real" oder „fiktiv", der
Anlaß wohl Friedrichs II. Kreuzzug 1228 (Maurer datiert
früher, u. a. weil das Lied noch keinen perfekten Einklang
von Syntax und Metrum zeigt und M. von der Hypothese
gradueller Annäherung an dieses Ideal ausgeht; Jungbluth
nimmt biographisches Erlebnis, aber eine unkriegerische Pil-

gerfahrt an, mit später Datierung). Doch hängt dichterisches
Erlebnis auch in ma. Dichtung nicht von äußerlichem „Da-
beigewesensein" ab; der Unterschied liegt in der Gestaltung:
theoretisch, deutend, allgemein; oder Fiktion lebendiger in-
nerer und äußerer Teilnahme (vgl. auch Maurer, DU 19).
Das führt zum Problem der Echtheit einzelner Strophen und
damit der inneren Gestalt des Lieds, denn in manchen
Strophen dominiert nicht die Gegenwart im heiligen Land
mit erlebter Erinnerung an die Heilstatsachen und ihre
Anwendung auf die Situation hier und jetzt, den Kreuzzug,
sondern theologisches Deutungsschema, Symbolik, Wunder,
Demutsformel, Publikumsanrede. Nur drei Strophen echt –
alle zwölf echt: zwischen diesen Extremen bewegt sich die
Forschung. Gehören „Zusätze" zu einem geschlossenen, ech-
ten Gedicht; ist nur der in Hs. A gegebene Kern echt: Str. I,
II, IV, VI, VII, IX, XI (so etwa W.-M., Kr., Wapn.), oder
schuf W. selbst zwei verschiedene Fassungen des Gedichts,
das eigentliche Kreuzfahrerlied nach A, dann die zweite Fas-
sung mit didaktischer, wundergläubiger, das Publikum ein-
beziehender Ergänzung (Plenio)? Seit W.-M. und Kraus,
Unters. (dort der Versuch, eine dreistufige textgeschichtliche
Entwicklung zu zeigen) neigt eine Mehrheit zur Annahme,
A enthalte die einzigen echten Strophen (doch Maurer 9 Str.,
V und VIII außer dem A-Kern). Kuhn, neben gehaltlichen
auch formale Kriterien einbeziehend, unterscheidet drei
Gruppen in der Entwicklungsgeschichte des Lieds. 1. ein
fünfstrophiges echtes W.-Lied (I, II, IV, IX, XI): Stro-
pheneingänge verweisen auf das „Land", kein direkt-
vordergründiger Zusammenhang der Strophen, jede kommt
neu aus dem Ganzen; die Schlüsse zumeist auf den Kreuzzug
bezogen (dichterisch zweifellos die schönste Lösung: gefühls-
stark, doch lapidar, ohne Geschwätzigkeit, situationsbezo-
gen, dicht – aber vielleicht gerade deshalb zu schön, um
wahr zu sein). 2. eine unechte Gruppe von „Doubletten",
geschwätzigeres Ausbreiten von schon Gesagtem (III, V, X,
XII): III auf II bezogen – Wunder; V auf IV – Verdeut-

lichung (oder Verwässerung) des in IV durch die Leidens-
werkzeuge knapp beschworenen Todesmotivs; X auf IX –
Gericht; XII auf XI: XII plötzliche Distanz, Anrede des
Publikums, das in den andern Str. stillschweigend „da" ist
(nur III ähnlich); zwei mögliche Schlüsse, wohl nur einer
(XI) echt. 3. eine unechte Gruppe (VI, VII, VIII), die, bei
IV einsetzend, die heilsgeschichtlich bedeutsamen Stationen
im Leben Jesu vervollständigt, mit einem für die Spätzeit
typischen Hang zu realistischer Chronik und theologischer
Didaktik. – Eine interessante Interpretation gibt V. Schupp:
der innere Weg des Lieds wird geprägt durch die sieben
Siegel (5. Kap. der Apok.), die Lebensstationen Christi; so
Wilm. (Die Bedeutung der Zahlensymbolik in ma. Dich-
tung und Geistesgeschichte ist groß; andere „Septenare" sind
etwa die sieben Bitten des Vaterunsers, die Seligpreisungen,
die Gaben des Heiligen Geistes, die Patriarchen des Alten
Testaments; in theologischer Literatur und geistlicher Dich-
tung weit verbreitet). Str. II Geburt, IV Taufe, V Passion
(hier die Forderung: eine Strophe = ein Siegel zu starr,
denn IV – vor allem durch die Lanze – enthält deutlich
das Todesmotiv, und V ist vielleicht doch Doublette!);
VI Höllenfahrt, VII Auferstehung, VIII Himmelfahrt,
IX Gericht; Str. I und XI Rahmen. – Str. IV, 3 vielleicht auf
den Verrat des Judas bezogen. Str. VI „niedergefahren zur
Hölle", Dreieinigkeit, Dreieinigkeit und Abraham; alle drei
Motive auch im apokryphen Nikodemusevangelium (Abra-
ham in *limbus patrum*, Jesaia erwähnt die Dreieinigkeit);
VI, 7 bezogen auf 1. Mos.18 und die theologische Interpreta-
tion der Stelle: die drei Besucher Abrahams Gott und zwei
Engel (Hraban), oder Präfiguration der Trinität (Augustin).
– Eine letzte Entscheidung über das „wirkliche" Lied ist
kaum zu treffen. Poetisch am schönsten, aber vielleicht all-
zusehr „redigiert" ist die fünfstrophige Fassung Kuhns;
möglich die siebenstrophige nach A, vielleicht auch die
neunstrophige Maurers. Str. III, X und XII sind sehr wahr-
scheinlich unecht.

Text: I, 4 *den* Kr., *Unters.* 35,M.,Wapn.: *der*; [III] (L. 138, L.-K. in Anm. S. 192; bei M. Zusatzstr.) 3–4 nach Z; IV, 3 *Dô* AC,L., M.: *sît; hêrre* M.: *hie*; VI, 2 *dâ er* ABZ,M.: *da'r;* VII, 1 *dort* EZ: *dô*; [X], 4 *sôz* M.: *so ez*; XI, 1 *unde* AZ,M.,Wapn.: *und die*; [XII], 5–7 Kombination der Hss. durch L.-K. – L.-K. [XII] vor XI.

Lit.: (96) Hübner; (104) Jungbluth; (126) Kuhn; (139), (142) Maurer; (145) Mettin; (178) Plenio; (211) Schupp; (218) Singer; (236) Wentzlaff-Eggebert; (238) Wiegand.

69 Rückblick, Summe des Lebens, und ruhiges, reifes Vorwärtsschauen zu einer neuen, tieferen Liebe und einem Leben, das sich an Tod und Ewigkeit bewährt; Gedanken, wie wohl jeder sie denken möchte, wenn er das Ende seines Lebens erwartet: Gelassenes Bejahen und gelassenes, männliches Relativieren seines Lebenswerks, kein Zerbrechen, sondern Verwandeln in ein Anderes und Höheres. Obertöne vieler Reminiszenzen schaffen in diesen machtvollen Strophengebäuden vollen Orchesterklang. – Wieder, wie einst im Preislied bei der Rückkehr nach Wien, mag W. die Wiener Gesellschaft angeredet haben (23, I *seht waz man mir êren biete;* auch das minnepolemische Lied 33 klingt herein: V, 1; dann unsere Str. II, 1 in Anklang an 33, IV, 1): Noch mehr als damals verdiene ich Achtung und Dank, und zwar mit gutem Grund, ich sage euch, warum. Der Doppelpunkt des Warum gilt nicht nur für das unmittelbar Folgende, sondern für den ganzen Weg des Gedichts, für den Dichter, der sein Werk der Welt vererbt, mehr noch für den Verwandelten, der nach der *stæten minne* strebt (V, 10). Einst haben meine Lieder mich froh gemacht, jetzt nicht mehr, jetzt gehören sie euch allein. – Wenn ich auch äußerlich tief erniedrigt wäre und doch, wie ich von Kind auf tat, nach *werdekeit* strebte, dann wäre ich immer *werde*; *werdekeit*: innerer Wert und Erfüllung, äußeres Ansehen vor Gott und Welt; dies Streben nach *werdekeit* Inbegriff seines Lebens, des alten und neuen, der höfischen und der Gottesminne. Wenn ich auch von niedrigem Stand bin, ich verdiene doch diese Achtung. *Werdekeit* einst durch

Minnesang, doch tiefer jetzt die *wernde wirde*, die vor
dem Ende und der Ewigkeit bestehen kann; Verwandeln,
kein Vernichten: gradualistisches Denken. Realistisch die
Wertung der Welt, resignierend, ehrlich, traurig: das Einst
bleibt für das Ich zurück, doch nicht für die andern, die
noch nicht an der Grenze stehen. – Weiter diese Schau der
Welt: *ein schœnez bilde* – Inbegriff aller schönen, welt-
lichen Körperlichkeit; jetzt, an der Grenze, hat es Schönheit
und Poesie verloren. Etwas Wunderbares war in ihm (all das,
was das Ich einst so gefesselt hatte: Leben, Jugend, Kraft)
– das ist nun fort. Die Farbe der Liebeslandschaft, des
Mädchenantlitzes (Mädchenlieder klingen an) ist nun ker-
kergrau. *Mîn bilde* IV, 9 und *ein schœnez bilde* IV, 1 gleich
oder verschieden? Eine sinnlose Unterscheidung; die eine
Vorstellung (alle schöne Körperlichkeit der Welt) gleitet
assoziativ hin zur andern: mein Körper = mein Kerker, ge-
tragen von der Vorstellung des Leib-Seele-Doppelsinns, zu
der das Strophenende hinführt und die die 5. Str. beherrscht.
Der Reinmar-Nachruf (111, V. 7 und Schlußvers) klingt an;
an der Peripherie von W's Leben gilt nur noch der Dualis-
mus Seele – Leib, wahre und vergängliche Liebe, aber
– noch einmal sei es gesagt – das Einst bleibt in wertvol-
ler Relativität bestehen, beide „Hälften des Lebens" sind
werben umbe werdekeit / mit unverzageter arebeit. Der
Schluß des ‚Parzival' gilt wohl auch hier: „Wenn einer sein
Leben so endet, daß Gott nicht der Seele beraubt wird durch
des Menschen eigne Schuld, und wenn er sich dennoch die
Huld der Welt bewahren kann mit Ehren – *daz ist ein
nütziu arbeit"* (Übers. von Stapel). – Viele abweichende
Interpretationen; manche leugnen die Gedichteinheit: wie
soll die positive und negative Wertung der Minne zu ver-
einen sein? Jungbluth reiht nach A V, IV, I, II, III: die
neue Minne sei Voraussetzung für das *volleclichere* Ehren.
Das ist richtig, doch muß die innere Voraussetzung auch äu-
ßerlich „vorangesetzt" sein? Ist das Gedicht nicht kunstvoller
und wahrer, wenn nach dem Doppelpunkt „Ich sage euch,

warum" der innere Weg vom *minnesanc* zur *stæten minne*
gestaltet wird? – Str. IV viel umrätselt: das *bilde* in V. 1
dasselbe wie *mîn bilde* in V. 9? Was ist das *wunder* in V. 5?
Bilde V. 1 die Leiche einer Geliebten; Frau Welt; die höfi-
sche Gesellschaft; der Leib; auch Dreiteilung: *Ich* Herz;
bilde Körper, *wunder* Seele; *wunder* das Wunder des Le-
bens und der Jugend? – Der Stab in Str. II auch als Stab
der Altersgebrechlichkeit oder als Pilgerstab interpretiert.
Bezug zu Thomasin: Klein.

Text: L. reiht I, II, III, V, IV. Wichtige, die Interpretation be-
stimmende Konjektur II, 9 *wernde* Wa.,Kr.,M.: *werde (werden)*
Hss.

Lit.: (104) Jungbluth; (106) Kerstiens; (113), (114) Klein; (125)
Kraus; (241) Willson.

70 Im Gegensatz zu 69 ein schwermütiges Gedicht des
Abschieds und völliger Weltabsage; näher kommt nun W.
hochgotischem Dualismus, der das späte MA beherrschen
wird. Der Wirt in I, 1 der Teufel, Hausherr der Weltlichkeit.
I, 6: Im MA war Geldverleih mit Zinsen den Christen nicht
gestattet. III, 5–9: Darstellung der Frau Welt auch in der
bildenden Kunst, v.a. an gotischen Kathedralen: vorne voll
Schönheit, hinten häßlich, von Krankheit und Ungeziefer
zerfressen. Ausgewogener Dialog, auch (nach Taktzahlen) in
der Schlußstrophe, mit dem ergreifend schönen Abschied des
Ich. – Vgl. die Minnedialoge 22, 28, 47, [74].

Text: II, 3 so Hs.,L.u.a.: *wie ich dirz erbôt* Kr.; 6 *daz dû daz ie*
L.: *das dus* Hs.; III, 6 *dîn schœne . . . wünneclich* Bartsch,Kr.: *din
schowen wunderlich* Hs.; IV, 9 *hérbèrge* Hs.,L.,Wapn.: *hereberge*
(die schwere Unterfüllung rhythmisch ausdrucksstark in diesem
gewichtigen Schlußvers).

Lit.: (238) Wiegand.

71 Ein bedeutendes Gedicht gotischer Weltverneinung:
Buße, Verzweiflung, Krankheit, Nähe des Todes. In süßer,
berückender Sprache blüht, vor dem endgültigen Nein, die
Welt in Motiven der Schönheit zum letztenmal auf. Stereo-
type Motive des Scheins und der Vergänglichkeit: Traum,

Spiegelbild, Wind: Hoffnung, Trugbild, *wân*. Dualistische Frömmigkeit, Angst und Hoffnung, Teufel und Christus – Reinheit, Verlorensein; in Engführung, mit expressivem Enjambement, Rettung oder ewiger Tod in den erschütternden Schlußversen. – Diese Töne sind, trotz 70 und 72, einmalig für W., man hat die Echtheit bezweifelt. W. selbst mag in dem aufkommenden „gotischen" Stil gedichtet haben; vielleicht stammt das Gedicht von anderer Hand: die abwertende Beurteilung der Qualität (Kr., *Unters.* 458 ff.) ist in jedem Falle verfehlt.

Text: vielfach verderbt, oft nur durch gewagte Konjekturen auszubessern. I, 4 *swiez* L.: *swie ich* Hss.; *ez: iz; iz dunket* L.: *ich dunke* Hss.; *5 die* erg. Wa.; II, 3 *kund* Kr.: *wan (wenne)* Hss.; 4 *nît* L.: *not* Hss.; 8 *mir geswære* Kr.: *an mir gebere* Hss.; III, 2 *genâden* erg. Kr.: Hss. nur *gedingen*; 6 *winstern* Wa.,Kr.: *vinstern* Hss.; 8 *mit geringen* L.: *mit sorgen* Hss.; IV, 3–4 in Hss. verderbt, 4 *vint* M.: *kint;* 6 *kint* Hss. (*guoten dinge ein kint* CE),M.: *rint;* 8–9 in Hss. verderbt: wir folgen Wa.,Kr.,M.

Lit.: (82) Halbach; (91) Heeder; (158) Naumann; (190) Schaefer.

72   W's „Elegie" (wehmütiger Rückblick; antike und neuere Elegien in Distichen); von Burdach „Palinodie" genannt: das Genre des Widerrufgedichts (der frühere Preis der Welt wird zurückgenommen). Gattungsbezeichnungen fassen dies einmalige Gebilde nicht, das schon von den Brüdern Grimm W's schönstes Lied genannt wurde, dem Größten der Antike vergleichbar. Simplizität und höchste Kunst, Leidenschaft und Bändigung, Vergehen und Aufschwung, Klage und Kraft; Vergangenheit, Gegenwart, Zukunft; Evokation der Heimat und ihrer heroischen Literatur; persönlichstes Bekenntnis und politische Propaganda: Reich und Papst, Kreuzzug; *condition humaine*; Reue, Buße, Rettung der Seele; Zeitlichkeit und Eschatologie, gewaltige Gestaltung der Zeit, vom Vergangensein der menschlichen Jahre (gezeigt an Veränderungen menschlicher Dinge im Persönlichen, Politischen, Gesellschaftlichen) bis hin zur Rettung der Zeit

in der Ewigkeit des Glücks in Gott; der Raum des Einst, der österreichischen Heimat; der Raum des Reichs; Rom; Sich-Hinsehnen ins Land, in dem heilsgeschichtliches Einst, politisches Jetzt und heilsgeschichtliche Zukunft zusammenklingen. Zwischen dem klagenden Ach des Anfangs und seiner *revocatio* am Ende wiederholt sich das *owê* am Anfang und Ende jeder Strophe, strenge Symmetrie und verschwebende, die Zeit aufhebende Leitmotivik, das *nunc stans* des Refrains: eigenartiges Ineinander von Bleiben und Vergehen. – I. Leben als Traum, Erwachen in der Gegenwart (*dar nâch* „demzufolge"). I, 10 *bereitet* durchaus möglich; die Grundvorstellung ist ja nicht Zerstörung, sondern Wandel: einst jungfräuliche Erde und Wälder, jetzt Ackerland. Die einzige Bewahrung der Identität der Fluß (ein herrliches, tiefes Bild): der Inbegriff des Zerfließens bewahrt doch bleibende Gestalt. Nun von der Natur zu der Veränderung in der Menschenwelt: alles zusammenfassend die vergangenen wonnevollen Tage. – II. Veränderung in der Gesellschaft, den Sitten, der politischen Welt: der Topos der traurigen Jugend, der „Beats" dieser spätstaufischen Welt; die Verbauerung der Gesellschaft, und (zentral für die Erschütterung der Zeit) die *unsenften brieve* aus Rom, Bannung Friedrichs II. durch Gregor IX. 1227 (hier also genauere Datierung möglich: zwischen Bann und Kreuzzug). Selbst die Natur wird traurig durch unsere Klage. Doch dann in hartem Übergang Aufschwung, Bannung der Gefahr, in die Todsünde der *tristitia* zu verfallen (Hoffmann), Hinblick auf *jene wünne*: politisches Handeln, ritterlich „schimmernde Wehr" und Rettung der Seele: Kreuzzug. – III. Topos der Frau Welt, Honig und Galle, Außen und Innen: dagegen Erlösung, Erringen der *sælden krône*, und in diesem Geiste Sehnsucht nach der *lieben reise* (67, I, 10: *wir gern ze den swebenden ünden*). III, 14 der Söldner und sein Speer: wie etwa bei den *wisen* in 81, 12 werden hier vordergründige Bedeutung und biblische Anspielung eins: der Soldat des Kreuzzugs; der römische Söldner, den die

Legende Longinus nennt: der am Kreuz Bekehrte, auch:
der Söldner, der mit seinem Speer Jesu Seite öffnet, dann
erblindet und durch das aus der Wunde fließende Blut und
Wasser geheilt wird. – Ein großartiges Mittel der „Erinne-
rung": W. benützt die archaischen Verse des Kürnbergers
und des Nibelungenliedes; „an diesen Klang von Jugend auf
gewöhnt" ruft der Dichter Assoziationen heimischer lite-
rarischer Tradition wach: literarischen Raum, Gattung, Ge-
halt: wehmütiger Rückblick, zugleich heldische Töne für die
neue Zukunft der *militia Christi.*

   Text: Stellenweise sehr verderbt; oft kaum mehr zurückzuge-
winnen. Die Textvarianten und damit z. T. die metrische Form
verschieden beurteilt, auch in neuesten Darstellungen stehen Ex-
treme (strenge Nibelungenverse: Hoffmann; freierer, aus mehre-
ren metrischen Typen bestehender „Spätstil": R. Wisniewski)
nebeneinander. Hier können nur die Abweichungen von L.-K.,
nicht aber deren Konjekturen vermerkt werden. II, 6 *nie kristen-
man gesæhe* M.,Wapn. (*kein* fehlt auch in Hs.): *nie kein kristen-
man gesach;* 8 M. nach Kralik: *die stolzen ritter tragent an* Kr.;
11 *ê* Br.,Kralik,M.,Wapn.: *ie;* 15 *tumber* M.,Wapn.: *tumber man;*
III, 2 *die bittern gallen* C,Br.,M.,Wapn.: *die gallen mitten* (*mitten*
C); 10 *segenunge* w,M.,Wapn.: *sigenünfte.*

   Lit.: (37) Beyschlag; (38) Boesch; (43) Brinkmann; (48), (51)
Burdach; (78) Gutenbrunner; (95) Hoffmann; (97) Huisman; (120)
Kralik; (124) Kraus; (179) Pretzel; (218) Singer; (234) Wehrli;
(248) Wisniewski. Auch: Burdach, Der heilige Speer des Söld-
ners . . ., in (46), 2. Aufl. 1928.

   [73-75]   Wahrscheinlich unecht.

                          Sprüche

   Struktur der Spruchmetren. Der *Reichston* ist schlicht und
monumental; 24 Verse, Vierheber, nur der Schlußvers zum
Achtheber erweitert; 12 Reimpaare klingend und männlich
in Alternation, die Strophe 100 Takte, der ganze Ton 3 ×
100: schon früh von der Forschung bemerkte Zahlenkom-

position. „Sprachmetrisch" nicht-stollig; über „Stolligkeit" im traditionellen Sinn (s. S. XVI f.) könnte erst die Melodie Auskunft geben. Doch muß man sprachmetrische und musikalische Stolligkeit auseinanderhalten; selbst die von Verslänge, Reim- und Kadenzschema bestimmte sprachmetrische Struktur ist wirksam; bei einer musikalisch „stolligen" Strophe kann sprachmetrische „Gleichgültigkeit", bei einer musikalisch „nicht-stolligen" sprachmetrische „Stolligkeit" von Bedeutung sein im Zusammenspiel von Wort und Melodie. – Auch der *Erste Philippston*, obwohl stollig, ist noch wenig differenziert; Aufgesang und Abgesang symmetrisch mit je zwei Terzetten; dabei das Kadenzenschema parallel dem Reimschema. Der Aufgesang hat durchgehend Sechstakter, der Abgesang bringt leise Variation: 4-6-6 / 4-6-6. – Der *Wiener Hofton* hat unter allen Spruchtönen W's das komplizierteste Reimschema; der Abgesang (ddefggefe) verschieden gedeutet; Maurer gliedert $3+1+3+2$ und folgt damit der Syntax vieler Strophen des Tons, wie er überhaupt in der Parallelität von Metrum und Syntax ein wichtiges Formprinzip von W's Dichtung sieht. (Die Bedeutung der Überlagerung, des kunstvollen Überspielens des Metrums durch die Sprache, muß jedoch ebenso nachdrücklich betont werden. Auch hierfür gibt es Beispiele in diesem und anderen Tönen.) Überlagerung im metrischen Schema selbst zeigt der Wiener Hofton beim Übergang von den Aufgesangsterzetten zum ersten Terzett des Abgesangs: Reimschema aab / ccb // dde . . ., die Verslängen variiert 4–4–6 / 4-4-6//4-4-4; vor allem aber Vertauschung des Kadenzenschemas: Kehre bei gleichem Muster, Begegnung von Identischem und Anderem in klassisch-harmonischer Ausgewogenheit: mmw / mmw // wwm, mit noch verfeinerter Differenzierung: im Aufgesang weiblich klingend, im ersten Abgesangsterzett weiblich voll. Ein Grundproblem jeder räumlich, zeitlich, akustisch, optisch, gedanklich oder wie auch sonst gegliederten Struktur ist dies Verhältnis von Identität und Variation, Gleichem und Anderem, Sich-Wiederholen-

dem und Neuem, zentrierender Achse und ausgreifender
Peripherie; das Vorherrschen des einen oder andern vermag
den Stil zu bestimmen, mit den Extremen: starre Monotonie
a = a; wirres Versprühen, *non sequitur*. W's Metren stre-
ben, vor allem im Verhältnis von Aufgesang und Abgesang,
eine Balance beider Tendenzen an; Variation soll durch
Gleichschaltendes ausgewogen werden. So hat der *Atzeton*,
mit 16 Versen neben dem Reichston der längste Spruchton
W's, als vereinheitlichende Achse durchgehende Viertaktig-
keit, das rhythmisch „ganz Andere" des Abgesangs an den
Aufgesang bindend und die Strophe am rhythmischen Aus-
einanderfallen hindernd: Aufgesang Reimwirbel abcd in
zweifachem Durchgang, durch Alternation m kl m st ge-
gliedert, Abgesang blockhafte Reim- und Kadenzhäufung
eeef / gggf, die zumindest in Str. I und III das Lamento
unterstützt (im Kreuzlied 67 dasselbe metrische Element
in der Strophe fünfmal wiederholt zu expressiver Unter-
malung des schweren, klagenden, beschwörenden Gehalts).
– Der *Zweite Philippston* ist strukturell eng mit dem
Atzeton verwandt: Viertaktigkeit (mit Ausnahme der sechs-
taktigen Schlußbeschwerung) als gleichschaltendes Element;
Kontrast: Reimwirbel (hier nur dreifacher: abc/abc) im
Aufgesang, im Abgesang Reim- und Kadenzblöcke: ddde/
fffe, nur daß hier der Aufgesang weiblich klingend beginnt,
die d-Blöcke männlich voll, der lösende vierte Vers weiblich
klingend sind (beim Atzeton umgekehrt). – In entgegenge-
setzter Weise balanciert der *Leopoldston* Gleichheit und
Veränderung im Verhältnis von Aufgesang zu Abgesang:
im Atzeton die Verszahlen gleich, die rhythmischen Ele-
mente verschieden; im Leopoldston durchgehend das Terzett
xxy, nur am Schluß zum Quartett xxy(y) erweitert (aab /
ccb // dde / ffee). Dagegen als Moment der Veränderung ste-
tiges Anwachsen der Verslänge: 4-4-6 (zweimal), dann im
Abgesang 6-6-8 (zweimal), mit letzter schlußbeschwerender
Weitung zum Quartett. Außerdem Umkehrung im Kaden-
zenmuster: zweimal mv mv wk, im Abgesang zweimal

wk wk st. – Der *Ottenton* ist eine der metrisch raffiniertesten Formen; in Überlagerung Balance von Gleichem und Anderem, Affinität von Gleichschaltendem und Variierendem: Identität durch gleiche Terzette 4-4-6 / 4-4-6 // 4-4-6 / 4-4-6; dagegen unterstützen Reim- und Kadenzenschema nur im Aufgesang diese Gliederung: aab / ccb; mmw / mmw; im Abgesang Reimwirbel def/def, weiterhin überspielt von den Kadenzen wmw / wmw. – „Umkehrung" der Kadenzen im Terzett am Abgesangsbeginn im *Meißnerton*: Einheit in durchlaufender Viertaktigkeit und Reihung des Terzetts xxy (im Abgesang mit angehängtem Reimpaar); Variation durch Kadenzenumkehr: wwm / wwm // mmw(ww). – Die späteren Spruchtöne W's sind vorwiegend nicht-stollig, oder zumindest nicht stollig im traditionellen Sinn; eine chronologische Entwicklungstendenz ist hier deutlich spürbar (so kann etwa eine Strophe im König Friedrichston kaum aus W's Frühzeit stammen). Der *Unmutston* (Reimschema aabbccdddc) ist sprachmetrisch nicht-stollig („Stollen" aa und bb haben ungleiche Kadenzen), doch hat Maurer gezeigt, daß für die Melodie die Fugung wv / auftaktlos im ersten Stollen identisch ist mit mv / auftaktig im zweiten; seine Gliederung also: aa / bb (Aufgesang) und ccd / ddc (Abgesang). – Interessante Metren haben der *König Friedrichston* und der *Kaiser Friedrichston;* aaa / bccb / ddd; bzw. aaa / ba / bbb; nach Taktzahlen: 6-6-8 / 6-8-6-8 / 6-6-8; bzw. 6-6-8 / 8-8 / 6-6-8; nach Kadenzen (wenn wir nach der Qualität, nicht Quantität der Kadenzen männlich = stumpf setzen): www / wmmw / mmm; bzw. mmm / wm / www. Symmetrischer Bau ABA'; nach Maurer (gefugte Ketten) A und A' sogar Stolligkeit der Melodie, „gespaltene Weise" nach dem Meistersingerterminus: 2. Stollen nicht auf den ersten folgend, sondern am Strophenende. Der Kaiser Friedrichston (aaa / ba / bbb) kann auch als symmetrische Verhakung zweier Viererblöcke verstanden werden. Ob allerdings der König Friedrichston eine kunstvolle Erweiterung des Kaiser Friedrichstons (Heusler) oder der Kaiser Friedrichston eine

geniale Verknappung des andern sei (Maurer), muß Speku-
lation bleiben; metrische Analyse stellt hier chronologische
Erwägungen nicht in Frage, stützt sie aber auch nicht.
Wenig überzeugend die Beobachtung Hattos, daß an Könige
gerichtete Töne vielzeilig und aus vielhebigen Zeilen, Für-
stentöne nur aus Vierern, höchstens Sechsern gebaut seien. –
Im nicht-stolligen *Bogenerton* fluktuieren die Gliederungen;
verschiedene Interpretationen schließen einander nicht aus:
die Hauptgliederung 3+2+3 (Maurer); aber auch (2+2)
+4 (vom Reimschema aabb/cddc und vom Kadenzschema
getragen); schließlich, nach den Verslängen 4-4 / 6-6-6 / 4-4-4,
eine Gliederung 2+3+3 (Heusler): schönes Beispiel für
Überlagerung. – Beim späten *Heinrichston* schließlich ist die
Hauptfrage die Verteilung der Kurzzeilen: durchlaufend
(so L.-K.), oder teilweise zu Langzeilen gefügt: (4+4)–6–
(4+4) als dreizeilige Stollen, vierzeiliger Abgesang aus
Langzeilen (Maurer). Wir nach Heusler fünfzeilige Stollen,
vierzeiligen Abgesang.

Lit.: (87) Hatto; (138) Maurer; (177), (178) Plenio; (190) Schae-
fer; (193) Schirmer; (271) Heusler.

Reichston **76—78** Die drei formal und gehaltlich eng
zusammenhängenden Sprüche sind zur „liedhaften" Einheit
komponiert. Dreiteiligkeit: 1. die Gestalt des Ich (*Ich saz,
Ich hôrte, Ich sach*); 2. das Geschaute; 3. die Anwendung
auf die Verhältnisse im Reich (oder, mit Maurer, Viertei-
lung: der Mittelteil antithetisch aufgespalten, der lange
Schlußvers als vierter Teil, den auf die politische Situation
angewandten Grundgedanken hervorhebend). Wohl die er-
ste große politische Dichtung in deutscher Sprache, Tages-
politik und Geschichtsmetaphysik verschmelzend. Str. I, ob-
wohl nicht genau datierbar, bezieht sich gewiß auf die
Verhältnisse nach dem Tod Heinrichs VI. (1197/98), Str. II
auf die Zeit zwischen Wahl und Krönung Philipps (von
manchen daher auch an den Anfang des Tons gesetzt),
Str. III auf die Bannung Philipps und seiner Anhänger
durch Innozenz III. im Juli 1201. – Als den Sinnenden

auf dem Stein zeigen die Miniaturen der Hss. B und C den Dichter: Michelangelos Jeremias, prophetischer Seher: *audivi et vidi*. In der ruhenden Gestalt klingt die Bewegung mit, die die Gestalt zu ihrer denkenden Gegenwart führte: *dahte, satzt, hete . . . gesmogen*. Gegenstand der grübelnden Schau: die drei Werte *varnde guot* (Mobilien, bewegliche Güter: *utile*), *êre* (Ansehen vor der Welt: *honestum*) und *gotes hulde* (*summum bonum*, das höchste Gut) sollen in einen Schrein. Ehrismanns Aufsatz über das „ritterliche Tugendsystem", der in solchen und anderen Werteordnungen Anzeichen für ein in der säkularen ritterlichen Welt verbreitetes, bewußt gegenwärtiges, auf antike Ethik zurückgehendes „moralphilosophisches" System zu sehen glaubte, löste in der älteren Germanistik eine temperamentvolle Diskussion aus, v. a. durch Curtius' brillante, doch überscharfe Kritik. Sehr oft führt W. Begriffe in der Dreizahl vor (Ternare), aber zumeist nicht willkürlich zusammengerafft, sondern gegliedert. Im ersten Reichsspruch sind die Werte „gradualistisch" angeordnet, die *temporalia* Gut und Ehre, in sich wieder gestuft, und als Inbegriff der *spiritualia* die Gottesgnade. Diese Vorstellung zeitlicher und überzeitlicher harmonischer Ordnung, die jedem Begriff und Ding seinen festen Ort zuweist und nach dem Prinzip der Analogie die verschiedenen Bereiche sinnvoll aufeinander bezieht, beherrscht den Reichston und seine politische, naturmythische, geschichtsmetaphysische, allegorische Gedankenwelt. Empirie und Begriffsallegorie werden eins: der Erfahrung hier und jetzt entsprechen die ewigen Gesetze. Die drei Lebenswerte können nicht zusammen kommen, denn Verrat und Gewalt lauern auf der Straße, und *fride unde reht – pax et iustitia* der Krönungsformel – sind verwundet. Wenn diese Werte im Raum des Reichs nicht „gesund" sind (das Wort der Harmonie am Strophenende), dann ist auch die gradualistische Synthese im Raum des Lebens nicht möglich. – Die Bilder: zuerst die Werte auf dem Weg zum Schrein des Herzens, dann wechselt die Bildvorstellung:

Wegelagerer hindern die drei an der Vereinigung. Das absurde Gesamtbild (Wegelagerer überfallen die drei auf dem Weg zum Herzensschrein) kommt nicht zustande. Solch Gleiten von Bild zu Bild, typisch für ma. Dichtung (bei W. im Vergleich zu anderen Dichtern sparsam gebraucht) darf nicht beckmesserisch angekreidet werden; wenn hier (vgl. auch 89 und 145) Bilder nicht „aufgehen", dann ist es nicht des Dichters Schuld, sondern des Interpreten, der anachronistische Maßstäbe anlegt. – Die zweite Strophe bezieht sich auf die Ordnung im Reich. Auch sie ist gebrochen, die Analogie gestört. Im Tierreich bestehen trotz aller Kämpfe Recht, Gesetz und Hierarchie, der Bienenstaat hat seinen Weisel (Beobachtung und bis zur Antike zurückreichender literarischer Topos klingen zusammen), doch im Reich des höchsten Geschöpfes herrscht Chaos. Die *cirkel* (22): wohl die runden Kronreife der Könige von England, Frankreich und Dänemark im Gegensatz zur achteckigen Kaiserkrone. *Ze hêre*: vielleicht zunächst wörtlich auf die „Aufbauten" jener Kronen bezogen, die den Bügel der Kaiserkrone überragen sollen. Die Träger jener Kronen sind *die armen künege* (23), offiziell in der staufischen Kanzlei als *reguli*, Kleinkönige bezeichnet, also wohl Richard Löwenherz von England, Philipp August von Frankreich und Knud von Dänemark: Gegenkandidaten, oder Rivalen der Kaisermacht. (Wahrscheinlicher als eine andere Interpretation: *die armen künege* = Reichsfürsten.) Der *weise* (24): der einzigartige Edelstein der Kaiserkrone, als *pars pro toto* auch auf die Krone selbst bezogen. Im Symbol werden Ding und Sinn eins: Der Träger der Krone *hält* das Reich. – Die dritte Strophe handelt von der gestörten Ordnung im dritten Bereich, der Kirche, in ihrem Verhältnis zur Krone. Der Not und Verzweiflung im Raum des Reichs (Str. I) entspricht hier die Seelennot der Christenheit, durch die Perversion der Kirche bewirkt. 6: die zwei betrogenen Könige sind die beiden Staufer Friedrich (als Kind schon 1196 zum König gewählt, später Fr. II.) und Philipp (so auch W.-M.).

9: *zweien:* die Trennung der großen Ordnungen des Welt-
lichen und Geistlichen, die eine Einheit sein sollten, und
damit der Kampf zwischen Kirche und Reich, ist besonders
tragisch. W. stilisiert hier: die *pfaffen* die Anhänger des
Welfen Otto, die *leien* die Staufer. Der Klausner (später
noch zweimal im Selbstzitat erwähnt [136 und 183]) ist
das Symbol des wahren, innerlichen, nicht durch äußere
Macht pervertierten Christentums. 24: der 37jährige Inno-
zenz war bei seiner Wahl der jüngste der Kardinäle.

Text: 77, 24 *den* BC,Wapn.: *en.*

Lit.: Zu allen Spruchtönen vgl. auch (138) Maurer. – (20), (52)
Burdach; (55) Curtius; (61) Ehrismann; (108) Kienast; (119)
Kracher; (136) Maurer; (147) Mohr; (206) Schramm; (238) Wie-
gand; (244) Willson; (250) Zitzmann; zu W's Bildern allg. (190)
Schaefer. Vgl. auch Burdach, Zum zweiten Reichsspruch W'svdV.,
in (46), 2. Aufl. 1928; und Theo Schumacher, W's zweiter Spruch
im Reichston, DVjS 36 (1962), 179–89.

Erster Philippston. Mögliche Ordnung (vgl. hierzu und
zu den übrigen Spruchtönen Maurer, *Polit. Lieder*): 79 Ein-
tritt in den Raum der Reichspolitik, 80 und 81 symbolische
Gestaltung von Kaiser und Reich, 82 Verhältnis zu Philipp
getrübt: *milte*-Mahnung, 83 Thüringen, Wartburg, Land-
graf Hermann: Übergang in einen anderen äußeren und
inneren Raum. Diese Reihung auch mit der Chronologie
vereinbar. 79 1198 Tod des Babenbergers Friedrich I.,
Herzogs von Österreich, auf einer Kreuzfahrt; im selben
Jahr wohl W's Aufbruch von Österreich (vgl. Reinmarfeh-
de); Aufnahme am Hof Philipps von Schwaben. 3–6: Kranich-
gang Bild des Stolzes, Pfauengang (im Gegensatz zu moder-
nem Sprachgebrauch) Demut oder Niedergeschlagenheit.
Schöne Gestaltung des Hinab und Hinauf (vgl. R. Ruck):
fast völlige Symmetrie, doch die Aufwärtsbewegung greift
in den letzten Aufgesangvers ein und überwiegt. 80 Auf
Philipps Krönung am 8. Sept. 1198 bezogen. Eines der
schönsten Symbolbilder W's; der Sinn des Bildes deutlich
in sich selbst, ohne mitgeliefertes *fabula docet.* Das Wunder

ist die gemäße Begegnung des Dauernden, der Tradition, des Reichs mit dem lebendigen jungen König, dem die Krone so gut paßt, als wäre das schon immer Dagewesene für ihn neu geformt. Ein Versuch klassischer Kunst, Dauer und Gegenwart, Idee und lebendiges Leben, Tradition und einmaliges Geschehen zu verschmelzen, in Harmonie von Statik und Dynamik der Motive und Gestaltung. Szene und Zustand: gegenwärtig ein König hier und jetzt, zugleich: so ist immer der König. Freilich: Philipps Königtum ist nicht unproblematisch; er wurde am falschen Ort vom falschen Bischof gekrönt – nur die Insignien sind die rechten (s. Zeittafel); daher die Feier der Krone. Doch über der Problematik der politischen Situation steht der Glaube an den zeitlosen Symbolcharakter dieser Krone. Nur weil für W. die Idee des Königtums an sich *wirklich* ist, kann er das Symbol ihrer Dauer in der historisch fragwürdigen Situation mit solcher Macht ins Spiel bringen: die ideellen Mittel heiligen den konkreten Zweck. Und leise Bewegung der Gegenseitigkeit von Kaiser und Fürsten: Krone und Haupt leuchten einander entgegen; die Fürsten sollen auf die Krone schauen (*weise* vgl. 77, 24); der Stern ist Leitstern aller Fürsten. Dem Hinschauen lebendiger Menschen antwortet leuchtendes Leiten und Geleitetwerden durch das Symbol. **81** Weihnachten 1199 Hoftag Philipps in Magdeburg. Der Spruch eng verbunden mit 80 und dem Reichston. Hier nicht nur Bild, sondern Gang des Königs, angetan mit den Reichsinsignien, begleitet von der Königin. Innere Form ähnlich wie 80: geschauter Vorgang, doch keine abgegaffte Realistik (*ez gienc; dâ gienc; er truoc; er trat vil lîse, im was niht gâch; sleich*): transparent für rituell Zeitloses. Immer wieder Bewegung abgefangen von Beschreibung des Seins: *Gienc* – Kaiserbruder, Kaisersohn, Kaiser selbst: die drei Namen. Bei der Königin: *Sleich; rôse âne dorn, ein tûbe sunder gallen.* Tief gestaffelte Symbolik in Analogien und Obertönen: Feier des ersehnten Friedenskönigs in Verbindung von Idee und Wirklichkeit am Tag, da der höchste Friedefürst geboren, der Logos Gestalt wurde. (In sprachlich raffinierter „Ungenauigkeit" wird der Unterschied von Einst und feiernder Wiederkehr des Fests verwischt: *Am Tag, als* unser Herr geboren wurde, schritt . . .). *Megdeburc,* Stadt der Jungfrau; Maria Name der Königin, mit den traditionellen Attributen der Gottesmutter: Rose ohne Dorn . . . Kaisertrinität, göttliche Trinität: direkter Bezug oder schwebender Anklang. „Die Weisen" im Schlußvers: konkrete Bedeutung (die Klugen, oder: die Richter der Hofetikette) im Einklang mit dem Weihnachtsgeschehen geweitet: die Weisen aus dem Morgenland; gar in Verbindung mit dem Schlußbild von 80: der Stern, der sie leitete. Konkret-politisch: die Thüringer und Sachsen; Hermann v. Thüringen, Dietrich v. Meißen: schwankende Opportunisten, damals auf Philipps Seite. Geschichtsmetaphysik, Heilsgeschichte, politische Realität, Gegenwart; Einzelmenschen, Einzeldinge und interpretierende Verknüpfung: Dahaben des Dauernden, des Bedeutsamen, der Analogien im begrenzten Geschehen des Hier und Jetzt. – Ein hübsches symptomatisches Beispiel für Entstehung von Fehlern in der Überlieferung: V. 5 *die namen drîge,* während vorher doch nur zwei „Namen" stehen: *keisers bruoder, keisers kint.* Der subtilere Gedanke der Dreiheit wohl vom Abschreiber mißverstanden, daher Hs.B *der namen zwene*! Mißverstandenes Kompliziertes wird oft simplifiziert, das Umgekehrte ist seltener, daher folgt die Textkritik gerne der *lectio difficilior,* der formal oder gedanklich komplexeren Fassung. **82** Erstes Zeichen der Abwendung von Philipp (vgl. den Zweiten Ph.-Ton). V. 7–11: Die Freigebigkeit des heidnischen Sultans Saladin (gest. 1193; Figur in Lessings ‚Nathan') war bekannt; der Staufergegner Richard Löwenherz zahlte für seine Freilassung ein ungeheures Lösegeld (s. Zeittafel): Vorbilder für den christlichen Staufer Philipp. **83** Im Zusammenhang mit W's erstem Besuch auf der Wartburg 1202 (oder 1204). Der Knauserigkeit Philipps steht hier fast maßlose

Verschwendung gegenüber: Bewunderung und Befremden gegenüber dem Gebaren an diesem Hof, der abseits von den feinen Sitten des staufischen Südens und Westens liegt: auch im literarischen Geschmack ein eigenwilligeres Klima. Großartige Gestaltung wirrer Dynamik im Hin und Her der Motive, in der Häufung der Laute. – Anspielung auf diesen Spruch in Wolframs ‚Parzival‘ 297, 16 ff. Mögliche Begegnung der beiden Dichter (Freundschaft? Rivalität?) am Hof Hermanns.

Text: 79, 2 *daz er* Hs.,M.,Wapn.: *dêr;* 6 *rihte* M.: *riht;* 80, 6 *dâ* C,M.,Wapn.: str. L.-K.; 81, 9 *rôse* C,M.,Wapn.: *rôs.*

Lit.: (84) Halbach; (111) Klein; (187) Ruck; (188) Ruh; (206) Schramm; (232) Wapnewski.

Wiener Hofton. Drei Strophen handeln vom Wiener Hof; vielleicht Werbung des Entfernten um Rückkehr, nach dem zweiten Abschied von Wien um 1204/5. Mögliche Gliederung: 84–88 Religiosität, höfische Werte; 89–91 Wiener Hof; 92–97 Einst – Jetzt, Verfall, Apokalypse. **84** Ausfahrtsegen, altes Genre religiöser Dichtung, anspielend auf das Neue Testament und alttest. Präfigurationen. Großer, gespannter Satzbogen des analogen Vergleichs V. 7–14: wie – so. **85** V. 1–3 nach 1. Joh. 2, 4–5. Hier und im folgenden Spruch das verallgemeinernde didaktische *swer:* jeder ist angesprochen. Wie oft in W's Dichtung Zusammenstellungen des Ungemäßen, um falsche und richtige Existenz vor Augen zu führen. Bekenntnis zu christlicher Brüderlichkeit. Menschlich toleranter Ton in den Schlußversen. – **86** Die drei Werte *guot, êre, gotes hulde* (vgl. 76) dualistischer gefaßt als im Reichsspruch (Gegensatzpaar Weiser – Narr). Ein Narr, wer *êre* und *gotes hulde* verspielt, weil er um des Besitzes willen Todsünden begeht. Edles Sein wird von Edlen gepriesen, Narrheit nur von Narren: die große Analogie von Sein und Wertung. **87** Nochmals die Dreiheit *guot, êre, gotes hulde,* im Zusammenhang mit den verschiedenen Gaben Gottes. Wieder wird die in 76 gradualistisch verstandene Dreiheit dualistisch gesehen und zu dualistischen Paaren in Beziehung gesetzt: *schœner sin* – *guot unt gewin,* Armut – Reichtum. **88** Zum drittenmal die Wertetriade Güter, Ehre, Seelenheil, doch diesmal in höfischerem Ton, an die Jugend gerichtet (Hauptmotiv auch anderer Sprüche dieses Tons); Balance, *mâze,* Ausgleich ist hier das Ideal: nicht zuviel, nicht zuwenig – ein gewisses Maß von Gütern braucht man zu höfischer Freude. – **89** Vielgescholtene Strophe krummer, schlecht aufgehender Bildlichkeit: Stehen vor der Paradiesespforte, Regen links und rechts, ich kriege keinen ab: Regen = *milte* Leopolds von Österreich. Und nun scharfer Bruch: *er* ist eine Wiese und soll mit eigener Hand von dieser Wiese Blumen pflücken. Scheinbar eine schlimme Stilblüte, doch kann das Gleiten von Bildvorstellung zu Bildvorstellung vor allem im spätma. Stil ein expressives Kunstmittel sein. Die scharfe Kritik (es wurden die anstößigsten Stellen emendiert: 10 *er ist* zu *ez ist*; 13 *sîn* zu *ein*) geht vielleicht doch zu anachronistisch vor. Entscheidend sind die Metaphernassoziationen: Paradies(-espforte), erquickender Regen, Wiese, Blumen: die Einzelbilder sind punktuell. Genre des Bitt- und Mahnspruchs; Datierung unsicher, vielleicht (mit Klein) im Zusammenhang mit W's erstem Abschied von Wien, wahrscheinlicher jedoch nach dem zweiten um 1204/5. **90** Neben der Bitte um neue Großmut (89) der Preis einstiger reicher Geschenke: üppige Verschwendung wie in Thüringen (83). V. 11 wohl rettungslos verderbt (Kracher erwägt Beziehung zu 177: *malhen* „Reisetaschen", vgl. 177,6) ... V. 14 *sîner alten schulde,* wohl Doppelbedeutung: materiell in der Schuld der herzoglichen Großmut; für W. wohl auch Anspielung auf das Zerwürfnis mit dem Herzog (*alte* Sch. spricht eher für die spätere Dat.). **91** Neben dem Einst des Wiener Hofs das Jetzt; vielleicht persönliche Abrechnung des zurückgewiesenen Dichters mit dem in W's Augen nun unhöfisch gewordenen Hof. V. 6 eine seltene Anspielung auf die Artusepik. Spruch häufig später datiert. **92** Das Motiv Einst – Jetzt (und noch schlimmerer Zu-

kunft) hier und in 93 u. 94 mit dem der Kinder und der
Jugend verbunden. Hier „die Jugend von heute", „früher
hat man's ihnen gegeben"; bis hin zum *wê ir hiuten und ir
hâren* eine grotesk aktuelle Strophe.   **93** In schlimmer
Gegenwart Furcht vor noch schlimmerer Zukunft. V.1–3
Traum des Nebukadnezar, Daniel 2: Vision der Gestalt
aus Gold, Silber, Erz, Eisen, Ton, Symbol der Weltreiche,
eine der Grundlagen ma. Geschichtsmetaphysik. Daraus hier
der Topos „alles wird immer schlechter": Gott bewahre uns
vor den böseren Kindern der Bösen!   **94** Nochmals
Einst und Jetzt und die Kinder; liberale Erziehung des
Mittelalters: Verstoß gegen Sprüche Salomos (v. a. Kap.
13,24), das führt zur Verderbnis der Welt. (Komische Ge-
schichtsanalogie: am Tag, da ich diese Zeilen schreibe, macht
ein führender Politiker einen bekannten „anti-salomoni-
schen" Kinderarzt und Psychologen, den Vater der *permis-
sive education,* für die Ausschreitungen der Studenten-
generation verantwortlich: *des sint die ungeberten gar
ân êre,* und: *des enwas niht wîlent ê.*) Weitere unsterbliche
Klischees: die Jugend verdrängt das Alter, und: euch wird's
auch nicht besser gehen!   **95** Verkehrtheit der Welt, Ver-
lust der Freude, Verachtung der Freigebigen, Preis der gei-
zigen Reichen; Treue und Wahrheit geschmäht: daher
Weltekel. Die Topoi hier und in den andern Strophen
sind jedoch kein hinreichender Grund für Spätdatierung.
96 Große Schuld an der Verderbnis hat die sog. Konstan-
tinische Schenkung, Grundlage der weltlichen Macht und
Suprematsansprüche des Papsttums. (Dokument eine Fäl-
schung; als solche erst in der Renaissance entlarvt.) Die
Legende vom Engelsruf im MA verbreitet. V. 7 *gift* Doppel-
sinn „Geschenk" und nhd. „Gift". V. 12, 14 verschiedene
Datierung: Wahl Ottos IV.; Anerkennung Ottos durch In-
nozenz 1201 (am wahrscheinlichsten); Wahl Friedrichs II.
97 Die Verworfenheit der Welt wird hier in apokalyp-
tischer Vision gesehen, mit biblischen Bildern (Mark. 13),
vielleicht auch die Sonnenfinsternis von 1201 zum äußeren

Anlaß nehmend. Auch die verworrenen politischen Verhältnisse klingen in dieser gewaltigen, düsteren Strophe an. Unerbittlich, in hämmernder Reihung, die Unglückszeichen, bis hin zum Aufruf in der Schlußzeile.

Text: **84,** 15 *dîn vil* D,M.: *daz dîn vil;* **89,** 10 *er ist* D,M.: *erst;* 13 *sîn* Hss.,L.,M.u.a.Hrsg.: *ein;* **90,** 11 so Kr.: in Hs. verderbt *die malhen von den stellen lern: die m. und die stelle l.* Wilm., Kracher; 14 *ez engalt: ezn galt;* **91,** 7 *sint* D,M.: fehlt L.-K.; 12 so D, M.: *golt silber ros und dar zuo kl.;* **93,** 3 *künege (künige* D) M.: *künge;* **94,** 6 *ungeberten* problematische Konjektur in L's Anmerkung: *ungebachen* C: *ungebatten* D; **95,** 5 *ez* D,M.: fehlt L.-K.; 14 *unde* Roethe,M.: *und;* **96,** 3 *stuol* Goldast, L.-K.: *stuont* Hs.; 6 *ê* L.: *es* Hs.; **97,** 12 *orden* CD, W.-M.: *leben.*

Lit.: (24) Aarburg; (36) Beyschlag; (42) Brinkmann; (50) Burdach; (74) Gennrich; (111) Klein; (119) Kracher; (136) Maurer; (150) Mohr; (183) Roethe; (238) Wiegand.

Atzeton. Die drei Sprüche sind wohl W's dichterische Antwort auf erste Schwierigkeiten am Thüringer Hof; vor allem auf die Unverschämtheit eines vornehmen Ritters Gerhart Atze. Schärfer noch die Atzestrophe im Leopoldston (106); dort wohl Abwendung vom Thüringer und erneute Annäherung an den Wiener Hof. **98** Auch wenn Kleins Erklärungen der biographischen Hintergründe des seltsamen Spruchs richtig sind, also Atzes Reden und Handeln W's ständische Existenz bedrohen und seine Ritterehre tief verletzen, so ist doch wesentlich die burlesk-komische Kunstform. W. lamentiert nicht, sondern kämpft mit seiner schärfsten Waffe: er gibt den Beleidiger und dessen Logik der Lächerlichkeit preis. – Atze hat W's Pferd getötet; W. führt Zivilklage vor dem Landgrafen, W's und Atzes Gerichtsherrn. Es war ein wertvolles Pferd, doch Atze hat eine seltsame Ausrede: W's edles Pferd sei einem Arbeitsgaul verwandt gewesen, das ihn geschändet und ihm den Finger abgebissen hatte. W's Reinigungseid: die Pferde hatten nichts miteinander zu tun! – Atzes Unrecht gibt sich als Recht aus: groteske Sippenrache. Doch dies gefährdende, an moderne Literatur des Absurden erinnernde Argument, das jedes Unrecht rechtfertigen könnte, wird in der erlösenden Freiheit der Komik entlarvt. Ich und Publikum lachen einander zu: das Ich verwahrt sich nicht gegen Atzes groteske Ausflucht, sondern spielt den Unsinn weiter und schwört in burleskem *non sequitur*: die beiden Pferde wußten nichts voneinander! 14 Schwören mit beiden Händen: besonders intensiver, feierlicher Eid (dabei würde zugleich Atzes schmachvolle Verstümmelung deutlich!). In 12–13 *abe / gebizzen* expressives, komisches Enjambement. 99 Der didaktische Topos mag hier auch auf die Verhältnisse in Thüringen bezogen sein: Mahnung, das böse Unkraut (Atze und Genossen) möge die Guten am Hofe nicht verderben. 100 Allgemeines Scheltthema: die höfischen Menschen und Künstler werden von den *ungefüegen* Rüpeln und Stümpern (oder Vertretern einer antihöfischen Kunst, s. 62) an den Höfen bedrängt und gefährdet. Wohl auch scharfe Kritik der Verhältnisse auf der Wartburg (vgl. 99).

Text: 99 stellenweise verderbt. 5 *si schirmen* Kr.,M.: *in spilen vor* Hs.; 6 *in* erg. Wa.,Kr.; 11 *daz ist ein* Hs.,L.,M.: *des wehset* Kr.; 100, 15 so Kr.: *müeget des mannes hœnen* Hs.

Lit.: (20) Burdach; (110) Klein; (188) Ruh; (190) Schaefer; (201) Scholz; (238) Wiegand.

Zweiter Philippston. Datierung, Bedeutung einzelner Strophen und Zusammenhang umstritten. Deutlich die Distanzierung von Philipp von Schwaben (vgl. die kritische Mahnstrophe 82). Mögliche Reihung: 101 Philippsmahnung, 102 Bohnenspruch (polemisch gegen Philipp?), 103 Spießbratenspruch (wohl scharfe Polemik gegen Philipp), 104 Hinwendung zu einem anderen Fürsten, [105] wohl unecht. 101 *Milte*-Mahnungen eine Grundform der Fahrendendichtung. V.2 setzt allgemeine Anerkennung Philipps voraus, also wohl 1206/7. V. 13: Alexander sprichwörtlicher Inbegriff der Großzügigkeit und Freigebigkeit. 102 Der berühmte „Bohnenspruch" enthält zweifellos polemische Anspielungen, vielleicht Replik auf einen Preisspruch der

Bohne, doch sind uns Einzelheiten nicht mehr greifbar.
Erklärungsversuche sind so hypothetisch, daß wir sie nicht
wiedergeben. – Klar die Antithese faul (verkommen) –
kräftig, gesund, in allen Teilen nützlich und Freude schen-
kend. 103 Auch dies ein polemischer „Schlüssel"-Spruch,
doch glauben wir ihn (dank der Darstellung Burdachs,
anders dagegen Mackensen) deutlicher verstehen zu kön-
nen. Schärfste, taktloseste Kritik W's an Philipp. Zu-
nächst das Vordergründige – der Braten: Ämter, Reichsgut;
ausgeteilt von den Köchen: Philipps Hofbeamten (wohl
auch Anspielung auf die Einführung eines neuen Hofamtes,
des Hofküchenmeisters). Diese Bratenstücke sollen nicht zu
dünn ausfallen, denn sonst . . . Nun kommt die höhnische
Parallele aus Griechenland. 1195 war Philipps Schwieger-
vater, der byzantinische Kaiser Isaak II. Angelos, von
seinem Bruder vom Thron verjagt und geblendet worden
(die Kaiserstochter Irene/Maria Philipps Frau, vgl. Spruch
von der Magdeburger Weihnacht 81). Später wurden der
Kaiser und sein Sohn wieder eingesetzt, doch bald darauf
durch die Unzufriedenen im Land endgültig vertrieben.
Isaak stirbt im Gefängnis, sein Sohn wird ermordet. Dies
schreckliche Schicksal der Verwandten Philipps bringt W.
mit dem deutschen Herrscher in Verbindung: dir kann's
auch so gehen, wenn die Bratenstücke zu dünn ausfallen.
Wolfram bezieht sich auf diesen Spruch im ‚Willehalm'
(286, 19): *her Vogelweide von brâten sanc.* 104 Hin-
wendung zu einem andern Fürsten, wohl dem Herzog Lud-
wig I. von Bayern: Dank für eine durch den Markgrafen
Dietrich von Meißen überbrachte Gabe, ein Gedicht; die Le-
sung *lieht* (Kerze) der Hs.A, obwohl in der Forschung viel
beachtet, gibt keinen klaren Sinn. Saran u. Kr. vermuten,
das *liet* sei eine gegen einen Herrn *Wîcman* (C *Volcnant*)
gerichtete Strophe, in der W. gepriesen wird (s. [105]).
Herrlich das Jagdbild am Schluß, mit bunten Lauten ono-
matopoetisch Hundegebell und Hörnerklang. Datierung un-
gewiß. Lachmann: 1212 Treffen Dietrichs und Ludwigs in

Frankfurt (*Franken*!); Maurer: 1207 (wahrscheinlicher).
[105] Vielleicht das in 104 erwähnte *liet*, ein derber, herz-
hafter Preis W's; verständlich, daß es in sein *œuvre* ge-
raten ist. V. 12 wohl eine kunsttheoretische Vorstellung;
auf V. 14 bezieht sich vielleicht das Jagdbild in 104.

  Text: [105], 2 in Hss. verderbt, Konjektur *rîtern* Wallner, Kr.

  Lit.: (47), (49) Burdach; (84) Halbach; (97) Huisman; (134)
Mackensen; (152) Mohr; (188) Ruh.

  Leopoldston. Vorwiegend auf den Wiener Hof bezogen.
Wir reihen (ähnlich wie beim Zweiten Philippston) Absage
– Hinwendung: 106 scharfer Atzespruch, impliziert Absa-
ge an den Thüringer Hof; 107 Kritik an den falschen Räten
(auf Thüringen und auf Wien beziehbar); 108 neben den
bösen die guten Räte; 109 drei Anliegen, hinführend zum
Wiener Hof; 110 und 111 Reinmarnachruf. Maurers Str.6
(Kr. XXVII, 7–13), ein Bruchstück aus dem Heiligenstäd-
ter Fragment, wurde nicht aufgenommen. Der scharf-
sinnige Versuch Naumanns, Wolframs W.-Zitat *guoten tac
bœse unde guot* (Parz. 297, 25) als den Anfang dieser
Strophe zu erweisen und weiteren Text zurückzugewinnen,
scheint mir doch wenig überzeugend. **106** Eine grelle
Verunglimpfung des Gerhart Atze; schärfer noch als in
98 wird er lächerlich gemacht. Stilprägend das lebendige Hin
und Her des Dialogs und die Umgangssprache. W. redet
mit seinem Knappen, der gekränkte Dichter läßt ihn wäh-
len, ob er auf einer goldenen Katze oder auf einem – Atze
reiten wolle, Atze auch Kurzform für *asinus*, Esel. Die
goldene Katze noch nicht befriedigend erklärt (Klein: Atze
habe im Prozeß W's ritterlich ausgestattetes Pferd so ge-
nannt; Frantzen: *katzenritter* Sodomit; goldene Münze mit
Katzen- (Löwen)-Stempel u. a.). Der Knappe wird bestraft,
weil er Atze wählte (Kritik am Landgrafen, weil Atze
den Prozeß gewann?). **107** Oft gebrauchte Motive: die
Fürsten und ihre bösen Ratgeber; das Ungemäße; Klage
über die schlimmen Zustände in Kirche und Reich.
108 Nochmals das Thema der Räte. Zwei Triaden, perso-

nifiziert und in symmetrischem Arrangement rechts und links aufgestellt. Wieder die Dreiheit *utile, honestum, summum bonum* (vgl. 76 und einige Str. im Wiener Hofton), daneben *schade, sünde, schande.* **109** Den zwei Triaden in 108 folgt hier eine weitere: drei Sorgen (oder zentrale Anliegen); er will sie nicht trennen, will sie „*in einen schrîn*", will Erfüllung in allen: neben den Leitmotiven Gottesgnade und Frauenliebe ein drittes, W's Leben fast ebenso stark in seinen Bann ziehend: der Hof zu Wien. **110, 111** Genre der Totenklage; Ausklang der Reinmarfehde; mit dem Preis der einst geschmähten „Wiener Hofkunst" wohl auch Versuch, diesem Hof wieder näherzukommen, der W. jahrzehntelang fasziniert, dem der Dichter ein elementares Gefühl entgegenbringt: Haßliebe zu der geistigen Heimat. – Reinmars edles Können ist mit ihm vergangen. Doch nie wird man das Größte an ihm vergessen: den Preis der Frau. Wörtlich wird eine zentrale Zeile seines Dichtens zitiert: *sô wol dir, wîp, wie reine ein nam* aus dem Preislied (R. 16, III, 1); als Dank für diesen das Wesen der Frau ins Religiöse steigernden Preis müßten die Frauen bei Gott für Reinmars Seele bitten. – Die zweite, persönlichere Str. wohl kein „Brutuslob", sondern ehrliche Unterscheidung zwischen dem Menschen Reinmar und seiner Kunst. Der Preis der von W. einst so scharf bekämpften Kunst ist ohne Nebentöne; zentral das Motiv höfischer Freude, gestiftet durch die Kunst des Trauerns: Einblick in das Wesen jener stilisierten, für die Gesellschaft veranstalteten Empfindungskunst, die Erlebnis und Pose zu verbinden wußte und auch durch schönes Trauern Freude schuf. W's spätes Lied 69 erinnert an das Strophenende von 111: *Mîn sêle müeze wol gevarn! / ich hân zer welte manegen lîp / gemachet frô* ... (69,V,1–3). Reinmars Tod wohl um 1205.

Text: **106,** 13 *var selbe hein* Kr.: *rit selbe har hein* Hs.; **107,** 6 *im* Kr.: *mir* Hs.; 7 *Bestênt* Kr.: *des stent* Hs.; *vor der* Wa.,Kr.: *vor den* Hs.; **108,** 2 *lêren* erg. Bodmer; 9 *gerne* erg. Wa.,Kr.; **109,** 11

gehirme Hs.,M.,Wapn.: *hirme*; 12 *mit sô* Hs.,L.,M.,Wapn.: *sô* str.
Kr.; 110, 9 in der Hs. fehlt der Rest des Verses nach *wol*, das Fol-
gende ist bloße Vermutung; 12 *ein* L.: *din* Hs.

Lit.: (110) Klein; (159) Naumann; (188) Ruh; (190) Schaefer.

Ottenton. Der gehaltliche und formale Zusammenhang
der sechs Strophen ist deutlich: wir sind „liedhafter" Ein-
heit nahe. Grundmotiv: das Kaisertum in seinem Verhältnis
zu Welt, Kirche und Gott. – W. war nach der allgemeinen
Anerkennung und Krönung Ottos IV. zu dem Welfen über-
gegangen: Idealismus und opportunistischer Realismus klin-
gen in dem Entschluß des einzelnen ebenso seltsam inein-
ander wie in der großen Welt der Reichspolitik: nicht nur
Kompromißlertum und mystisches Verbrämen des Allzu-
menschlichen, sondern wahrer Glaube an die Idee des Reichs,
die sakrale Bestimmung des Kaisertums, dabei ohne Ge-
wissensanalyse die Hand ausgestreckt nach den Früchten
dieses Idealismus: Treue um Treue, Dank für Dienst, Be-
friedigen persönlicher Begierden; noch ganzheitlich naiv
dieser praktische Idealismus, an dem das Entlarven von
Inkonsequenzen so seltsam vorbeigeht wie an der gläubigen
Unschuld berechnender Kinder. – Äußerer Anlaß: Rück-
kehr des von Innozenz gebannten Kaisers nach Deutschland
1212. Monumental die großen Themen: 112 der Kaiser und
die Fürsten im Inland, 113 der Kaiser und das Ausland, 114
Kaiser und Gott, 115 Kaiser und Papst, 116 die Einsetzung
des Kaisers, 117 das Verhältnis von Welt und Gott (Gleich-
nis vom Zinsgroschen). Dreimal die Anapher *Hêr keiser*,
dann *Hêr bâbest*, auch 116 und 117 verknüpft: *Got gît*
und *Dô gotes sun*. Wie im ersten Philippston Bekenntnis
zur Kaiseridee, doch spüren wir wichtige Unterschiede: Im
Kronenspruch und der Magdeburger Weihnacht (80 u. 81)
werden die Gedanken in großen symbolischen Bildern zu
Gestalten; die Ottensprüche, in ihrer Art nicht weniger voll-
endet, sind diskursiver, politisch beredter, unruhiger, direk-
ter: eher „parlamentarisch" als symbolisch. **112** Begrü-
ßung des zurückkehrenden Kaisers, seine Macht, zu strafen

und zu lohnen, das heikle Thema der Fürsten (wobei W. sich auch im Lager der Abtrünnigen – Hermann v. Thüringen, Dietrich v. Meißen – befunden hatte): der „engeltreue" Meißner wird schon bald zum Staufer Friedrich II. übergehen. 113 Ordnung im eigenen Haus: dann wird Euch auch das Ausland huldigen. Ausweitung des Motivs: *rex pacificus* der ganzen Christenheit. Gegenmotiv: die Heiden; der Kreuzzugsgedanke. Adler, Löwe: bei seiner Krönung in Rom hatte Otto drei Löwen und den halben Adler im Wappen. V. 12 *milte:* der Adler gilt als „freigebiger" Vogel, weil er nach der Sage den kleinen Vögeln immer etwas von seiner Beute übrig läßt. 114 Kühn diese Strophe, in der der Dichter als Bote Gottes redet. Klar wird gesagt, wer in W's Augen Gottes Stellvertreter (*voget*) auf Erden ist: der Kaiser; sein ist die Erde (nach Psalm 115, 16); stolzer, fast blasphemischer Parallelismus. Wieder, wie in 113, das Kreuzzugsmotiv, *militia Christi.* Idealistisch-profitlicher Vorschlag: Schafft Ihr Christus sein Recht hier, wo Ihr *voget* seid, dann wird er Euch im Jenseits, wo er *voget* ist, zu Eurem Recht verhelfen. 115 Wörtliches Befolgen des päpstlichen Gebots: Anspielung auf den Krönungssegen; durch ihn fällt der Bannfluch auf seinen Urheber zurück. In grellem Enjambement, mit rhythmischer Verzerrrung, wird 8–10 der Segen aus dem Mund des Papstes wiederholt (nach 4. Mose 24, 9 Balaamssegen; wahrscheinlicher nach 1. Mose 12, 3, dem zum Zeremoniell der Kaiserkrönungen gehörigen Abrahamssegen). 116 Diese Inkonsequenz (vor kurzem Krönung, jetzt Bann) wird angeprangert; das führt zur tieferen Frage nach dem Verhältnis von Kaiser und Papst und nach der Krönung des Kaisers. Gott setzt den Kaiser ein, doch seltsam ist der *pfaffen lêre* (V. 3, zurückklingend auf *pfaffen êre* im Schlußvers von 115). Nur eine Rede kann richtig sein, die alte oder die neue, Krönung oder Bann. Die Glaubwürdigkeit des Papsttums ist erschüttert; das Bild der Doppelzüngigkeit beschließt die Strophe. 117 Das Gleichnis vom Zinsgro-

schen (Matth. 22, 15–22; Mark. 12, 13–17; Luk. 20, 20–26)
liegt nahe: das Verhältnis von Welt und Gott (Anspielung auf
das Gleichnis schon in 115, 4). Interessant, wie Akzente der
bibl. Geschichte verschoben sind: dort liegt, trotz des Pa-
rallelismus, der Nachdruck auf dem zweiten Teil des Satzes:
„Wohl geben wir dem Kaiser, was des Kaisers ist, vor allem
aber Gott, was Gottes ist", zweifellos der Sinn der Rede
Jesu. In unserem Spruch muß der rhetorische, wenn auch
nicht theologische Nachdruck auf dem ersten Teil liegen:
W. ficht nicht um Gottes Macht (sie ist nicht angezweifelt),
sondern um die des Kaisers. – V. 7 *münizîsen* Prägeform;
in der Bibel Münze.

Text: 113, 9 *hêrren zeichen* E. Schröder,Kr.: *herzeichen* Hss.;
114, 3 *er hât* Bodmer: *ir hant* Hss.; 115, 5 *gâbet gotes* L.: *gabent
den g.* Hss.; 8–9 *der sî* Hss.,M.: L.-K. str. *der*; 116, 10 *ode* L.: *e*
Hss.; 117, 1 *hie in* Hss.,M.,Wapn.: *hien.*

Lit.: (74) Gennrich; (77) Gutenbrunner; (80) Haidacher; (87)
Hatto; (113) Klein; (119) Kracher; (150) Mohr; (183) Roethe;
(187) Ruck.

Meißnerton. In Spruch 112 des Ottentons war W. noch
warm für Dietrich von Meißen eingetreten, kurz danach
bricht er mit ihm und wirft ihm Undankbarkeit vor. Doch
für den andern „dunkeln Ehrenmann", Hermann v. Thürin-
gen, legt er bei Otto Fürbitte ein. Datierung: Spätjahr 1212,
denn noch muß Otto gewissen Einfluß haben. **118** Forde-
rung der Gegenseitigkeit: Lob um Lob. V. 9 wohl ironisch. 12
toposhafte Formel. **119** Deutlicher Dietrichs Undankbar-
keit für erwiesene Dienste (etwa in 112) ausgesprochen. V. 5–6:
Hyperbel, aber auch realistisch die einstige starke politische
Unterstützung durch W. Motiventsprechungen zu 118: 119,
11 – 118, 2; 119, 8 – 118, 3; 119, 10 – 118, 14. **120** Auch
Hermann war unter den Gegnern Ottos gewesen; zu den heim-
tückischen, von Rom aufgestachelten Gegnern rechnet W. wohl
den Meißner. Erst kurz vor dem Tode hat Hermann sich mit
Otto versöhnt; solch späte Datierung unwahrscheinlich, da zu
der Zeit W. längst von Otto abgefallen ist.

Text: **118**, 7 *lobe* M.: *lob*; 13 *genuoge* M.: *gnuoge*; **119**, 11 *iht*
L.: *reht* Hss.; 13 *wan* Kr.: *waz* Hss.; **120**, 2 *versprechen* Kr.: *vúr*
brechen Hss.; 14 *diebe* erg. Kr.

Lit.: (20) Burdach.

Unmutston: Von Burdach so genannt, enthält die grell-
sten Sprüche des Dichters. Verschiedene Strophengruppen
sind in sich enger verbunden. Wir ordnen rein thematisch,
ohne Rücksicht auf die (ohnehin stark umstrittene) Chrono-
logie; die Entstehung gerade dieses Tons wird sich über
mehrere Jahre erstreckt haben: 121–125 Sprüche um Leo-
pold von Österreich; 126–127 der Raum des Reichs, Wan-
derjahre, Heimatlosigkeit; 128–129 der Kärntner; 130 ein
weiterer Fürstenspruch: Landgraf von Thüringen; 131–[137]
die Gruppe der Papstsprüche; 138 vereinzelter didaktischer
Spruch. **121** Beginn des Tons (vgl. auch den Anfang
des Bogentons 156: *der sî der êrste in mîner wîse*). Ärger-
lich-burlesk das popularisierte Kirchenlatein, ähnliche Wir-
kung wie im Bohnenspruch 102. Oft gebrauchtes Motiv: die
Unhöfischen kommen besser an als ich. Bitte um die Gunst
Leopolds von Österreich. **122** Dieser Spruch macht
wahr, was der vorige androht. Die zwei großen Bereiche
höveschen trôstes: hêrren guot und *wîbes gruoz*, um die
man einst höfisch warb, werden im Geist der neuen Zeit
durch *unfuoge* und Gewalt erworben. (Eher toposhafte
Stilisierung der Antithese Einst–Jetzt und persönliches Res-
sentiment als Sittengemälde, doch auch Verfall der staufi-
schen Hofkultur wird immer wieder deutlich!). V. 5: Wer
Stolle war, wissen wir nicht; vermutlich ein unbedeutender,
doch einflußreicher Rivale W's, Vertreter der unhöfischen
Kunst. V.8 berühmter Vers, für die W.-Biographie wichtig;
singen unde sagen Formel für den Doppelaspekt höfischer
Lyrik: Melodie und Wort. **123** Die drei Gönner: wohl
Wolfger, Patriarch von Aquileja (in dessen Gefolge W. 1203
urkundlich bezeugt ist, also W's Gönner seit vielen Jahren);
dann Leopold, Herzog von Österreich und Steiermark
(*mîn höfscher trôst* klingt an 122, 10 an); schließlich Leo-

polds Onkel Heinrich (von Mödling), der mit dem *milten*
Welf verglichen wird (gewiß der 1190 verstorbene Herzog
Welf VI., Onkel Heinrichs des Löwen, berühmt für seine
Freigebigkeit und Verschwendungssucht). V. 7 typisch für
W.: *lobelîn* ähnlich wie *fröidelîn, trœstelîn, denkelîn.*
124 Das Verhältnis zum Herzog ist getrübt, W. soll vom
Hofe fortgeschickt werden in die Provinz. In welche Phase
der schwankenden Beziehungen zwischen W. und L. die-
ser Spruch fällt, ist schwer zu entscheiden; Klein bringt
ihn mit 89 und 91 und W's erstem Abschied aus Wien in
Verbindung; doch eher auf einen späteren Konflikt zu be-
ziehen.   **125** Im Zusammenhang mit Leopolds Kreuz-
fahrt 1219 entstanden; hier freundliche Haltung dem Ba-
benberger gegenüber (vgl. dagegen die ironischen Töne in
150). Humorvolle Analogie: einst war Leopold sparsam,
die Fürsten taten's ihm nach (*zuhten ûf* vielleicht auch
„Zurückzucken der Hand"); jetzt ist er freigebig – jetzt
folgt ihm auch! Launige *milte*-Mahnung.   **126** Pessi-
mistischerer, desillusionierter Nachklang des Preisliedmotivs
„von Grenzstrom zu Grenzstrom": erlebter Raum des
Reichs. Wieder das Verhältnis von *guot* und *êre*, diesmal
„säkularisiert" ohne Überwölbung durch die Gotteshuld.
Wieder, wie in 122, das Motiv Einst–Jetzt, und die Zwei-
heit Frauen und Fürsten als Inbegriff der höfischen Welt;
der Pessimismus ausgeweitet auf das Reich, mit dem Wort-
spiel *guot* in den beiden Schlußversen.   **127** Wander-
schaft auch hier, im Kontrast zur innigen Geborgenheit der
Heimat; weiter Raum und Hier, Bewegung und Ruhe. Die
gougelfuore im Hin und Her der Rede, der antithetischen
Doppelung, der Lauthäufung. Die Strophe führt, wie 126,
hin zum *rîche*, zum Herrscher: Kommentar seiner bedräng-
ten Lage (Schach!), Bitte um ein Zuhause (wohl ein Lehen).
Noch an Otto oder schon an Friedrich gerichtet? Vgl. dazu
auch 143.   **128, 129** Zwei Strophen an den Herzog
Bernhard von Kärnten. W. muß ein versprochenes Kleider-
geschenk (typische Gabe an ein Mitglied des *ingesindes*)

nicht erhalten haben und erweckte wohl den Eindruck, er habe den Herzog des Wortbruchs geziehen. Str. 128 ist Entschuldigung, Berichtigung des Mißverständnisses. Str. 129, in lebendig-burlesker Sprache und Form, gegen Intriganten am Kärntner Hof. W's Sprüche sind dort übel ausgelegt worden (vielleicht eben als Vorwurf des Wortbruchs, wie 128 erwähnt). V. 9 *widerswanc* Fechtersprache. **130** Im Spruch 120 (Meißnerton, gegen Ende 1212) hatte W. bei Kaiser Otto für Hermann v. Thüringen gebeten, wohl auch als *captatio benevolentiæ*; Hermann scheint (wenn die Datierung von 130 richtig ist) günstig reagiert zu haben. Wieder einmal (zwischen 1213 und Hermanns Todesjahr 1217) ist W. in des *lantgrâven ingesinde*, vielleicht zum letztenmal. Der Spruch klingt selbstbewußt, geborgen, dankbar: ein warmer Preis der *stæte* dieses politisch umstrittenen großen Kunstmäzens. V. 9 *bluome* Preismetapher für den Landgrafen; sie blüht (*stæte!*) auch im Winter, während der Preis der andern verwelkt. **131** Die folgenden sieben Sprüche gegen Papst Innozenz III. und die Kurie gehören zum Maßlosesten, was die staufische, ja mhd. Dichtung hervorgebracht hat. Monomaner Reichsidealismus, ernste Besorgnis über das Sichverlieren des Sakralen in der Welt (Gegenbild des Klausners!), zugleich persönlicher Ärger über päpstliche Machtpolitik, nicht zuletzt ein cholerisches Temperament: all das klingt zusammen. In fast allen Tönen (seit dem Reichston: *Owê der bâbest ist ze junc . . .*) finden sich antipäpstliche Strophen; hier hören wir die wüsteste Anklage; spätere Kritik wird, trotz gleich scharfer Ablehnung, im Ton gedämpfter (Elegie: die *unsenften brieve* aus Rom: der Bann Friedrichs II.). In wessen Dienst die Strophen gedichtet sind, ist nicht deutlich. Sie müssen zwischen 1213 (päpstlicher Erlaß zur Aufstellung des Opferstocks, s. 134 u. 135) und 1216 (Antwort des Thomasin von Zerclaere im ‚Welschen Gast‘; auch Innozenz' Tod) entstanden sein. Doch ist 1213 kein klares Eintreten W's für Otto wahrscheinlich, ebensowenig zwischen 1213 und 1216 Verunglimpfung der

Kirche im Dienste Friedrichs. Also wahrscheinlich eine unab-
hängige Aktion W's. In 131 der Papst als Vater, als Führer
und Verführer; wir, seine Herde, trotten ihm nach. Hab-
gier, Lüge, Betrug: in expressiver Monotonie klappern die
Wiederholungen verführter Unselbständigkeit hintereinander
her. V. 10 in bitterbösem Vergleich der junge Judas; Doppel-
sinn: der neue, auch der junge (im Anklang an das *ze
junc* des Reichstons): vor allem Vorwurf der Simonie.
132 Schwierige Strophe. Der Papst als Verführer des Kle-
rus, als Anstifter zur Simonie (Apostelg. 8, 18 ff.). Das Buch
der schwarzen Kunst, das vom Teufel stammt, vielleicht In-
nozenz' Dekretalensammlung (1210), der Universität von
Bologna übergeben. V.8 umrätselt: „liest" aus dem Buch
seine Rohre (um euch aufzuspielen, oder: um euch zu züch-
tigen?); Kraus konjiziert: und liest aus euch (Bischöfen) seine
Sprachrohre aus; vgl. Wapn. Komm. **133** Wieder das
Thema Papst und Schwarze Kunst. Gerbert, Papst Sylve-
ster II. (999 bis 1003), stand wegen naturwissenschaftlicher
Kenntnisse im Ruf des Zauberers (typisch ma. Denken:
experimentelle Naturwissenschaft unheimlich; solche Ge-
lehrte galten oft als Teufelsbündler). V. 8–10 Bewahrer
des himmlichen Schatzes, Richter, Hirte: geläufige Attribute
des Papstes. **134** Von manchen früh datiert: *zwên Alla-
mân under eine krône* beziehe sich auf Philipp und Otto
(1201); doch sind wohl Otto und Friedrich gemeint. Die
machtpolitischen Motive des Papsts hier von W. primitiv
auf den Geldbeutel reduziert: zu Ostern 1213 ordnete ein
päpstlicher Erlaß die Aufstellung von Opferstöcken an, um
für einen Kreuzzug zu sammeln: gewiß eine harmlose
Maßnahme. W's Verleumdung muß gewirkt haben: 1215/16
geht der papsttreue Domherr von Aquileja in seinem ‚Wel-
schen Gast' auf W's Maßlosigkeit ein, die viele Menschen
verführt habe: *wan er hât tûsent man betœret / daz sie
habent überhœret / gotes und des bâbstes gebot* (11 223–25).
Großartig die Form des Spruches: V. 1 grell die Laute
i, a; der Papst wie ein Operettenschurke, mit welschen Brok-

ken äffend: *Allamân*; *wasten*. **135** Das Thema von 134
nochmals aufgenommen, weniger brillant. Der Opferstock
wird personifiziert; ein beliebtes rhetorisches Mittel.
136 Allgemeiner, umfassender hier die Kritik am Papst:
er unterstützt die Ketzerei, Gott muß uns vor ihm bewah-
ren. Immer wieder Formen der Entsprechung, auch der
Konsequenz des Schlechten: heute wie einst leben sie nach
ihrer Lehre! Wieder der Klausner aus dem Reichston, Sym-
bol des reinen, unverweltlichten Christentums. Noch einmal
(im späten Spruch 183) wird dieses Leitmotiv erscheinen.
[**137**] Viell. unecht; Gedanken von 136 werden plumper
wieder aufgenommen. Das Motiv priesterlicher Unkeusch-
heit, anderswo in Farcen und Invektiven genüßlich benützt,
erscheint bei W. sonst nicht. **138** Didaktischer Spruch:
die richtigen Attribute für Mann und Frau, und: sieh das
Herz an!

Text: **121**, 9 *sprich* Bartsch,Kr.: *nu spr.* Hss.; **123**, 1 *ich weiz drí
hove* L.: *ich drie h. w.* Hs.; 7 *kan* Kr.: *hat* Hss.; **124**, 2 umstrittene
Konjektur *selde* Kr.: *velde* Hss.: *welde* Wallner,Klein,M.; 6 *sælic*
C,M.: *vil s.* A,L.-K.; **125**, 10 *sin* L.: *und* Hs.; **128**, 2 *wangen* Kr.:
in Hss. verderbt; **129**, 9 *widerswanc* L.: *swank* B: *sanc* AC; **130**, 4
was ez L.: *ez* fehlt Hss.; **131**, 4 *ime* L.: *ime nach* Hs.; 8 *triuget* M.:
und tr. Hs.,L.-K.; **132**, 1 *sît* L.: *ir sit* Hss.; 2 *seitet* Wa.,Kr.,M.:
seret C: *seren* A: *beitet* L.; 8 *ûz im liset* (*leset* AC) Hss.: *liset ûz
iu* Kr.,M.; 10 *frône der stêt* Hss.,M.,Wapn.: *frôn derst*; **133**, 4 *wil*
L.: *hat* Hss.; **134**, 10 *leien magern unde* Kr.: fehlt in C; A bringt
noch weitere (unechte) Verse; **135**, 2 *ir* Bodmer: *er* Hss.; *pfendet* L.:
swendet Hss.; **136**, 5 *ê dô* Kr.: *e daz* Hss.; 10 *wæn* L.: *ich wene*
Hss.; **138**, 9 *môre* Wa.,Kr.: *tore* Hss.; 10 *wie der wîzen* Kr.: *wie
wiz der biderben* Hss.

Lit.: (53) Burdach; (87) Hatto; (111), (113) Klein; (122) Kralik;
(190) Schaefer; (201) Scholz; (238) Wiegand.

König Friedrichston. Zentrales politisches Thema dieses
Tons der Übergang W's vom Welfen Otto IV. zum Staufer
Friedrich II. 1213/14). Offiziell wird Friedrich 1215 in
Aachen, doch schon vorher (1212) inoffiziell in Mainz zum
König gekrönt; die Anrede *künec* also schon früh möglich.

Otto stirbt 1218, doch wird die Ottoschelte nicht so spät anzusetzen sein; gerade diese Strophen klingen höchst aktuell. 1220 verläßt Friedrich Deutschland und kommt zu Lebzeiten W's nicht mehr zurück, die spätesten Strophen des Tons mögen um 1220 entstanden sein (also wohl längere Entstehungszeit, als Maurer annimmt). Wir gliedern wieder nach Themen, nicht chronologisch: 139 Gebet; 140–[142] gegen die Heuchler; 143–149 *milte*-Thema; Werben um Friedrich, Absage an Otto, Schelte der ungetreuen Ratgeber, Dank für das Lehen; 150 an Leopold von Österreich; [151–155] wahrscheinlich unechte Sprüche. **139** W. ist gläubiger Christ; wo immer seine Dichtung von Gott redet, klingt Ehrfurcht, Vertrauen, Ergriffenheit, Hingabe; Gott ist lebendige Kraft, kein theologisch fernes Spekulationsobjekt, doch auch nicht jener „höfische Gott" der Artusepik (Selbstverständlichkeit christlichen Rittertums, zugleich alle Fragwürdigkeit dieses Wagnisses: Synthese von Diesseitskult und Christentum, seltsam schillernd zwischen menschlicher Ethik schöner Immanenz und absolutem göttlichem Anspruch, eine Problematik, die Hartmann und Wolfram erlebten und im ‚Gregorius', im ‚Armen Heinrich' und im ‚Parzival' dann reifer und tiefer zu gestalten suchten). W's Religiosität ist ritterlich, aber über ständische Bindung hinaus persönlich und direkt. Seine Bekenntnisse und Gebete verströmen sich nicht; fest und klar bewahrt sich, zumindest in der Mitte des Lebens, W's Ich im Angesicht Gottes. Das innige Morgengebet 84, die Ergriffenheit vor den göttlichen Dimensionen in 156 und 180, doch immer warmer Klang, nie papierene Gelehrsamkeit, manchmal burleske Eigenwilligkeit, wie in den Engelstrophen 158 und 159, und, in erschütternder Ehrlichkeit, menschliche Ethik sich behauptend vor dem göttlichen Gesetz, wie in unserem Spruch 139: „Selten hat ein Gebet frommer begonnen und unfrommer geendet" (Böhm). Unzulänglichkeit menschlichen Handelns vor dem göttlichen Gebot, schmerzlich, da Gott doch dem Dichter das Schönste gab; Beichte, Bitte um anderen Geist,

dann aber Auflehnen des menschlichen Instinkts gegen den
Geist der Bergpredigt, und, Blasphemie streifend, das stolze,
die ganze Problematik begreifende und zerbrechende *ich
wil noch haben den muot.* Die Strophe steht als Ausdruck
eines menschlichen und christlichen Dilemmas groß und frei
da, auch wenn sie im Zusammenhang des Tons spezielle
Bedeutung haben mag: Ich kann Otto, der mir Übles tat,
nicht lieben, auch wenn er mein Bruder ist. **140** Auch hier
das Motiv: wie du mir, so ich dir; mein Preis wäre höfisch,
wenn man höfisch an mir handelte. Inbegriff des Unhöfi-
schen die Heuchler: expressiv das Bild der falschen Lächler
und des wahren Lachens. Zum Schlußvers vgl. auch 163, 4.
141 Echtheit angezweifelt. Die Aalglatten, Heuchlerischen
werden in mehreren Bildern den Treuen, Festen gegenüber-
gestellt: schon hier, nicht erst im Jenseits sollte allen
Gerechtigkeit widerfahren. [**142**] Wohl unecht. Die Wan-
delbarkeit des Heuchlers mit einem Meerungeheuer vergli-
chen, sein gespaltenes Wesen in einer Reihe disparater Bil-
der herausgestellt. **143** Wir stellen, ohne Rücksicht auf
Chronologie, an den Anfang der folgenden Gruppe die
Bitte, an das Ende ihre Erfüllung: *Ich hân mîn lêhen.* –
Vielleicht kurz vor der Gewährung des Lehens (um 1220)
gesungen. Analogie Kunst und äußeres Geschick wie so oft
bei W. Beim Gedanken an die Erfüllung klingen Motive der
Dichtung erfüllter Liebe an (Mädchenlieder). Doch nun ist's
anders; Bitte an Friedrich um Hilfe, damit auch ihm geholfen
werde (vgl. den nah verwandten Spruch 127, und die Erfül-
lung 149). **144** Absage an Otto, Hinwendung zu Fried-
rich; feine Abtönung der Attribute: *hêrn Otten* – *künic
Friderîchen.* Enttäuschung über Otto, der ihm so viel, Freude
über Friedrich, der ihm nichts schuldet – es sei, er freue
sich über die *alten sprüche.* Trotz aller Einwände hat die
Simrocksche Erklärung viel für sich: einstige politische Dich-
tung im Dienst der Staufer; allerdings neutral „Dichtung",
nicht der von Simrock abgeleitete Gattungsbegriff „Spruch"
(vgl. 42, II, 2 *mîne sprüche* meine frühere [Minne]dichtung).

V. 7 Sprichwort. 145 Bild und Sinn oft mißverstanden wegen zu konkreter Auslegung von *mezzen* (nur „abmessen"). Da gehen freilich die Bilder „nicht auf": wenn man die „Maßeinheit" seiner kleinen *êre* (hier moralisch zu fassen) an den großen Körper Ottos anlegt (*statura procera* nach Zeitgenossen), dann ist das Meßresultat nicht: klein, sondern: groß! Daher auch Kraus' Fehlinterpretation *Unters.* 83. Noch deutlicher sein methodologischer Fehlgriff in einem Brief an Schirokauer (zit. bei Werbow): Kr. sieht die Bedeutung von *mezzen* hinüberspielen zum abstrakten „ermessen, beurteilen", dennoch (oder deshalb!) kritisiert er den Bruch des Bildes, den logischen Fehler: Schuld der Sprache jener Zeit. (Schuld des Interpreten, der an jene Kunst und ihre Sprache zeitfremde Forderungen stellt! Auch H. Schneider ist hier zu eng. Zu „unstimmigen Bildern" vgl. auch 71; 76; 89.) Reizvolles Spiel von „abmessen" und „ermessen"; das gemeinsame, halb gegenständliche „einen Maßstab anlegen" mehr oder weniger konkretisiert, das Meterstab- und Schneiderbild kommt noch herein, selbst wenn es nicht mehr „aufgeht" und abstrakt zu ergänzende Bildschablone bleibt. 1. Freigebigkeit nach dem Maß der Körpergröße gemessen (Bild des – allbekannten – großen Körpers entsteht, gleichzeitig die Proportion: so freigebig wie groß) – solches Maß paßt nicht. 2. Körpergröße nach Maß der *êre* gemessen/ermessen: zu kurz (abstrakt: ermessen) wie ein verschnittener Stoff (konkretes Bild des Messens). Der Chiasmus *milte nâch . . . lenge / lîp nâch . . . êre* verwirrt, wenn man das Bild zu konkret nachzeichnet. An körperlicher und moralischer Statur wächst er nicht mehr. 3. Das gleiche Maß der *êre* und *milte* an den (kleinen!) Friedrich angelegt (bildlich nur noch die Schablonenvorstellung: Abmessen von kleinen und großen Leuten, abstrakt das antithetische Ergebnis: klein an Statur, groß an Freigebigkeit; er wird noch wachsen). Bildbereich: Abmessen von Großen und Kleinen, zu kurz geschnittener Stoff, Zwerg, Riese; abstrakte Kombinationen: Erwartung, innerer Wert sei gleich äußerer Größe, aber antithetisch: der Große klein, der Kleine groß. Erkennen des Zusammenklangs von Bild und Abstraktion im Doppelsinn von *mezzen*, nicht die Forderung, „im Bild zu bleiben", erfaßt die Poesie und die Bedeutung des grellen Spruchs. **146** Sinn nicht recht klar, vielfach und phantasievoll gedeutet. Ein Lehen des Königs, das nichts einbringt, was man in Kisten oder Frachtschiffen transportieren könnte? Die eloquente Kunstform drückt dennoch das Wesentliche aus: (humorvolle) Enttäuschung. **147** In grellen Bildern das alte Thema: die bösen Ratgeber edler Fürsten. Das Ganze läuft, wie die andern Strophen der Gruppe, auf das *milte*-Motiv hinaus, hier ungeduldige Mahnung (an Friedrich? noch an Otto? an einen anderen Fürsten?). Schlußvers verschieden gedeutet: Kr. konjiziert *abe geslagen*: ehe vom Lob der Verputz abgeschlagen wird (Kr.: wenn die Gabe nach dem Lob zu lange auf sich warten läßt, dann verliert das Lob an Glanz); *lop* ist wohl auch auf das Lobenswerte, guten Ruf, übertragen. **148** Echtheit bezweifelt. Auf den Reichstag in Frankfurt 1220 bez.: launige Schelte; Bitte, den König auf den Kreuzzug gehen zu lassen (d. h. seinen Sohn zum König zu wählen, denn vorher wollte Fr. nicht aufbrechen). V.3 *Trâne*, Trani: ital. Hafen in der Nähe des Kreuzfahrerhafens Bari. Das Eintreten für Fr. ist wohl nicht ungelohnt geblieben. **149** Der berühmte Spruch, in dem W. dankbar sein Lehen bejubelt (um 1220). Den Konstellationen des Ungemäßen folgen nun Paare der Geborgenheit und Gemäßheit: im Sommer Kühle, im Winter Wärme. Summe des Einst; V. 9 *schelten* das Genre des Scheltspruches, doch auch Hinweis auf des Dichters cholerisches Temperament. V. 10: auch hier Entsprechung von neuem Leben und neuer Kunst (*mînen sanc*); vgl. 143: die Kunst froher Lieder: *als ich wîlent sanc*. V.7 metrisch überfüllt. **150** Wohl 1219, Rückkehr Leopolds vom Kreuzzug. Zweideutiges Lob, nicht ohne Zynismus. Endete die so wechselhafte Beziehung der beiden in endgültiger Dissonanz? Vgl. noch 177, die letzte Erwähnung des Babenbergers. **[151]** Unecht. Häufung der Personifikationen, typisch für spätma. Stil. **[152, 153]** Wahrscheinlich unecht, Beispiel für den aufkommenden „geblümten Stil", der im späten 13. Jh. in Konrad von Würzburg einen Höhepunkt erreicht. **[154, 155]** Wahrscheinlich unecht (dagegen jedoch de Boor zu [154]).

Text: 141, 3 *die getriuwen* Kr.: *die gar getr.* B; 6 Kr. ändert Wortstellung der Hss.; [142] nach V. 6 ein überzähliger Vers in den Hss. (L.-K. eingeklammert) *sîn valscheit tuot vil manegem dicke leit;* 143, 6 *danne* C,M.: *denne;* 145, 3 *als lanc* L.: *so lange* Hss.; 8 *daz* Hss.,Wapn.: *dez;* 10 *gnôz* L.: *gros* Hss.; 147, 6 *edelen* Z,M.: *biderben;* 10 *geslagen* Kr.: *getragen* Hss.; 150, 3 *hôh* Benecke: *doch* Hss.; 8 *volfüeret* Kr. (*vol* C): *füeget* Hss.; die geringfügigen Abweichungen in [151–155] nicht verzeichnet.

Lit.: (20) Burdach; (21) Böhm; (87) Hatto; (102) Jones; (113) Klein; (122) Kralik; (190) Schaefer; (198) Schneider; (218) Singer; (237) Werbow.

Bogenerton. Einige in sich verbundene Strophengruppen. Die religiöse Vierergruppe bildet deutlich den Anfang: liedhafter Aufbau des ganzen Tons ist uns nicht greifbar. Wir reihen: 156–159 Gott, Maria und die Engel; 160–161 Unmaße; 162–165 Lebenslehren: Selbstbeherrschung, Ehrlichkeit, rechter Reichtum, Selbstachtung; 166–168 rechte Freundschaft und Treue; 169–170 wahre Liebe; 171–172 die Bogenerstrophen. **156** Gewaltig die Dimensionen Gottes (vgl. auch 180): der Schöpfer allen Anfangs und Endes selbst ohne Anfang und Ende. Leitmotiv das Lob: das Lob allen Anfangs am Anfang allen Lobes – und damit am Anfang dieses Kunstwerks. **157** Das Motiv des Lobs führt weiter zum Marienpreis; inniger, menschlich nahe, informell. W's Religiosität kennt Töne staunender Ergriffenheit, doch auch warmer Vermenschlichung. Der Schlußvers ist einfach und raffiniert: sie ist gut zu loben (leicht zu loben, aber auch: nützlich zu loben); sie ist vollendet gut: in sich ruhende Aussage, zugleich Begründung für die erste Satzhälfte. **158** Bei den Engeln hört das Lob auf, denn

sie haben sich nicht bewährt: Hinwendung zum Kreuzzugs-
thema, dem der ganze Lobpreis gilt; wie so oft in W's
Dichtung Ineinander von *littérature engagée* und freier,
ergriffener Poesie. **159** Die Erzengel: ihre Namen und
typischen Attribute; verrittert als Kommandeure der himm-
lischen Heerscharen. Auch solche Töne kennt W's Religiosi-
tät, burlesk, selbstbewußt, eigenwillig. Knappheit der Spra-
che in knappem, schlankem Metrum trägt zu dem starken
Ausdruck bei: Energie, nicht Geschwätzigkeit – in den Di-
mensionen Gottes wie in der Kritik der Engel. Wohl auf die
Kreuzzugsschwierigkeiten Friedrichs II. bezogen (spätes 2.,
frühes 3. Jahrzehnt). Tadel der Engel: Kritik der Fürsten
oder der Kirche, oder (Kraus) Verteidigung des Kaisers ge-
gen den zum Kreuzzug drängenden Papst: wenn selbst die
Engelsheere mit all ihren Möglichkeiten nichts ausrichten,
was soll dann ein Sterblicher? **160** Auf ein (Brett-)
Spiel bezogen, dessen Regeln wir nicht kennen. Sechs zur
Sieben – nicht erlaubt, unmöglich, gefährlich? Auf jeden
Fall wird sie bestraft und muß zurück zur Drei. Hochmut
kommt vor dem Fall! **161** Klassische Konstellationen
der Unmaße, die Welt des ma. Ordo vernichtend, in dem
jeder Substanz ihr fester, sinnvoller, bewahrender, doch auch
beschränkender Raum angewiesen ist: die Kultur des „Schei-
dens", der klaren Definition. **162** Das Genre gnomischer
Dichtung lebt in fast allen Literaturen: Selbstüberwindung,
stæte, zuht: damit erreicht man große Dinge. **163** Maß
und Ehrlichkeit im Schenken: zehn ehrliche Nein sind besser
als ein gelogenes Ja (vgl. auch 140,10). **164** Verhältnis
von Reichtum und rechter Gesinnung; maßvolle Existenz
zwischen Reichtum und Armut. **165** „Billigkeit" im Ver-
hältnis zu anderen Menschen, mit Steigerung: billig, um-
sonst, gegen Undank; das Sichhergeben gegen Undank am
schlechtesten, es baut auf falscher Hoffnung und schändet
den Menschen. **166** Edle Verwandte hat man ohne Ver-
dienst, gute Freunde muß man gewinnen; wie auch in W's
Minnedichtung Betonen des menschlichen Wertes und Ver-

diensts vor automatisch ererbtem Standesadel. 167
Nochmals das Motiv der Freundschaft: sie muß durch
stæte erhalten werden. 168 Unbeständigkeit in der
Freundschaft durch zwei Bilder ausgedrückt: schlüpfriges
Eis, runder Ball; wie du mir, so ich dir: wenn du mich wie
einen Ball aufhebst, so wundere dich nicht, wenn ich dir wie
ein Ball entgleite. Beständigkeit dagegen *einlœtic*, durch
und durch von gleichem Gewicht, und vierkant, nicht
rund. 169 Geheimnis der Liebe: sie läßt sich durch keine
Begriffe noch Gestalten fassen, doch ohne sie erlangt man
Gottes Gnade nicht. 170 Bild der Falschmünzerei: ech-
ter und falscher Prägestempel der Liebe. Wer im Geleit
wahrer Liebe geht, dem kann *unfuoge* (Inbegriff alles Anti-
höfischen, Unrechten, Gemeinen) nichts anhaben. Sie gehört
dem Himmel an, dorthin soll sie uns geleiten. 171, 172
Zwei Sprüche an Graf Diether von Katzenellenbogen; die
erste Strophe gelinde Mahnung; Kritik, seine *milte* sei eher
für Polacken und Russen als für die *hovewerden*; antisla-
wische Töne wie gelegentlich in ma. deutscher Dichtung;
burlesk onomatopoetisches Wort für die Geigenkratzer
snarrenzære. Die zweite Strophe dankt für das Geschenk
eines edlen Rings, doch (im Geist auch seiner Minnedich-
tung und anderer Sprüche) lobt W. die innere Schönheit
mehr: *tugent, milte*. Nennung des Namens in der Schluß-
zeile, wie so oft in Preisstrophen.

Text: 161, 6 *geben* Hs.,M.: str. L.-K.; 162, 3 *einer* Pf.,Kr.: *iener*
Hs.; 171, 3 *kleine* (*kl. ich sin* Hs.): *klein*; 4 *aber* L.: *alder* Hs.;
172, 6 *tugende* Hs.,M.: *tugent*.

Lit.: (20) Burdach; (77) Gutenbrunner; (80) Haidacher; (112),
(113) Klein; (115) Köhne; (218) Singer.

Kaiser Friedrichston. In zwei verschiedenen Teilen über-
liefert (K.-F.-Ton, der andere Teil Engelbrechtston genannt
nach Str. 175 und 176), doch ist es, zumindest metrisch, ein
und derselbe Ton. Hier wird, anders als im König-Fried-
richston, der Staufer mit *keiser* angeredet (Kaiserkrönung
1220): die zwei Kaiserstrophen richten sich an den von

Deutschland Abwesenden, aus beiden Gründen also nach
1220 anzusetzen. Der eine Engelbertspruch (175) wohl vor
der Ermordung des Bischofs am 7. Nov. 1225, der andere
(176) danach, aber vor der Hinrichtung des Mörders (13.
Nov. 1226) entstanden. 177 Hoftag in Nürnberg, auf 1224
oder 1225 datiert; 178 vor 1227 (Tod des Landgrafen
auf dem Kreuzzugsunternehmen dieses Jahres); die Papst-
schelten, v. a. 182 u. 183, wahrscheinlich nach der Bannung
Friedrichs 1227 durch Papst Gregor IX. Entstehungszeit:
wohl 1224/25–1227 oder kurz danach. Wir gliedern: 173–74
Kaiser Friedrich; 175–176 Engelbert von Köln; 177–178
Fürsten: Herzog Leopold, Landgraf Ludwig; 179 Einzel-
spruch (vielleicht Zeitkritik); 180–183 Gott, Kreuzzug,
Kirche und Reich. **173** Umstritten v.a. die Bedeutung
der Kerze in V. 4: Metapher für ein Geschenk des Kaisers;
Symbol für Aufnahme unter die Dienstleute; Lichtmeß-
kerze (mit der man die Haare ansengte, um Unheil zu
bannen, hier Symbol der Bindung an den Höheren, den
Kaiser)? Offenbar ein Dankgedicht an den in Italien weilen-
den Kaiser; V. 6–7: die Neider, die dem Dichter die kaiser-
liche Gnade mißgönnen. **174** Wie 173 Botschaft an Kai-
ser Friedrich, eine Aufforderung, nach Deutschland zurück-
zukehren (V. 4 kaum: er soll zum Kreuzzug aufbrechen und
dann rasch zurückkommen). Wahrscheinlich auf die Kreuz-
zugssituation 1228 bezogen: Friedrich warb dringend um
Teilnahme, doch ohne großen Erfolg (V. 3). Die Schlußverse
beziehen sich schon auf den Bann oder zumindest auf die
gespannte Situation vorher. 174 hätte auch in die Gruppe
antiklerikaler Sprüche eingeordnet werden können. *Armer
man* V. 1 Demutsformel, nicht notwendigerweise Ausdruck
des Lehnsverhältnisses. **175** Als Friedrich 1220 nach Ita-
lien aufbricht, wird der Erzbischof Engelbert als Reichsver-
weser eingesetzt: kraftvoll, gerecht; durch scharfe Maß-
nahmen schafft er sich auch Feinde (V. 4–5). Engelberts At-
tribute in V. 5–8: Reichsverweser, Pfleger des Königssohns
Heinrich, Stütze des Kaisers, und (als Höhepunkt der Rei-

hung) Kämmerer der Reliquien des Kölner Domschatzes: der heiligen drei Könige und der elftausend Jungfrauen. **176** Leidenschaftlich in Schmerz und Zorn; herbes, expressives Enjambement 2–3 (ähnlich, an derselben Stelle, in 180 desselben Tons). Crescendo der Reihungen, intensive Lauthäufungen, die grellen Strafen und die seelische Dynamik durch formale Mittel nachvollziehend. Der Mörder Graf Friedrich von Isenburg wurde dann gefaßt und ein Jahr nach der Tat aufs Rad geflochten. **177** Verschiedene Interpretationsschwierigkeiten. Einmal: Nürnberger Hoftag von 1224 oder 1225? Der Hoftag von 1224 wurde von Engelbert geleitet, Leopold war anwesend, doch ereignisreicher war der von 1225: Leopold führte den Vorsitz, es wurde Gericht über den noch nicht gefaßten Mörder Engelberts gehalten, Leopold und der Landgraf Ludwig von Thüringen verheirateten jeweils ihre Töchter; manches spricht für die Datierung 1225. Umstritten auch die Bedeutung der beiden Schlußverse: die *heimschen fürsten* die von Österreich (also dort vorgetragen), oder die an einem andern Vortragsort anwesenden? Wahrscheinlich die österreichischen Fürsten, aber auch dann der Sinn noch nicht eindeutig; vor allem: Preis Leopolds (die Österreicher so höfisch vollendet: der Österreicher Leopold hätte, bei der Knauserigkeit aller Nicht-Österreicher, geschenkt, aber als Gast stand es ihm nicht zu, Hausherrnpflichten zu übernehmen); oder *hovebære* ironisch (ich neige zu dieser Auffassung): L. (als der Vorsitzende des Hoftags) habe bei der allgemeinen Knauserigkeit als guter Österreicher den Drang zur Großmut verspürt, sich dann aber hinter seinem Gästestatus versteckt. **178** An den Sohn Hermanns von Thüringen, den Landgrafen Ludwig, Gatten der Heiligen Elisabeth; als junger Mann auf dem unglücklichen Kreuzzugsversuch 1227 gestorben. **179** Vieldiskutierte Str.; V. 2 viell. kunsttheoret. Begriffe, den antik-ma. *genera dicendi* entspr. (Michels, Sparnaay); etwa: *gravis, mediocris, extenuatus*; oder: *humilis, mediocris, grandiloquus*. Fechter-

sprache (vgl. *widerswanc* 129, 9; 183, 5); oder Vorstellung
des Fliegens? V. 6: Was ist die Situation der *twerhen dinge?*:
die politische Lage während Friedrichs Abwesenheit *(küne-
ges rât* V. 7 auf Engelbert bezogen); W's persönliche Lage;
der Konflikt mit Thomasin (Komm. zu 131; 134; das *unge-
hazzet liet* dann, im Gegensatz zu der Papstschelte im
Unmutston, ein Gedicht, das auch Thomasin genehm wäre:
iron.). Der *küneges rât* V. 7 auch als „Ratschlag", „Hilfe"
aufgefaßt: *milte*-Mahnung in Situation persönlicher Schwie-
rigkeit. Keiner der Erklärungsversuche überzeugt restlos.
Wir können nur festhalten: In (politisch? persönlich?)
schwieriger Situation sucht W. nach dem rechten dichte-
rischen Ausdruck, findet die bewährten bisherigen *genera*
inadäquat *(der mittel gar ze spæhe* V. 6 kann auch
heißen: für den mittleren bin ich nicht klug genug; wir
übersetzen anders), bittet den König (oder seinen Rat-
geber) um Hilfe, eine andere Möglichkeit für einen akzep-
tablen Spruch *(liet* Sing.: Einzelstrophe!) zu finden.
180 Ergriffenheit vor den unbegreiflichen Dimensionen
Gottes: vergebliche Dynamik verstehenden Suchens in Wort-
doubletten und *un*-Komposita „negativer Theologie": *un-
gemezzen, unbereit, ungahtet.* **181** Von Gott, Jesus und
Maria nun zum Motiv der Heiden und des Kreuzzugs,
von dort zu den Feinden im eigenen Lager. **182** Wieder
das alte Motiv klerikaler Habgier; nochmals (vgl. 96) das
Unglück der Konstantinischen Schenkung. **183** Zum
drittenmal (vgl. 78 u. 136) der Klausner, Motiv des reinen,
nicht verweltlichten Christentums; Wiederholung der Ge-
schichte; Einst wie Jetzt: V. 1–2 Bannung Philipps v.
Schwaben und Ottos IV. durch Innozenz, jetzt 1227 Ban-
nung Friedrichs II. durch Gregor IX.; 3–4 vgl. 78, 17 ff.
V. 5 Fechtersprache; V. 6–8 Hoffnung der Geistlichen, durch
Waffendienst am Reich sich Pfründen zu verdienen.

Text: **173,** 5 *al* M., fehlt Hs.: *vil*; 6–7 in der Hs. schwer ver-
ständlich oder verderbt *unde hant ouch uns der ougen vil erblen-
det / doch hant si mir . . . gewendet:* unsere Lesung nach M. (Kon-

jektur V. 6 Br.): *und hânt si mir des wîzen alle vil gewendet; / ie-doch hâts ouch in der ougen vil erblendet* Kr.; 174, 3 *ieman* L.: *niemen* Hss.; 176, 3 *des* erg. L.; 177, 7 *heimschen f. sîn* L.: *heimlichen f. sint* Hs.; 8 *gast* Pf.,Kr.: *ein g.* Hs.; 178, 7 *ebene* M.: *ebne;* 8 *sûmen* Kr.: *sumunge* Hs.; 179, 3 so Wa.,Kr.: *rederiche iegesliche sagen* Hs.; 4 so Wa.,Kr.: *eime nu ze dank gesingen* Hs.; 7 *swingen* Kr.: *dringen* Hs.; 8 *alle* Hs.,M.: *als ê;* 180, 2 *dæhten (gedæhten* Hss.): *gedæht;* 3 *niht v. dir sint beidú ungemessen* Hss.; 181 L. reiht V. 1, 2, 3, 6, 5, 7, 4, 8; M. 1, 2, 3, 6, 5, 4, 7, 8; Kr. folgt C; 3 *heiden* L.: *haiden baide* Hss.; 4 *beide* erg. Kr.; 6 *eine* Kr.: *alters eine* Hss.; 182, 2 *munt* Michels,Kr.: *hant* Hss.; 3 *ir hant vil* erg. Kr.; 4 *ê* erg. L.; 7 *wol* erg. L.; 183, 3 *goteshûse* L.: *goteshuserære* Hss. – Einige der Emendationen in 181 beruhen auf v. d. Hagen u. Roethe.

Lit.: (52) Burdach; (77) Gutenbrunner; (196) Schmidt-Wiegand; (219) Sparnaay.

Heinrichston. Die drei Sprüche auf Kaiser Friedrichs Sohn Heinrich zu beziehen, darüber hinaus allgemeine didaktische Geltung. Bevor der Kaiser 1220 Deutschland verließ, setzte er die Krönung des Kindes Heinrich zum deutschen König durch. Nach dem Tode des Reichsgubernators Engelbert (1225) wurde der junge, mißratene, ausschweifende König eigenwilliger und überwarf sich mit vielen Fürsten. Um 1230 betrieb er die Scheidung von seiner viel älteren Frau, Margaretha von Österreich, der er noch als Kind aus politischen Gründen vermählt worden war. **184** W. gibt sich hier in der Rolle von Heinrichs Erzieher. (Nichts berechtigt uns, aus solchen Stilisierungen biographische Schlüsse zu ziehen; auch 179, wenn an den Reichsverweser gerichtet, meint gewiß keine enge politische „Zusammenarbeit"; überhaupt sind die stilisierten politischen Posen aus der Immanenz ihrer poetischen Wahrheit gelöst und viel zu sehr aufs Biographische übertragen worden: politische Vertrauensposten, gar enge Verbindung mit der staufischen Kanzlei: manche Darstellungen machen aus dem berühmten, aber doch ständisch armseligen Wanderpoeten eine Art offiziellen „Propagandaminister" des Kaisers.) V. 8 Bergen

im Schoß (und Beschlagen mit dem Mantel) Symbol der Adoption und Vormundschaft; V. 9: sich mit etwas belasten. **185** Auf Heinrichs Verhältnis zu seiner Frau beziehbar: der unreife Jüngling verstößt sie. **186** Wo einst Weisheit, Adel und Alter herrschten, herrscht nun der eine, unerfahrene, närrische Reiche und Mächtige: allgemeine Zeitklage, Motiv Einst–Jetzt, dabei deutliche Anspielung auf den jungen König. – Diese Sprüche sind wohl die letzten, die wir von W. besitzen.

Text: **184,** 3 *den* M.: *dem;* 12 *ein ander* L.: *ein ander bas* Hs.; 13–14 *sîn* L.: *din* Hs.; 14 *ouch sunder obedach* Pf.,Kr.: *nach súnden obe dach* Hs.; **186,** 12 so Wa.,Kr.: Hs. andere Wortstellung.

187 Kunststück des spiegelbildlichen Palindroms, nach mittellat. Vorbildern. Str. I liberaler Gegensatz zu der salomonischen Prügelpädagogik in 94.

Text: I, 7–8 *kindes zuht* und *nieman kan* in Hs. vertauscht; II, 2, 7 *den* Wapn.: *dien.*

Lit.: (238) Wiegand.

188 Verbindendes Motiv dieser didaktischen Strophen: Achtung und Ehre in absoluter Dauer, Konsequenz, Echtheit. Str. I: in einem Jahr noch so wie heute; Str. II: beständig auch in der Wahl guter Freunde, dann wird der gute Ruf ein ganzes Leben währen; Str. III: konsequente Ehrenhaftigkeit; innen wie außen.

Text: II, 5 *Des* Wa.,Kr.: *der* Hs.

Lit.: (81) Halbach.

189 Vieldiskutierter Spruch, vor allem V. 4–6 und 8–9 sind umstritten. *Ich nam dô wazzer . . .* : Getränk oder Waschwasser für die Hände? Nur mit Trinkwasser ohne Essen abgespeist, oder Wasser (oder verwässerter Wein) zur Mahlzeit? E. Schröders gründliche Untersuchung des Ausdrucks *wazzer nemen* macht „Handwasser" wahrscheinlicher. Bedeutet das nun, W. wurde mit nassen Händen (man hatte ihm nicht einmal ein Handtuch zum Abtrocknen gegeben) *vor* der Mahlzeit weggeschickt (E. Schröder, Kraus, Jungbluth), oder er ging *nach* der Mahlzeit, empört, daß er in erniedrigender Weise am Gesindetisch essen mußte, wo es kein Handtuch gab (Klein), oder enttäuscht, daß man (in übertragenem Sinn) seine Hände nicht „trocknete": kein Abschiedsgeschenk oder keine Aufforderung zum Bleiben (Linderbauer, Roos, W.J. Schröder)? Roos und Klein betonen, wie unwahrscheinlich es sei, daß das berühmte Kloster gegen die elementarsten Regeln christlicher Gastlichkeit verstoßen und W. ungespeist weggeschickt habe. Klein: ernster Protest W's gegen Verunglimpfung seiner Ehre. (W. wurde möglicherweise aus politischen Gründen so schlecht in T. aufgenommen? Spruch nach Klein viell. um 1212 entstanden, als W. noch Anhänger der Welfen ist; zudem hatten W's Gönner – Ludwig von Baiern, Wolfger von Passau – in den Jahren vorher dem Kloster übel mitgespielt.) Andere: Vorwurf eher in freundlich-ironischem Ton. – Eng mit dieser Stelle verknüpft die Interpretation der Verse 4–6. Die einzige das Gedicht überliefernde Hs. (C) gibt *mich selben niht entstan;* Lachmann emendiert *enkan/verstân:* „daß ich mich selbst nicht verstehen kann und mich so sehr auf andere Leute verlasse"; Bedeutung nicht ganz klar. Vor allem: Wer sind die *frömden liute* – die Tegernseer (Wilmanns, Klein, Jungbluth) oder die Verkünder der Gastfreundschaft (Pfeiffer, Kraus)? Emendationen des *enkan / verstân* zu *enkan/begân:* „daß ich nicht für mich sorgen kann" (Jungbluth), und der Verse 5–6 zu *und mich selben niht entstân/ daz ich mich so vil an frömde liute lâze:* „Ich bin wunderlich, und kann mich selbst nicht verstehen, daß ich mich so sehr auf fremde Leute verlasse" (Willson); die in Lachmanns Text entscheidende Antithese *mich selben – frömde liute* wird dadurch aufgehoben. Willson sieht in den *frömden liuten* alle andern, auf die W. sich verließ für Information und für Gastfreundschaft, also: die Informanten und die Klosterleute. Klein faßt *lâze* V. 6 als „sich herablassen"; W. J. Schröder meint, *wunderlîcher* V. 4 heiße „wundergläubig": „Ich bin ein Mensch, der an Wunder glaubt; daher bilde ich mir nicht selbst eine Meinung, sondern verlasse mich auf das Zeugnis der Leute." – Einzelbedeutung und Anspielung lassen sich vielleicht nicht mehr zurückgewinnen; klar ist jedoch das Wesentliche: die Kunstform. Ein großer Spannungsbogen vom *on dit*, das Erwartung schafft (der Gastfreundschaft, der großen kulturellen Tradition, manches Schönen), über fast die ganze Strophe hinweg bis zum grellen Schluß, dem Knalleffekt der Verse 8–10, den zwei kurzen Versen, dem harten Enjambement, das burlesk das *nazzer* dramatisiert; man braucht da keine komödiantische Geste, die Sprache genügt. Wesentlich ist die Diskrepanz zwischen Reputation und Erleben, Schein und Wirklichkeit – ob nun die kalte Dusche am Schluß Indignation, böses- oder amüsiertes Lachen oder „liebenswürdige Ironisierung" mit sich bringt, ob das Wasser den Magen, den Körper oder die Seele ernüchtert. Der Bogen der ersten sieben längeren Verse: man sagt; die Reputation; der innere und äußere Umweg im Detail angegeben; innerer Kommentar: ein seltsamer Mensch, daß ich auf mich selbst nicht hören kann und mich auf andere verlasse (unbestimmte Vorbereitung der Enttäuschung: ich selbst ahnte doch, daß es nicht so großartig sein würde). In Lachmanns Text ist die Antithese *mich selben – frömde liute* stark (der Bogen *Man seit – frömde liute – uns beiden* deutet eher auf die Informanten für *frömde liute*). All die Erwartung, die die Gerüchte-macher geschaffen haben: Ich bin nicht böse, aber Gott steh' mir und ihnen bei – in der Enttäuschung, die von den beiden Kurzversen und dem Schlußenjambement metrisch und rhythmisch grell nachvollzogen wird, mit der folgenden Be-schimpfung des Abtes: *von des münches tische scheiden.* Die Kunstform ist Burleske wie der Atzespruch 98 (vgl. das Enjambement *den vinger abe/gebizzen*); ernster Gehalt ändert daran nichts: ehrliche Entrüstung oder böses Lachen sind besonders schlagkräftig in solch burlesk-komischer Form. Wie im Atzespruch fügen auch hier die Laute das Gedicht zur Einheit in oft geradezu nachäffenden Echowirkungen: *Tegersê – êren stê – kêrte ... mêr; mêr – mîle; ich mich sel-*

ben niht enkan / verstân; vil an frömde *liute lâze;* ich *schiltes niht;* besonders grell in den Kurzversen: *nam dô wazzer, / alsô nazzer;* m*uost* – *münches;* und die erste und letzte Hebung der Strophe; das *on dit* der Illusion und der ernüchterte Abschied: *Man seit* – *scheiden.*

Text: 3 *dar kêrte* L.: *dar umbe k.* Hs.; 5–6 *niht enkan / verstân u. m.* L.: *niht entstan / u. m.* Hs.; 7 *schiltes* L.: *schilte sin* Hs.; 8 *dô* M.: *dâ.*

Lit.: (103) Jungbluth; (110) Klein; (132) Linderbauer; (178) Plenio; (186) Roos; (207) E. Schröder; (209) W. J. Schröder; (243) Willson.

190 Der Topos Einst – Jetzt. – Daktylische Verse.
Text: 3 *lac* Hs.,L.,M.: *gelac;* 7 *unde tumbe* erg. Kr.; *die* Hs., L.,M.: *unser* Kr.; 8 *mangem* erg. Kr.; 9 so Kr.: *da von geschehe* Hs.

191 Das Verhältnis von Freigebigkeit und Wahrhaftigkeit, Wollen und Können auch etwa in 128 und 163.
Text: 4 *verendet* Hss.,L.,M.: *gendet.*

Der Leich

192 Mhd. Lyrik ist einstrophig oder mehrstrophig (dann fast immer in Reihung gleichgebauter Strophen); eine bedeutende Ausnahme ist die kunstvolle Großform des Leichs (got. *laikan:* springen, tanzen, spielen; auch das kelt.-roman. *lai*), wohl aus dem geistlichen Vorbild der lateinischen Sequenz entwickelt. Formales Grundprinzip Entsprechung, Analogie, Spiegelung: zumeist strukturelle Doppelung ungleichmäßig gebauter Strophen (Versikel); in den hochentwickelten Formen Symmetrie im Ganzen und in den Teilen: Doppelung der kleinsten Einheit, wieder Doppelung des Gedoppelten, bis zur achsial symmetrischen Großstruktur. Zwei Grundformen lassen sich unterscheiden: „niedere Responsion" AA BB CC . . . ; „höhere Responsion" im doppelten Cursus AA BB CC . . . AA BB CC . . . ; für letztere jedoch wesentlich: die Teile müssen nicht völlig gleich gebaut sein. W's Leich hat doppelten Cursus. Wir kennen zwei mhd. Leiche vor W., doch ist die Blütezeit dieser ausladenden Form das späte MA: ein Höhepunkt der Marienleich Frauenlobs (Zeitgenosse Dantes und Meister Eckharts). Manche Themen in dieser Form behandelt: vor allem geistliche Dogmatik (oft die Inkarnation, die heilsgeschichtliche Bedeutung Marias, das Kreuz), aber auch andere Themen, etwa die Minne, manche Leiche sogar zum Tanz gesungen. Wie in der Form, so auch im Gedanklichen streng komponiert: klare Linien, geistige Entsprechungen und Spiegelungen in dieser Struktur der Entsprechung; doch zumeist nicht dürre Rationalität, oft hymnischer Ausdruck geistlicher Logik: fromme Ergriffenheit und spekulative Theologie werden eins wie so oft in ma. Denken und Leben; Höhepunkt solch dithyrambischer Spekulation wieder Frauenlobs Marienleich. W's Leich ist gedämpfter, schlichter, klarer: rhythmische Buntheit ohne Exzesse, Ausgleich von Lehre und Innigkeit. – Wir folgen dem Gliederungsvorschlag Maurers, der ohne radikale Eingriffe in den Text eine überzeugende Feinstruktur dieser Großform herausarbeitet:

Einleitung

1, 1 Preis der Trinität   1, 2 Gebet

Hauptteil I

1. Hälfte

2, 1 Sündenbekenntnis   2, 2 Gebet

3, 1 Lob Gottes   3, 2 Verachtung des Teufels

4, 1 Lob Gottes   4, 2 Lob der Jungfrau

2. Hälfte

Preis der Jungfrau Maria, unbefleckte Empfängnis

5, 1;   5, 2;   5, 3

6, 1;   6, 2;   6, 3

7, 1;   7, 2

8, 1;   8, 2;   8, 3

9 Gebet

Mittelteil

Hauptteil II
1. Hälfte

2. Hälfte
Das kranke Christentum

Schluß

1, 1–2 Dreieinigkeit: der *hôhe hêre* Vater, *êre* Sohn, *lêre* Geist; 5, 1 ff. in ma. theol. Literatur und Dichtung weitverbreitete Bilder für Maria und die unbefleckte Empfängnis, altt. Präfigurationen: *gerte Arônes* 4. Mos. 17, 17 ff.; *ûf gênder morgenrôt* Hoheslied 6, 9; *Ezechîêles porte* Hes. 44, 2–3; ebenso das Bild des Glases, das Licht durchläßt, doch von ihm nicht versehrt wird; 6, 1–2 2. Mos. 3, 2: der vom Feuer unversehrte Busch auf die Empfängnis Marias bezogen; 7, 1, 2: Luk. 1, 34; 7, 2, 1: Luk. 11, 27; 8, 1 Salomo Präfiguration für Christus; der Thron, die Wohnung Präf. für Maria; 8, 2, 1 Jes. Sir. 24, 20, auch Matth. 13, 45–46; 8, 3 und 9: *agnus dei* etwa Joh. 1, 29; 10, 1 Richter 6, 36–40; 10, 2: Maria empfängt das Wort durch ihr Ohr; 11, 1 die zweifache Natur Christi; 3, 1a ff.: Bilder von Feuer und

Tau: Herabsenken des Hl. Geistes; 5, 2a ff.: Anklage Roms wegen Verfälschung der Lehre, manche Motive der Spruchdichtung klingen an; 9a, 6: geläufige Metapher für Maria; 13, 1, 5: *stimmen* auf die Engel, *zungen* auf die Menschen bezogen; 6 *ordenungen* die Chöre der Engel und der Seligen; 13, 2, 4: Gott und Christus.

Text: 1,1,2 *ie* erg. Kr.; bei L.-K. beginnt nach V. 5 neues Versikel, nach Komma; 1,2,6 so M.: L.-K. und Hss. als V.4; 2,1,1 *brœdes* Singer, Kr.: *blodes* k: *bœses* C; 5,1,1 – 5,3,1 Langverse jeweils 2 Kurzverse bei L.-K.; 5,1,2 *gerte* M.: *gert*; 6,1 – 6,3 die ersten Versikelverse jeweils 2 Kurzverse bei L.-K.; 6,2,1 *Grüen* k,W.-M., Wapn.: *breit*; 8,1 – 8,3 die ersten Versikelverse jeweils 2 Kurzverse bei L.-K., 8,3,2 als 3 Kurzverse; auf 8,3,2 folgen 5 in den Hss. an verschiedener Stelle stehende Kurzverse, die Kr. als unecht bezeichnet und die wir mit M.,Wapn. auslassen; 9,1 so k,M.,Wapn.: *daz lamp daz ist / der vrône Krist* Kr.; 9,2 bei L.-K. als 2 Kurzverse; nach 9,3 ein nur in C überlieferter Vers in Anschluß an M.,Wapn. ausgelassen (nach Kr. unecht); 10,2,3 *des* Wa,Kr.: *daz* Hss.; 11,1,3 *ze gote* Kr. (nach Anm. L's): *ze worte* C: *von kinde* k; 2,2a um 2 Verse länger als sein Pendant 2,2; 2,2a,1 *geriuwet* k, Wapn.: *geriuwent*; nach 4,1a,2 ein nur in k stehender Vers in Anschluß an M., Wapn. ausgelassen (nach Kr. unecht); 5,1a,1 so M.: *Nû sende uns, vater unde sun, den* ... L.-K.; 5,2a,1 *diu werlt al* k, M.,Wapn.: L.-K. nach C *al diu kristenheit sô*; 6,1a – 6,2a die ersten Versikelverse jeweils 2 Kurzverse bei L.-K.; 8,1a – 8,3a die zweiten Versikelverse jeweils 2 Kurzverse bei L.-K.; nach 9a,1 vermutet Kr. (mit Plenio) eine Lücke von einem Vers (Maurers Schreibung macht diese Vermutung hinfällig); 9a,2 zwei Kurzverse bei L.-K.; 13,1 Interpunktion mit L.,M.,Wapn. gegen Bartsch und Kr. (Punkt nach *gar*, Komma nach *erde*); 5,1b,1 zwei Kurzverse bei L.-K.

Lit.: (25) Aarburg; (91) Heeder; (97) Huisman; (107) Kesting; (127), (129) Kuhn; (139) Maurer; (218) Singer.

WORTERKLÄRUNGEN

ar(e)beit: Not, unfreiwillig erlittene oder freiwillig über-
nommene Beschwernis, Mühsal, Mühe; Produkt der Mühe;
noch nicht „Arbeit" im neutralen oder gar bürgerlich-posi-
tiven modernen Sinn. Positive Bed. entwickelt sich allmäh-
lich unter dem Einfluß christlicher Hochschätzung der Mühe
(v.a. Rittertum, Mystik, Luther), während in der Antike
und bei den Germanen mühselige Arbeit dem Freien nicht
geziemte. Urbed. des Wortstamms wohl „verwaist, verlas-
sen", vgl. *arm.* Im Minnesang und bei W. vorwiegend
Liebesnot in Verbindung mit *nôt, kumber, senender muot*;
manchmal als Oxymoron der Hohen Minne: *süeze arebeit,*
aber auch Mühe des Suchens (180, 2), und schon mit posi-
tivem Akzent Mühe des unverdrossenen Strebens (*werben
umbe werdekeit / mit unverzageter arebeit,* 69, II, 2–3), in
ähnlichem Geist wie in der berühmten Schlußpassage des
‚Parzival', wo das Streben nach Gott und Welt *nütziu
arbeit* genannt wird. – Das Verb *arbeiten* kommt bei W.
nicht vor.

   Lit.: (76) Götz; (212) Schwarz.

bescheiden: Adjektivisch gebrauchtes Part. Prät. des
Verbs *bescheiden.* Verbale Grundbed.: scheiden, trennen,
entscheiden, schlichten: konkret und abstrakt klare, deutliche
Begrenzung, Definition, Distinktion. Somit verbale Bed.
auch: deutlich berichten, mitteilen, erzählen („Bescheid ge-
ben"), auch: zuteilen, bestimmen. Adj.: bestimmt, klar,
deutlich; oft als Eigenschaft von Personen: fähig zu unter-
scheiden und zu urteilen; verständig; bei W. etwa: *beschei-
den wîp,* das Ideal der Frau, die Werte verstehen und unter-
scheiden kann. 107, 4–5: *Wie sol ein unbescheiden man /
bescheiden des er niht enkan*: „Wie soll ein Mann, der kein

Urteil hat, entscheiden, wovon er gar nichts weiß." Adj. *bescheidenlich* 42, I, 3: gebührlich; Adv. *bescheidenlîche:* verständig, bestimmt, deutlich. *Bescheidenheit* (kommt bei W. nicht vor): Urteilsfähigkeit *(discretio),* Weisheit, Verstand. Wesentlich: nicht unsere moderne Bed. „bescheiden", *modestus.* Die lehnt sich wohl an „sich bescheiden" (zur Einsicht kommen, dann: sich begnügen) an.

biderbe: Adj.: tüchtig, angesehen, vornehm, brav, gut; Grundbed.: brauchbar, nützlich. Die ironisch-biedermännische Bed. erst im 19. Jh.

bœse: Grundbed.: gering, wertlos; schlecht als allgemeines Qualitätsurteil; niedrig, gemein; geizig; kaum: boshaft, wild.

buoz: Mask. Subst., *buoze* fem. Subst., *büezen.* Wortstamm verwandt mit „besser"; Grundbed. „Besserung", Wegschaffen des Übels, Abhilfe. *Buoz:* 1. in unpersönlicher Konstruktion *ez wirt mir buoz:* „ich werde erlöst". 2. mit Genitiv, Grundvorstellung des Minnesangs: Wende, Erlösung durch die Minne, fast formelhaft *mir wirt (ist) sorgen (swære) buoz;* berühmt auch 7, I, 9, Reinmarparodie: *mates buoz* (Gegenzug gegen das Matt). *Buoze* stärker die Bed. des rechtlichen Schadenersatzes, beim späten W. auch schon die modernere relig. Bedeutung (71, II, 6; 72, III, 6). *Büezen:* bessern, (wieder) gut machen, jd. von etwas befreien (127, 10: *nû büezet mir des gastes, daz iu got des schâches büeze),* Buße leisten (rechtl.). Im modernen Gebrauch von „Buße" herrscht der relig. Sinn vor, bei „büßen" klingt noch der rechtliche mit („für etwas bezahlen müssen").
Lit.: (235) Weisweiler.

danc: Ursprünglich Denken, Gedanke; in dieser Bed. noch vereinzelt im 17. Jh. Damit verwandt die Bed.: Wille, Absicht („Hindenken"); im Mhd. häufig die Formel *âne, sunder danc* „wider Willen"; *dankes, mit danke* „freiwillig". Die Hauptbed. im Mhd. jedoch schon: Gedenken einer Wohltat, dankbare Gesinnung, auch Ausdruck dieser Gesinnung. Speziell Preis beim Wettstreit oder Turnier *(habedanc* 21, I, 2). Bei W. bezieht sich diese moderne Bed.

vor allem auf die Minnesphäre (*danc sagen, wizzen; minnec-lîcher danc*: innerlich und im Reim oft auf *sanc* bezogen; *ze danke singen*): *danc* ein weiter, spielender Zentralbe-griff der Minnegewährung; Haltung und Handeln der An-erkennung, Blick oder Hingabe; programmatisch in 42, V, 11–12 *ich wil mîn lop kêren / an wîp die kunnen danken*. Auch Gegenseitigkeit von Preis und Fürstendank, Lohn und Sän-gerdank im Verhältnis zum Herren; schließlich der berühmte *danc* für Reinmars Kunst im Nachruf 110 und 111.

dicke: Adj., Adv. Mhd. umfassendere Bed. dicht („Dickicht"), dick (heute fast alleinige Bed.); v.a. „Dichtheit" auf temporale Vorstellung übertragen: „oft".

dienen, dienest: Grundbed. des Wortstammes: „Knecht"; mit „Demut" verwandt. Verb und Subst. vorwiegend auf Gottesdienst, Herrendienst und Frauendienst bezogen; mit oder ohne Objekt. Zentralwort des Minnesangs, „Hingabe", „huldigendes Sichschenken", bis zu „Unterwerfung". Vor-stellung des Lehnsverhältnisses (im übertragenen, nicht so-zialen Sinn) oft in Verbindung mit „sich ihr zu eigen geben". Haltung und Handlung, umfassender Begriff einer *condition humaine*; seltener ist eine spezifische Dienstlei-stung ausgedrückt. Die *frouwe*, die Allegorien Minne und Welt, der Lehnsherr, Gott sind bei W. die häufigsten Ob-jekte. Seltener spricht die *frouwe* von *dienest*, so in 10, II, 1. Verwandte Bed.: „verdienen", eigentlich „erdienen", Hand-lung oder Eigenschaft: sich durch Dienst erwerben, oder: wert sein, etwas zu erwerben. Oft bei W. diese Doppelbed. in wichtiger innerer Beziehung: Erwerben und Verdienst. *Ge-dienet* „erdient", oder „verdient", ebenso *ungedienet*. Aber auch *verdienen* kommt vor: 42, V, 5–6 *Swâ ich niht verdienen kan / einen gruoz mit mîme sange*. Kulturgeschichtlich wichtig *dienstman*, Lehnsmann, Ministeriale; bei W. nur einmal in for-melhafter Antithese 178, 2 *dienstman oder frî*.

dinc: Grundbed. (umfriedeter) Gerichtsplatz („Thing"), Gerichtssache, Sache, Angelegenheit; moderne Bed. „greif-barer Gegenstand" erst später.

dürfen: Noch nicht: „Erlaubnis haben", sondern: Grund, Ursache haben; brauchen, bedürfen (Bedürfnis, Notdurft!). Alte Bed. noch vereinzelt im 19. Jh.

eben(e): Adj., Adv. Jünger die räumliche Vorstellung, auf die Ebene bezogen; gerade, glatt, gleichmäßig. Urspr. Verhältnis verschiedener Dinge: gleich („ebenbürtig"). Daraus die im Mhd. wichtige abstrakte Bed. „angemessen", „passend", „gemäß", v.a. im Adv. Zentrale Vorstellung in einer Kultur, in der alles Schöne, Wahre und Gute Übereinstimmung mit Vor-Bild und Norm bedeutet. Bei W. ist das Wort nicht häufig, die Idee, für die es steht, jedoch beherrschend: das Wunder, daß der Schmied dem Kaiser die Krone *sô ebene habe gemachet* (80, 3), und der vieldiskutierte Begriff der „ebenen Minne", das rechte, gemäße *ebene werben* (45, I, 7). – Das Adv. entwickelt im Nhd. weitere Bed.: im Vergleich Genauigkeit der Entsprechung; auch in Verbindung mit Demonstrativen: ebenso. Temporale Bed. „eben, als er kam"; schließlich die verblaßte Bed.: „so ist es nun eben".

edel(e): Abgeleitet von „Adel", „Herkunft, vornehme Geburt". Das Adj. ursprünglich nur soziologische Bed. („von edlem Stand"); unter dem Einfluß der christlichen Ethik und ihres säkularisierten Pendants, der höfischen Verinnerlichung, verlagert sich die Bed. auf „inneren, charakterlichen, menschlichen Wert". Einfluß der religiösen Dichtung und der Mystik; wichtiger Markstein die *edelen herzen* in Gottfrieds ,Tristan', vieldiskutierte Bezeichnung für die wahrhaft Minnenden, die in hoher Bewußtheit auch das Leid in die Liebe aufgenommen, die trotz vollendeter Beherrschung höfischer Form das nur äußerlich Höfische überwunden haben; verinnerlichendes Transzendieren der Konvention. Doch schon vorher schwingt in der Vorstellung äußerer Nobilität die des inneren Wertes mit: Symptom dieser eigenartigen, archaischen Weltanschauung, in der das Elitäre, äußerlich edel entstandene Schöne und Angesehene auch das innerlich Schöne, Kostbare, Edeldenkende und

Gute ist (vgl. *schœne, êre, guot*). Als im „Herbst des Mittelalters" der Glaube an diese Einheit verlorenging, wird innerer und äußerer Adel oft antithetisch gebraucht, für den letzteren setzt sich „adlig" durch. Auch für Dinge gebraucht, in analoger Vorstellung: von edler Herkunft, daher kostbar, von guter Qualität. – Bei W. die Kalokagathie 46, II, 1: *edeliu schœne frouwe reine*; Antithese von innerem und äußerem Wert 36, III, 5–6: *Edel unde rîche / sint si sumelîche*; Einklang von innerem Wert und adligem Rang in der Reinmarklage 111, 6: *ich klage dîn edelen kunst*.

Lit.: (223) Vogt.

êre: Eines der am schwersten übersetzbaren Wörter im Mhd.: vorwiegend nicht „Ehre" im modernen, ethisch verinnerlichten Sinn, sondern passiv: erfahrene Anerkennung, Achtung durch die andern, Ansehen, Würde; aktiv: Ehrerbietung, Verehrung (die religiöse Bed. wohl die ursprüngliche); Zustand und Handlung. Nur Verdienst führt zu Achtung, daher schwingt auch ethisches Qualitätsurteil oft in der Grundbed. mit: Ehre zwar nicht im Sinn subjektiver Gesinnungsethik, auch nicht „ehrlich", aber doch der ehrenhaft Denkende, der Edle, dem Ehre erwiesen wird. Daher wird in unserer Übersetzung manchmal das nhd. Wort beibehalten. Bei W. das ganze Spektrum der Bed.: Achtung der Gesellschaft auf Grund des Werts als Mensch und Künstler 23, I, 8: *seht waz man mir êren biete,* mit Echo im Alterston 69, I, 1 ff. Im Minnesang die gesellschaftliche Reputation der *schœnen* und *guoten, êre* verdienenden *frouwe,* durch *lop* und *prîs* des Sängers erhöht: burlesk, W's Minnephilosophie in Überspitzung verdeutlichend, 34, IV, 6; *ir leben hât mînes lebennes êre: stirbe ab ich, sô ist si tôt.* Im ersten Reichsspruch und an anderen Stellen Teil einer Wertetriade, mit *varnde guot* und *gotes hulde*; die temporalen Werte: Güter, Achtung vor der Welt; der spirituelle: Gottes Gnade. Oft in Verbindung mit *sælde*: Huld Gottes und Wertschätzung der Menschen. Das Verb *êren*: zu Ansehen verhelfen, verherrlichen; beschenken; passiv: zur Ehre gereichen.

Lit.: (63) Emmel; (137) Maurer.

fremde, frömde: Grundbed. ein Distanzbegriff im räumlichen und qualitativen Sinn: fern; einem andern gehörig; ausländisch; unbekannt; seltsam.

friunt, friundinne: Zum Subst. gewordenes Part. Präs. eines ausgestorbenen Verbs. Grundbed. „Verwandter". Im Mhd. häufig „Geliebter, Geliebte", sinnlich oder seelisch.

fröide, fröude, freude: Subst. Ableitung vom Adj. *frô.* Die idg. Wurzel bedeutet „springen". Zustand und Äußerung, auch objektiv das Froh-Machende. Subjektive Stimmung, vor allem aber überindividuell die Haltung der Gesellschaft, ein Leitbegriff der staufischen Kultur: Wunschbild und Realität höfischer Festlichkeit, in reiner oder religiös überhöhter Diesseitsfreude (s. *hôher muot*). Die Kunst, v. a. der Minnesang, soll Freude schaffen (vgl. dagegen die gebrochenere Funktion der Dichtung in Gottfrieds ‚Tristan'); Liebesdichtung nicht nur für die besungene Frau, sondern vor allem für die hörende und miterlebende Gesellschaft: 34, III, 5–6 *Tûsent herze wurden frô / von ir genâden* (durch das ihr gewidmete Lied). Oft dem *trûren* und dem *leit* gegenübergestellt. Tiefsinniger Ausdruck der Gesellschaftsbezogenheit in W's Reinmarklage: Reinmars Leitmotiv ist das *schœne trûren,* doch diese Kunst gibt Freude (111, 7 *Dû kundest al der werlte fröide mêren*).

Lit.: (117) Korn.

frouwe: s. *wîp.* Vor dem Namen und in der Anrede auch *frou, frô (frô Sælde).* Die Wahl der langen oder kurzen Form oft durch das Metrum bestimmt. Mhd. Bed. nicht „weibliches Wesen überhaupt", wie in „Frau" (dafür mhd. *wîp*), sondern Standesbezeichnung: adlige Dame, Herrin (auch geistlich für Maria). Wortstamm: „Herr", etwa in „*Fron*leichnam". Zentralbegriff des Hohen Minnesangs: poetische Huldigung stilisierend, nur für die äußerlich (und daher auch innerlich) *edele* Herrin bestimmt. W's klassische

Dichtung huldigt dagegen dem *wîp*, der Frau als Mensch.

Lit.: (118) Kotzenberg; (133) Ludwig.

frouwelîn: Diminutiv von *frouwe*; die Verkleinerung im Mhd. noch spürbar, oft spielerisch (*herzeliebez frouwelîn*). Nicht generell „unverheiratete adlige Frau" (dafür meistens *juncfrouwe*); die Standesvorstellung wesentlich, noch bei Gretchens erster Begegnung mit Faust: „Bin weder Fräulein, weder schön . . . "

frum: Adj.; Subst. *frume*, Verb *frumen*. Grundbed.: der vorderste, erste; daraus: fördern, nützen; Subst.: Nutzen, Gewinn, Vorteil. Adj.: nützlich, daraus Charaktereigenschaft: tüchtig, ehrbar; religiöse Bed. seit 16. Jh.

fuoge: Fem., auch *fuoc* mask.; Verb *füegen*, Grundbed. „passend aneinanderschließen". Daraus, neben der konkreten, die übertragene Bed. des Subst.: Angemessenheit, Schicklichkeit; passende Gelegenheit; Anständigkeit; Geschicklichkeit. Im Nhd. das Positivum selten, im Sinne von „Berechtigung": „mit Fug und Recht". Gegenteil *unfuoge* im Nhd. verengt auf „Unfug". Adj. *gefüege, ungefüege.* Wichtiger Ausdruck mittelalterlichen Normempfindens in Ethik, Ästhetik und intellektueller Erkenntnis: gemäße Übereinstimmung mit dem Vorbildlichen; rechtes Sein. Auch im Pl.: 42, I, 1 *Zwô fuoge hân ich doch.* Wie in 35 den äußeren weiblichen Werten *schœne* und *guot* der innere der *liebe* entgegengestellt wird, so in 25 der äußeren Schönheit des Dichters spielerisch-ernst seine *fuoge* (Str. II u. III).

gar: Adj oder Adv. Im Mhd. zumeist in der emphatischen Bed.: bereitet, fertig; ganz, völlig, total. Jetzt allgemein üblich in „ganz und gar", vor Negationen: „gar nicht", als unbestimmte Verstärkung: „gar schön".

gast: Urbed. „Fremder". Das Mhd. verwendet beide Bed. oft doppeldeutig, so als eloquenten Ausdruck für W's Fahrendenschicksal: 127, 2; und 143, 8: *„gast, wê dir, wê!"*

gelücke: Noch nicht „Glückszustand" (dafür *sælde*, s.d.), sondern „Art, wie etwas gelingt", im Guten oder Schlechten (engl. *good luck, bad luck*). *Ungelücke* „schlechter Ausgang". *Lit.:* (189) Sanders.

g(e)nâde: Grundbed. „sich neigen". Im Mhd.: helfendes Sichherabneigen eines Höheren zum Niedrigeren, in der relig. und weltl. Sphäre: Erbarmen, Milde, Vergebung; Huld, Liebe; Schutz, Hilfe. Biblischer Zentralbegriff der *gratia.* Häufiges Motiv im Minnesang; weiter, oft undefinierter Inbegriff der Liebeserhörung, Blick oder Hingabe. Gunst, Huld, Erhörung, Erfüllung in Haltung und Handlung, manchmal im Spiel mit der Antithese: so 53, I, 5–6: *Genâde und ungenâde, dise zwêne namen / hât mîn frouwe beide.* Oft in Verbindung mit *trôst* (s.d.). Auch in der Zuneigung klingt das Herabneigen mit, der Grundform der Minnerelation entsprechend. Bei W. einigemale im geistl. Sinn, zumeist in der Minnebed.; Verbindung der Vorstellung weltl. Minnedanks und der Bitte um Gnade im Jenseits im Reinmarnachruf 110, 12–13: *dû hetest alsô gestriten / an ir lop daz elliu wîp dir gnâden solten biten. – Ûf genâde:* in der Hoffnung auf Huld. Oft als Ausruf: *genâde, ein küniginne*: Hilf mir . . .

genesen: Mhd. weitere Bed.: außer „gesunden" auch „am Leben bleiben", „frei von Übel sein", „sich wohl befinden".

gern: Verb „begehren, verlangen, sich sehnen". Damit verwandt Adv. *gern(e)*: „begierig"; mhd. Bed. nicht so abgeschwächt wie die moderne: „mit Verlangen, mit Freude, mit Sehnsucht".

gruoz: Rückbildung aus dem Verb *grüezen.* Verwandt mit einem Wortstamm, der „schreien" bedeutet; Grundbed.: „zum Reden bringen". Ursprünglich jedes freundliche oder feindliche Ansprechen, freundliches Entgegenkommen, Begegnung, Begrüßung im weitesten Sinn. Grundwort des Minnesangs, erhoffter *lôn* für *sanc, lop, prîs, dienest;* eine der schwebend-unbestimmten Vorstellungen der Minneerhörung; Geste und (symbolische) Erfüllung (s. *danc, trôst, genâde*). Häufig bei W., bescheiden (doch vielleicht Mitklingen tieferer Erwartung) in 23, II, 7–8: *bite si nihtes mêr / wan daz si mich grüezen schône,* unbestimmt in 163, 5: *geheize minner unde grüeze baz,* „versprich weniger und sei dafür freundlicher"; zentral W's Forderung der Gegenseitigkeit von *sanc* und *gruoz* in 42, V. – Auch religiös das *Ave Maria,* der „Englische Gruß".

guot: Grundbed. „passend, geeignet". Weiter Qualitätsbegriff für Dinge und Menschen, bei Menschen auf Herkunft, Brauchbarkeit, Ansehen, Charakter bezogen; die Bedeutung „gütig" noch weniger entwickelt. Die alte Bed. im Mhd. lebendig; im Gegensatz zu moderner Individualethik ist Qualität stets auf die ideale Norm bezogen. *Guot* bedeutet zumeist nicht: hoher Grad von Qualität, sondern: Vollkommenheit in jeder Beziehung, oder doch in dem beurteilten Bereich. Ähnlich *güete;* nur peripher im Sinne von „Gütigkeit" (obwohl manchmal von „Freundlichkeit": 41, V, 6–7 *frouwe, dur iur güete / rucket ûf die hüete*), zentrale Bed.: „Gutheit", Vollkommenheit (s. *tugent*). Im Minnesang umfassend für Männer und Frauen gebraucht: die Wertvollen, menschlich Vollkommenen, die Preis und Lohn verdienen. Bei W. schon stark im ethischen Sinn, manchmal im Gegensatz zu *schœne.* Wie so oft stellt auch hier W. die traditionelle Einheit von äußerer (standesbedingter) und innerer Qualität in Frage und relativiert das Vergleichen in burleskem grammatikalischem Spiel: Vielleicht sind die andern, die „Damen", besser – *dû bist guot*: über alles Vergleichen hinaus vollkommen (36, III, 8). – Neutrales Subst. *guot*: das Gute (35, I, 2 *got gebe dir hiute und iemer guot*), dann speziell die materiellen Güter: 76, 11 *varnde guot.*

Lit.: (44) Brodführer.

helfe: seltener *hilfe*; zum Verb *helfen.* Konkrete Grundbed. „stützen". Rettung aus (äußerer oder innerer) Not, Bedürfnis und Gefahr; Unterstützung zur Erreichung eines Ziels. Bei W. überwiegt die erste Bed., häufig, in Bitte und Aussage, in der relig. Sphäre: die Hilfe Gottes oder Marias;

doch auch in der Minne Befreien von Liebesnot: 36, I, 8 *hilf mir tragen, ich bin ze vil geladen*. Da schwingt auch die zweite Bedeutung mit: Erfüllung des Minneglücks; *helfe* als W's Ausdruck der Gegenseitigkeitsminne.

Lit.: (148) Mohr.

hêrre: vor Namen und Titeln *her*. Komp. von *hêr*, „hehr", analog dem lat. *senior* („Herr" in roman. Sprachen, vgl. auch engl. *sir*). Noch nicht die formelhafte Bed. wie im modernen Deutschen; im Mhd. die Vorstellung der Nobilität stets gegenwärtig (s. *frouwe*). Zunächst allg. Ausdruck des Abhängigkeitsverhältnisses; dann Standesbezeichnung: freie Vasallen, später auch vornehmere Ministerialen. Anrede für Angehörige des Ritterstandes (*her Vogelweide* ironisch oder Bezeichnung eines Ritters W.?). Allmählich auch auf niedrigere Schichten verbreitet.

herze: Selten das körperliche Organ; zumeist in übertragener Bed.: Sitz der Empfindungen, des Denkens, des geistigen Wollens, der Gesinnungen, der höheren Affekte und Intentionen (die Begierden dagegen gehen zumeist vom Leib aus). Die Mystik, vor allem die Herz-Jesu-Verehrung, vertieft die symbolisch-konkrete Bed. des Motivs (Psychologie und Symbolik berühren einander). Oft Ausdruck der Innerlichkeit, der verborgenen Gefühle, Gedanken und Absichten. Zentralbegriff des Minnesangs, Sitz der Minne, ihrer Empfindungen und Reflexionen. Wesentlich für das im Minnesang häufige Spiel mit dem inneren und äußeren Raum: Ferne und Nahesein, in Verbindung mit der Antithese *lîp – herze* (der Leib ist da, das Herz bei dir; die Augen des Herzens sehen dich; Wohnen im Herzen; Entrücktsein des Herzens; usw.); manchmal synonym mit *sin* und *muot* (s.d.). Analog der Antithese *lîp – sêle* (s.d.), die W. fast nur im relig. Sinne gebraucht. Oft klingt die Vorstellung des ganzen Menschen mit, so in W's klassischen Vereinigungsformeln der Gegenseitigkeitsminne: Liebe soll gemeinsam sein, *sô gemeine daz si gê / dur zwei herze und dur dekeinez mê* (36, IV, 7–8); und 27, II, 3–4: *Minne ist*

zweier herzen wünne, / teilent sie gelîche, sost diu minne dâ.
– W. gebraucht *herze* auch oft im relig. Sinn.
Lit.: (64) Ertzdorff.

herzeliebe: Oft nach 45 als Zentralbegriff für W's Gegenseitigkeitsminne aufgefaßt (s. Komm.; vgl. *liebe; herze*). Wortbed.: Zuneigung, die von Herzen kommt; herzliche Liebe; auch im Kontrast zu *herzeleide* (65, III, 5–6). Zuweilen „die Herzgeliebte". Einmalig bei W. das Adj.: *Herzeliebez frouwelîn* (35, I, 1).

hövesch: Zentraler Normbegriff der aristokratischen Ritterkultur und -idealität im Hohen Mittelalter, soziologisch, vor allem aber ethisch und ästhetisch bestimmt: eine Standeskultur und ihre idealen Mitglieder selbst als lebende, geformte Kunstwerke, entsprechend den Kunstwerken, die sie hervorbringen; „hofgemäß" im Gegensatz zu „dörperlich": provinziell, ungeformt, zuchtlos. *Hövesch* mit der Zeit zu *hübsch* verniedlicht, *dörper* wird zu *Tölpel*. Erzogenheit (s. *zuht*), ästhetische und menschliche Sensibilität, Schönheit, urbane Festlichkeit, reflektiertes Selbst- und Standesbewußtsein. Die Gefahren der Veräußerlichung und der Hybris zeigen sich bald (etwa Hartmanns *hövescher got* im ‚Erec‘); Gottfried von Straßburg gestaltet die Gefährdung dieser esoterischen Aspekte der höfischen Kultur: narzißtisch sich in ihrer eigenen schöngeformten Menschlichkeit spiegelnd. W. meint mit *hövesch* Leben und Kunst, zentral in 42, II (in Verbindung mit *fuoge, fröide, sanc, minneclîchen werben*), polemisch grell in 121. Oft auch *hovelîche*; berühmt die Erscheinung der höfischen *frouwe*: 46, II, 4 *Hovelîchen hôhgemuot, niht eine,* froh und selbstbewußt, in höfischer Gesellschaft höfisch vollendet. – Manchmal *hövescheit* schon im Sinne von „Freundlichkeit, Entgegenkommen".
Lit.: (205) Schrader.

hulde: Zum Adj. *holt.* Grundbed.: „sich hinneigen" (s. *genâde*). „Geneigtsein" des Höheren dem Niedrigeren gegenüber (Gefolgschaftstreue, Lehnsverhältnis); früh schon

„gegenseitige Zuneigung". Im relig. Bereich frühe Über-
setzung von *gratia*, Gottes Gnade. Häufig im Minnesang:
liebende Zuneigung, Freundlichkeit, Liebe. Im Lehnswesen:
Huldigung, Treue, Ergebenheit; auch Begnadigung. Bei W.
häufig in relig. Sinn, etwa in Güterternaren mit der Gottes-
gnade als höchstem Gut: 76, 13; 108, 7; 109, 7; weniger zen-
tral in W's Minnesang; dagegen das Adj. *holt* an zentralen
Stellen, etwa in 35 *Herzeliebez frouwelîn*.

huote: Subst. zu dem Verb *hüeten*. Grundbed. „auf-
merksames Beobachten"; Aufsicht, Vorsicht, Bewachung, Be-
hütung, Fürsorge. In der Minnedichtung speziell die vom
Ehemann bestellten oder in der Gesellschaft vorhandenen
Tugendwächter (*merkære*), die die Liebenden stören oder
trennen, Liebesbekenntnisse oder Zusammenkunft überhaupt
verhindern. Topos im Minnesang, Angst vor kompromittie-
render Entdeckung (v. a. der Frau); eigenartige, zum Wesen
des Minnesangs gehörige Spannung zwischen Minne als
gesellschaftlich Sanktioniertem und die Gesellschaft Fliehen-
dem. Bei W. gattungsgemäß vor allem in den Hohen Minne-
gedichten und im Tagelied; spielerisch in 36, II, 1. Unter
Benützung des Topos in 117, 6; die Pharisäer werden mit
den *merkæren* verglichen: Nachstellung, Hinterhalt, Akt
oder Zustand des Bewachens (*huote* durch die *merkære*),
oder aber die Bewacher selbst (*huote* = *merkære*). Andere
Bed.: Schutz (auch in relig. Sinn); Selbstbeherrschung.
Lit.: (216) Seibold.

iht: Etwas; irgendein Ding. Negation *niht*, ursprünglich
„nichts". „Nichts" partitiver Gen. von *niht*.

jehen: Wortstamm im Nhd. etwa in Beichte (*bîhte,
bi-giht*). Sagen, behaupten, bekennen; trägt unter den Ver-
ben des Sagens (*sagen, sprechen, reden, kôsen* = plaudern)
zumeist den stärksten Nachdruck.

kint: Sing. und Plur. Nachkomme (Sohn und Tochter);
auch: junger Mensch, in diesem Sinn mit weiterer Alters-
spanne als im Nhd. (*Gîselher daz kint* im Nibelungenlied
ist ein erwachsener Mann). Häufig: junge Adlige, selbst

noch Ritter und verheiratete Frauen. Bei W. öfter im Sinn von „Sohn oder Tochter", vor allem der Sohn Marias. Manchmal auch im modernen Sinn, zuweilen mit „Unerfahrenheit" oder „Unbekümmertheit" assoziiert. *Von kinde* = von Kindheit an. Jugend, Unschuld und Adel klingen mit in W's Mädchenlied 41, II, 2; sie empfängt den Kranz *einem kinde vil gelîch daz êre hât.* – Bei W. selten das archaische *barn* (vgl. *gebären*).

kiusche: Aus lat. *conscius*, „bewußt". Im Mhd. nicht auf das Sexuelle beschränkt, auch kein Begriff der Enthaltsamkeit, sondern in vielen Sphären (körperlicher Genuß, ethische Haltung, Temperament) ein Begriff des Maßes, in Bewußtheit erlebt. Bei W. selten: 182, 8 als Maßbegriff neben dem der *übermüete*; einzige zentrale Stelle in einem Minnelied 48, III, 9, zusammen mit *triuwe, schœne, reinen siten* genannt: ethische Stärke und Beherrschung in diesem Hohen Minnelied der Erhöhung und sittlichen Erziehung durch das vollendet Weibliche.

klage, klagen: Grundbed.: „Schmerzgeschrei"; Ausdruck und Haltung der Klage. Zweite Grundbed.: Gerichtliche Anklage (ursprünglich wohl mit Klagegeschrei verbunden). Beide Vorstellungen zentral im Minnesang, in welchem Nichterhören oft eine dialektisch geforderte Grundkonzeption ist; Klagen, Sichbeklagen und Anklagen der Geliebten oder der Minne ist stereotype Folge, in Verbindung mit *kumber, sorge, leit, pîn, swære, trûren*; Klage und Anklage werden manchmal eins. In W's Hohen Minneliedern ebenfalls Klage, Beklagen, Anklage, gerichtliche Klage, das Verb oft, im Gegensatz zum Nhd., ohne Vorsilbe, mit direktem Objekt: Reinmarnachruf 111, 6 *ich klage dîn edelen kunst.*

klê: Im *locus amoenus* der Minnesangnatur wohl nicht nur unser heutiger Klee, sondern allgemein grüne Wiesenpflanzen.

kleine: Neben der Größenvorstellung manchmal noch die ältere Bed.: zierlich, niedlich, fein, zart. Das Adv. oft: wenig, gar nicht.

kranc, krenken: Das Adj. im Mhd. vorwiegend: schwach im allgemeinen Sinn, wertlos, schlecht, nicht bloß auf Gesundheit bezogen. Das Verb entsprechend: schwächen, erniedrigen, schädigen, vernichten, bekümmern.

kumber: Gallolat. *comboros* („Zusammengetragenes") ergibt die mhd. Bed. „Schutt, Trümmerhaufen". Über konkrete Vorstellung der „Last" zu seelischer Bürde, Belastung, Mühsal, Not, Kummer. Einer der vielen Begriffe für die Schwermut unerfüllter Liebe im Minnesang. W. assoziiert das Wort mit Sorge, Sehnsucht, Klage, benützt es antithetisch zu *fröide* und *hôhem muot*.
Lit.: (76) Götz.

kunst: Abstraktum, vom Verb *kunnen* (*ich kan*) gebildet. Grundbed. „wissen", aber schon im Mhd. zumeist nicht auf reines, sondern tätigkeitsverbundenes, zur Fertigkeit gewordenes oder durch Tun erworbenes Wissen bezogen. Von den im nhd. „können" vereinigten Grundelementen 1. „wissen, wie" und 2. „auszuführen vermögen" betont *kunnen* das erste Element, *mügen, mac* das zweite (s.d.). Entsprechend drückt *kunst* das geistige Verstehen und die Fertigkeit aus, Potential und Ausführung; nicht die seit dem 18. Jh. so ausgeprägte Eigenwelt des „Künstlerischen" und ihrer Produkte. Für „Kunstfertigkeit" wird noch das ältere *list* benützt (s. d.), das im letzten Drittel des 13. Jh. durch *kunst* ersetzt, oft aber auch synonym mit *kunst* gebraucht wird. W. benützt neben der traditionellen Bed. an zentraler Stelle *kunst* in Verbindung mit dichterischer und musikalischer „Kunst", zweimal in der Reinmarklage 110, 6 und 111, 6; auch 143, 2 *daz man mich bî sô rîcher kunst lât alsus armen*. Wenn man hier das mhd. Wort in der Übersetzung vermeidet, tut man des Guten zuviel; auch die oft holperige Wiedergabe von *kan singen* mit „weiß, versteht zu s." traut dem nhd. „können" zu wenig zu (es enthält doch oft die Bedeutungskomponente „wissen, wie").
Lit.: (60) Dornseiff; (92) Heffner; (192) Scheidweiler; (222) Trier.

leit: Adj., auch Subst. Gegensatz zu *liep* (s. *liebe*), oft (auch bei W.) als antithetisches, zuweilen formelhaftes Wortpaar. Im Minnesang eines der vielen Wörter für Liebeskummer, weniger Ausdruck erschütterter Trauer als im nhd. Subst., oft „unangenehm", im Gegensatz zu *liep* im Sinne von „angenehm"; bekümmert, bedrückt, auch „beleidigt" (bei W. kaum im Sinn von „Entehrung" gebraucht, den Maurer, *Leid* für die Epen betont). Das Adj. im Mhd. stärker als im Nhd.: *leit tuon, ez ist mir leit,* oft im Sinn von „widerwärtig, abstoßend".

Lit.: (137) Maurer.

liebe: Subst. zum Adj. *liep.* Grundbed.: angenehm, erfreulich, nicht nur auf Menschen bezogen. *Liebe* ursprünglich „Angenehmsein", dann die Weitung dieses Angenehmen auf den Erlebenden: Wohlgefallen; *liebe* übernimmt die Bed. von *minne* (s. d.). Interessant auch hier, daß Zuneigung nicht wahllos frei, sondern von der positiven Eigenschaft des Objektes bestimmt ist. W. spielt eine Rolle in der Entwicklung des Wortes von „Freude" zu „Liebe". Oft die eine oder andere Bed. klar, manchmal schwer bestimmbar, manchmal fluktuierend: Anmut, Liebesfreude, aktiv oder passiv erlebte Liebe. 52, V, 4: *minneclîchiu liebe:* Liebesglück. Das Adj.: anmutig, lieb, lieblich, liebreizend, liebenswert, liebend; intensiv in 13, IV, 4 ff. Was immer der Sinn der *kranken liebe* (in Verbindung mit der *nideren* und der *hôhen minne*) im vieldiskutierten Lied 45: die *liebe* ist ein Zentralbegriff in W's Mädchenliedern (liebende, menschliche Innerlichkeit im Gegensatz zu den äußeren Werten der Schönheit und des Besitzes in 35). *Liebe, liep* steht auch für die Liebenden. – Das Verb *lieben* selten „lieben" (dafür *minnen*), sondern: erfreuen, angenehm machen, angenehm sein.

Lit.: (98) Isbaşescu; (194) Schmid.

lîp: Leib, Körper, das Sterbliche (oft in relig. Sinn in Verbindung mit *sêle,* aber auch mit *sin, herze*), auch konkret. Weitere Bed.: das Leben. Schließlich: der ganze Mensch, sein

Wesen, seine Existenz, er selbst. In diesem Sinn häufig in W's Minnedichtung; man darf sich da nicht zu komischen Fehlübersetzungen verleiten lassen. 46, II, 9 *ir vil minneclî-cher lîp* heißt nicht „ihre attraktive Figur", sondern: „sie, die liebreizende, liebe Frau"; ebenso bezieht sich *reiner lîp* usw. nicht nur aufs Körperliche. 42, IV, 7 *wîbes name und wîbes lîp*: Wort und Wesen (Sein) der Frau.

list: Meist mask. Noch selten in dem im Nhd. dominanten Sinn: schlaue Absicht, Plan, Trick, sondern: Weisheit, Klugheit (in 71, IV, 3 die Bitte an Christus: *Gip mir die list*). Wissenschaft, Kunst (dafür allmählich *kunst*), auch: Abhilfe, Rezept gegen . . . , und: raffinierte Künste; also Eigenschaft eines Menschen wie Bezeichnung für Handlungen, die aus jener Eigenschaft entspringen.

Lit.: (60) Dornseiff; (192) Scheidweiler; (222) Trier.

lop: Verwandt mit Liebe, Glauben. Zentrales Wort der Minne-, Spruch- und religiösen Dichtung: Preis, Lobpreis der *frouwe*, des Dienstherren oder Brotgebers, und Gottes. Akt des Preisens und Inhalt des Preises, auch Inbegriff des Gepriesenseins. W's Selbstbewußtsein verknüpft den Preis der Frau mit seiner Kunst: 34, II, 6 *swenn ich mîn singen lâze, daz ir lop zergât*. Gegenseitigkeitsminne 42, V, 11–12: *ich wil mîn lop kêren / an wîp die kunnen danken*.

mære: Adj.: Bekannt, berühmt, berüchtigt; herrlich; *un-mære*: unlieb, gering geachtet, verhaßt; gleichgültig. Subst. *mære*: Berühmtheit; sagenswerte Verkündigung, Rede, Erzählung („Märchen").

maget: Kontrahiert auch *meit*. Jungfrau, unberührte Frau, Mädchen. Oft für die Jungfrau Maria, so auch bei W. Im Sinne von „junges Mädchen" in 41, I, 2: *alsô sprach ich zeiner wol getânen maget* (V, 2 *allen meiden*); das Lied bringt als andere Bezeichnungen für Frauen *frouwe* und *kint*. 18, I, 4 ballspielende Mädchen. *Juncfrouwe* bedeutet zunächst „unverheiratete Adlige"; unter dem Einfluß der Mystik (*juncfrouwe* Maria) entwickelt sich der heutige Begriff und verdrängt allmählich *maget*, das sich im ur-

sprünglichen Sinn im Diminutiv „Mädchen", dann in der
schon im Mhd. existierenden Bed. von „Dienerin" erhält.

mâze: Zu *mezzen* „abmessen", „ermessen". Verwandt
mit lat. *modus*. Das zum Messen Verwendete; der Meßbetrag (konkret für Raum, Gewicht, Kraft, Zeit, aber auch
abstrakt); schließlich: das rechte Maß. In diesem Sinn zentral für die hochmittelalterliche ritterliche Normkultur in
Ethik und Ästhetik, in Kunst und Leben, für Individuum
und Gesellschaft als zumindest poetische Wirklichkeit; reflektiertes Beurteilen und Ermessen in Denken, Erleben und
Sein. Mäßigung, Ausgleich der Gegensätze, Bändigung der
Leidenschaften, Erfüllung wie Entsagung, Finden der Mitte
(nach Aristoteles ist Tugend der Ausgleich zwischen zwei
Lastern); große problematische Grundform vieler klassischer Kulturen. In Hartmanns höfischen Epen v. a. Ausgleich von Minne und Aventiure, stets über dem drohenden
Abgrund der *unmâze*; *happy end*, das um das Scheitern
weiß. Monumentale Gestaltungen der *unmâze* im Nibelungenlied. Bei W. die Allegorie der Frau Maße im umrätselten Lied 45; sonst bei W. vor allem in didaktischen
Gedichten im traditionellen Sinn, in der Strophengruppe
160 und 161 in Auseinandersetzung mit *unmâze* und *übermâze*. Oft auch in konkreter Bed.: so in 145, 2: Maßstab;
manchmal: das volle Maß; *ze mâze*: in rechter Weise; in
47, I, 10 f. zwar absolut gebraucht, aber doch auf eine konkrete Frage bezogen: das richtige Lebensmaß für Männer
und Frauen.

Lit.: (62) Eichler.

milte: Adj. und Subst. Im Mhd. „freigebig, großzügig",
auch „freundlich, gütig", entsprechend das Subst. Zentral
bei W. und in der Spruchdichtung der Zeit. Wie in manchen
Motiven der staufischen Klassik berühren sich Reinheit des
Ideals und vordergründige, sozial bedingte Realität; durch
ihre „Bettelstrophen" ersingen sich die Fahrenden von den
Herren ihren Lebensunterhalt, doch in Gegenseitigkeit von
Preis und Dank im Verhältnis der *triuwe* (s. d.) ist der Herr

zu großzügigem Lohn verpflichtet; auch ist *milte* ein Symbol
der Freiheit: Überwindung des Verfallenseins ans Irdische,
und daher des innerlich und äußerlich Freien würdig. –
Über die Bed. „freundlich" entwickelt sich der moderne
Sinn „mild" im Gegensatz zu „streng".

minne: Grundbed. wohl „denken an, Gedenken" (lat.
mens, engl. *mind,* idg. Wortwurzel *men*). (Andere Inter-
pretation: von gemein, *communio,* mit der Ausgangsbed.
„Brüderlichkeit in der Gemeinde".) Die im Mhd. vorherr-
schende Bed. „Liebe" entwickelt sich über „liebendes Ge-
denken", am stärksten zunächst im relig. Bereich: „Liebe
Gottes" (*agape, caritas*), dann aber auch für den erotischen
Bereich (*eros, amor*), in vergeistigter und sexueller Bed.
Auch: Freundschaft, Zuneigung. Die höfische Kultur der
Ritterzeit macht in Epos und Lyrik die Minne zum zentralen
Thema (s. Komm.). W. führt in 45 die zwei Begriffe der
hôhen und *niederen* Minne ein (s. Komm.). Die Allegorie der
Minne wird bei ihm zum Motiv. Interessanter Unterschied
zwischen *minne* und *liebe* (s. d.): *liebe* geht von einer Eigen-
schaft des Objekts aus, *minne* ist ursprünglich „gedenkendes
Hinneigen zum Objekt". Allmählich *liebe* (urspr. „Wohlge-
fallen") Synonym für *minne,* das in die sexuelle Sphäre ab-
sinkt und erst im 18. und 19. Jh. (Bodmer, Romantiker, R.
Wagner) zu musealem Leben erweckt wird, als historischer
terminus technicus seinen Platz hat, doch gleich Wörtern wie
Recke, Kämpe, Schwertmage altväterlichen Plüschduft ver-
breitet, wo es mehr sein will als das. *Minnen, minneclich*
ähnliche Bedeutungsentwicklung wie das Grundwort.
Lit.: (98) Isbaşescu; (194) Schmid; (239) Wiercinski.

müezen: Bestimmt sein, sollen, mögen, können, dürfen.
mügen, mugen: Hauptbed.: vermögen; können, die Mög-
lichkeit haben, imstande sein.
Lit.: (92) Heffner.

muot: Umfassender Begriff des geistig-seelischen Lebens:
„Kraft des Denkens, Empfindens, Wollens; Sinn, Seele,
Geist; Gemüts(zustand), Stimmung, Gesinnung; Über-,

Hochmut; Gedanke einer Tat, Entschluß, Absicht" (Kluge-Mitzka); zwar ursprünglich und dominant das Affektive, Emotionale (im Vergleich zu *herze* oder gar *sin*, s. d.), aber umfassender als beide auch Ratio und Wollen einbeziehend. Weiter Ausdruck individueller und gesellschaftlicher höfischer Festlichkeit und Freiheit der *hôhe muot*, der Freude, Großzügigkeit, Optimismus, Glauben, edles und daher frohes Denken, Fühlen und Wollen umgreift; Gegenteil von allem Muffigen, provinziell Beschränkten, Deprimierten, Kleinlichen, Kleingläubigen, Unverständigen; eine Seelenhaltung stilisiert zum überindividuellen Symbol. Bei W. *muot* in allen Bed., oft mit *fröide* und *werdekeit* als Ziel, oft intentional (*ûf êre*); umfassend 1, IV, 6–7 das Anschauen der Frau: *sehent si doch mit vollen ougen / herze, wille und al der muot*; manchmal in Verbindung mit *herze*; Haltung, Einstellung, Überzeugung: in der Selbstbehauptung Gott gegenüber 139, 10: *vergib mir anders mîne schulde, ich wil noch haben den muot* („ich will bei meiner Überzeugung bleiben"). Alte Bed. etwa in „froher Mut"; die nhd. Bed. „Mut" begrenzt den Begriff auf „Furchtlosigkeit". *Gemüete* Kollektiv; *diemuot, diemüete* urspr. Knechts-(oder Gefolgschafts-)gesinnung, christl. *humilitas*.

Lit.: (31) Arnold; (59) Dihle.

nît: Feindselige Gesinnung in weiter Bed.: Gesinnung, dem Feind zu schaden; Kampfzorn, Zorn; eingeengt auf „mißgünstige Wut, Mißgunst", daraus heutige Bed.

nôt: Fem., seltener mask. Grundbed. „Zwang, Bedrängnis". Zwei Hauptbed.: 1. Potential oder Akt des „Antuns" (Zwang, Gewalt); 2. der Zustand des Bedrängtseins (Drangsal, Schmerz, Qual). Auf Physisches und Seelisches bezogen; Kampf, relig. Anfechtung, Erdendasein, Minnesphäre: Hindernis, Nötigung, Notwendigkeit (*mir ist nôt* = ich brauche notwendig, ich bin gezwungen; *âne nôt* = ohne Nachteil, ohne Schaden; unnötig, ohne Grund); Verlangen, Streben. Bei W. für viele Lebenssphären benützt (polit.-seelisch im 3. Reichsspruch 78, 11: *daz was ein nôt vor aller nôt*);

die *senendiu nôt* der Minne, auch in 45, I, 11: *unmâze enlât mich âne nôt* („Zwang, Bedrängnis, Qual"); die *condition humaine*, die relig. Sphäre; oft in Verbindung mit *angest, ungemach, arebeit, sorge, swære, sünde*, manchmal auch im Sinn von „Zwangslage, schwierige Situation"; zumeist einer der stärksten Leid-Begriffe, kaum formelhaft-verblaßt wie oft im Nhd. („notwendig"). Interessant, daß im Mhd. und jener Kultur und Psychologie die meisten Begriffe des Kummers keine „endogene", sondern von andern „angetane" Bedrängnis ausdrücken (von andern Menschen, der Gesellschaft, den Verhältnissen, von Gott), wenn auch dann das „Angetane" zum seelischen, geistigen und existentiellen „Zustand" werden kann. Die Autonomie des Ich, sein Leid sich frei und spontan zu schaffen, sich selber „anzutun", ist noch nicht gegeben.

Lit.: (137) Maurer.

pflegen: Starkes Verb. Im Mhd. weitere Bed. (vgl. „ich pflege zu singen"): sorgen, sich annehmen, betreiben, sich abgeben mit (*er jâmers pflac* = er war voll Jammer), die Gewohnheit haben, versprechen, verbürgen. Davon abgeleitet *pfliht*: Pflege, Obhut; Teilnahme, Anteil, „Beipflichten"; Dienst, Obliegenheit (daraus nhd. „Pflicht"); Sitte, Manier.

prîs: Aus dem Altfranz.: Wert, Ruhm, Herrlichkeit, Rühmenswertes. Zunächst vorwiegend das Rühmen und der Ruhm Gottes (Akt und Zustand), dann auf weltliche Gegenstände bezogen.

rât: Im Mhd. viel weiterer Hof von Bed. Ursprünglich „Mittel zur Befriedigung der Bedürfnisse" (Vorrat, Hausrat), und Beschaffung dieser Mittel: „Fürsorge, Abhilfe". Auf Geistiges und Seelisches übertragene Fürsorge: Hilfe, Lehre im weitesten, auch helfenden Sinn, Ratschlag; auch gegenseitig: Beratung, Überlegung; Beschluß; personifiziert die ratgebende oder beratende Körperschaft, auch der einzelne Ratgeber. Auch bei W. häufig der formelhafte Ausdruck *rât werden* mit Gen. der Sache = Befreiung von einer Sache, oder Gen. der Person: „mir wird geholfen". Bei W.

rât oft im Sinne von „Ratschlag", aber zumeist im weiten Sinne der helfenden, Klarheit suchenden Lehre; keine pedantische Besserwisserei: 76, 8 *deheinen rât kond ich gegeben*: keine Antwort auf die große Lebensfrage. Das Wort in diesem weiten Sinn zentral für eine didaktische Kultur, die im Hohen Mittelalter noch keine selbstgefällige Schulmeisterei bedeutet, sondern Lehre in Gestaltung, Begegnung, Erlebnis und Hilfe. In diesem Suchen nach theoretischer Belehrung und umfassender, menschlicher Hilfe 45, I, 6–7: *sô suoche ich, frouwe, iuwern rât. / Daz ir mich ebene werben lêret!* 12, (V), 3: *Helfe suoche ich unde rât*. Bei W. auch im Sinne von Ratsversammlung und Berater (vgl. nhd.: „Rat" = Ratschlag; „Stadtrat" als Gremium und Individuum). *Râten* entspricht der Bed. des Grundworts, eine nhd. Bed. auf „erraten", das engl. *read* auf „lesen" limitiert. Umfassend in 149, 4: *Der edel künec ... hât mich berâten*, „hat für mich gesorgt".

Lit.: (148) Mohr.

reht: Adj. und substantiviertes Adj. Konkrete Grundbed.: „gerade, in gerader Richtung"; vor allem übertragene Bed. „richtig"; als Gegensatz von „falsch" und „unrecht" (der gerade Weg in übertragenem Sinn). In dieser letzteren Bed. „gerecht", „berechtigt", „makellos". Beide Bed., das intellektuell „korrekte" Wahrheitsurteil und das ethisch-gesellschaftlich „gebührliche" Rechtsurteil, kommen einander im Mhd. noch nahe; intellektuell Wahres und ethisch-gesellschaftlich „Geziemendes" sind in dieser Normkultur analog aufeinander bezogen. Von der zweiten Bed. das Subst. *reht* abgeleitet: objektiv die Rechtsnorm, auch einzelne Bestimmungen des Rechts und der Sitte, hierarchisch-ständisch geordnet, daher Rechte und Pflichten innerhalb des Standes. Das Rechte und Richtige der Dinge selbst. Subjektiv auf die Menschen und Stände bezogen: Anrecht, Anspruch, Vorrecht, Privileg, Befugnis, aber auch Pflicht; dann auch die Haltung der Gerechtigkeit. Ausführung der Gerechtigkeit: Prozeß, Urteil, Vollstreckung; 76, 23 *fride unde reht (pax*

et iustitia). „Recht" und „Anrecht" und „das Rechte" noch
eng verknüpft, in der Übersetzung schwer zu trennen.
Ze rehte: mit innerer und äußerer Rechtfertigung, recht-
mäßigerweise; *rehte,* gerade, eben, rechtmäßig, wahr, zu-
treffend, wirklich. *Rihten:* recht machen, ausrichten; Recht
stiften, richten, entscheiden. Nhd. „rechts": die geziemende,
richtige Seite.

   reine: Grundbed.: „geschieden", „gesiebt", unbefleckt und
unvermischt; rein, klar; in konkretem und geistig-seelischem,
charakterlichem Sinn. Einer der mhd. Vollkommenheitsbe-
griffe, theolog. (Maria, Jesus), im Minnesang auf die Frau
bezogen.

   Lit.: (73) Gaupp.

   rîche: Adj., Grundbed. „königlich" (lat. *rex*). Vornehm,
mächtig (auch Attribut Gottes), dann speziell „wohlhabend".
Archaische Vorstellung verbindet „edel geboren" automa-
tisch mit anderen positiven inneren und äußeren Eigen-
schaften (Schönheit, Güte usw.), so werden Adel, Macht,
Reichtum eins. Doch W. beginnt, die äußerlichen und inner-
lichen Werte zu trennen (s. *liebe, schœne, guot*); im christ-
lichen Sinn kann *rîche* zum Inbegriff ethisch abgewerteter
Äußerlichkeit werden, im Gegensatz zu *arm* (87, 7–9).
Auch für Gegenstände: kostbar, teuer. 143, 2 seine *rîchiu
kunst,* „reich" in tieferem Sinn. Abgeleitet das Subst. *rîche,*
„Reich". Bei W. oft im Sinne des staufischen Imperiums
benützt, manchmal für die Person des Kaisers selbst: 80, 10
swer nû des rîches irre gê; 79, 8 *mich hât daz rîche und
ouch diu krône an sich genomen.*

   ritter: Herkunft und Bed. des zentralen Begriffs ritter-
lich-höfischer Kultur in letzter Zeit wieder eingehend dis-
kutiert. Ältere Auffassung: Neben *rîtære, rîter* (Reiter)
um 1100 ein aus dem Flämischen entlehntes *ritter,* Lehn-
übersetzung von frz. *chevalier,* im Gegensatz zu *cavalier*
„Reiter". Dagegen Bumke: Beide (erst im 11. Jh. aufge-
kommenen) Wörter standen von Anfang an nebeneinander,
zunächst bedeutungsgleich. Zunächst herrscht die Schreibung

rîter oder *riter* vor, dann holt *ritter* auf und dominiert im 13. Jh. Bei W. vorwiegend *ritter; rîter* steht nur im Tagelied 59, in den epischen Rahmenstrophen I und VII. Die internationale Ritterkultur, ausgehend von Frankreich, schafft sich ein Menschenbild, das an Ideal und poetischer Wirklichkeit des Ritters ausgerichtet ist, schon etwa im ‚Helmbrecht' eine tiefe Krise zeigt, aber als wie auch immer verkrustetes oder romantisiertes Motiv die literarische Szene nicht mehr verläßt. Vgl. auch „ritterlich", „Kavalier". Zweifelhaft, ob W. Ritter war, aber viele Dichter und die Akteure der Romane gehören dem Stand und seiner ethisch-ästhetischen Realität oder Traumwirklichkeit an. Minnesang ist Ritterkunst; das Wort bei W. selten, doch überall stillschweigende Voraussetzung. Vorkommen etwa in den episierenden Genres des Boten- und Tagelieds und Frauenmonologs 3, I, 3; 8, I, 3; 10, I, 3; auch in den Sprüchen; als Ausdruck des Ungemäßen in 161, 3 *pfaflîche ritter, ritterlîche pfaffen.*

Lit.: (45) Bumke.

riuwe: Ursprünglich „Seelenschmerz"; schwerer Kummer, in beschränkter Bed. „Schmerz über etwas, das man selbst getan hat": „Reue", im Nhd. dominant. Bei W. schon in diesem relig. Sinn im Leich, auch 67, I, 12 *riuwic herze.* Im alten Sinn auch als „Minneschmerz". Das Verb *riuwen* entsprechend dem Subst., in alter Bed. in 111,1 *Dêswâr, Reimâr, dû riuwes mich . . .* „du bereitest mir Kummer".

Lit.: (76) Götz; (210) Schröder.

sælde: Verwandt mit Adj. *sælec, sælic.* Grundbed. „Glück, beglückt". Weiter: „Heil, Segen, Seligkeit" (in relig. und weltl. Bed.), das Adj. entsprechend: Glück habend, verdienend oder bringend, zum Glück bestimmt, glücklich, gesegnet, selig, gut; auch heilig. Relig. und weltl. Bed. durchdringen einander oft. Häufig im Sinn von „Erfüllung", wobei im Gesegnetsein der Akt der Segnung noch mitschwingt, Schenkung und geschenktes Glück, Bewirken und resultierender Zustand nicht streng zu trennen sind; so bei vielen Ausdrücken seelischer Haltung in dieser Kultur, in der die Regungen der individuellen Seele in starker Abhängigkeit vom Andern (den Menschen, den äußerlich und innerlich bestimmenden Ordnungsmächten, Gott) empfunden werden. Im Gegensatz zu *gelücke*, das gutes und böses Geschehen bedeuten kann, zumeist freundliches Geschick. Doch W's Allegorie der *frô Sælde* 13, II gibt Glück und Leid, im Sinne der *Fortuna*. *Sælde und êre,* klassische Ganzheitsvorstellung: inneres Glück (wobei die relig. Komponente mitklingen kann) und Ansehen vor der Welt. Elegie 72, III, 13 *sælden krône* relig. und irdische Seligkeit. Bei W. häufig das Adj., auch im Sinne von Liebesglück: 38, II, 4 *daz ich bin sælic iemer mê. Sælic wîp* usw. manchmal „liebe" oder „gute" Frau. *Er sî unsælic* oft „er soll verwünscht sein".

Lit.: (76) Götz; (189) Sanders; (191) Scharmann; (220) Strümpell.

schame: Schamhaftigkeit, maßvolle Zurückhaltung, sittliches und soziales Fein- und Taktgefühl, das den andern respektiert. Bei W. manchmal in Verbindung mit *zuht, reht, triuwe.*

scheiden: s. *bescheiden.*

schîn: Subst.: Glanz, Helligkeit, Leuchten; auch „Erscheinung" („Sichtbarwerden"); in Wendungen wie *schîn tuon, werden, machen:* „erscheinen lassen", erweisen, beweisen. Auch: offenbar werden. „Bild", „Gestalt" (52, II, 3 im Gegensatz zu *herze*).

schœne: Mit „schauen" verwandt. Grundbed. „ansehnlich", ursprünglich auf angenehme Gesichtseindrücke beschränkt, doch dann auch auf Gehörästhetik bezogen (16, II, 6–7 *sît die vogele alsô schône / singent*). 87, 4 *schœnen sin*: nicht „schöne Seele" in der Bed. des 18. Jh., sondern: „glänzende Geistesgaben". Im Sinne der Kalokagathie in der klassischen mhd. Dichtung in Einheit des Schönen und Guten empfunden, wobei Schönheit maßvoll stilisiert, nicht wild-phantastisch und exzentrisch einhergeht (vgl. auch das Adv. *schône,* in dem stärker die maßästhetische Vorstellung „angemessen", „in gehöriger Weise" zum Ausdruck kommt,

die dann über „erfüllte Zeit" zu unserem Zeitadverb „schon"
führt). Bei W. wird der veräußerlichte Aspekt des Wertbe-
griffs *schœne* kritisiert: zentral 35; etwa II, 6 *die nâch dem
guote und nâch der schœne minnent; wê wie minnent die?*
und Str. III; auch Lied 48.

sêle: Im Unterschied zu *herze, muot, gemüete, sin,*
die generell die geistig-seelischen Kräfte bezeichnen, ist
sêle im Mhd. und bei W. im Sinne des *lîp-sêle*-Dualismus
vor allem auf die religiös gedeutete unsterbliche Geist-Sub-
stanz bezogen. Auch bei W. oft im Gegensatz zu *lîp* (78, 12;
79, 2; 69, III, 5 u. V, 5; burlesk, ohne relig. Bed., die Tren-
nung von Leib und Seele in 39, III, 3 ff.). Der platonisch-
neuplatonische Geist-Körper-Dualismus bestimmt immer
wieder poetisches und popular-christliches Denken, während
orthodoxe christliche Lehre den Menschen als leib-seelische
Einheit sieht und an die „Auferstehung des (verwandelten)
Leibes" glaubt.

senen: Grundbed. vielleicht „bekümmert sein"; seelischer
Schmerz, v. a. Liebesschmerz, zentral im Minnesang: *senendiu
nôt* usw., oft als Krankheit empfunden: 21, II, 10 *und wirt
mir gernden siechen seneder sühte baz.* Vgl. „Sehnsucht".

sêre: Adv. zum Adj. *sêr* „schmerzlich, schwer", „heftig".
Die Grundbed. „Schmerz" auch in *sêren*, „versehren". Nhd.
„sehr" zu einem vagen Intensivum erweitert.

sin: Mit ahd. *sind* („Weg, Reise") verwandt; Urbed.
„Richtung hin zur Wahrnehmung, Bemühung um Wahrneh-
men" (vgl. „erfahren"). Sinnliche Wahrnehmung, Fähig-
keit und Wahrnehmungsorgane, „Sinne". Aufs Geistig-See-
lische übertragen: Fähigkeit, Akt, Resultat – Geist, Ver-
stand, Vernunft; Verstehen, Gedanke, Denken; Bewußtsein;
innerhalb des Bewußtseins: Meinung, Ansicht; *kranker sin*:
schwacher Geist. Von der geistigen Bewältigung auf die
geistige Struktur des Verstandenen und Zu-Verstehenden
übertragen: Sinn, Bedeutung, geistiger Gehalt. Vorwiegend
intellektuelle Innerlichkeit (dagegen *muot* s. d.), aber nicht
ausschließlich; oft mit „Herz" zu übersetzen. Pl: *sinne,*

auch Ganzheit des Denkens und Fühlens. Bei W. *sin* manch-
mal in Antithese zu *lîp*, v.a. im Fernemotiv liebender Ent-
rückung: Körper hier, Gedanken bei der Geliebten (s. *herze*).
Sinnelôs noch nicht, wie im Nhd., vorwiegend auf den
„Sinn" der Objekte, sondern des Subjekts bezogen, nicht:
„unsinnig", sondern, wie *unversunnen,* „nicht bei Verstand,
entrückt" (Topos der Minneverwirrung).

site: Mask. Im Mhd. weitere Bed.: allgemeine Beschaffen-
heit; Art und Weise, wie man lebt und handelt; Gewohn-
heit; spezieller: Brauch.

sorge: Grundbed. „seelischer Schmerz" in bezug auf nicht
mehr zu änderndes Erlittenes. 1. Vorgang, Haltung und In-
begriff des Sichsorgens: Angst, Unruhe, quälende Vorstel-
lung, Kummer, auch das Objekt der Sorge, die Gefährdung;
2. selten: die Bemühung um Abwendung; auch Fürsorge im
weiteren, nicht mit Angst verbundenen Sinn: ausgeprägter
in dieser Bed. *sorgen.* Im Nhd. diese letztere Bed. weiter
entwickelt: „für etwas sorgen" usw. Bei W. vorwiegend in
Bed. 1, in Antithese zu *fröide* und *wünne;* auch *sorgen*
„sich Sorgen machen". Wichtiges Minnesangmotiv: die Frau
erlöst von Sorgen des Lebens und der Liebe, spielerisch ernst
in 41, V, 4 *so ist mir sorgen buoz.* Wichtig in den Alters-
liedern 71 (II, 5 *Mîn armez leben in sorgen lît*) und in
der Elegie. In 109, 1 hinklingend zur zweiten Grundbed.:
Drî sorge . . . „Um dreierlei ist mir bang", aber auch das
Element des Sichmühens. Das Verb manchmal im Sinne von
„sich kümmern".

Lit.: (76) Götz; (137) Maurer.

stæte: Adj. und Subst. Mit „stehen" verwandt; das
Stehende und Bestehende, Festigkeit, Beständigkeit, *con-
stantia.* Eine der Grundtugenden in staufischer Ethik; wie
mâze ein geforderter, preisenswerter und gepriesener Wert,
der zu allen anderen staufischen Werten hinzutritt. Dauer,
Unzerstörbarkeit im Wechsel der Erscheinungen und in der
Anfechtung der Werte, die zentrale Eigenschaft der Idee und
des Ideals. Auf Personen, Dinge und Begriffe bezogen; eng

verbunden mit *triuwe* (s. d.), *triuwe* ist Beständigkeit in
Gegenseitigkeit, *stæte* Einsbleiben mit sich selbst, seinen
guten Eigenschaften treu sein, Möglichkeit der Identität;
nicht nur ethisches Ideal, sondern Grundbedingung für
alle geordnete, sinnvolle, auf das Ideal der Identität ge-
gründete Existenz. Bei W. in allgemeiner Tugendlehre, in
der Minne (35, V, 1 *triuwe und stætekeit,* das Ideal der
Dauer auch in der Gegenseitigkeitsminne), im Treuever-
hältnis zum Herrn und in dessen Freigebigkeit; zentral, mit
spielerischer Motivhäufung, in 31; dort Frau *Stæte*, welche
Beständigkeit in der Minne, aber auch im Kummer gibt.
Im Altersgedicht 71 (Str. I, 2) übertönt von Vergänglichkeit.
— Im ‚Parzival‘ wichtiges Motiv: *unstæte* (im Gegensatz
zu *zwivel* nicht Schwanken, sondern *stæte* im Bösen),
führt zur Verdammnis, während der Zweifelnde, selbst
der Verzweifelnde gerettet werden kann.

Lit.: (224) Vollmer.

strît: Kampf mit Worten oder Waffen, Wettstreit, Wett-
eifern; entsprechend das Verb *strîten*.

süeze: Adj. und Subst. Grundbed. „angenehm“; mit lat.
suavis verwandt. Auch als Geschmacksbezeichnung zunächst
noch nicht so spezialisiert wie im Nhd. Im Sinne von
„angenehm, lieblich, reizend, verlockend, schön“, oft mit
erotischem Unterton, im Minnesang auf *sanc, wort, sumer*
bezogen, auch auf die Allegorie der Minne und ihre Lehre;
im Sinn von „angenehm, lind“ der *süeze regen.* Sehr häufig
in relig. Bed. „lieblich, freundlich, gütig“, vor allem als
Attribut für Maria (Leich!), das süße göttliche Wort bei der
unbefleckten Empfängnis der holden Frau; aber auch für
Gott. Berühmt 80, 8 der *junge süeze* (schöne) König Philipp.
Im Nhd. poetisch noch ein weiteres Bed.-feld; sonst auf eine
spezielle Geschmacksempfindung beschränkt.

Lit.: (30) Armknecht.

swach: Schlecht, gering, unedel, niedrig; *swachen*: *swach*
sein oder werden, v.a. *swach* machen: beeinträchtigen, ver-
schlechtern; schlecht, gering, unedel machen; erniedrigen

swære: Adj. und fem. Subst. Konkret: von großem Gewicht; übertragen: lästig; drückend, unangenehm; das Substantiv (wieder ein seelischer Zustand, der von außen verursacht wird, vgl. *kumber, leit* usw.): Leid, Kummer, Schmerz, Beschwernis, Unbehagen. Auch als Ausdruck für Liebeskummer.

swer, swenne usw.: S in Verbindung mit Fragewörtern Verallgemeinerung: „wer immer, wenn immer", usw.

triuwe: Ursprünglich „Vertrag", zwischen Gefolgsherrn und -mann, Lehensherrn und -mann, auf Eid oder Versprechen gegründet; das Versprechen selbst; die sittliche Haltung, die diese Grundform der Gegenseitigkeit beherrscht: Aufrichtigkeit, Zuverlässigkeit. Auch auf Verhältnisse übertragen, die nicht durch äußerlichen „Pakt", sondern innere sittliche Verpflichtung oder Liebe gebunden sind: das Verhältnis zu Gott; die Minne; alle Beziehungen der Menschen untereinander und zu übergreifenden Ordnungen, die ihrerseits den Menschen in *triuwe* tragen. Oft in der Bed. „Liebe" (zentral im ‚Parzival', auch als Liebe Gottes; in der opferwilligen Liebe der Meierstochter im ‚Armen Heinrich'); im Minnesang ein wesentliches Attribut der Liebe. In Verbindung mit *stæte* eine Zentralvorstellung von W's Gegenseitigkeitsminne, obwohl das Wort eine geringe Rolle spielt (oft in didaktischen, schon zur Formel werdenden Tugendkatalogen, auch formelhaft „ganz gewiß"). Zentral für die Minne 49, III, 1–2: *Er sælic man, si sælic wîp, / der herze ein ander sint mit triuwen bî:* treue Liebe. Keinesfalls formelhaft die ehrliche Unterscheidung von Mensch und Kunst bei Reinmar: 111, 4 *Ich wilz bî mînen triuwen sagen ...* Oft im Sinne von „Vertrauen, Ehrlichkeit", spielerisch-ernst in 41, I, 8: *sêt mîne triuwe, daz ichz meine.*

Lit.: (63) Emmel; (224) Vollmer.

trôst: Mit *triuwe* verwandt. Ursprüngliche Bed. „Vertrauen, Zuversicht", dann aber auch die Antwort des andern: „Hilfe, Beistand, Erleichterung, Linderung". Diese zweite Bed. wesentlich in der relig. Sphäre: Gott, Christus, Maria, v.a. der Heilige Geist als Helfer, Retter, Tröster. In allen Bed. auch auf Personen als Hilfe und Helfende. Zentral im Minnesang, in subtilen Abstufungen die Skala der Liebeserhörung und -erfüllung. Bedeutsam ist hier der Zweiklang der Grundbedeutungen: „Hoffnung" und „Erfüllung", „Zuversicht" und „Hilfe" sind oft nicht zu trennen; bezeichnend für eine zutiefst optimistische Kultur, die weiß, daß auf die Frage eine Antwort, für die Hoffnung eine Erfüllung möglich ist, und daß in der Minne sehnende Hoffnung selbst schon Erfüllung ist; so übersetzt sich *trôst* oft mit „Hoffnung auf Erfüllung" und „Erfüllung schon durch Hoffnung", dann Linderung des Schmerzes, Freude, Glück, leise Geste oder letzte Hingabe. Bei W. oft in dieser Doppeldeutigkeit: Hoffnung in Verbindung mit *wân*, aber auch mit *fröide;* spielerisch in 37, I, 4 ff. Zentral in der Elegie 72, III, 5: Hoffnung, doch vor allem Hilfe.

Lit.: (76) Götz.

tugent: Verwandt mit „taugen" und „tüchtig". Grundbed. „Brauchbarkeit"; Tüchtigkeit, Kraft, Manneskraft (im Kampf). Inbegriff dessen, was ein Ding oder einen Menschen brauchbar und wertvoll macht, oder einzelne dazu beitragende Eigenschaften. Dann vorwiegend auf menschliche Eigenschaften bezogen; bis ins späte MA ein fortschreitender Moralisierungs- und Verinnerlichungsprozeß des Wortes; heute vor allem in der Ableitung „tugendhaft" fast nicht mehr ohne komischen Beiklang. Für den christlichen Begriff *virtus* übernommen, der seinerseits im Vergleich zur lat. Urbed. (*virtus* mit *vir* = Mann verwandt, also auch hier ursprünglich „Manneskraft") einen Verinnerlichungsprozeß durchgemacht hatte. Die sieben christlichen Kardinaltugenden stehen den sieben Todsünden gegenüber. Im weltlichen Bereich der Stauferkultur ist *tugent* (durch Anlage und Erziehung) der Inbegriff des Wertes eines Menschen und seiner guten Eigenschaften. Im einzelnen Qualitäten, Fertigkeiten, charakterliche, geistige und seelische

Vorzüge, die Harmonie äußerer und innerer Vollkommenheit; mehr und mehr jedoch auf innere Werte bezogen. Diese Bed. dominiert bei W. Sowohl beim Gesamtbegriff wie bei den einzelnen *tugenden* betont W. die „innere Schönheit": 172, 6 *man sol die inre tugende ûz kêren*; in der Reinmarklage 110, 2 *tugent* neben *schœne*; im Gegensatz zu *schœne* umfassende Charakterisierung der wahren Minnehaltung: 48, II, 3–4 *iedoch swelch wîp ie tugende pflac, / daz ist diu der man wünschen sol*; nicht nur innere Werte, sondern verinnerlichter Einklang von ästhetisch-sozialer und ethischer Vollkommenheit. Gegen die Vereinseitigung des Äußerlichen etwa 138, 7–10.

tump: Unverständig; dumm, töricht, unbesonnen, einfältig; *rehter witze tump* „ohne klaren Verstand", auch unerfahren, jung, ungelehrt (136, 9; [137], 3).

wân: Ungewisse, nicht ganz begründete Meinung; Vermutung, Glaube, Erwartung, Hoffnung; auch Absicht; im Gegensatz zu *trôst* eine ins Offene gehende, kühne, oft unbegründete Minnehoffnung. Kann das Minnegeschehen ganz in den Wunschtraum projizieren. *Wânwîse:* Gedicht von der in Träumen und Gedanken erschaffenen Geliebten oder Liebeserfüllung. Nhd. „Wahnsinn" nur volksetymologisch angelehnt; eigentlich zu *wan* „leer an", also „ohne Verstand".

Lit.: (76) Götz.

wellen, wollen: Subst. *wille*. Verwandt mit „wählen" und „wohl": Wollen; Entschluß, Neigung; Absicht; Verlangen; Haltung im Guten oder Bösen. Das Verb manchmal als Ausdruck der Vermutung, der Zukunft; besonders auch: Meinung.

werben: Nicht auf die Bed. „zu gewinnen suchen" beschränkt; ursprünglich: „sich drehen, sich bewegen"; allg.: handeln, sich benehmen, sich bemühen (daraus dann die nhd. Bed.). 45, I, 7 *ebene werben* daher: richtig handeln (allerdings auf Minne bezogen auch „werben").

werlt: Verwandt mit lat. *vir* = Mann; Menschenalter; Gesamtheit, auch Treiben der Menschen. Als Allegorie im

Gegensatz zu Gott und Himmel die sündige Vergänglichkeit. Oft auch mit „Gesellschaft" zu übersetzen.

wert: Relativ der Wert und Preis einer Sache (W's Pferd 98, 5 . . . *was wol drîer marke wert*), absolut der hohe Wert von Personen und Dingen, kostbar, edel. Für den Wert von Personen v.a. *werdekeit*. Dabei sind innere Substanz und äußere Anerkennung oft eins (s. *êre*), stärker als dort wird zwar die innere Substanz betont, aber die Anerkennung vor der Welt, das Sehen des Werts, ist auch hier wesentlich: Herrlichkeit, Auszeichnung; hohes Amt; „Würde" im subj. und obj. Sinn: menschliche Würde haben, Würde zeigen, eine Amtswürde bekleiden. So 69, II, 2 *werben umbe werdekeit*; die *Mâze* ist *aller werdekeit ein füegerinne* (45, I, 1).

wîp: Sing. und Pl., s. *frouwe*. Im Gegensatz zum Standesbegriff *frouwe* („Herrin, Dame") die Geschlechtsbezeichnung des weiblichen Wesens überhaupt. Bei W. aufgewertet gegenüber dem limitierten, veräußerlichten Begriff *frouwe*; *wîp* ist für ihn Inbegriff wahrer, liebender, menschlich wertvoller Fraulichkeit; Ideal der Gegenseitigkeitsminne (vgl. etwa 42, IV). Seine Diskussion von *wîp* und *frouwe* zieht sich formelhaft durch die spätmittelalterliche Dichtung. Heute durch „Frau" ersetzt; „herrliches Weib" archaisierend-preziös, in diesem Sinn nicht mehr lebendig; abwertend: „altes Weib".

Lit.: (133) Ludwig.

witze: Zu „wissen". Ursprünglich Verstand, Besinnung, Klugheit; *witze kranc* „schwach an Verstand". Erst spät die Bedeutung *esprit* oder gar Geistreichelei, „Witz".

wunne, wünne: Grundbed. wohl Gegenstand von (optischer, dann auch seelischer) Lust und Freude: „Augenweide"; Herrlichkeit; die seelische Reaktion, schließlich die Stimmung: Freude, Lust, Wonne, Glück; auch Ausdruck des Schönsten und Besten. Wie in vielen mhd. Ausdrücken seelischer Haltung der Zweiklang von berührender Welt und erlebendem Menschen. Bei W. manchmal als (optisches und akustisches) Glückserlebnis der Naturschönheit: 16, I, 7;

46, I, 6; vorwiegend seelische Freude, Glück: 27, II, 3 *Minne ist zweier herzen wünne*. Dualismus Gott-Welt 72, II, 16. – Bei W. häufig das Adj. *wünneclich*: Freude, Lust, Glück habend und schenkend: der Hof in Wien, Geschenk des Herrn, Lieder des Dichters oder der Vögel; der Sommer, die *mâze*; Hoffnung auf Liebe.

wunsch: Haltung und Ausdruck des Begehrens, Sehnens, Verlangens, aber auch Gegenstand des Wünschens, Inbegriff des Wünschbaren.

zuht: Von „ziehen". Allgemein: das Ziehen; Zug, Weg, Gang. Ziehen und Züchten von Tieren und Pflanzen (vgl. *cultura*), auch auf Menschen übertragen: Erziehung, Disziplin, Züchtigung, Strafe (Bed. von „Erziehung" bei W. 187, I, 2 *kindes zuht*). Dann vor allem im Sinne des hochmittelalterlichen Bildungsideals die vorbildliche ästhetische, ethische, intellektuelle, gesellschaftliche, religiöse Formung des Menschen nach dem Wunschbild der Harmonie von Innen und Außen, Mensch und Gesellschaft, Welt und Gott zu einem Kunstwerk der Kultur und des Lebens. Im „Erzogensein", „Geformtsein" klingt die Dynamik der Formung mit; Prozeß und Endzustand klingen ineinander. Neben äußerlichen Fertigkeiten und Sitten (die Formung des menschlichen Kunstwerks in der Erscheinung) intellektuelle Bildung, Bildung der Seele, menschliches Verstehen des Andern, urbane Sensibilität; Beherrschung, Mäßigung; höfische Sitte, Form im inneren und äußeren Sinn: all das stets unter Gefahr der Veräußerlichung, der Vereinseitigung ins Zeremonielle, Formalistische, in die bloße Regel: bürgerliche Verkrustung seit dem späten MA. Bei W. in Verbindung mit *schame, site, reht*; auch schon in zur Formel erstarrenden Tugendkatalogen. Der Pl. mehr im Sinne äußeren Anstands, doch im klassischen Ideal der höfischen Frau *mit zühten ... gemeit* (47, III, 3) hat das Wort umfassende Bed.: voll reicher Freude in Haltung und Äußerung, doch maßvoll beherrscht, wie es sich für einen „geformten", sich auch seiner Emotionen bewußten Menschen geziemt.

zwîvel: Verwandt mit „zwei": „in zwei gespalten". Vom intellektuellen Zweifel bis zu religiösem und existentiellem Schwanken und Verzweifeln. Bei W. nicht die große Bed. wie im ‚Parzival'; in relig. Sinn 67, III, 7; 44, I, 1 *zwîvelære*: „Skeptiker"; 42, IV, 11 *zwîvellop*: „zweifelhaftes Lob".

AUSWAHLBIBLIOGRAPHIE

Überlieferung. W's Werk vor allem in den folgenden Hss. überliefert: A. Kleine Heidelberger Liederhs., 13. Jh., Heidelberg; B. Weingartner Liederhs., erste Hälfte 14. Jh., Stuttgart; C. Große Heidelberger („Manessesche") Liederhs., erste Hälfte 14. Jh., Heidelberg; E. Würzburger Sammelhs., vor Mitte 14. Jh., München.

Lit.: vgl. L.-K., Ausg. 1965, S. XVI ff.

Ausgaben, Übersetzungen. – Gesamtausg.: **1** (grundlegend) Karl LACHMANN, Die Gedichte W'svdV., 1827; 13., aufgrund der 10. v. Carl v. Kraus bearb. Ausg. neu hrsg. v. Hugo Kuhn, 1965; Studienausg. 1965. **2** Wilhelm WACKERNAGEL / Max RIEGER, WvdV. nebst Ulrich von Singenberg und Leutold von Seven hrsg., 1862. **3** Franz PFEIFFER, WvdV. (Deutsche Classiker des Mittelalters 1), 1864; 7. Aufl. bearb. v. Hermann Michel, 1911; später weitere Neudrucke. **4** Wilhelm WILMANNS, WvdV. hrsg. und erklärt (Germanist. Handbibliothek I), 1869; 2., vollständig umgearb. Ausg. 1883; 4., vollständig umgearb. Aufl. besorgt v. Victor Michels. Zweiter Bd.: Lieder und Sprüche W'svdV. mit erklärenden Anmerkungen (Germanist. Handbibliothek I, 2), 1924. **5** Hermann PAUL, Die Gedichte W'svdV. (ATB 1), 1882; 9. durchgesehene Aufl. besorgt v. Hugo Kuhn, 10. Aufl. 1965. **6** Friedrich MAURER, Die Lieder W'svdV. Unter Beifügung erhaltener und erschlossener Melodien neu hrsg. Erstes Bändchen: Die religiösen und die politischen Lieder (ATB 43), 1955; 3. Aufl. 1967. Zweites Bändchen: Die Liebeslieder (ATB 47), 1956; 3. Aufl. 1969. **7** Helmut PROTZE, WvdV. Sprüche und Lieder. Gesamtausg. (Literar. Erbe 3), 1963. Vgl. auch **8** Alfred KRACHER, Zur Gestaltung einer neuen Walther-

Ausgabe. Anz. d. österr. Akad. d. Wiss., philos.-hist. Kl. 89 (1952) Nr. 22, 1953, 350–65. *Gesamtausg. mit Übersetzung:* Von den zahllosen W.-Übersetzungen können nur wenige genannt werden; vgl. 9 Agnes VOGEL, Die Gedichte W'svdV. in neuhochdeutscher Form (Gießener Beiträge z. Dt. Philol. 4), 1922; Nachdr. 1968. Vgl. auch die Bibl. von Scholz (254); ferner (75) und (93). 10 Hans BÖHM, Die Gedichte W'svdV. Urtext mit Prosaübersetzung, 1944; 3. Aufl. 1964. 11 Paul STAPF, WvdV. Sprüche. Lieder. Der Leich. Urtext. Prosaübertragung. Hrsg. und übersetzt, 1955; 3. Aufl. 1967. *Wichtige kommentierte Auswahlausg.:* 12 Hennig BRINKMANN, Liebeslyrik der deutschen Frühe. In zeitlicher Folge. Hrsg., 1952. *Auswahlausg. mit Übersetzung:* 13 Max WEHRLI, Deutsche Lyrik des Mittelalters. Auswahl und Übersetzung (Manesse Bibl. d. Weltlit., Jubiläumsbd.), 1955; 2. Aufl. 1962 [W. 203–269]. 14 Peter WAPNEWSKI, WvdV. Gedichte. Mittelhochdeutscher Text und Übertragung, 1962; seit 4. Aufl.: Fischer Bücherei 732, 6. Aufl. 1968 (mit gutem Kommentar). *Dichterische Gesamtübersetzung:* 15 Karl SIMROCK, Gedichte W'svdV., übersetzt von K. S. und erläutert von W. Wackernagel, 1833; Neuausg. v. Christian Morgenstern (Hortus deliciarum), 1906.

Kommentare. Noch immer sehr informativ (Bd. I kommentierende Gesamtdarstellung, Bd. II kommentierte Ausg.): 16 Wilhelm WILMANNS, Leben und Dichten W'svdV., 1882; 2. vollständig umgearbeitete Aufl. besorgt von Victor Michels (Germanist. Handbibliothek I, 1), 1916. 17 (grundlegend für jede Beschäftigung mit W.) Carl v. KRAUS, WvdV. Untersuchungen, 1935; 2. Aufl. 1966. Vgl. auch die Wort- und Sacherklärungen in (3).

Gesamtdarstellungen. 18 Ludwig UHLAND, WvdV., ein altdeutscher Dichter, 1822. 19 Anton Emanuel SCHÖNBACH, WvdV. Ein Dichterleben, 1890; 4. Aufl. bearb. v. Hermann Schneider, 1923. 20 Konrad BURDACH, WvdV. Philologische und historische Forschungen. Erster Theil, 1900.

21 Hans Böhm, WvdV. Minne. Reich. Gott [1943]; 2. Aufl. 1949. **22** Kurt Herbert Halbach, WvdV. (Samml. Metzler 40), 1965; 2. Aufl. 1968 (mit ausgezeichneter Bibl.). **23** George Fenwick Jones, WvdV. (Twayne's World Authors Series 46), 1968. Vgl. auch (16), Bd. I.

Darstellungen (in alphabetischer Folge der Autoren).

24 Ursula Aarburg, Wort und Weise im Wiener Hofton, ZfdA 88 (1957/58), 196–210. **25** Dies., Leich. In: Die Musik in Geschichte u. Gegenwart 8 (1960), 81–87. **26** Dies., Probleme um die Melodien des Minnesangs, DU 19 (1967), H. 2, 98–118. **27** Dies., WvdV. In: Die Musik in Geschichte u. Gegenwart 14 (1968), 216–19. **28** Dorothea Ader, WvdV.: Herzeliebez frowelîn, DU 19 (1967), H. 2, 65–75. **29** Adolar Angermann, Der Wechsel in der mittelhochdeutschen Lyrik, Diss. Marburg 1910. **30** Werner Armknecht, Geschichte des Wortes „süß". I. Bis zum Ausgang des Mittelalters, 1936. **31** August Arnold, Studien über den Hohen Mut (Von dt. Poeterey 9), 1930. **32** Wolfgang Bachofer, Zur Wandlung des Minne-Begriffs bei W. In: Festschr. Pretzel, 1963, 139–49. **33** Ders., WvdV.: Aller werdekeit ein füegerinne (46, 32). In: Interpretationen mittelhochdeutscher Lyrik, hrsg. v. Günther Jungbluth, 1969, 185–203. **34** Karl Bartsch, Zu W's Liedern, Germania 6 (1861), 187–214. **35** Siegfried Beyschlag, *Herzeliebe* und *mâze*. Zu W. 46, 32, Beitr. 67 (1944), 386–401. **36** Ders., WvdV. und die Pfalz der Babenberger (W's Scheiden von Wien), Jb. f. fränk. Landesforsch. 19 (1959), 377–88. **37** Ders., Zur Überlieferungsgeschichte von W's Elegie, Beitr. 82 (Tübingen 1960), 120–44. **38** Bruno Boesch, W. L. 63, 32 und 124, 1, ZfdPh 84 (1965), 1–6. **39** Karl Heinz Borck, W's Lied *Aller werdekeit ein füegerinne* (Lachmann 46, 32). In: Festschr. Trier, 1964, 313–34. **40** Hennig Brinkmann, Entstehungsgeschichte des Minnesangs (DVjS Buchreihe 8), 1926. **41** Ders., Zu Wesen und Form mittelalterlicher Dichtung, 1928. **42** Ders., Studien zu WvdV. I. Text, Beitr. 63

(1939), 346–98.   43 Ders., W's Elegie, WW 5 (1954/55),
198–204.   44 Richard Brodführer, Untersuchung über
die Entwicklung des Begriffes „guot" in Verbindung mit
Personenbezeichnungen im Minnesange, Diss. Leizpig 1917.
45 Joachim Bumke, Studien zum Ritterbegriff im 12. und
13. Jahrhundert, 1964.   46 Konrad Burdach, Reinmar
der Alte und WvdV. Ein Beitrag zur Geschichte des Minne-
sangs, 1880; 2. berichtigte Aufl. mit ergänzenden Aufsätzen
über die altdeutsche Lyrik, 1928.   47 Ders., Der mythi-
sche und der geschichtliche W., Dt. Rundschau 29 (1902),
38–65, 237–56; auch in: Vorspiel I (1925), 334–400.   48
Ders., W's Palinodie. Sb. d. kgl. Preuß. Akad. d. Wiss., 1903,
612 f.; auch in: (46), 2. Aufl. 1928.   49 Ders., WvdV.
und der vierte Kreuzzug, Hist. Z. 145 (1932), 19–45.
50 Ders., Der mittelalterliche Streit um das Imperium
in den Gedichten W'svdV., DVjS 13 (1935), 509–62.
51 Ders., W's Aufruf zum Kreuzzug Kaiser Friedrichs II.,
DuV 36 (1935), 50–68.   52 Ders., Der gute Klausner
W'svdV. als Typus unpolitischer christlicher Frömmigkeit,
ZfdPh 60 (1935), 313–30.   53 Ders., Der Kampf W'svdV.
gegen Innozenz III. und gegen das vierte Lateranische Kon-
zil, Z. f. Kirchengesch. 55 (1936), 445–522.   54 Carl
Bützler, Untersuchungen zu den Melodien W'svdV. (Dt.
Arb. d. Univ. Köln 12), 1940.   55 Ernst Robert Curtius,
Das ritterliche Tugendsystem, DVjS 21 (1943), 343–68;
auch in: Europäische Literatur und lateinisches Mittelalter,
5. Aufl. 1965, 506–21.   56 Helmut de Boor, WvdV.
In: Die großen Deutschen. Deutsche Biographie Bd. 1,
1956, 114–29.   57 Ders., WvdV.: *Die verzagten aller
guoten dinge* . . . In: Dt. Lyrik Bd. 1, hrsg. v. Benno v. Wiese,
1956, 52–55.   58 Walter de Gruyter, Das deutsche Tage-
lied, Diss. Leipzig 1887.   59 Albrecht Dihle, Demut.
In: Reallexikon für Antike und Christentum, Bd. III,
1957, Sp. 735 ff.   60 Franz Dornseiff, List und Kunst,
DVjS 22 (1944), 231–36.   61 Gustav Ehrismann, Die
Grundlagen des ritterlichen Tugendsystems, ZfdA 56 (1919),

137–216. 62 Sigurd EICHLER, Studien über die Mâze. Ein Beitrag zur Begriffs- und Geistesgeschichte der höfischen Kultur (Bonner Beitr. z. dt. Philol. 13), 1942. 63 Hildegard EMMEL, Das Verhältnis von êre und triuwe im Nibelungenlied und bei Hartmann und Wolfram, 1936. 64 Xenja v. ERTZDORFF, Studien zum Begriff des Herzens und seiner Verwendung als Aussagemotiv in der höfischen Liebeslyrik des 12. Jahrhunderts, Diss. Freiburg i. Br. 1958. 65 Heinz FISCHER, Die Frauenmonologe der deutschen höfischen Lyrik, Diss. Marburg 1934. 66 Walter FISCHER, Der stollige Strophenbau im Minnesang, Diss. Göttingen 1932. 67 Theodor FRINGS, Minnesinger und Troubadours (Vorträge u. Schrr. d. Dt. Akad. d. Wiss. Berlin 34), 1949; ergänzte Fassung in: WdF 15, 1–57. 68 DERS., W's Gespräche. In: Festschr. Kralik, 1954, 154–62. 69 DERS., Frauenstrophe und Frauenlied in der frühen deutschen Lyrik. In: Festschr. Korff, 1957, 13–28. 70 DERS. / Elisabeth LINKE, W's Tagelied. In: Festschr. Brinkmann (WW 3, Sonderh.), 1961, 3–7. 71 Hans FURSTNER, Studien zur Wesensbestimmung der höfischen Minne, 1956. 72 Wilhelm GANZENMÜLLER, Das Naturgefühl im Mittelalter (Beiträge z. Kulturgesch. d. Mittelalters u. d. Renaissance 18), 1914. 73 Otto GAUPP, Zur Geschichte des Wortes „rein", Diss. Tübingen 1920. 74 Friedrich GENNRICH, Zur Liedkunst W'svdV., ZfdA 85 (1954/55), 203–09. 75 Günther GERSTMEYER, WvdV. im Wandel der Jahrhunderte (Germanist. Abh. 68), 1934. 76 Heinrich GÖTZ, Leitwörter des Minnesangs (Abh. d. Sächs. Akad. d. Wiss. zu Leipzig, philol.-hist. Kl. Bd. 49, H. 1), 1957. 77 Siegfried GUTENBRUNNER, W.-Konjekturen, Archiv 198 (1962), 89–94. 78 DERS., Einige W.-konjekturen, ZfdPh 85 (1966), 50–66. 79 Gerhard HAHN, WvdV.: Nemt, frowe, disen kranz (74,20). In: Interpretationen mittelhochdeutscher Lyrik, hrsg. Günther Jungbluth, 1969, 205–26. 80 Anton HAIDACHER, W.-Miszellen, ZfdPh 81 (1962), 322–27. 81 Kurt HALBACH, WvdV. und die Dichter von Minne-

sangs Frühling (Tübinger Germanist. Arb. 3), 1927.
82 DERS., Formbeobachtungen an staufischer Lyrik, ZfdPh
60 (1935), 11–22. **83** DERS., W.-Studien I. Die „Neunzi-
gerlieder" und die mittlere Fehde zwischen W. und Reinmar,
ZfdPh 65 (1940), 142–72. **84** DERS., W.-Studien II. In:
Festschr. Stammler, 1953, 45–65. **85** DERS., W's ‚Kranz'-
‚Tanzlied', DU 19 (1967), H. 2, 51–64. **86** DERS., „Hu-
manitäts-Klassik" des Stauferzeitalters in der Lyrik W'svdV.
In: Festschr. Ziegler, [1968], 13–35. **87** Arthur HATTO,
WvdV's Ottonian Poems: a New Interpretation, Speculum
24 (1949), 542–53. **88** DERS., WvdV., A note on the
poem ‚Madam, accept this garland' (A May Dance for the
Court), GLL 3 (1949/50), 141–45. **89** Marlene HAUPT,
Reimar der Alte und WvdV. (Gießener Beiträge z. dt.
Philol. 58), 1938; Nachdr. 1968. **90** Martha HECHTLE,
WvdV. Studien zur Geschichte der Forschung (Dt. Arb. d.
Univ. Köln 11), [1937]. **91** Martha HEEDER, Ornamen-
tale Bauformen in hochmittelalterlicher deutschsprachiger
Lyrik, Diss. Tübingen 1966. **92** Roe-Merrill Secrist
HEFFNER, Notes on W's use of *können* and *mögen*. In:
Festschr. Walz, Lancaster, Pa. 1941, 49–65. **93** Alfred
HEIN, WvdV. im Urteil der Jahrhunderte (bis 1700). Ein
Beitrag zur literarischen Erschließung des Walther-Bildes,
Diss. Greifswald 1934. **94** Karl HELM, Tandaradei, Beitr.
77 (Tübingen 1955), 252 f. **95** Werner HOFFMANN, W's
sogenannte Elegie, ZfdPh 87 (1968), Sonderh. „Mhd. Ly-
rik", 108–31. **96** Arthur HÜBNER, Die deutschen Geiß-
lerlieder. Studien zum geistlichen Volksliede des Mittel-
alters, 1931. **97** Johannes Alphonsus HUISMAN, Neue We-
ge zur dichterischen und musikalischen Technik W'svdV.
Mit einem Exkurs über die symmetrische Zahlenkomposi-
tion im Mittelalter (Studia Litteraria Rheno-Traiectina 1),
[1950]. **98** Mihail D. ISBASESCU, Minne und Liebe. Ein
Beitrag zur Begriffsdeutung und Terminologie des Minne-
sangs (Tübinger Germanist. Arb. 27), 1940. **99** Ewald
JAMMERS, Ausgewählte Melodien des Minnesangs. Einfüh-

rung, Erläuterungen und Übertragung (ATB Ergänzungs-
reihe 1), 1963. **100** Max Hermann Jellinek, Zur Kritik
und Erklärung einiger Lieder W'svdV., Beitr. 43 (1918),
1–26. **101** Ders., Zu W., Beitr. 49 (1925), 101–08.
102 George Fenwick Jones, A Solution of WvdV. 26, 33–
27, 6, Monatshefte 49 (1957), 31–34. **103** Günther Jung-
bluth, Zu W's Tegernseespruch, GRM 38 (1957), 84–86.
104 Ders., W's Abschied, DVjS 32 (1958), 372–90.
105 Ders., Die dort den borgen dingen. Zu W. 78, 21, Beitr.
81 (Tübingen 1959), 43–46. **106** Ludwig Kerstiens, W's
Lied von der wahren Minne (66, 21), WW 5 (1954/55), 129–
33. **107** Peter Kesting, Maria-Frouwe. Über den Ein-
fluß der Marienverehrung auf den Minnesang bis WvdV.
(Medium Aevum 5), 1965. **108** Richard Kienast, W'svd
Vogelweide ältester Spruch im „Reichston": *ich hôrte ein
wazzer diezen* (8, 28 Lachmann), Gymnasium 57 (1950),
201–18. **109** Burkhard Kippenberg, Der Rhythmus im
Minnesang. Eine Kritik der literar- und musikhistorischen
Forschung (Münchener Texte u. Unters. z. dt. Lit. d. Mittel-
alters 3), 1962. **110** Karl Kurt Klein, Zur Spruchdich-
tung und Heimatfrage W'svdV. Beiträge zur W.-Forschung
(Schlern-Schrr. 90), 1952. **111** Ders., W's Scheiden aus
Österreich, ZfdA 86 (1955/56), 215–30. **112** Ders., Die
Strophenfolge des Bognerspruchs W. 80, 27 bis 81, 6, GRM
37 (1956), 74–76. **113** Ders., Zum dichterischen Spät-
werk W'svdV. Der Streit mit Thomasin von Zerclaere. In:
Germanist. Abh. (Innsbrucker Beiträge z. Kulturwiss. 6),
1959, 59–109. **114** Ders., „Summa Vitae". Zur Inter-
pretation des Liedes L 66, 21 von WvdV. In: Festschr.
Pivec (Innsbrucker Beiträge z. Kulturwiss. 12), 1966, 213–
20. **115** Roland Köhne, Zu W's Bognersprüchen und
Bognerton, WW 10 (1960), 35–42. **116** Herbert Kolb,
Der Begriff der Minne und das Entstehen der höfischen
Lyrik (Hermaea N. F. 4), 1958. **117** Karl Korn, Studien
über „Freude und Trûren" bei mittelhochdeutschen Dich-
tern. Beiträge zu einer Problemgeschichte (Von dt. Poeterey

12), 1932. **118** Walther KOTZENBERG, *man, frouwe, juncfrouwe* (Berliner Beitr. z. germ. u. roman. Philol. 33, Germ. Abt. 20), 1907. **119** Alfred KRACHER, Beiträge zur W.-Kritik, Beitr. 78 (Tübingen 1956), 194–225. **120** Dietrich KRALIK, Die Elegie W'svdV. Sb. d. Österr. Akad. d. Wiss., philos.-hist. Kl. Bd. 228, 1. Abh., 1952. **121** DERS., W. gegen Reinmar, ebd. Bd. 230, Abh. 1; selbständig: 1955. **122** DERS., Die Kärntner Sprüche W'svdV. In: Festschrift Frings, 1956, 349–77. **123** Carl v. KRAUS, Die Lieder Reimars des Alten (Abh. d. Bayer. Akad. d. Wiss., philos.-philol. u. hist. Kl. Bd. 30, Abh. 4. 6. 7), 1919 [III. Teil: Reimar und Walther]. **124** DERS., Zu W's Elegie (124, 1–125, 10). In: Festschr. Zwierzina, 1924, 17–29. **125** DERS., Über W's Lied: *Ir reinen wîp, ir werden man* (66, 21–68, 7). In: Germanist. Forsch. Festschr. anläßlich d. 60semestrigen Stiftungsfestes d. Wiener Akad. Germanistenver., 1925, 105–16. **126** Hugo KUHN, W's Kreuzzugslied (14, 38) und Preislied (56, 14), Diss. Tübingen 1936. **127** DERS., Minnesangs Wende (Hermea N.F. 1), 1952; 2. Aufl. 1967. **128** DERS., Muget ir schouwen. In: Wege zum Gedicht, hrsg. v. Rupert Hirschenauer u. Albrecht Weber, 1956; auch in: Text und Theorie, 1969, 191–198. **129** DERS., Leich. In: Reallexikon d. dt. Lit.gesch.; 2. Aufl. 1955–, 39–42. **130** DERS., WvdV. und Deutschland. In: Nationalismus in Germanistik und Dichtung. Dokumentation des Germanistentages in München vom 17.–22. Okt. 1966, hrsg. v. Benno v. Wiese u. Rudolf Henß, 1967, 113–25; auch in: Text und Theorie, 1969, 332–43. **131** Marianne v. LIERES UND WILKAU, Sprachformeln in der mittelhochdeutschen Lyrik bis zu WvdV. (Münchener Texte u. Unters. z. dt. Lit. d. Mittelalters 9), 1965. **132** Benno LINDERBAUER, Zur Erklärung des Spruches W'svdV. über das Kloster Tegernsee, Bll. f. d. Gymnasial-Schulwesen 37 (1901), 73–75. **133** Erika LUDWIG, Wip und frouwe. Geschichte der Worte und Begriffe in der Lyrik des 12. und 13. Jahrhunderts (Tübinger Germanist. Arb. 24), 1937. **134** Lutz

MACKENSEN, Zu W's Spießbratenspruch. In: Festschr. Panzer, 1950, 48–58. **135** D. R. McLINTOCK, W's *Mädchenlieder*, Oxford German Studies 3 (1968), 30–43. **136** Friedrich MAURER, Das ritterliche Tugendsystem, DVjS 23 (1949), 274–85; auch in: Dichtung und Sprache des Mittelalters (Bibl. Germ. 10), 1963, 23–37. **137** DERS., Leid. Studien zur Bedeutungs- und Problemgeschichte, besonders in den großen Epen der staufischen Zeit (Bibl. Germ. 1), 1951; 3. Aufl. 1964. **138** DERS., Die politischen Lieder W'svdV., 1954; 2. Aufl. 1964. **139** DERS., Zu den religiösen Liedern W'svdV., Euph. 49 (1955), 29–49; auch in: Dichtung und Sprache des Mittelalters (Bibl. Germ. 10), 1963, 116–36. **140** DERS., Ein Lied oder zwei Lieder? Über das Verhältnis von *Ton* und *Lied* bei WvdV. In: Festschr. Korff, 1957, 29–38; auch in: Dichtung und Sprache des Mittelalters (Bibl. Germ. 10), 1963, 104–15. **141** DERS., W's „Sprüche". In: Festschr. Brinkmann (WW 3. Sonderh.), 1961, 51–67; auch in: Dichtung und Sprache des Mittelalters (Bibl. Germ. 10), 1963, 137–56. **142** DERS., Tradition und Erlebnis im deutschen Minnesang um 1200, DU 19 (1967), H. 2, 5–16. **143** DERS., Sprachliche und musikalische Bauformen des deutschen Minnesangs um 1200, Poetica 1 (1967), 462–82. **144** DERS., Zu den frühen politischen Liedern W's. In: Frühmittelalterliche Studien 3 (1969), 362–66. **145** W. METTIN, Zu W's Kreuzlied (L. 14, 38 ff.), Beitr. 18 (1894), 209–14. **146** Ferdinand MOHR, Das unhöfische Element in der mittelhochdeutschen Lyrik von W. an, Diss. Tübingen 1913. **147** Wolfgang MOHR, ‚Der Reichston' W'svdV., DU 5 (1953), H. 6, 45–56. **148** DERS., Hilfe und Rat in Wolframs ‚Parzival'. In: Festschr. Trier, 1954, 173–97. **149** DERS., Minnesang als Gesellschaftskunst, DU 6 (1954), H. 5, 83–107; auch in: WdF 15, 197–228. **150** DERS., Zu W's ‚Hofweise' und ‚Feinem Ton', ZfdA 85 (1954/55), 38–43. **151** DERS., Vortragsform und Form als Symbol im mittelalterlichen Liede. In: Festschr. Pretzel, 1963, 128–38.

152 DERS., Die „vrouwe" W'svdV., ZfdPh 86 (1967), 1–10.
153 Hugo MOSER, Minnesang und Spruchdichtung? Über die Arten der hochmittelalterlichen deutschen Lyrik, Euph. 50 (1956), 370–87. **154** DERS., Die hochmittelalterliche deutsche „Spruchdichtung" als übernationale und nationale Erscheinung, ZfdPh 76 (1957), 241–68. **155** DERS., „Sprüche" oder „politische Lieder" W's? Euph. 52 (1958), 229–46. **156** DERS., „Lied" und „Spruch" in der hochmittelalterlichen deutschen Dichtung. In: Festschr. Brinkmann (WW 3. Sonderh.) 1961, 82–97. **157** Hans NAUMANN, WvdV. In: Die großen Deutschen. Neue deutsche Biographie Bd. 1, 1935, 195–204. **158** DERS., Ein Meister las, Traum unde Spiegelglas . . ., DuV 43 (1943), 220–24. **159** DERS., *Guoten tac, boes unde guot!*, ZfdA 83 (1951/52), 125–27. **160** DERS., WvdV. In: Die deutsche Literatur des Mittelalters. Verfasserlexikon Bd. 4, 1953, 807–22. **161** Friedrich NEUMANN, WvdV. und das Reich, DVjS 1 (1923), 503–28. **162** DERS., Hohe Minne, Zeitschr. f. Deutschkde. 39 (1925), 81–91; erg. Fassung in WdF 15, 180–96. **163** DERS., WvdV.: „Ir sult sprechen willekomen!" In: Gedicht und Gedanke. Auslegung deutscher Gedichte, hrsg. v. H. O. Burger, 1942, 11–28. **164** DERS., Der Minnesänger WvdV. DU 5 (1953), H. 2, 43–61; auch in: Kleinere Schriften zur deutschen Philologie des Mittelalters, 1969, 105–22. **165** DERS., WvdV.: *Under der linden.* . . In: Dt. Lyrik Bd. 1, hrsg. v. Benno v. Wiese, 1956, 71–77. **166** DERS., WvdV.: *Herzeliebez frouwelin* . . . ebd., 56–61. **167** DERS., WvdV.: *Nemt, frouwe, disen kranz!*, ebd., 62–70. **168** Henry Waldemar NORDMEYER, Der Ursprung der Reinmar-W.-Fehde. Ein Problem der Textkritik, JEGPh 28 (1929), 203–14. **169** DERS., Fehde und Minne bei Reinmar von Hagenau. Minnesangs Frühling 175,1, ebd. 29 (1930), 18–40. **170** DERS., Ein Anti-Reinmar, PMLA 45 (1930), 629–83. **171** DERS., Der Hohe Mut bei Reinmar von Hagenau. Minnesangs Frühling 179,3, JEGPh 31 (1932), 360–94.

172 Ernst Ochs, W. 54, 21: *decke blōz!* Z. f. Mundartforsch. 11 (1935), 20 f. **173** Hermann Paul, Kritische Beiträge zu den Minnesingern, Beitr. 2 (1876), 406–560. **174** Ders., Zu WvdV., ebd. 8 (1882), 161–209. **175** Robert Petsch, Nemt frowe disen kranz, ZfdPh 56 (1931), 231–35. **176** Franz Pfeiffer, Über WvdV., Germania 5 (1860), 1–44; selbständig 1860. **177** Kurt Plenio, Über die sogenannte Dreiteiligkeit und Zweiteiligkeit in der mittelhochdeutschen Strophik, Archiv 136 (1917), 16–23. **178** Ders., Bausteine zur altdeutschen Strophik, Beitr. 42 (1917), 411–502; fortgesetzt ebd. 43 (1918), 56–99. **179** Ulrich Pretzel, Zu W's Elegie (124, 1 ff.). In: Festschr. Starck, 1964, 223–34. **180** Ders., Zu W's Mädchenliedern. In: Festschr. de Boor, 1966, 33–47. **181** Daniel Rocher, *Aller werdekeit ein füegerinne,* Etudes germaniques 24 (1969), 181–93. **182** Gustav Roethe, Die Gedichte Reinmars von Zweter. Hrsg., 1887. **183** Ders., Regelmäßige Satz- und Sinneseinschnitte in mittelhochdeutschen Strophen. In: Festschr. v. Kelle (Prager Dt. Stud. 8), 1908, 505–14. **184** Ders., ‚hêre frouwe‘ (W. 39, 24), ZfdA 57 (1920), 132 f. **185** Tom Albert Rompelman, W. und Wolfram. Ein Beitrag zur Kenntnis ihres persönlich-künstlerischen Verhältnisses, Neophil. 27 (1942), 186–205. **186** Heinrich Roos, Noch einmal: W's Tegernseespruch (104, 23 ff.), GRM 39 (1958), 208–10. **187** Rotraut Ruck, WvdV. Der künstlerische Gedankenaufbau im ersten Philippston und im ersten Ottoton, Diss. Basel 1954. **188** Kurt Ruh, Mittelhochdeutsche Spruchdichtung als gattungsgeschichtliches Problem, DVjS 42 (1968), 309–24. **189** Willy Sanders, Glück. Zur Herkunft und Bedeutungsentwicklung eines mittelalterlichen Schicksalsbegriffs, 1965. **190** Joerg Schaefer, WvdV. und Frauenlob. Beispiele klassischer und manieristischer Lyrik im Mittelalter (Hermaea N. F. 18), 1966. **191** Theo Scharmann, Studien über die Saelde in der ritterlichen Dichtung des 12. und 13. Jahrhunderts, 1935. **192** Felix Scheidweiler, *kunst* und *list,* ZfdA 78 (1941), 62–87.

193 Karl-Heinz SCHIRMER, Die Strophik W'svdV. Ein Beitrag zu den Aufbauprinzipien in der lyrischen Dichtung des Hochmittelalters, 1956. **194** Peter SCHMID, Die Entwicklung der Begriffe „minne" und „liebe" im deutschen Minnesang bis W., ZfdPh 66 (1941), 137–63. **195** Erich SCHMIDT, Reinmar von Hagenau und Heinrich von Rugge (QF 4), 1874. **196** Ruth SCHMIDT-WIEGAND, Walthers *kerze* (84, 33). Zur Bedeutung von Rechtssymbolen für die intentionalen Daten in mittelalterlicher Dichtung, ZfdPh 87 (1968), Sonderh. „Mhd. Lyrik", 154–85. **197** Hermann SCHNEIDER, Drei W.-lieder, ZfdA 73 (1936), 165–74. **198** DERS., Rez. von Kraus, Unters., AfdA 55 (1936), 124–32. **199** DERS., Die Lieder Reimars des Alten. Ein Versuch, DVjS 17 (1939), 312–42; auch in: Kleinere Schriften zur germanischen Heldensage und Literatur des Mittelalters, 1962, 233–58. **200** Ludwig SCHNEIDER, Die Naturdichtung des deutschen Minnesangs (Neue Dt. Forsch., Abt. Dt. Philol., 6), 1938. **201** Manfred Günter SCHOLZ, WvdV. und Wolfram von Eschenbach. Literarische Beziehungen und persönliches Verhältnis, Diss. Tübingen 1966. **202** Anton Emanuel SCHÖNBACH, Zu WvdV., ZfdA 39 (1895), 337–55. **203** DERS., Die Anfänge des deutschen Minnesanges, 1898. **204** DERS., Beiträge zur Erklärung altdeutscher Dichtwerke. Zweites Stück: WvdV. Sb. d. Kaiserl. Akad. d. Wiss. in Wien, philos.-hist. Kl. Bd. 145, Jg. 1902, 9. Abh., 1903. **205** Werner SCHRADER, Studien über das Wort „höfisch" in der mittelhochdeutschen Dichtung, 1935. **206** Percy Ernst SCHRAMM, Herrschaftszeichen und Staatssymbolik, 3 Bde., 1954/56. **207** Edward SCHRÖDER, W. in Tegernsee. Ein Exkurs über altdeutsche Tischsitten, Z. d. Ver. f. Vkde. 27 (1917), 121–29. **208** DERS., W's Pelzrock. Nachr. v. d. Ges. d. Wiss. zu Göttingen, philol.-hist. Kl., 1932, 260–70. **209** Walter Johannes SCHRÖDER, Zur Diskussion um W's Tegernseespruch (L. 104, 23), GRM 40 (1959), 95–97. **210** Werner SCHRÖDER, Zum Wortgebrauch von *riuwe* bei Hartmann und Wolfram, GRM 40 (1959), 228–34.

211 Volker SCHUPP, Septenar und Bauform. Studien zur „Auslegung des Vaterunsers", zu „De VII Sigillis" und zum „Palästinalied" W'svdV. (Philol. Stud. u. Quellen 22), 1964. 212 Gertrud SCHWARZ, „arebeit" bei mittelhochdeutschen Dichtern (Bonner Beiträge z. dt. Philol. 3), 1938. 213 Günther SCHWEIKLE, Minne und Mâze. Zu Aller werdekeit ein füegerinne (W. 46, 32 ff.), DVjS 37 (1963), 498–528. 214 Julius SCHWIETERING, Einwürkung der Antike auf die Entstehung des frühen deutschen Minnesangs, ZfdA 61 (1924), 61–82. 215 DERS., Natur und art, ZfdA 91 (1961/62), 108–37. 216 Lilli SEIBOLD, Studien über die Huote (Germ. Stud. 123), 1932; Nachdr. 1967. 217 Samuel SINGER, Studien zu den Minnesängern, Beitr. 44 (1920), 426–73. 218 DERS., Die religiöse Lyrik des Mittelalters (Das Nachleben der Psalmen), 1933. 219 Hendricus SPARNAAY, Zu W's „Drîer slahte sanc", Neophil. 19 (1934), 102–07; auch in: Zur Sprache und Literatur des Mittelalters, 1961, 263–69. 220 Regine STRÜMPELL, Über Gebrauch und Bedeutung von saelde, saelic und Verwandtem bei mittelhochdeutschen Dichtern, Diss. Leipzig 1917. 221 Ronald Jack TAYLOR, Die Melodien der weltlichen Lieder des Mittelalters, 2 Bde. (Samml. Metzler 34 u. 35), 1964. 1. Darstellungsbd., 2. Melodienbd. 222 Jost TRIER, Der deutsche Wortschatz im Sinnbezirk des Verstandes. Die Geschichte eines sprachlichen Feldes, Bd. I: Von den Anfängen bis zum Beginn des 13. Jahrhunderts, 1931. 223 Friedrich VOGT, Der Bedeutungswandel des Wortes edel, 1908. 224 Vera VOLLMER, Die Begriffe der Triuwe und der Staete in der höfischen Minnedichtung, Diss. Tübingen 1914. 225 Berta WAGNER, Vom Verhältnis W'svdV. zu Reimar, ZfdA 62 (1925), 67–75. 226 Anton WALLNER, Zu WvdV., ZfdA 40 (1896), 335–40. 227 DERS., Zu WvdV., Beitr. 33 (1908), 1–58. 228 DERS., Zu WvdV., ebd. 35 (1909), 191–203. 229 Peter WAPNEWSKI, W's Lied von der Traumliebe (74, 20) und die deutschsprachige Pastourelle, Euph. 51 (1957), 113–50. 230 DERS., Rein-

mars Rechtfertigung. Zu MF 196, 35 und 165, 10. In: Fest-schr. Norman, 1965, 71–83.   **231** DERS., Der Sänger und die Dame. Zu W's Schachlied (111, 23), Euph. 60 (1966), 1–29.   **232** DERS., Die Weisen aus dem Morgenland auf der Magdeburger Weihnacht (Zu WvdV. 19, 5). In: Fest-schr. Sühnel, 1967, 74–94.   **233** Eduard WECHSSLER, Das Kulturproblem des Minnesangs. Bd. I. Minnesang und Chris-tentum, 1909; Neudr. 1966.   **234** Max WEHRLI, Die Ele-gie W'svdV., Trivium 1 (1942/43), H. 3, 12–29.   **235** Josef WEISWEILER, Buße. Bedeutungsgeschichtliche Beiträge zur Kultur- und Geistesgeschichte, 1930.   **236** Friedrich-Wil-helm WENTZLAFF-EGGEBERT, Die Kreuzzugsthematik in den Sprüchen und Liedern W'svdV. In: Kreuzzugsdichtung des Mittelalters, 1960, 234–46.   **237** Stanley N. WERBOW, The Tall Niggard – W. 26, 33, MLN 75 (1960), 692–96. **238** Julius WIEGAND, Zur lyrischen Kunst W's, Klopstocks und Goethes, 1956.   **239** Dorothea WIERCINSKI, Minne. Herkunft und Anwendungsschichten eines Wortes, 1964. **240** Edmund WIESSNER, Berührungen zwischen W's und Neidharts Liedern, ZfdA 84 (1952/53), 241–64.   **241** H. Bernard WILLSON, W's ,Bilde', MLR 51 (1956), 568–70. **242** DERS., W's ,Halmorakel', ebd. 54 (1959), 236–39. **243** DERS., W's ,Tegernseespruch', ebd. 57 (1962), 67–69. **244** DERS., W's „Erster Reichston", Germ. Rev. 39 (1964), 83–96.   **245** DERS., Analogische Verweise in W's Lied 73, 23 ff., ZfdPh 84 (1965), 353–61.   **246** DERS., ,Nemt, vrowe, disen kranz', Medium Aevum 34 (1965), 189–202.   **246 a** DERS., The *ordo* of love in W's Minnesang, DVjS 39 (1965), 523–41.   **247** Wilhelm WILMANNS, Zu WvdV., ZfdA 13 (1867), 217–88.   **248** Roswitha WISNIEWSKI, W's Elegie (L 124, 1 ff.), ZfdPh 87 (1968), Sonderh. „Mhd. Lyrik", 91–108.   **249** Ignaz Vincenz ZINGERLE, Reiserechnungen Wolfgers von Ellenbrechtskirchen, Bischofs von Passau, Pa-triarchen von Aquileja, 1877.   **250** Rudolf ZITZMANN, Der Ordo-Gedanke des mittelalterlichen Weltbildes und W's Sprüche im ersten Reichston, DVjS 25 (1951), 40–53.

W.-Konkordanzen. **251** Roe-Merrill Secrist HEFFNER/ Winfred Philipp LEHMANN, A Word-Index to the poems of WvdV., Univ. of Wisconsin Press, 1940; 2. Aufl. 1950. **252** C. August HORNIG, Glossarium zu den Gedichten W'svdV. nebst einem Reimverzeichnis, 1844.

W.-Bibliographien. **253** Willibald LEO, Die gesammte Literatur W'svdV. Eine kritisch-vergleichende Studie zur Geschichte der W.-Forschung, 1880. **254** Manfred Günter SCHOLZ, Bibliographie zu WvdV. (Bibliographien z. dt. Lit. d. Mittelalters 4), 1969.

Handbücher, einführende Hilfsmittel (nur wenige grundlegende Werke). *Einführung in das Studium des Mhd.:* **255** Franz SARAN, Das Übersetzen aus dem Mittelhochdeutschen; neu bearb. v. Bert Nagel, 5. ergänzte Aufl. 1967. **256** Julius ZUPITZA, Einführung in das Studium des Mittelhochdeutschen; neu bearb. v. Fritz Tschirch, 3. unveränd. Aufl. 1963. *Allg. Wörterbücher:* **257** Jacob GRIMM / Wilhelm GRIMM, Deutsches Wörterbuch, 16 Bde., 1854–. **258** Hermann PAUL, Deutsches Wörterbuch; 5. Aufl. neu bearb. und erweitert von Werner Betz, 1966. **259** Trübners Deutsches Wörterbuch, hrsg. v. Alfred GÖTZE / Walther MITZKA, 8 Bde., 1939–1957. **260** Friedrich KLUGE, Etymologisches Wörterbuch der deutschen Sprache; 20. Aufl. bearb. von Walther Mitzka, 1967. **261** Duden Etymologie, Herkunftswörterbuch der deutschen Sprache, 1963. *Mhd. Wörterbücher:* **262** Wilhelm MÜLLER/Friedrich ZARNCKE, mit Benutzung des Nachlasses von Georg Friedrich BENECKE, Mittelhochdeutsches Wörterbuch, 3 Bde. in 4, 1854–1866; Nachdr. 1963. **263** Matthias LEXER, Mittelhochdeutsches Handwörterbuch, 3 Bde., 1872–1878; Nachdr. 1913. **264** DERS., Mittelhochdeutsches Taschenwörterbuch; 32. Aufl. bearb. v. Ulrich Pretzel, 1966. *Mhd. Grammatiken:* **265** Hermann PAUL, Mittelhochdeutsche Grammatik; 20. Aufl. bearb. v. Hugo Moser und Ingeborg Schröbler, 1969. **266** Helmut DE BOOR / Roswitha WISNIEWSKI, Mittelhochdeutsche Grammatik (Sammlg. Göschen

1108); 6. Aufl. 1969.   **267**   Karl WEINHOLD, Kleine mittelhochdeutsche Grammatik; fortgeführt von Gustav Ehrismann, neu bearb. von Hugo Moser, 14. verm. Aufl. 1965. *Literaturgeschichten:*   **268**   Helmut DE BOOR, Geschichte der deutschen Literatur, Bd. 2: Die höfische Literatur 1170–1250, 1953; 8. Aufl. 1969.   **269**   Gustav EHRISMANN, Geschichte der deutschen Literatur bis zum Ausgang des Mittelalters, 2. Teil, 2. Abschn., 2. Hälfte, 1935; Neudr. 1959. **270**   Hugo KUHN, Die Klassik des Rittertums in der Stauferzeit. In: Annalen d. dt. Lit., hrsg. v. H. O. Burger, 1952; 2. Aufl. 1962. *Metrik:*   **271**   Andreas HEUSLER, Deutsche Versgeschichte, 2. Bd. (Grundriß der germ. Phil.), 1927; 2. Aufl. 1956.   **272**   Siegfried BEYSCHLAG, Altdeutsche Verskunst in Grundzügen. Metrik der mittelhochdeutschen Blütezeit in Grundzügen; 6. neubearb. Aufl. 1969. **273**   Werner HOFFMANN, Altdeutsche Metrik (Sammlg. Metzler 64), 1967.   **274**   Otto PAUL, Deutsche Metrik; neu bearb. von Ingeborg Glier, 5. Aufl. 1964. *Handbücher:* **275**   Bruno GEBHARDT, Handbuch der deutschen Geschichte, Bd. 1: Frühzeit und Mittelalter, hrsg. v. Herbert Grundmann, 8. Aufl. 1954; Nachdr. 1964.   **276**   Friedrich MAURER/Friedrich STROH, Deutsche Wortgeschichte, hrsg. (Grundriß der German. Phil.); 2. neubearb. Aufl. Bd. 1 u. 2, 1959, Bd. 3, 1960. *Bände der Reihe „Althochdeutsche und mittelhochdeutsche Epik und Lyrik"* (mit guten Worterklärungen):   **277**   Wolfram von Eschenbach, Parzival; 2. Aufl. 1967.   **278**   Gottfried von Straßburg, Tristan, 1967; beide Bde. hrsg. v. Gottfried WEBER.   **279**   Hartmann von Aue, Erec. Iwein, 1967.   **280**   Ders., Gregorius. Der arme Heinrich, 1967; beide Bde. hrsg. v. Ernst SCHWARZ. *Bände der Reihe „Wege der Forschung"* (mit grundlegenden Aufsätzen zu ma. Lyrik):   **281**   Der deutsche Minnesang (WdF 15), hrsg. v. Hans FROMM; 4. Aufl. 1969.   **282**   Der provenzalische Minnesang (WdF 6), hrsg. v. Rudolf BAEHR, 1967.   **283**   WvdV. (WdF 112), hrsg. v. Siegfried BEYSCHLAG, 1971.

Korrekturnotiz: Das Manuskript dieser Ausgabe war im Herbst 1970 abgeschlossen; neueste Literatur konnte daher nicht mehr verarbeitet werden. Ich verweise nur noch auf die jetzt zweisprachige W.-Auswahlausgabe: Reclams Universal-Bibliothek (Bd. 99), hrsg. H. PROTZE, nhd. Fassung R. SCHAEFFER, 1970; auch K. H. HALBACH, Der I. Philipps-Ton W'svdV. als Sangspruch-Pentade der Jahre 1199/1205. In: Festschr. Beyschlag, 1970, 39–62; und Wolfgang MOHR, Altersdichtung W'svdV., Sprachkunst. Internat. Beitr. z. Lit.wiss. II, 1971, H. 4, 329–356.

VERZEICHNIS DER ABKÜRZUNGEN
(selbstverständliche Abkürzungen nicht aufgenommen)

AfdA	Anzeiger für deutsches Altertum
ahd.	althochdeutsch
Archiv	Archiv für das Studium der neueren Sprachen und Literaturen
ATB	Altdeutsche Textbibliothek
Bed.	Bedeutung
Beitr.	Beiträge zur Geschichte der deutschen Sprache und Literatur
Bibl.	Bibliographie
Bibl. Germ.	Bibliotheca Germanica
Br.	Brinkmanns Auswahlausgabe, s. Bibl. (12); und Studien, s. Bibl. (42)
DU	Der Deutschunterricht
DuV	Dichtung und Volkstum
DVjS	Deutsche Vierteljahrsschrift für Literaturwissenschaft und Geistesgeschichte
erg.	ergänzt, ergänzen
Euph.	Euphorion. Zeitschrift für Literaturgeschichte
Germ. Rev.	The Germanic Review
GLL	German Life and Letters
GRM	Germanisch-Romanische Monatsschrift
Hrsg., hrsg.	Herausgeber, herausgegeben
Hs., Hss.	Handschrift, Handschriften
idg.	indogermanisch
JEGPh	The Journal of English and Germanic Philology
kl	klingend
Komm.	Kommentar (= unsere Anmerkungen)

Komp.	Komparativ
Kr.	Kraus, Untersuchungen, s. Bibl. (17), und neuere Auflagen von Lachmanns Ausgabe, s. Bibl. (1)
L.	Lachmann in seiner Ausgabe, s. Bibl. (1)
L.-K.	Lachmann-Kraus, Ausgabe, s. Bibl. (1)
M.	Maurer, Ausgabe, s. Bibl. (6)
MA, ma.	Mittelalter, mittelalterlich
MF	Des Minnesangs Frühling, hrsg. Lachmann, Haupt, Vogt, v. Kraus
mhd.	mittelhochdeutsch
MLN	Modern Language Notes
MLR	The Modern Language Review
Monatshefte	Monatshefte für deutschen Unterricht, deutsche Sprache und Literatur
mv	männlich voll
Neophil.	Neophilologus
nhd.	neuhochdeutsch
P.	Pauls Ausgabe, s. Bibl. (5); auch (173), (174)
Pf.	Pfeiffers Ausgabe, s. Bibl. (3); auch (176)
Pl.	Plural
PMLA	Publications of the Modern Language Association of America
QF	Quellen und Forschungen
R., R's	Reinmar, Reinmars
Sing.	Singular
st	stumpf
Str.	Strophe
str.	streicht, streichen
Unters.	Kraus, Untersuchungen, s. Bibl. (17)
V.	Vers
W., W's	Walther, Walthers
Wa.	Wackernagels Ausgabe, s. Bibl. (2)
Wapn.	Wapnewskis Auswahlausgabe, s. Bibl. (14)
WdF	Wege der Forschung, s. Bibl. (281), (282), (283)

Wilm.	Wilmanns, frühe Aufl. von (4)
wkl	weiblich klingend
W.-M.	Wilmanns-Michels, 2 Bände, s. Bibl. (4), (16)
wv	weiblich voll
WvdV.	Walther von der Vogelweide
WW	Wirkendes Wort
ZfdA	Zeitschrift für deutsches Altertum und deutsche Literatur
ZfdPh	Zeitschrift für deutsche Philologie

VERGLEICHSTABELLE DER ZÄHLUNG:
LACHMANN-KRAUS, SCHAEFER, MAURER

L.-K.	Sch.	M.	Sch.	L.-K.	M.
3,1	192	1	1	99,6	31
8,4	76	7,1	2	115,6	33
8,28	77	7,2	3	112,35	32
9,16	78	7,3	4	119,17	34
10,1	180	18,6	5	13,33	35
10,9	181	18,7	6	112,17	76
10,17	174	18,11	7	111,22	38
10,25	182	18,8	8	113,31	39
10,33	183	18,9	9	71,35	40
11,6	115	13,4	10	MF214,34	41
11,18	117	13,6	11	109,1	36
11,30	112	13,1	12	118,24	46
12,6	114	13,3	13	42,31	43
12,18	113	13,2	14	117,29	45
12,30	116	13,5	15	110,27	70
13,5	66	21	16	51,13	42
13,33	5	35	17	114,23	48
14,38	68	2	18	39,1	44
16,36	101	11,3	19	112,3	47
17,11	103	11,4	20	110,13	61
17,25	102	11,2	21	53,25	66
18,1	[105]	11,5	22	85,34	37
18,15	104	11,1	23	56,14	49
18,29	80	8,2	24	100,3	50
19,5	81	8,3	25	115,30	57
19,17	82	8,4	26	54,37	55
19,29	79	8,1	27	69,1	54

L.-K.	Sch.	M.	Sch.	L.-K.	M.
20,4	83	8,5	28	70,22	51
20,16	87	9,3	29	70,1	53
20,31	89	9,7	30	40,19	58
21,10	95	9,12	31	96,29	52
21,25	97	9,13	32	52,23	56
22,3	85	9,2	33	90,15	59
22,18	86	9,4	34	72,31	60
22,33	88	9,5	35	49,25	62
23,11	93	9,9	36	50,19	63
23,26	94	9,10	37	65,33	64
24,3	92	9,11	38	39,11	68
24,18	84	9,1	39	94,11	67
24,33	91	9,8	40	75,25	69
25,11	96	9,14	41	74,20	65
25,26	90	9,6	42	47,36	72
26,3	139	16,1	43	44,35	71
26,13	[151]	16,12	44	58,21	73
26,23	144	16,6	45	46,32	80
26,33	145	16,7	46	45,37	79
27,7	146	16,8	47	43,9	78
27,17	[152]	16,13	48	92,9	74
27,27	[153]	16,14	49	95,17	75
28,1	143	16,5	50	63,8	77
28,11	150	16,10	51	93,19	87
28,21	147	16,9	52	97,34	85
28,31	149	16,11	53	63,32	92
29,4	[142]	16,4	54	44,11	86
29,15	148	16,15	55	62,6	84
29,25	[154]	16,16	56	73,23	88
29,35	[155]	16,17	57	184,1	89
30,9	140	16,2	58	61,32	90
30,19	141	16,3	59	88,9	91
31,13	126	15,3	60	47,16	95
31,23	127	15,4	61	57,23	82
31,33	121	15,1	62	64,31	93

L.-K.	Sch.	M.	Sch.	L.-K.	M.
32,7	122	15,2	63	116,33	83
32,17	128	15,5	64	59,37	81
32,27	129	15,6	65	41,13	94
33,1	132	15,8	66	13,5	21
33,11	131	15,7	67	76,22	3
33,21	133	15,9	68	14,38	2
33,31	[137]	15,10	69	66,21	5
34,4	134	15,11	70	100,24	4
34,14	135	15,12	71	122,24	6
34,24	136	15,13	72	124,1	20
34,34	123	15,14	[73]	120,25	101
35,7	130	15,15	[74]	183,1	97
35,17	124	15,17	[75]	60,34	96
35,27	138	15,16	76	8,4	7,1
36,1	125	15,18	77	8,28	7,2
39,1	18	44	78	9,16	7,3
39,11	38	68	79	19,29	8,1
40,19	30	58	80	18,29	8,2
41,13	65	94	81	19,5	8,3
42,31	13	43	82	19,17	8,4
43,9	47	78	83	20,4	8,5
44,11	54	86	84	24,18	9,1
44,35	43	71	85	22,3	9,2
45,37	46	79	86	22,18	9,4
46,32	45	80	87	20,16	9,3
47,16	60	95	88	22,33	9,5
47,36	42	72	89	20,31	9,7
49,25	35	62	90	25,26	9,6
50,19	36	63	91	24,33	9,8
51,13	16	42	92	24,3	9,11
52,23	32	56	93	23,11	9,9
53,25	21	66	94	23,26	9,10
54,37	26	55	95	21,10	9,12
56,14	23	49	96	25,11	9,14
57,23	61	82	97	21,25	9,13

L.-K.	Sch.	M.	Sch.	L.-K.	M.
58,21	44	73	98	104,7	10,1
59,37	64	81	99	103,13	10,2
60,34	[75]	96	100	103,29	10,3
61,32	58	90	101	16,36	11,3
62,6	55	84	102	17,25	11,2
63,8	50	77	103	17,11	11,4
63,32	53	92	104	18,15	11,1
64,31	62	93	[105]	18,1	11,5
65,33	37	64	106	82,11	12,7
66,21	69	5	107	83,14	12,5
69,1	27	54	108	83,27	12,3
70,1	29	53	109	84,1	12,4
70,22	28	51	110	82,24	12,1
71,35	9	40	111	83,1	12,2
72,31	34	60	112	11,30	13,1
73,23	56	88	113	12,18	13,2
74,20	41	65	114	12,6	13,3
75,25	40	69	115	11,6	13,4
76,22	67	3	116	12,30	13,5
78,24	156	17,1	117	11,18	13,6
78,32	157	17,2	118	105,27	14,1
79,1	158	17,3	119	106,3	14,2
79,9	159	17,4	120	105,13	14,3
79,17	166	17,10	121	31,33	15,1
79,25	167	17,13	122	32,7	15,2
79,33	168	17,14	123	34,34	15,14
80,3	160	17,5	124	35,17	15,17
80,11	163	17,8	125	36,1	15,18
80,19	161	17,6	126	31,13	15,3
80,27	171	17,11	127	31,23	15,4
80,35	172	17,12	128	32,17	15,5
81,7	162	17,7	129	32,27	15,6
81,15	165	17,9	130	35,7	15,15
81,23	164	17,15	131	33,11	15,7
81,31	169	17,16	132	33,1	15,8

L.-K.	Sch.	M.	Sch.	L.-K.	M.
82,3	170	17,17	133	33,21	15,9
82,11	106	12,7	134	34,4	15,11
82,24	110	12,1	135	34,14	15,12
83,1	111	12,2	136	34,24	15,13
83,14	107	12,5	[137]	33,31	15,10
83,27	108	12,3	138	35,27	15,16
84,1	109	12,4	139	26,3	16,1
84,14	177	18,4	140	30,9	16,2
84,22	179	18,5	141	30,19	16,3
84,30	173	18,1	[142]	29,4	16,4
85,1	175	18,2	143	28,1	16,5
85,9	176	18,3	144	26,23	16,6
85,17	178	18,10	145	26,33	16,7
85,25	190	24	146	27,7	16,8
85,34	22	37	147	28,21	16,9
87,1	187	26	148	29,15	16,15
88,9	59	91	149	28,31	16,11
90,15	33	59	150	28,11	16,10
92,9	48	74	[151]	26,13	16,12
93,19	51	87	[152]	27,17	16,13
94,11	39	67	[153]	27,27	16,14
95,17	49	75	[154]	29,25	16,16
96,29	31	52	[155]	29,35	16,17
97,34	52	85	156	78,24	17,1
99,6	1	31	157	78,32	17,2
100,3	24	50	158	79,1	17,3
100,24	70	4	159	79,9	17,4
101,23	184	19,1	160	80,3	17,5
102,1	185	19,2	161	80,19	17,6
102,15	186	19,3	162	81,7	17,7
102,29	188	22	163	80,11	17,8
103,13	99	10,2	164	81,23	17,15
103,29	100	10,3	165	81,15	17,9
104,7	98	10,1	166	79,17	17,10
104,23	189	23	167	79,25	17,13

L.-K.	Sch.	M.	Sch.	L.-K.	M.
104,33	191	25	168	79,33	17,14
105,13	120	14,3	169	81,31	17,16
105,27	118	14,1	170	82,3	17,17
106,3	119	14,2	171	80,27	17,11
109,1	11	36	172	80,35	17,12
110,13	20	61	173	84,30	18,1
110,27	15	70	174	10,17	18,11
111,22	7	38	175	85,1	18,2
112,3	19	47	176	85,9	18,3
112,17	6	76	177	84,14	18,4
112,35	3	32	178	85,17	18,10
113,31	8	39	179	84,22	18,5
114,23	17	48	180	10,1	18,6
115,6	2	33	181	10,9	18,7
115,30	25	57	182	10,25	18,8
116,33	63	83	183	10,33	18,9
117,29	14	45	184	101,23	19,1
118,24	12	46	185	102,1	19,2
119,17	4	34	186	102,15	19,3
120,25	[73]	101	187	87,1	26
122,24	71	6	188	102,29	22
124,1	72	20	189	104,23	23
183,1	[74]	97	190	85,25	24
184,1	57	89	191	104,33	25
MF214,34	10	41	192	3,1	1

VERGLEICHSTABELLE DER BEHANDELTEN GEDICHTE REINMARS:
Kraus (s. Bibl. 123) und MF

Kr.	MF
13	170,1
14	159,1
15	196,35
16	165,10
22	178,1
24	158,1

ALPHABETISCHES VERZEICHNIS DER
GEDICHTANFÄNGE